# HACKERS
## Updated
# TOEFL
## LISTENING BASIC

학습을 위한
**추가 혜택**

교재 MP3

단어암기 MP3

쉐도잉 프로그램

**이용방법** 해커스인강(HackersIngang.com) 접속 ▶
상단 메뉴 [토플 → MP3/자료 → 문제풀이 MP3 or 무료 MP3/자료] 클릭 ▶
본 교재 선택하여 이용하기

MP3/자료 바로 가기 ▶

## 토플 보카 외우기

**이용방법** 고우해커스(goHackers.com) 접속 ▶
상단 메뉴 [TOEFL → 토플보카외우기] 클릭하여 이용하기

## 토플 스피킹/라이팅 첨삭 게시판

**이용방법** 고우해커스(goHackers.com) 접속 ▶
상단 메뉴 [TOEFL → 스피킹게시판/라이팅게시판] 클릭하여 이용하기

## 토플 공부전략 강의

**이용방법** 고우해커스(goHackers.com) 접속 ▶
상단 메뉴 [TOEFL → 토플공부전략] 클릭하여 이용하기

## 토플 자료 및 유학 정보

**이용방법** 고우해커스(goHackers.com)에 접속하여 다양한 토플 자료 및 유학 정보 이용하기

고우해커스 바로 가기 ▶

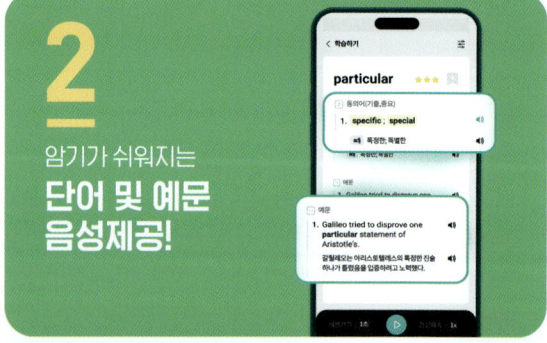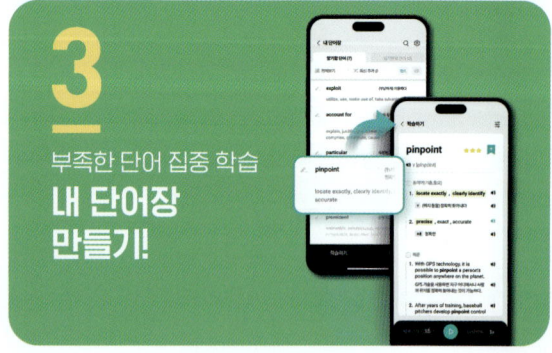

**2026년 1월 21일 시행**

# Updated TOEFL

# 심층 분석,
# 이렇게 바뀐다

시대의 변화에 따라 영어 사용 환경이 달라진 것을 반영하여, 2026년 1월 21일 TOEFL 시험이 대대적으로 바뀐다.

『Hackers Updated TOEFL』은 수험자들이 **Updated TOEFL** 시험에도 철저히 대비할 수 있도록, 시험 변경사항과 새로운 문제 유형을 철저히 분석하여 가장 효과적인 핵심 전략과 출제 경향을 완벽 반영한 실전문제를 수록하고 있다.

## Updated TOEFL, 얼마나 알고 계신가요?

|  | YES | NO |
|---|---|---|
| Q1. 시험 소요시간이 줄어들었다. | ☐ | ☐ |
| Q2. 리딩/리스닝 영역에서는 전반부 채점 결과에 따라 후반부 구성과 난이도가 달라진다. | ☐ | ☐ |
| Q3. 스피킹 영역이 시험의 마지막 순서다. | ☐ | ☐ |

*정답은 모두 YES! 자세한 시험 변경사항은 이어지는 페이지에서 확인할 수 있습니다.

# Updated TOEFL, 이렇게 바뀐다!

| 영역 | 문제 유형 | 문항 수 Module1 | 문항 수 Module2 Lower | 문항 수 Module2 Upper | 예상 시간 | 점수 |
|---|---|---|---|---|---|---|
| **Reading** 총 35문항 *더미 문제가 출제될 경우, 최대 48문항 | TASK1 Complete the Words 단어의 철자 완성하기 | 10문항 | 10문항 | 10문항 | 18~27분 | 1~6점 |
| | TASK2 Read in Daily Life 일상 지문 읽고 문제 풀기 | 5문항 | 5문항 | 0문항 | | |
| | TASK3 Read an Academic Passage 학술 지문 읽고 문제 풀기 | 5문항 | 0문항 | 5문항 | | |
| **Listening** 총 35문항 *더미 문제가 출제될 경우, 최대 45문항 | TASK1 Listen and Choose a Response 문장 듣고 이어질 응답 고르기 | 8문항 | 7문항 | 3문항 | 18~27분 | 1~6점 |
| | TASK2 Listen to a Conversation 대화 듣고 문제 풀기 | 4문항 | 4문항 | 4문항 | | |
| | TASK3 Listen to an Announcement 공지 듣고 문제 풀기 | 4문항 | 4문항 | 0문항 | | |
| | TASK4 Listen to an Academic Talk 강의 듣고 문제 풀기 | 4문항 | 0문항 | 8문항 | | |
| **Writing** 총 12문항 | TASK1 Build a Sentence 단어 배열하여 문장 완성하기 | 10문항 | | | 23분 | 1~6점 |
| | TASK2 Write an Email 이메일 쓰기 | 1문항 | | | | |
| | TASK3 Write for an Academic Discussion 학술 토론 의견 쓰기 | 1문항 | | | | |
| **Speaking** 총 11문항 | TASK1 Listen and Repeat 문장 듣고 따라 말하기 | 7문항 | | | 8분 | 1~6점 |
| | TASK2 Take an Interview 인터뷰 질문에 답변하기 | 4문항 | | | | |
| | Total | | | | 1시간 30분 내외 | 1~6점 |

시험 응시 72시간 이내 성적 발표

### 일상 지문이 추가되고, 단계별 적응형 구조가 도입된다.
- 단어 완성하기 유형과 일상 지문 읽기 유형이 추가되고, 학술 지문의 길이 감소
- Module 1의 결과에 따라 Module 2의 난이도와 구성이 달라지는 단계별 적응형 구조(multistage adaptive testing) 도입
- Module 1에 채점되지 않는 더미 문제 출제 가능 (Reading/Listening 영역 중 한 영역에서 출제)

### 일상 대화와 교내 공지가 추가되고, 단계별 적응형 구조가 도입된다.
- 짧은 일상 대화와 교내 공지 유형이 추가되고, 강의 지문의 길이 감소
- Module 1의 결과에 따라 Module 2의 난이도와 구성이 달라지는 단계별 적응형 구조(multistage adaptive testing) 도입
- Module 1에 채점되지 않는 더미 문제 출제 가능 (Reading/Listening 영역 중 한 영역에서 출제)

### 문장 완성 유형과 이메일 쓰기 유형이 추가된다.
- 문장 완성 유형과 이메일 쓰기 유형 추가
- 기존의 토론 글쓰기 유형은 그대로 유지
- 시험의 마지막 영역에서 세 번째 영역으로 순서 변경

### 문제 유형이 모두 바뀌고, 준비 시간이 없어진다.
- 따라 말하기 유형과 인터뷰 유형 추가
- 모든 유형에서 별도의 답변 준비 시간 없이 바로 답변 시작
- 시험의 세 번째 영역에서 마지막 영역으로 순서 변경

### 시험 소요 시간과 성적 발표 기간이 줄고, 점수 체계가 바뀐다.
- 시험 전체 소요 시간과 성적 발표 기간 감소
- 성적 체계가 0~120점 체계에서 1~6점 체계로 변경되고, 전체 점수 계산 방식이 영역별 합계에서 평균으로 변경

# Updated TOEFL, 이렇게 대비하라!

## ■ READING

| | |
|---|---|
| **TASK 1** | **Complete the Words** 단어의 철자 완성하기 (1지문 10문항)<br>• 학술 지문에서 앞부분 절반의 철자만 제시되는 단어 10개의 뒷부분을 채워 완성하는 유형이다.<br>• 다양한 학술 분야 주제의 지문이 70~100단어 분량으로 출제된다. |
| **TASK 2** | **Read in Daily Life** 일상 지문 읽고 문제 풀기 (1지문 2~3문항)<br>• 이메일, 문자메시지, 광고, 공지, 기사, SNS 포스팅, 양식 등 다양한 형태의 지문이 출제된다.<br>• 지문 길이는 15~100단어 분량으로 짧은 편이며, 일상적인 주제와 소재를 다룬다. |
| **TASK 3** | **Read an Academic Passage** 학술 지문 읽고 문제 풀기 (1지문 5문항)<br>• 기존의 리딩 유형과 가장 유사하지만, 지문의 길이가 175~200단어로 감소했다.<br>• 전공 심화 수준의 까다로운 내용은 출제되지 않으며, 문화적 편향 없는 보편적인 주제와 소재가 출제된다. |

### 영역 심층 분석

1. 학술 지문의 비중이 줄고, 기본적인 어휘력과 일상생활에서 접하는 다양한 글을 읽고 이해하는 능력이 중요해진다.

2. 단계별 적응형 구조(multistage adaptive testing)가 도입된다.
   • 두 단계(Module)로 구성되며, Module 1의 결과에 따라 Module 2의 난이도와 구성이 조정된다.
   • Module 2에서 낮은 난이도의 구성이 나오면 리딩 영역 만점(6점)을 받는 것은 불가능하다.

3. 문항 당 풀이 시간은 줄어든다.
   • 전체 문항 수는 20문항에서 35~48문항으로 증가하고, 소요 시간은 약 35분에서 18~27분으로 감소했다.

### 핵심 대비 전략

**TASK 1** 풀이 시간을 단축하기 위해 어휘력을 키우고, 단어의 앞부분 철자만 보고 뒤에 이어질 철자를 채우는 연습을 한다.
• 평소에 영어로 된 글을 자주 읽으면서 다양한 단어에 익숙해진다. 특히, 단어의 정확한 철자까지 알아 둔다.
• 앞부분의 철자만 주어지고 뒷부분은 빈칸으로 주어지는 TASK 1 문제 형태에 익숙해지도록 많은 문제를 풀어 본다.

**TASK 2** 정답의 근거를 빠르게 찾을 수 있도록, 다양한 일상 지문의 형태와 흐름을 익힌다.
• 이메일, 메시지 대화문, 공지, 각종 양식 등, 다양한 일상 지문의 형태와 일반적인 흐름을 익힌다.

**TASK 3** 다양한 배경지식을 쌓고, 빠르고 정확한 독해를 통해 정답의 근거를 찾는 연습을 한다.
• 지문의 길이가 줄어도, TASK 3의 학술 지문은 여전히 난이도가 높기 때문에 빠르고 정확한 독해가 관건이다.
• 다양한 배경지식을 쌓으면 친숙하지 않은 주제의 지문을 보더라도 쉽고 빠르게 지문의 내용을 이해할 수 있다.

# LISTENING

| TASK 1 | **Listen and Choose a Response** 문장 듣고 이어질 응답 고르기<br>• 7~8단어로 이루어진 한 문장을 듣고 이어질 응답을 고르는 유형이다.<br>• 일상적인 대화 상황이 출제되며, 종종 구어체도 나온다.<br>• 문항 당 풀이 시간은 최대 20초이다. |
|---|---|
| TASK 2 | **Listen to a Conversation** 대화 듣고 문제 풀기 (1지문 2문항)<br>• 식사, 쇼핑, 약속 등 일상적인 주제에 관한 두 사람 사이의 대화가 출제된다.<br>• 대화 길이는 약 23초, 문항 당 풀이 시간은 최대 20초이다. |
| TASK 3 | **Listen to an Announcement** 공지 듣고 문제 풀기 (1지문 2문항)<br>• 대학 캠퍼스 내에서 행사, 강의, 시설 등에 대해 안내하는 공지가 출제된다.<br>• 공지 길이는 약 21초, 문항 당 풀이 시간은 최대 20초이다. |
| TASK 4 | **Listen to an Academic Talk** 강의 듣고 문제 풀기 (1지문 4문항)<br>• 기존의 리스닝 강의 유형과 유사하지만, 지문의 길이가 약 1분 20초로 감소했다.<br>• 전공 심화 수준의 까다로운 내용은 출제되지 않으며, 문화적 편향 없는 보편적인 주제와 소재가 출제된다.<br>• 문항 당 풀이 시간은 최대 30초이다. |

## 영역 심층 분석

1. 학술적인 내용뿐 아니라, 일상적인 주제에 대한 짧은 대화나 공지를 듣고 화자의 의도를 이해하는 능력도 평가한다.
2. 북미, 영국, 호주, 뉴질랜드 발음이 골고루 출제된다.
3. 단계별 적응형 구조(multistage adaptive testing)가 도입된다.
   • 두 단계(Module)로 구성되며, Module 1의 결과에 따라 Module 2의 난이도와 구성이 조정된다.
   • Module 2에서 낮은 난이도의 구성이 나오면 리스닝 영역 만점(6점)을 받는 것은 불가능하다.

## 핵심 대비 전략

**TASK 1** 질문을 확실하게 듣는 연습을 하고, 자주 출제되는 오답 패턴에 대비한다.
• 짧고 빠르게 지나가는 질문 문장을 놓치지 않고 들을 수 있도록 집중력을 강화한다.
• 자주 출제되는 오답 패턴을 확실히 익히고, 자주 틀리는 문제에 대해 자신이 오답을 선택한 이유를 꼼꼼하게 분석한다.

**TASK 2&3** 정확한 근거를 갖고 정답을 고를 수 있도록, 지문의 흐름과 내용을 정확히 파악하여 듣는 연습을 한다.
• 대화와 공지의 앞부분을 놓치지 않고 듣는 연습을 통해 주제를 확실히 파악할 수 있도록 한다.
• 일상 대화에서 자주 출제되는 구어체 표현에 익숙해진다.
• 공지의 빈출 주제와 일반적인 흐름, 자주 나오는 표현을 익힌다.

**TASK 4** 다양한 배경지식을 쌓고, 강의의 핵심 내용을 정리하며 듣는 연습을 한다.
• 지문의 길이가 줄어도, TASK 4의 강의는 여전히 난이도가 높기 때문에 핵심 내용을 놓치지 않고 정확히 듣는 것이 중요하다.
• 다양한 배경지식을 쌓으면 친숙하지 않은 주제의 강의를 듣더라도 내용을 정확히 파악할 수 있다.
• 평소에 문제를 풀 때 집중해서 들으며 주요 내용을 노트테이킹하는 연습을 한다.

# Updated TOEFL, 이렇게 대비하라!

## ■ WRITING

| | |
|---|---|
| **TASK 1** | **Build a Sentence** 단어 배열하여 문장 완성하기<br>• 완전한 형태로 주어지는 한 문장을 보고, 보기 단어를 배열하여 이어질 응답 문장을 완성하는 유형이다.<br>• 문법적으로 정확하면서도 문맥에 맞는 자연스러운 응답이 될 수 있는 문장을 완성해야 한다.<br>• 10문항이 출제되고, TASK 전체 제한 시간은 약 5분 50초이다. |
| **TASK 2** | **Write an Email** 이메일 쓰기<br>• 학교나 일상에서 일어날 법한 상황과 이메일을 쓰는 목적이 주어지고, 그에 맞춰 이메일을 작성하는 유형이다.<br>• 일반적인 이메일의 구조에 맞게 작성해야 하며, 초대, 추천, 문제점 전달, 해결책 제안 등의 다양한 의사소통 목적에 맞는 형식과 표현을 적절히 활용해야 한다.<br>• 7분 동안 최대한 길게 작성하도록 요구되는데, 110~130 단어 분량이 적절하다. |
| **TASK 3** | **Write for an Academic Discussion** 학술 토론 의견 쓰기<br>• 기존 토플에서 그대로 유지되는 유일한 유형이다.<br>• 교수가 토론 주제를 간단히 설명하며 던진 질문과, 다른 학생 두 명의 의견을 읽고, 자신의 의견을 작성하는 유형이다.<br>• 10분 동안 최소 100단어 이상 작성해야 한다. |

### 영역 심층 분석

1. **기본적인 문법 규칙에 따라 문장을 쓰는 능력을 평가한다.**
   • 전달하고자 하는 의미를 제대로 전달하기 위해 지켜야 할 문법 규칙들을 잘 알고 있는지를 평가한다.

2. **온라인 의사소통 형식에 적절한 글을 쓰는 역량이 중요하다.**
   • 글을 쓰는 목적, 상대방과의 관계 등에 따라 적절한 문장 구조와 표현을 구사할 수 있어야 한다.

### 핵심 대비 전략

**TASK 1** 기본적인 영어 어순과 문법 규칙을 지키며 문장을 쓰는 연습을 한다.
• 수 일치, 시제 일치, 대명사와 접속사의 쓰임 등 기본적인 문법 규칙을 익혀 둔다.

**TASK 2** 이메일의 기본 구조를 익히고, 일상적인 의사소통 목적에 따라 자주 쓰는 표현을 익힌다.
• 인사말, 목적, 세부사항, 맺음말로 이어지는 이메일의 기본 구조를 지켜 답안을 작성하는 연습을 한다.
• 문의, 부탁, 항의, 감사 등 다양한 의사소통 목적 별로 자주 쓰이는 표현을 익혀 둔다.
• 평소에 많은 문제를 풀어 보며, 1~2분 동안 아웃라인을 잡고, 4~5분 동안 실제 답안을 쓰는 연습을 한다.

**TASK 3** 평소에 다양한 주제에 대해 브레인스토밍해 보고, 논리적인 답안을 쓰는 연습을 한다.
• 자신의 주장에 대해 논리적으로 타당한 이유와 근거를 생각해내는 연습을 한다.
• 다양한 주제에 대해 나올 수 있는 질문들과 답안에 활용할 수 있는 아이디어를 정리해 둔다.
• 평소에 2~3분 동안 답변 내용을 구상하고, 7분 동안 답안을 작성하는 연습을 한다.

# SPEAKING

| | |
|---|---|
| **TASK 1** | **Listen and Repeat** 문장 듣고 따라 말하기<br>• 음성으로만 들려주는 문장 7개를 한 개씩 듣고 그대로 따라 말하는 유형이다.<br>• 일상 및 학교에서 접할 수 있는 시설, 행사, 절차 등에 대해 사람들에게 안내하는 상황이 제시되고, 배경이 되는 장소를 묘사한 그림이 제시된다.<br>• 각 문장은 한 번씩만 들려주고, 3초의 간격 후에 8~12초의 답변 시간이 주어진다. |
| **TASK 2** | **Take an Interview** 인터뷰 질문에 답변하기<br>• 특정 주제에 대한 인터뷰 질문 4개에 답변하는 유형이다.<br>• 교육, 사회, 과학기술, 여가 등 다양한 주제로 인터뷰가 진행된다.<br>• 인터뷰 질문은 음성으로만 들려주고, 준비 시간 없이 바로 답변해야 한다.<br>• 한 질문에 대한 답변 시간은 45초가 주어진다. |

## 영역 심층 분석

1. 실생활에서의 의사소통 방식을 반영하여, 즉각적으로 적절한 말을 하는 능력을 평가한다.
   - 상대방의 말을 정확히 듣고 기억하여 그대로 전달할 수 있어야 한다.
   - 상대방의 질문에 대해 즉각적으로 자신의 의견을 타당한 이유나 근거와 함께 말할 수 있어야 한다.
2. 북미, 영국, 호주, 뉴질랜드 발음이 골고루 출제된다.

## 핵심 대비 전략

**TASK 1** 문장을 들으면서 정확히 기억하고 그대로 따라 말하는 연습을 한다.
- 쉐도잉 연습을 통해 들리는 문장을 그대로 따라 말할 수 있도록 한다.
- 다양한 안내 상황 별로 자주 출제되는 표현을 익힌다.

**TASK 2** 질문을 듣는 동시에 답변 내용을 생각하고 바로 말할 수 있도록 충분히 연습한다.
- 기본적인 답변 구조를 익히고 그에 맞춰 말하는 연습을 충분히 해 둔다.
- 다양한 인터뷰 주제에 대해 나올 수 있는 질문들과 답변에 활용할 수 있는 아이디어를 정리해 둔다.

# 해커스 토플이 제공하는 토플 정복을 위한 특별한 혜택!

### 01 토플 적중 예상특강
(HackersIngang.com)

해커스어학원 선생님들의 이번 달 토플 적중 예상특강 제공

### 02 온라인 실전모의고사
(HackersIngang.com)

출제 경향을 완벽 반영한 온라인 모의고사로 실전 완벽 대비

### 03 단어암기 MP3
(HackersIngang.com)

단어암기 MP3로 언제, 어디서든 효과적인 단어 학습 가능

### 04 토플 스피킹/라이팅 첨삭 게시판
(goHackers.com)

무제한 1:1 첨삭을 통한 확실한 실력 향상

### 05 토플 쉐도잉 & 말하기 연습 프로그램
(goHackers.com)

쉐도잉 & 말하기 반복 훈련으로 빠른 실력 향상

### 06 토플 자료 및 유학 정보
(goHackers.com)

성공적인 토플 학습방법부터 유학 정보와 다양한 무료 학습자료까지 풍부한 정보 제공

# HACKERS
# Updated TOEFL
## LISTENING BASIC

해커스 어학연구소

무료 토플자료·유학정보 제공

**goHackers.com**

# 『Hackers Updated TOEFL Listening Basic』을 내면서

해커스 토플은 단순한 시험 대비를 넘어, 여러분의 실질적인 영어 실력 향상에 도움이 되고자 하는 작은 진심으로 출발했습니다. 해커스 토플 전 시리즈가 오랜 세월 **베스트셀러를 넘어 스테디셀러로 자리**할 수 있었던 이유는, 늘 **처음과 같은 마음으로** 더 좋은 책을 만들기 위해 고민하고, 최신 경향을 반영하기 위해 끊임없이 노력하기 때문입니다.

이번 『Hackers Updated TOEFL Basic』 시리즈 또한 해커스의 전문성과 축적된 노하우를 바탕으로, 변화된 시험의 모든 유형을 면밀히 분석하고 정교한 문제 해결 전략을 담아 **기본부터 실전까지 대비할 수 있는 완결판**으로 완성하였습니다.

### 영어 듣기의 기본을 확실히 잡습니다!
『Hackers Updated TOEFL Listening Basic』은 영어 듣기를 위한 기본서로, 학습자들이 문제 풀이 능력뿐만 아니라 전반적인 영어 듣기 능력을 향상할 수 있도록 기본기를 탄탄히 다져주는 해법을 제시하였습니다.

### 체계적인 구성과 풍부한 문제로 실전도 문제없습니다!
Updated TOEFL의 경향을 반영한 풍부한 양의 연습 문제와 실전 문제를 풀어봄으로써 문제 유형에 대한 이해도를 높이고 실전 감각까지 익힐 수 있도록 하였습니다.

『Hackers Updated TOEFL Listening Basic』이 여러분의 토플 목표 점수 달성에 확실한 해결책이 될 뿐 아니라, 실질적인 영어 실력의 향상과 함께 더 큰 꿈을 향해 나아가는 길에서 **든든한 동반자**가 되기를 소망합니다.

*David Cho*
& 해커스어학연구소

# CONTENTS

『해커스 토플 리스닝 베이직』이 특별한 이유　　　6
TOEFL iBT 소개　　　10
TOEFL iBT Listening 소개　　　12
TOEFL iBT Listening 화면 구성　　　14
나만의 학습플랜　　　16
미국식 영어와 영국식 영어의 차이　　　20

## 리스닝을 위한 기본기 다지기

| | | |
|---|---|---|
| **Day 01** | 단어 제대로 듣기 | 24 |
| **Day 02** | 발음과 문장의 강세 확인하며 듣기 | 34 |
| **Day 03** | 긴 문장 끊어 듣기 | 44 |
| **Day 04** | 들으면서 노트테이킹하기 | 54 |

## TASK ❶ 문장 듣고 응답 고르기 Listen and Choose a Response

| | | |
|---|---|---|
| Introduction | | 66 |
| **Day 05** | 의문사 의문문 | 68 |
| **Day 06** | 일반 의문문 | 80 |
| **Day 07** | 평서문 | 92 |
| **Day 08** | Task Test | 102 |

## TASK ❷ 대화 듣고 문제 풀기 Listen to a Conversation

| | | |
|---|---|---|
| Introduction | | 110 |
| **Day 09** | 중심 내용을 파악하는 문제 | 112 |
| **Day 10** | 세부 내용을 파악하는 문제 | 122 |
| **Day 11** | 대화의 맥락으로 추론하는 문제 | 132 |
| **Day 12** | Task Test | 142 |

Hackers
Updated TOEFL
Listening Basic

## TASK ❸ 공지 듣고 문제 풀기 Listen to an Announcement

| | | |
|---|---|---|
| Introduction | | 150 |
| Day 13 | 중심 내용을 파악하는 문제 | 152 |
| Day 14 | 세부 내용을 파악하는 문제 | 162 |
| Day 15 | 공지의 맥락으로 추론하는 문제 | 172 |
| Day 16 | Task Test | 182 |

## TASK ❹ 강의 듣고 문제 풀기 Listen to an Academic Talk

| | | |
|---|---|---|
| Introduction | | 190 |
| Day 17 | 중심 내용을 파악하는 문제 | 192 |
| Day 18 | 세부 내용을 파악하는 문제 | 202 |
| Day 19 | 강의의 맥락으로 추론하는 문제 | 212 |
| Day 20 | Task Test | 222 |

**Actual Test**     229

 정답·스크립트·해석·해설     241
[책 속의 책]

# 『해커스 토플 리스닝 베이직』이 특별한 이유!

## 01 20일 완성, Listening 기본서!

### ■ 영어 듣기의 기본서

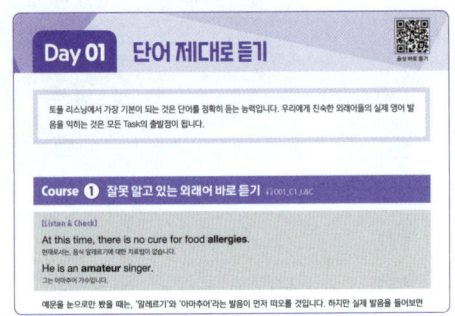

토플 리스닝 공부를 시작하는 수험생뿐만 아니라, 영어로 진행되는 수업에 대비하는 유학생과 일반인들이 영어 듣기의 기본을 다질 수 있도록 하는 데 중점을 두었습니다. **영어 듣기의 기본기부터 토플 리스닝 유형별 문제 풀이 전략까지 이 한 권으로 모두 학습**할 수 있습니다.

### ■ 맞춤형 학습플랜

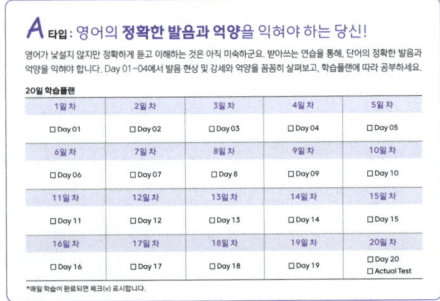

레벨테스트를 통해 자신의 실력을 미리 진단하고, **자신에게 가장 잘 맞는 학습플랜을 선택하여 학습**할 수 있습니다.

Hackers
Updated TOEFL
Listening Basic

# 02 기본부터 실전까지 체계적인 Listening 학습!

## 기본기 다지기

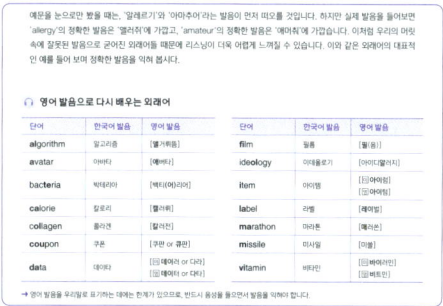

영어 발음과 강세, 끊어 듣기, 노트테이킹까지 **영어 듣기에 필요한 기본기들을 학습**하여 리스닝의 탄탄한 기반을 다질 수 있도록 하였습니다.

## Task 유형별 학습

Task별 문제 유형을 상세히 학습하며 **최적화된 문제 풀이 전략을 익히고**, Daily Check-up과 Daily Test를 통해 **문제에 바로 적용**해볼 수 있습니다. 각 Task의 마지막 Day에서는 여러 유형의 문제들이 혼합된 실전 형태의 Task Test를 통해, 앞에서 학습한 내용을 바탕으로 **실전처럼 풀어볼** 수 있습니다.

## Actual Test

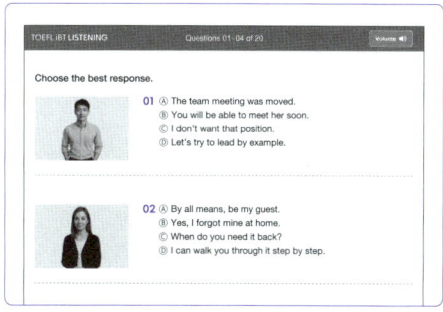

이 책의 최종 마무리 단계로, 한 회분의 실전 테스트를 수록하였습니다. 실제 Updated TOEFL Listening 시험과 동일한 형식을 갖춘 문제를 풀어봄으로써, 실전에 효과적으로 대비할 수 있습니다.

# 『해커스 토플 리스닝 베이직』이 특별한 이유!

## 03 정확한 해석·해설을 통한 문제 이해로 실력 UP!

### ▎스크립트/해석

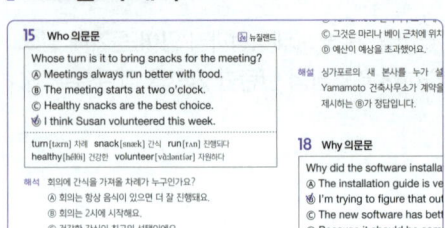

영어 듣기에 어려움을 느끼는 초보 학습자들이 **지문의 내용과 문제를 바르게 이해하며 학습**할 수 있도록 모든 지문과 문제의 스크립트와 정확한 해석을 제공합니다.

### ▎해설/정답 단서

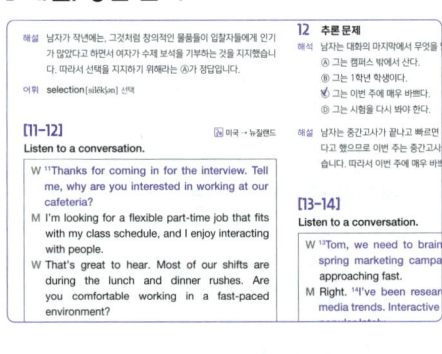

교재에 수록된 모든 문제에 대해 친절하고 상세한 해설을 수록하였습니다. 각 문제의 정답의 단서 또한 함께 제공하여 **정답과 오답의 근거를 정확하게 파악**할 수 있도록 하였습니다.

# 04 해커스만의 다양한 학습자료 제공!

### ▌고우해커스(goHackers.com)

온라인 토론과 정보 공유의 장인 **고우해커스(goHackers.com)** 사이트에서 다른 학습자들과 함께 교재 내용에 관한 문의사항을 나누고 학습 내용을 토론할 수 있으며, **다양한 무료 학습자료와 TOEFL 시험 및 유학에 대한 풍부한 정보**도 얻을 수 있습니다.

### ▌해커스인강(HackersIngang.com)

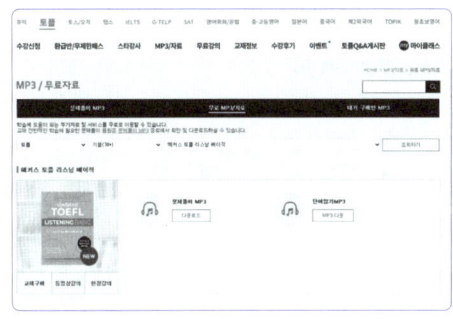

해커스인강(HackersIngang.com) 사이트에서 **교재에 수록된 단어 및 표현의 단어암기 MP3**를 무료로 제공받을 수 있습니다. 또한, 교재 학습 시 **온라인강의**를 수강하면 선생님의 상세한 설명을 통해 영어 듣기에 필요한 기본기 및 토플 리스닝 문제 유형별 전략을 좀 더 깊이 있고 체계적으로 학습할 수 있습니다.

# TOEFL iBT 소개

## ▍TOEFL iBT란?

TOEFL(Test of English as a Foreign Language) iBT(Internet-based test)는 미국의 비영리기관인 ETS(Educational Testing Service)에서 주관하는 국제 공인 영어 시험으로, 영어가 모국어가 아닌 수험자의 영어 실력을 읽기·듣기·쓰기·말하기 네 영역으로 나누어 평가합니다. 2026년 1월 21일부터 바뀌는 Updated TOEFL 시험은 Reading, Listening, Writing, Speaking 영역의 순서로 진행됩니다. Reading과 Listening 영역은 각 응시자의 Module 1 채점 결과에 따라 Module 2의 난이도와 구성이 달라지는 단계별 적응형 구조(multistage adaptive testing)로 진행됩니다.

## ▍TOEFL iBT 시험 구성

| 영역 | TASK | | 문항 수 | 시험 시간 | 점수 |
|---|---|---|---|---|---|
| **Reading** | TASK 1 | Complete the Words | 35~48문항<br>· Module 1: 20~33문항<br>· Module 2: 15문항 | 약 18~27분 | 1~6점 |
| | TASK 2 | Read in Daily Life (1지문 2~3문항) | | | |
| | TASK 3 | Read an Academic Passage (1지문 5문항) | | | |
| **Listening** | TASK 1 | Listen and Choose a Response | 35~45문항<br>· Module 1: 20~30문항<br>· Module 2: 15문항 | 약 18~27분 | 1~6점 |
| | TASK 2 | Listen to a Conversation (1지문 2문항) | | | |
| | TASK 3 | Listen to an Announcement (1지문 2문항) | | | |
| | TASK 4 | Listen to an Academic Talk (1지문 4문항) | | | |
| **Writing** | TASK 1 | Build a Sentence | 12문항 | 약 23분 | 1~6점 |
| | TASK 2 | Write an Email | | | |
| | TASK 3 | Write for an Academic Discussion | | | |
| **Speaking** | TASK 1 | Listen and Repeat (1세트 7문항) | 11문항 | 약 8분 | 1~6점 |
| | TASK 2 | Take an Interview (1세트 4문항) | | | |
| | | | | 약 2시간 | 1~6점 |

· Reading 또는 Listening 중 한 영역의 Module 1에서 더미 문제가 출제됩니다.
· Reading과 Listening 영역의 Module 1에서는 모든 TASK가 출제되지만, Module 2에서는 난이도에 따라 일부 TASK만 출제됩니다.

## TOEFL iBT 점수 체계

2026년 1월 21일 시행되는 Updated TOEFL은 세계적으로 널리 쓰이는 외국어 능력 공통 기준인 CEFR(Common European Framework of Reference for Languages) 6단계와 직관적으로 연계되는 1~6점 구간 점수제(banded scoring scale)를 도입합니다. 각 영역 점수와 총점은 0.5점 단위로 올라가는 1~6점 점수대로 표시되고, 총점은 4개 영역 점수의 평균값을 가장 가까운 0.5 단위로 반올림하여 산출합니다. (예: 4개 영역 점수 평균이 5.25이면, 총점은 5.5로 표기)

* Updated TOEFL 시행 2년 동안은 기존의 0~120점 점수대도 함께 표기됩니다.

### TOEFL 점수와 CEFR Level 환산표

| TOEFL 점수 | 1.0 | 1.5 | 2.0 | 2.5 | 3.0 | 3.5 | 4.0 | 4.5 | 5.0 | 5.5 | 6.0 |
|---|---|---|---|---|---|---|---|---|---|---|---|
| CEFR Level | A1 | | A2 | | B1 | | B2 | | C1 | | C2 |

## TOEFL iBT 접수 및 성적 확인

| | |
|---|---|
| 실시일 | · ETS Test Center 시험: 일주일에 약 2~3일 실시<br>· 홈에디션 시험: 일주일에 약 4~5일 실시 |
| 시험 장소 | · ETS Test Center에서 치르거나, 집에서 홈에디션 시험으로 응시 가능 |
| 접수 방법 | · ETS 토플 웹사이트 또는 전화상으로 접수 |
| 시험 당일 준비물 | · 공인된 신분증 원본 반드시 지참 (자세한 신분증 규정은 ETS 토플 웹사이트에서 확인 가능)<br>· 홈에디션 시험에 응시할 경우, 사전에 ETS 토플 웹사이트에서 필요한 프로그램 설치 및 준비물 확인하여 지참 |
| 성적 및 리포팅 | · 시험 응시 후 바로 Reading/Listening 영역 비공식 점수 확인 가능<br>· 시험 응시일로부터 72시간 후에 온라인으로 성적 확인 가능<br>· 시험 접수 시, 자동으로 성적 리포팅 받을 기관 선택 가능<br>· MyBest Scores 제도 시행<br>   (최근 2년간의 시험 성적 중 영역별 최고 점수 합산하여 유효 성적으로 인정) |

# TOEFL iBT Listening 소개

TOEFL iBT Listening 영역은 영어를 사용하는 국가의 대학 또는 일상생활에서 일어날 수 있는 대화, 공지, 강의를 듣고 이해하는 능력을 평가합니다. 대화, 공지, 강의는 실제 상황처럼 매우 자연스러우며, 구어체도 종종 사용됩니다. 음성은 미국, 영국, 호주, 뉴질랜드 네 가지 발음이 골고루 출제됩니다. 노트테이킹이 허용되므로 필요한 경우에는 음성을 들으면서 주요 키워드를 메모하는 것이 도움이 됩니다.

## �ྐ TOEFL Listening 구성

TOEFL iBT Listening 영역은 두 개의 Module로 구성되며, Module 1의 결과에 따라 Module 2의 구성과 난이도가 달라지는 단계별 적응형 구조(multistage adaptive testing)로 진행됩니다. Module 1에서는 네 가지 Task가 모두 출제되지만, Module 2에서는 난이도에 따라 출제되는 Task가 달라집니다. 또한, Module 1에서는 더미 문제가 출제될 수 있습니다.

| Module 1 | |
|---|---|
| TASK 1  Listen and Choose a Response | 8~12문항 |
| TASK 2  Listen to a Conversation | 4~6문항 (2~3지문) |
| TASK 3  Listen to an Announcement | 4~8문항 (2~4지문) |
| TASK 4  Listen to an Academic Talk | 4~8문항 (1~2지문) |
| | 총 20~30문항 |

Module 1의 결과에 따라 Module 2의 구성과 난이도가 달라집니다.

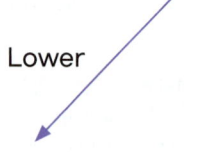

Lower           Upper

| Module 2: Lower | |
|---|---|
| TASK 1  Listen and Choose a Response | 7문항 |
| TASK 2  Listen to a Conversation | 4문항 (2지문) |
| TASK 3  Listen to an Announcement | 4문항 (2지문) |
| TASK 4  Listen to an Academic Talk | 0문항 |
| | 총 15문항 |

| Module 2: Upper | |
|---|---|
| TASK 1  Listen and Choose a Response | 3문항 |
| TASK 2  Listen to a Conversation | 4문항 (2지문) |
| TASK 3  Listen to an Announcement | 0문항 |
| TASK 4  Listen to an Academic Talk | 8문항 (2지문) |
| | 총 15문항 |

## TOEFL iBT LISTENING TASK별 특징

### TASK 1  Listen and Choose a Response
의문문 또는 평서문 형태의 한 문장을 듣고 화면에 제시된 네 개의 보기 중 이어질 응답으로 가장 적절한 것을 고르는 유형입니다. 들려주는 문장이 평균 7~8단어로 짧은 편이고 한 번만 들려주므로 집중력을 유지하며 내용을 정확하게 파악하는 것이 중요합니다. 한 문제당 제한 시간은 20초입니다.

### TASK 2  Listen to a Conversation (1지문 2문항)
두 사람의 대화를 듣고 대화 내용과 관련된 문제의 답을 고르는 유형입니다. 대화를 듣는 동안은 문제를 볼 수 없고, 대화가 끝나면 문제와 보기 네 개가 화면에 제시됩니다. 대화의 길이는 약 23초이며, 주로 대학이나 일상생활에서 일어날 법한 상황으로 구성된다. 한 문제당 제한 시간은 20초입니다.

### TASK 3  Listen to an Announcement (1지문 2문항)
한 사람이 말하는 공지를 듣고 공지 내용과 관련된 문제의 답을 고르는 유형입니다. 공지가 끝나면 문제와 보기 네 개가 화면에 제시됩니다. 공지 길이는 약 21초이며, 주로 대학 내에서 강의, 행사, 시설 등에 대한 안내를 하는 내용이 출제됩니다. 한 문제당 제한 시간은 20초입니다.

### TASK 4  Listen to an Academic Talk (1지문 4문항)
한 사람이 말하는 강의를 듣고 강의 내용과 관련된 문제의 답을 고르는 유형입니다. 강의가 끝나면 문제와 보기 네 개가 화면에 제시됩니다. 강의의 길이는 약 1분 20초 정도이며 한 문제당 제한 시간은 30초입니다.

# TOEFL iBT Listening 화면 구성

### 1. 음향 조정 화면

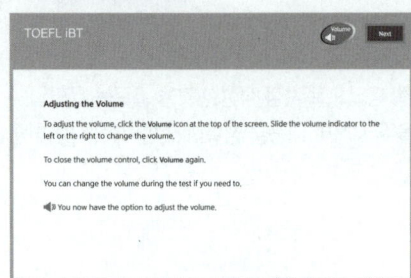

시험을 시작하기 전에 음량을 조절하는 방법을 알려주는 화면입니다. Volume 버튼을 클릭하면 소리를 조절할 수 있는 창이 나타납니다. 시험을 보는 동안에도 계속해서 음량을 조절할 수 있습니다.

### 2. Listening Direction 화면

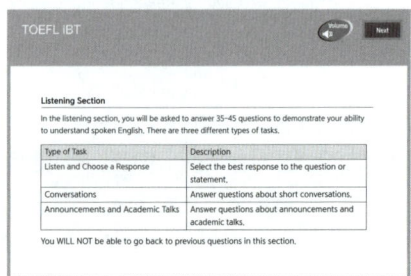

리스닝 시험에 대한 전반적인 설명이 주어지는 화면입니다. 총 35~45 문항이 출제되는 것, 크게 세 가지 TASK로 구성된다는 것, 앞 문제로 돌아갈 수 없다는 설명이 나옵니다.

### 3. Module 시작 화면

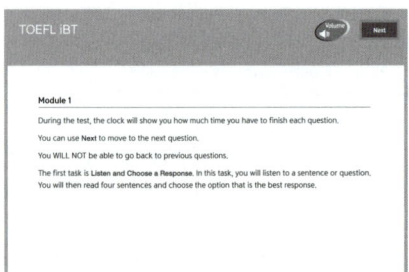

Module 진행 방식에 대한 설명이 주어지는 화면입니다. 화면에서 문항별 제한 시간이 표시된다는 것, Next 버튼을 클릭하여 다음 문제로 이동할 수 있다는 내용과 함께 TASK 1 진행 방식에 대한 설명이 나옵니다.

### 4. TASK 1 문제 화면

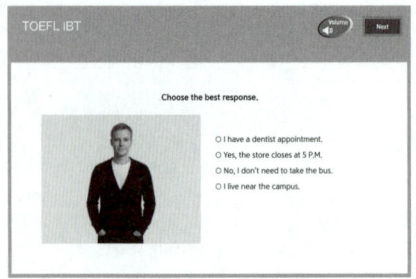

TASK 1은 문제 음성을 들을 때 대화하는 사람들의 사진과 보기 네 개가 나옵니다. 문제 음성이 끝나면, 보기 앞에 있는 칸을 클릭하여 답을 표시합니다. 답을 표시한 후 Next 버튼을 클릭하면 답이 확정되고 다음 문제로 넘어갑니다.

## 5. TASK 2~4 지문을 들을 때 나오는 화면

TASK 2의 대화를 들을 때는 두 명의 화자 사진이 나오고, TASK 3~4의 공지나 강의를 들을 때는 한 명의 화자 사진이 나옵니다.

## 6. TASK 2~4 문제 화면

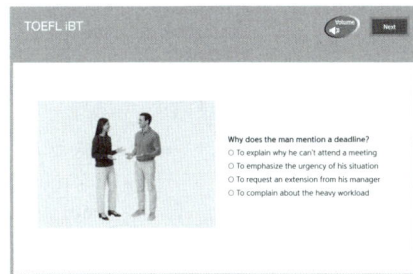

TASK 2~4에서 지문 음성이 끝난 후 나오는 문제 화면입니다. 문제와 보기 네 개가 화면에 나오면, 보기 앞에 있는 칸을 클릭하여 답을 표시합니다. 답을 표시한 후 Next 버튼을 클릭하면 답이 확정되고 다음 문제로 넘어갑니다.

## 7. Module 종료 화면

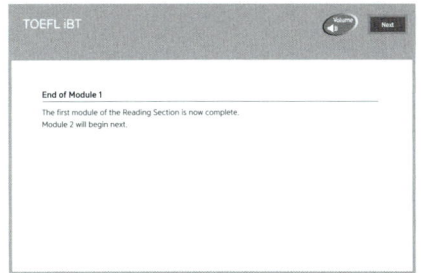

각 Module이 끝나고 나오는 디렉션 화면에서 Next 버튼을 누르면 다음 Module이나 다음 영역으로 넘어갑니다.

# 나만의 학습플랜

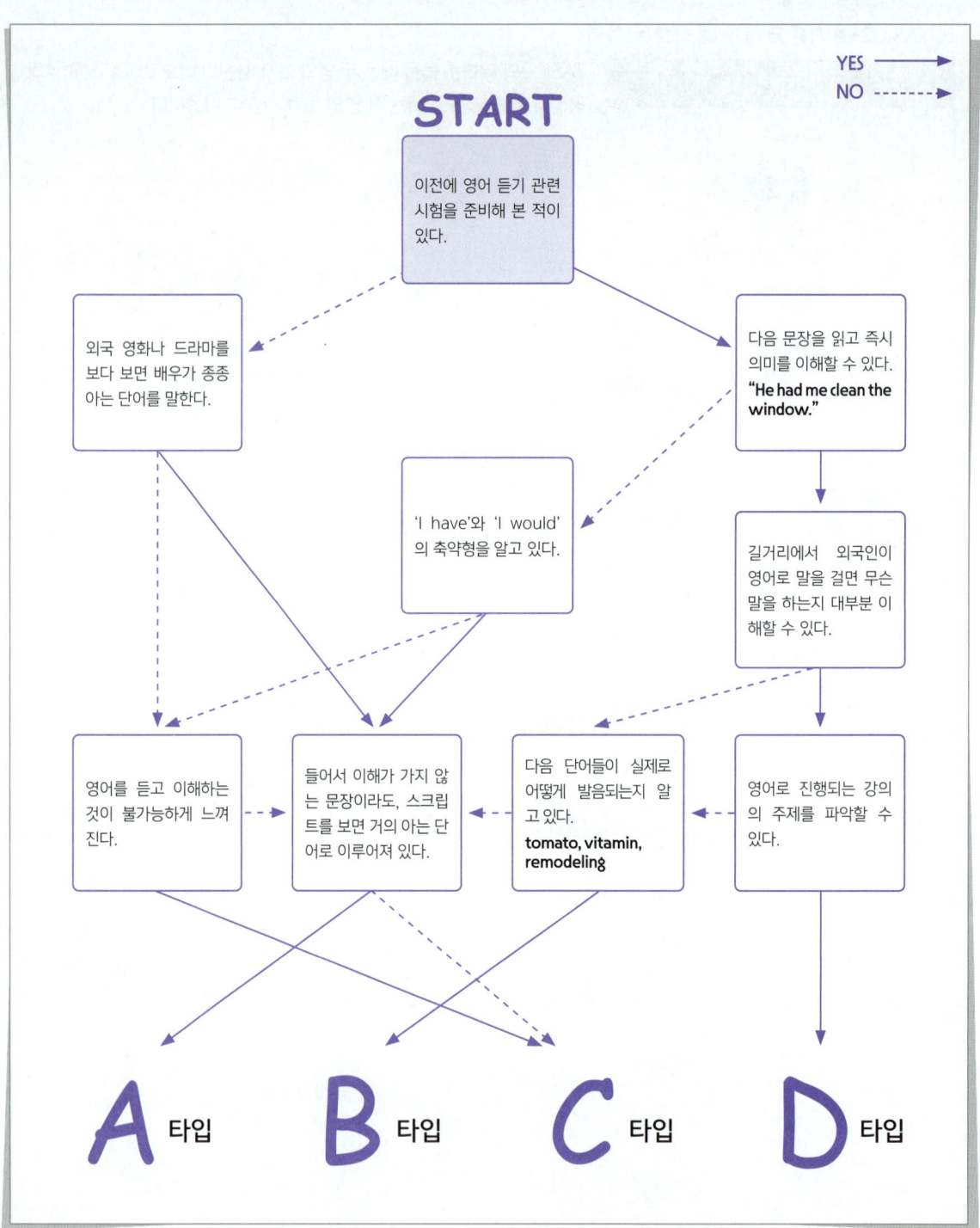

Hackers
Updated TOEFL
Listening Basic

# A 타입 : 영어의 **정확한 발음과 억양**을 익혀야 하는 당신!

영어가 낯설지 않지만 정확하게 듣고 이해하는 것은 아직 미숙하군요. 받아쓰는 연습을 통해, 단어의 정확한 발음과 억양을 익혀야 합니다. Day 01~04에서 발음 현상 및 강세와 억양을 꼼꼼히 살펴보고, 학습플랜에 따라 공부하세요.

**20일 학습플랜**

| 1일 차 | 2일 차 | 3일 차 | 4일 차 | 5일 차 |
|---|---|---|---|---|
| ☐ Day 01 | ☐ Day 02 | ☐ Day 03 | ☐ Day 04 | ☐ Day 05 |
| **6일 차** | **7일 차** | **8일 차** | **9일 차** | **10일 차** |
| ☐ Day 06 | ☐ Day 07 | ☐ Day 8 | ☐ Day 09 | ☐ Day 10 |
| **11일 차** | **12일 차** | **13일 차** | **14일 차** | **15일 차** |
| ☐ Day 11 | ☐ Day 12 | ☐ Day 13 | ☐ Day 14 | ☐ Day 15 |
| **16일 차** | **17일 차** | **18일 차** | **19일 차** | **20일 차** |
| ☐ Day 16 | ☐ Day 17 | ☐ Day 18 | ☐ Day 19 | ☐ Day 20<br>☐ Actual Test |

*매일 학습이 완료되면 체크(v) 표시합니다.

# B 타입 : 들은 내용을 활용한 **문제 풀이 능력**을 키워야 하는 당신!

기본적인 듣기 실력은 갖추고 있지만, 영어를 능동적으로 이해하고 활용하는 능력이 부족하네요. 문제 유형별 핵심 전략을 꼼꼼히 학습하고, 이를 적용하여 문제를 푸는 데 주력하세요. 학습플랜에 따라 15일 동안 공부하세요.

**15일 학습플랜**

| 1일 차 | 2일 차 | 3일 차 | 4일 차 | 5일 차 |
|---|---|---|---|---|
| ☐ Day 01<br>☐ Day 02 | ☐ Day 03<br>☐ Day 04 | ☐ Day 05 | ☐ Day 06 | ☐ Day 07<br>☐ Day 08 |
| **6일 차** | **7일 차** | **8일 차** | **9일 차** | **10일 차** |
| ☐ Day 09 | ☐ Day 10 | ☐ Day 11<br>☐ Day 12 | ☐ Day 13 | ☐ Day 14 |
| **11일 차** | **12일 차** | **13일 차** | **14일 차** | **15일 차** |
| ☐ Day 15<br>☐ Day 16 | ☐ Day 17 | ☐ Day 18 | ☐ Day 19<br>☐ Day 20 | ☐ Actual Test |

*매일 학습이 완료되면 체크(v) 표시합니다.

## 나만의 학습플랜

# C 타입 : 차근차근 **영어 듣기의 기초**부터 다져야 하는 당신!

이제 막 영어 듣기의 첫걸음을 떼려 하는군요. 영어와 친숙하지 않은 지금은 무조건 문제를 풀고 채점하는 것은 의미가 없습니다. 학습플랜에 따라 20일 동안 차근차근 공부하고, 10일 동안 같은 내용을 다시 한번 복습하는 것이 좋겠습니다.

### 30일 학습플랜

| 1일 차 | 2일 차 | 3일 차 | 4일 차 | 5일 차 |
|---|---|---|---|---|
| ☐ Day 01 | ☐ Day 02 | ☐ Day 03 | ☐ Day 04 | ☐ Day 05 |
| **6일 차** | **7일 차** | **8일 차** | **9일 차** | **10일 차** |
| ☐ Day 06 | ☐ Day 07 | ☐ Day 8 | ☐ Day 09 | ☐ Day 10 |
| **11일 차** | **12일 차** | **13일 차** | **14일 차** | **15일 차** |
| ☐ Day 11 | ☐ Day 12 | ☐ Day 13 | ☐ Day 14 | ☐ Day 15 |
| **16일 차** | **17일 차** | **18일 차** | **19일 차** | **20일 차** |
| ☐ Day 16 | ☐ Day 17 | ☐ Day 18 | ☐ Day 19 | ☐ Day 20<br>☐ Actual Test |
| **21일 차** | **22일 차** | **23일 차** | **24일 차** | **25일 차** |
| ☐ Day 01 복습<br>☐ Day 02 복습 | ☐ Day 03 복습<br>☐ Day 04 복습 | ☐ Day 05 복습<br>☐ Day 06 복습 | ☐ Day 07 복습<br>☐ Day 08 복습 | ☐ Day 09 복습<br>☐ Day 10 복습 |
| **26일 차** | **27일 차** | **28일 차** | **29일 차** | **30일 차** |
| ☐ Day 11 복습<br>☐ Day 12 복습 | ☐ Day 13 복습<br>☐ Day 14 복습 | ☐ Day 15 복습<br>☐ Day 16 복습 | ☐ Day 17 복습<br>☐ Day 18 복습 | ☐ Day 19 복습<br>☐ Day 20 복습<br>☐ Actual Test 복습 |

*매일 학습이 완료되면 체크(v) 표시합니다.

# D 타입 : TOEFL 리스닝 실전 유형을 익혀야 하는 당신!

기본적인 영어 듣기에 대한 감각은 물론, 들은 내용을 요약하여 정리하는 능력까지 갖추었군요. 이제 토플 시험에 대한 실전 감각만 키우면 바로 실전에 도전해도 되겠습니다. 학습플랜에 따라 10일 동안 끝내세요.

**10일 학습플랜**

| 1일 차 | 2일 차 | 3일 차 | 4일 차 | 5일 차 |
|---|---|---|---|---|
| ☐ Day 01<br>☐ Day 02<br>☐ Day 03<br>☐ Day 04 | ☐ Day 05<br>☐ Day 06 | ☐ Day 07<br>☐ Day 08 | ☐ Day 09<br>☐ Day 10 | ☐ Day 11<br>☐ Day 12 |
| **6일 차** | **7일 차** | **8일 차** | **9일 차** | **10일 차** |
| ☐ Day 13<br>☐ Day 14 | ☐ Day 15<br>☐ Day 16 | ☐ Day 17<br>☐ Day 18 | ☐ Day 19<br>☐ Day 20 | ☐ Actual Test |

*매일 학습이 완료되면 체크(v) 표시합니다.

## 교재 학습 TIP

1. 매일 제시되는 본문 내용을 충분히 학습한 뒤, Daily Check-up과 Daily Test를 풀고 자신이 취약한 부분이 무엇인지 체크해 보세요. 부족한 부분은 본문을 참고하여 복습하세요.

2. Actual Test를 풀 때에는 앞에서 학습한 모든 내용을 종합하여 실전처럼 풀어 보세요. 특히 Task 2, 3, 4는 문제 내용을 보지 않은 상태에서 먼저 지문을 들은 뒤 문제를 풀면서 실제 시험 방식에 익숙해지도록 하는 것이 중요합니다.

3. 문제를 푼 뒤에는 자신이 취약한 부분을 파악하여 그 부분을 중점적으로 복습하세요.
   - 어휘력이 부족한 경우: 스크립트를 보면서 몰랐던 단어를 다시 한번 학습합니다.
   - 발음이 잘 안 들리는 경우: 들리지 않는 부분을 반복적으로 들으면서 받아쓰기합니다.
   - 문장은 들리는데 이해가 잘 안되는 경우: 음성 파일을 들으면서 같은 속도로 따라 읽습니다.

4. 스터디 학습을 할 때에는 각자 문제 유형 및 핵심 전략을 충분히 숙지해 온 뒤, 팀원들과 함께 시간을 정해 놓고 문제를 풀어 보세요. 지문을 듣고 받아쓰거나 노트테이킹한 내용은 스크립트를 확인하기 전에 서로 비교하여 빠진 내용이 있는지 확인해 보세요. 채점한 뒤에는 서로의 답을 비교해 보고, 혼동되는 부분이 있으면 그 이유를 함께 논의해 보면서 부족한 부분을 채워 나가는 것이 중요합니다.

# 미국식 영어와 영국식 영어의 차이

iBT TOEFL Listening에서는 미국식 발음 외에도 영국, 호주 및 뉴질랜드식 발음이 등장합니다. 미국식 영어에 익숙한 한국 학습자들에게는 다른 영어권 국가의 발음이 낯설고 어렵게 느껴질 수 있으므로, 각 영어권 국가의 발음을 비교해 가며 기본적인 차이점을 숙지하는 과정이 필요합니다. 호주와 뉴질랜드식 영어는 영국식 영어와 비교적 유사하기 때문에, 크게 미국식 영어와 영국식 영어를 비교해 보겠습니다.

## 1. 자음

❶ /r/ 발음 : 영국 영어에서 [r]은 바로 뒤에 모음이 따라 올 경우에만 발음하는 반면, 미국 영어에서는 [r]을 항상 부드럽게 굴려 발음합니다.

|  | corn | fever | bird | further |
|---|---|---|---|---|
| 미국식 | [kɔːrn] | [fíːvər] | [bəːrd] | [fə́ːrðər] |
| 영국식 | [kɔːn] | [fíːvə] | [bəːd] | [fə́ːðə] |

❷ /t/ 발음 : 미국 영어에서는 [t] 발음이 종종 생략되거나 변형되어 발음되는 반면, 영국 영어에서는 대부분 그대로 발음됩니다.

|  | water | item | printer | Internet |
|---|---|---|---|---|
| 미국식 | 워러r | 아이럼 | 프리너r | 이너r넷 |
| 영국식 | 워터 | 아이텀 | 프륀터 | 인터넷 |

|  | mountain | recently | artist | transporter |
|---|---|---|---|---|
| 미국식 | 마운은 | 뤼슨트리 | 아r리스트 | 트랜스포어r러 |
| 영국식 | 마운튼 | 뤼슨틀리 | 아티스트 | 트란스포터 |

## 2. 모음

❶ /a/ 발음 : 미국 영어에서는 [æ]로 발음되지만 영국 영어에서는 [ɑ]로 발음됩니다.

|  | can't | half | path | glass |
|---|---|---|---|---|
| 미국식 | [kænt] | [hæf] | [pæθ] | [glæs] |
| 영국식 | [kɑːnt] | [hɑːf] | [pɑːθ] | [glɑːs] |

❷ /i/ 발음 : 특정 단어의 경우 미국 영어에서는 [i]로 발음되지만 영국 영어에서는 [ai]로 발음됩니다.

|  | either | neither | direction | organization |
|---|---|---|---|---|
| 미국식 | [íːðər] | [níːðər] | [dirékʃən] | [ɔ̀ːrgənizéiʃən] |
| 영국식 | [áiðə] | [náiðə] | [dairékʃən] | [ɔ̀ːgənaizéiʃən] |

❸ /o/ 발음 : 특정 단어의 경우 미국 영어에서는 [ɑ]로 발음되지만 영국 영어에서는 [ɔ]로 발음됩니다.

|  | not | shop | stop | bottle |
|---|---|---|---|---|
| 미국식 | [nɑːt] | [ʃɑːp] | [stɑːp] | [bɑːtl] |
| 영국식 | [nɔt] | [ʃɔp] | [stɔp] | [bɔtl] |

❹ /u/ 발음 : 미국 영어에서는 주로 [u], 즉 '우'로 발음되는 반면 영국 영어에서는 [ju], 즉 '유'로 발음됩니다.

|  | assume | tune | news | opportunity |
|---|---|---|---|---|
| 미국식 | [əsúːm] | [tuːn] | [nuːz] | [àːpərtúːnəti] |
| 영국식 | [əsjúːm] | [tjuːn] | [njuːz] | [ɔ̀pətjúːnəti] |

## 3. 강세

미국 영어에서는 강세가 뒤에 오는 반면, 영국 영어에서는 같은 단어의 강세가 앞에 오는 경우가 있습니다.

|  | garage | baton | debris | vaccine |
|---|---|---|---|---|
| 미국식 | [gərɑ́ːʒ] | [bətǽn] | [dəbríː] | [væksíːn] |
| 영국식 | [gǽrɑːʒ] | [bǽtɔn] | [déibriː] | [vǽksiːn] |

## 4. 기타 차이 나는 발음들

|  | methane | schedule | Asia | transient |
|---|---|---|---|---|
| 미국식 | [méθein] | [skédʒu(ː)l] | [éiʒə] | [trǽnʃənt] |
| 영국식 | [míːθein] | [ʃédjuːl] | [éiʃə] | [trǽnziənt] |

무료 토플자료·유학정보 제공

**goHackers.com**

Hackers
Updated TOEFL
Listening Basic

# 리스닝을 위한
# 기본기 다지기

**Day 01**   단어 제대로 듣기
**Day 02**   발음과 문장의 강세 확인하며 듣기
**Day 03**   긴 문장 끊어 듣기
**Day 04**   들으면서 노트테이킹하기

# Day 01 단어 제대로 듣기

토플 리스닝에서 가장 기본이 되는 것은 단어를 정확히 듣는 능력입니다. 우리에게 친숙한 외래어들의 실제 영어 발음을 익히는 것은 모든 Task의 출발점이 됩니다.

## Course 1 잘못 알고 있는 외래어 바로 듣기 🎧 D01_C1_L&C

**[Listen & Check]**

At this time, there is no cure for food **allergies**.
현재로서는, 음식 알레르기에 대한 치료법이 없습니다.

He is an **amateur** singer.
그는 아마추어 가수입니다.

예문을 눈으로만 봤을 때는, '알레르기'와 '아마추어'라는 발음이 먼저 떠오를 것입니다. 하지만 실제 발음을 들어보면 'allergy'의 정확한 발음은 '앨러쥐'에 가깝고, 'amateur'의 정확한 발음은 '애머춰'에 가깝습니다. 이처럼 우리의 머릿속에 잘못된 발음으로 굳어진 외래어들 때문에 리스닝이 더욱 어렵게 느껴질 수 있습니다. 이와 같은 외래어의 대표적인 예를 들어 보며 정확한 발음을 익혀 봅시다.

### 🎧 영어 발음으로 다시 배우는 외래어

| 단어 | 한국어 발음 | 영어 발음 | 단어 | 한국어 발음 | 영어 발음 |
|---|---|---|---|---|---|
| **al**gorithm | 알고리즘 | [앨거뤼뜸] | **fi**lm | 필름 | [필(음)] |
| **a**vatar | 아바타 | [애버타] | ide**o**logy | 이데올로기 | [아이디알러지] |
| bac**te**ria | 박테리아 | [백티(어)리어] | **i**tem | 아이템 | [미 아이럼]<br>[영 아이텀] |
| **ca**lorie | 칼로리 | [캘러뤼] | **la**bel | 라벨 | [레이블] |
| co**ll**agen | 콜라겐 | [칼러전] | **ma**rathon | 마라톤 | [매러쏜] |
| **cou**pon | 쿠폰 | [쿠판 or 큐판] | **mi**ssile | 미사일 | [미쓸] |
| **da**ta | 데이타 | [미 데이러 or 다라]<br>[영 데이터 or 다타] | **vi**tamin | 비타민 | [미 바이러민]<br>[영 비타민] |

→ 영어 발음을 우리말로 표기하는 데에는 한계가 있으므로, 반드시 음성을 들으면서 발음을 익혀야 합니다.

## ✓ Check-up  🎧 D01_C1_Checkup

🎧 들려주는 발음이 어떤 단어인지 찾아 그 기호를 쓰세요.

| A. 알고리즘 | B. 르네상스 | C. 카누 | D. 마사지 | E. 이탈리아 |
| F. 콜라겐 | G. 뷔페 | H. 레퍼토리 | I. 심포지엄 | J. 아이템 |

01 _____  02 _____  03 _____  04 _____  05 _____

06 _____  07 _____  08 _____  09 _____  10 _____

🎧 들려주는 단어를 듣고 받아써 보세요.

11 _____  12 _____  13 _____

14 _____  15 _____  16 _____

17 _____  18 _____  19 _____

🎧 다음 문장의 빈칸을 채워 보세요.

20 She is a _____.

21 All you need is her _____ to add the class.

22 You should call everyone to collect the _____.

23 Check out the cost of renting an _____ first.

24 The website's search _____ was updated, so results load faster now.

25 I suggest adding _____ powder to smoothies for extra protein.

26 This online shop offers free shipping on all _____ orders over $50.

정답·해석·해설 p.242

# Course 2 강세에 유의하여 듣기 🎧 D01_C2_L&C

**[Listen & Check]**

The book can be placed in the **category** of science fiction.
그 책은 공상 과학 범주에 포함될 수 있습니다.

The vacancy is for industrial **design** majors.
그 공석은 산업 디자인 전공자들을 대상으로 합니다.

'category'는 흔히 '카테고리'로 사용됩니다. 이 단어의 정확한 발음을 우리말로 표기하면 '캐러고뤼'가 될 것입니다. 그리고 흔히 '디자인'으로 사용되는 단어 'design'의 정확한 발음은 '(드)자인'에 가깝습니다. 이처럼 강세가 없는 모음은 매우 약해져서, 거의 '어'나 '으'에 가깝게 발음됩니다. 반면 강세가 있는 모음은 상대적으로 매우 강하게 들리죠. 아래의 단어들은 우리가 강세를 제대로 알지 못해 실제 발음과 흔히 알고 있는 발음이 다르게 들리는 예입니다. 강세에 유의하여 발음을 익혀 봅시다.

## 🎧 강세를 알아두어야 할 단어들

| 단어 | 한국어 발음 | 영어 발음 | | 단어 | 한국어 발음 | 영어 발음 |
|---|---|---|---|---|---|---|
| ac**cor**ding | 어코딩 | [(어)**코**ㄹ딩] | | be**cau**se | 비코우즈 | [(비)**커**즈] |
| a**cross** | 어크로스 | [(어)**크뤄**쓰] | | car**toon** | 카툰 | [(커ㄹ)**툰**] |
| ad**mit** | 어드밑 | [(언)**밑**] | | de**mo**cracy | 데모크라시 | [(드)**마**크뤄씨] |
| ad**van**ce | 어드밴스 | [(언)**밴**스] | | e**mo**tion | 이모션 | [(이)**모우**션] |
| af**ford** | 어포드 | [(어)**포**ㄹ드] | | e**ven**t | 이벤트 | [(이)**벤**트] |
| ap**pear** | 어피어 | [(어)**피어**] | | **le**gitimate | 리지터밑 | [(리)**지**러밑] |
| as**sure** | 어슈어 | [(어)**슈어**] | | ma**te**rial | 머티리얼 | [(머)**티리(어)**얼] |
| **A**thens | 아테네 | [**애**(쓴)즈] | | **no**vel | 노벨 | [**나**(블)] |
| **a**tom | 애톰 | [미 **애**럼]<br>[영 **애**텀] | | **po**em | 포엠 | [**포**(엄)] |
| at**tend** | 어텐드 | [(어)**텐**드] | | po**lice** | 폴리스 | [(플)**리쓰**] |
| at**tem**pt | 어템프트 | [(어)**템**트] | | **sen**timent | 센티멘트 | [**센**트먼(ㅌ)] |
| a**void** | 어보이드 | [(어)**보이**드] | | se**ve**re | 세비어 | [(쓰)**비어**] |
| bal**loon** | 벌룬 | [(벌)**룬**] | | to**night** | 투나잇 | [(트)**나잇**] |

# ✓ Check-up

🎧 들려주는 단어를 듣고 받아써 보세요.

01 _____   02 _____   03 _____

04 _____   05 _____   06 _____

07 _____   08 _____   09 _____

🎧 들려주는 문장에서 어떤 단어를 발음하고 있는지 찾아보세요.

10 Ⓐ attend     Ⓑ tend        11 Ⓐ assure     Ⓑ sure

12 Ⓐ apply     Ⓑ fly          13 Ⓐ admit      Ⓑ meet

14 Ⓐ room     Ⓑ balloon      15 Ⓐ attempt    Ⓑ tempt

🎧 다음 문장의 빈칸을 채워 보세요.

16 Thanks for _____ me.

17 You can get the reading _____ at the public library.

18 Seven courses in one _____ is just too much.

19 Do you want me to _____ the fundraiser during the club meeting?

20 Only a _____ child could be installed as crown prince.

21 We traveled _____ the country by train.

22 Music can unlock a buried _____ within seconds.

# Course 3 비슷하게 들리는 자음과 모음 구분하기 🎧 D01_C3_L&C

**[Listen & Check]**

He was a **fast** runner in the **past**. 그는 과거에 빠른 육상 선수였습니다.

Before **long**, he turned out to be **wrong**. 오래지 않아, 그가 틀렸다는 것이 밝혀졌습니다.

'fast'의 [f]와 'past'의 [p]는 혼동하기 쉬운 유사한 자음입니다. 그리고 'long'과 'wrong'의 [l]과 [r] 또한 유사한 자음이므로, 들을 때 혼동하기 쉽습니다. 이처럼 소리가 유사한 자음과 모음으로 인해 혼동하기 쉬운 단어의 대표적인 예를 잘 듣고 확실히 구분할 수 있도록 발음을 익혀 봅시다.

## 🎧 발음을 혼동하기 쉬운 단어들

| | | | | | |
|---|---|---|---|---|---|
| **[l] & [r]** | lock [lɑːk] | low [lou] | gloss [glɑːs] | lift [lift] | fly [flai] |
| | rock [rɑːk] | raw [rɔː] | gross [grous] | rift [rift] | fry [frai] |
| | [l]은 우리말의 'ㄹ' 발음과 비슷하게 입천장에 혀를 대고 내는 소리 | | | | |
| | [r]은 혀를 입천장 가까이로 가져간 후 입을 둥글게 해서 내는 소리 | | | | |
| **[b] & [v]** | bent [bent] | bail [beil] | ban [bæn] | bow [bau] | bury [béri] |
| | vent [vent] | veil [veil] | van [væn] | vow [vau] | very [véri] |
| | [b]는 우리말의 'ㅂ' 발음과 비슷하게 입술을 붙였다가 떼며 내는 소리 | | | | |
| | [v]는 윗니를 아랫입술에 댄 채 목을 울리며 내는 소리 | | | | |
| **[f] & [p]** | file [fail] | coffee [kɔ́ːfi] | fair [feər] | fat [fæt] | a fly [əflái] |
| | pile [pail] | copy [kɑ́ːpi] | pair [peər] | pat [pæt] | apply [əplái] |
| | [f]는 윗니를 아랫입술에 댄 채 바람을 새어 나가게 해서 내는 소리 | | | | |
| | [p]는 우리말의 'ㅍ' 발음과 비슷하게 입술을 붙였다가 떼며 내는 소리 | | | | |
| **[ɔː] & [ou]** | bought [bɔːt] | lawn [lɔːn] | caught [kɔːt] | ball [bɔːl] | bald [bɔːld] |
| | boat [bout] | loan [loun] | coat [kout] | bowl [boul] | bold [bould] |
| | [ɔː]는 입 모양을 둥글게 한 채 발음하는 우리말의 '오'와 '아'의 중간 소리 | | | | |
| | [ou]는 입을 '오'와 같이 했다가 '우'와 가까운 모양으로 바꾸며 내는 소리 | | | | |
| **[iː] & [i]** | feet [fiːt] | leaves [liːvz] | neat [niːt] | seep [siːp] | least [liːst] |
| | fit [fit] | lives [livz] | knit [nit] | sip [sip] | list [list] |
| | [iː]는 혀를 긴장시킨 채 입술을 옆으로 크게 벌리고 길게 '이'라고 발음하는 소리 | | | | |
| | [i]는 혀와 입술에 힘을 빼고 짧게 '이'라고 발음하는 소리 | | | | |

# Check-up

들려주는 단어를 듣고 받아써 보세요.

01. _____  02. _____  03. _____
04. _____  05. _____  06. _____
07. _____  08. _____  09. _____

들려주는 문장에서 어떤 단어를 발음하고 있는지 찾아보세요.

10. Ⓐ best        Ⓑ vest        11. Ⓐ feinting    Ⓑ painting
12. Ⓐ call        Ⓑ coal        13. Ⓐ rice        Ⓑ lice
14. Ⓐ beat        Ⓑ bit         15. Ⓐ a fly       Ⓑ apply

다음 문장의 빈칸을 채워 보세요.

16. There will be a _____ about the student lounge this _____.
17. Please _____ these papers properly instead of leaving them in a _____.
18. It will _____ you lots of money to investigate the _____ area.
19. I _____ the new _____ will do a great job at the animal hospital.
20. Now, you can see the _____ through the _____.

# Course 4 비슷하게 들리는 단어들 구분하기 🎧 D01_C4_L&C

**[Listen & Check]**
Did you **write** down the **right** phone number?
올바른 전화번호를 적어두셨나요?

After the children are **adopted**, they will need to **adapt** to their new environment.
아이들은 입양된 후에, 새로운 환경에 적응해야 할 것입니다.

'write'와 'right'는 발음이 같아서 혼동을 줄 수 있는 단어들이고, 'adopt'와 'adapt'는 발음이 유사하여 혼동을 줄 수 있는 단어들입니다. 이와 같이 발음이 같거나 유사한 단어들은 문맥에서 그 뜻을 생각하며 구분해야 합니다.

## 🎧 발음이 같거나 유사한 단어들

### 발음이 같은 단어들

| | | |
|---|---|---|
| [eər] | air | 공기 |
| | heir | 상속자 |
| [əláud] | allowed | 허락된 |
| | aloud | 큰 소리로 |
| [beər] | bare | 발가벗은 |
| | bear | 견디다 |
| [breik] | break | 깨뜨리다 |
| | brake | 제동 장치 |
| [dai] | die | 죽다 |
| | dye | 염료 |
| [feər] | fair | 공정한 |
| | fare | 운임 |
| [fláuər] | flower | 꽃 |
| | flour | 밀가루 |
| [meil] | male | 남성의 |
| | mail | 우편(물) |
| [peər] | pair | 한 쌍 |
| | pear | 배 |
| [pi:s] | peace | 평화 |
| | piece | 조각 |
| [plein] | plane | 비행기 |
| | plain | 명백한 |

### 발음이 유사한 단어들

| | |
|---|---|
| accept [əksépt] | 받아들이다 |
| except [iksépt] | 제외하다 |
| affect [əfékt] | 영향을 미치다 |
| effect [ifékt] | 효과, 결과 |
| color [kʌ́lər] | 색 |
| collar [ká:lər] | 깃 |
| contact [ká:ntækt] | 연결하다 |
| contract [ká:ntrækt] | 계약 |
| directly [diréktli] | 직접 |
| directory [diréktəri] | 주소 성명록 |
| desert [dézərt] | 사막; 버리다 |
| dessert [dizə́:rt] | 디저트 |
| disease [dizí:z] | 질병 |
| decease [disí:s] | 사망 |
| literary [lítərèri] | 문학의 |
| literally [lítərəli] | 사실상 |
| loose [lu:s] | 느슨한 |
| lose [lu:z] | 잃다, 지다 |
| revolution [rèvəlú:ʃən] | 혁명 |
| evolution [èvəlú:ʃən] | 진화 |
| repair [ripéər] | 수리하다 |
| prepare [pripéər] | 준비하다 |

# ✓ Check-up  🎧 D01_C4_Checkup

🎧 들리는 두 단어의 발음이 같으면 O, 틀리면 ×로 표시하세요.

| 01 _____ | 02 _____ | 03 _____ |
| 04 _____ | 05 _____ | 06 _____ |
| 07 _____ | 08 _____ | 09 _____ |

🎧 문장에서 들은 단어가 어떤 단어인지 뜻을 생각하며 찾아보세요.

- 10  Ⓐ planting    Ⓑ printing      11  Ⓐ adapted    Ⓑ adopted
- 12  Ⓐ quality     Ⓑ quantity      13  Ⓐ quite      Ⓑ quiet
- 14  Ⓐ feign       Ⓑ pain          15  Ⓐ addition   Ⓑ edition

🎧 다음 문장의 빈칸을 채워 보세요.

16  It is _____ tomorrow.

17  The coach _____ me to skip practice.

18  It wasn't _____ to charge the visitors a _____ to come here.

19  She _____ him not to click suspicious links in the email.

20  It may be hard to _____ the office during peak hours.

# Daily Test  🎧 D01_Test

🎧 다음 문장의 빈칸에 알맞은 단어를 써넣으세요.

**01** You'll also have an opportunity to attend an international _____.

**02** You don't seem to _____ of my plan.

**03** The school _____ the students from smoking in the building.

**04** The dam regulated the _____ of the river.

**05** You need to keep a _____ of this document.

**06** This book covers the history of _____ mining.


🎧 들려주는 문장의 의미를 바르게 이해한 것을 고르세요.

**07** Ⓐ 연구는 셔츠의 색깔이 사람의 첫인상에 영향을 미칠 수 있다는 것을 보여줍니다.
   Ⓑ 연구는 셔츠의 색깔로 첫인상을 남길 수 있다는 것을 보여줍니다.

**08** Ⓐ 오늘의 강의는 청력에 관한 것입니다.
   Ⓑ 오늘의 강의는 구강에 관한 것입니다.

**09** Ⓐ 황제 찰스 2세는 대담했습니다.
   Ⓑ 황제 찰스 2세는 대머리였습니다.

**10** Ⓐ 춤이 끝날 때 남자 파트너가 여자 파트너에게 인사를 하곤 했습니다.
   Ⓑ 춤이 끝날 때 남자 파트너가 여자 파트너에게 서약을 하곤 했습니다.

🎧 문장을 듣고 받아써 보세요.

11. _____ of the Greek garden.
12. Do you know _____ ?
13. I wasn't able to bring _____ today.
14. _____ from a graduate school.
15. _____ for over 5,000 years.
16. _____ in the library.
17. _____, the world economy is recovering right now.

🎧 문장을 듣고 받아써 보세요.

18. _____.
19. _____.
20. _____.
21. _____.
22. _____.
23. _____.
24. _____.

정답·해석·해설 p.243

# Day 02 발음과 문장의 강세 확인하며 듣기

음성 바로 듣기

토플 리스닝에서는 단어가 이어져 들리는 연음과 의미를 드러내는 강세를 구분하는 능력이 중요합니다. 이 패턴을 정확히 파악하지 못하면 화자의 핵심 메시지를 놓치기 쉽습니다.

## Course ① 연음 시 변화하는 소리  🎧 D02_C1_L&C

**[Listen & Check]**

I took that class **last semester**.
저는 그 수업을 지난 학기에 수강했습니다.

Our **health center** offers a course on losing weight.
우리 건강 센터는 체중을 줄이는 과정을 제공합니다.

'last'와 'semester'가 연이어 발음되면서 last의 [t]가 탈락되어 [lǽsiméstər]라고 들립니다. 'health center' 역시 health의 마지막 소리 [θ]가 탈락되면서 [hélsèntər]라고 들립니다. 두 개의 똑같은 자음이 겹치는 경우나, [t, d, θ, ð, s, l]과 같이 발음할 때 혀의 위치가 비슷한 두 개의 자음이 이어지는 경우, 앞 자음은 발음하지 않습니다.

### 🎧 연음 현상이 일어나는 단어의 예시

**연음 시 탈락하는 소리**
- his stereo [hístèriou]
- student center [stjúːdnsèntər]
- summer research [sʌmərísəːrtʃ]
- toward the [tɔ́ːrðə]
- last night [lǽsnàit]
- next term [nékstəːrm]
- ice skate [áiskeit]
- hard time [háːrtàim]
- breathe through [briːθrú]
- math tutoring [mǽtjuːtəriŋ]
- health science [hélsaiəns]
- front desk [frʌndésk]
- space shuttle [spéiʃʌtl]

**연음 시 하나 되는 소리**
- get over [géd*ðuvər]
- not any more [nɑːd*enimɔ́ːr]
- call it a day [kɔ́ːlid*ədèi]
- half an hour [hǽfənàuər]
- work on [wə́ːrkən]
- take advantage of [teikædvǽnidʒəv]
- write up [ráid*ʌp]
- head off [hédɔːf]
- give it a shot [gívid*əʃàːt]
- a lot of [əlɑ́ːd*əv]
- hour or so [áuərərsou]
- feel ill [fiːlíl]
- right or wrong [ráid*ərɔ́ːŋ]

→ d*: flap sound (혀끝이 윗잇몸을 스치고 지나가면서 나는 소리로, 우리말의 '기린'에서 'ㄹ' 소리와 유사한 소리)

## ✓ Check-up  🎧 D02_C1_Checkup

🎧 이어지는 단어를 듣고 받아써 보세요.

01 _____  02 _____
03 _____  04 _____
05 _____  06 _____
07 _____  08 _____
09 _____  10 _____
11 _____  12 _____

🎧 다음 문장의 빈칸을 채워 보세요.

13 I _____ keeping up with all the reading material.
14 The doctor told me that I should _____ it easy.
15 I've been _____ that field for a long time.
16 I _____ chance to study abroad.
17 Let's _____ the chart.
18 I had a _____ finishing my computer assignment.
19 I'm _____ you could make it.
20 I'm really _____.
21 I don't think this is _____.
22 Many countries _____ by the bloody war.
23 I can't understand _____.
24 If you _____ experience, you could apply for the internship.

# Course ❷ 축약되어 약해지는 소리 🎧 D02_C2_L&C

**[Listen & Check]**

I **haven't** finished the report yet. 저는 아직 그 보고서를 끝내지 못했습니다.

**I'd** rather see the original image. 저는 원본 이미지를 보는 것이 더 좋을 것 같습니다.

부정어 'not'이 조동사 'have'와 연결되면 축약되기 쉽습니다. 또한, 'I', 'you', 'she'와 같은 주어에 조동사 'would'가 연결되면 축약되기 쉽습니다. 이와 같이 축약된 단어들은 약하게 발음되어 엉뚱한 소리로 들리기 쉬우므로, 여러 번 들어서 익숙해져야 합니다.

## 🎧 축약

1. **주어 + be 축약**

   I'm[aim]   you're[juər]   they're[ðeər]   she's[ʃi:z]   he's[hi:z]   it's[its]   that's[ðǽts]

2. **주어 + will 축약**

   I'll[ail]   you'll[ju:l]   he'll[hi:l]   she'll[ʃi:l]   we'll[wi:l]   they'll[ðeil]

3. **주어 + would/had 축약**

   I'd[aid]   you'd[ju:d]   she'd[ʃi:d]   he'd[hi:d]   we'd[wi:d]   they'd[ðeid]   it'd[id*əd]

4. **주어 + has/have 축약**

   she's[ʃi:z]   he's[hi:z]   it's[its]   I've[aiv]   you've[ju:v]   we've[wi:v]   they've[ðeiv]

5. **조동사 + have 축약**

   could've[kúd*əv]   should've[ʃúd*əv]   would've[wúd*əv]   might've[máid*əv]

6. **be + 부정어 축약**

   isn't[íznt]   aren't[ɑ:rnt]   wasn't[wʌ́znt]   weren't[wə:rnt]

7. **조동사 + 부정어 축약**

   won't[wount]   wouldn't[wúdnt]   shouldn't[ʃúdnt]   couldn't[kúdnt]   mustn't[mʌ́snt]
   haven't[hǽvnt]   hasn't[hǽznt]   can't[kænt]   don't[dount]   doesn't[dʌ́znt]   didn't[dídnt]

8. **기타 축약**

   there's[ðeərz]   let's[lets]   here's[hiərz]

## ✓ Check-up  🎧 D02_C2_Checkup

🎧 다음 문장의 빈칸을 채워 보세요.

**01** I think _____ be good for you.

**02** _____ be easier for you to study in the library than in your dorm room.

**03** We _____ left before the traffic got worse.

**04** That _____ be necessary.

**05** OK, _____ talk about the _____ behavior.

**06** I _____ really been using my meal card.

**07** I _____ think _____ impossible.

**08** _____ one example.

**09** _____ be discussing the common emotions of people.

**10** _____ rather not apply for the internship program.

**11** It _____ been better if you had asked for my advice.

**12** If you did a little research on the topic, you _____ found out the energy source.

정답·해석·해설 p.244

# Course ❸ 강하게 들리는 내용어 알고 듣기 🎧 D02_C3_L&C

**[Listen & Check]**

You should **turn in** your **paper** by **next class**.  다음 수업 시간까지 보고서를 제출해야 합니다.

**What made** you **skip class**?  왜 수업을 빠졌나요?

첫 번째 예문에서 잘 들리는 단어는 'turn in', 'paper', 'next class'로 동사구와 명사입니다. 그리고 두 번째 예문에서는 'made', 'skip', 'class'의 명사와 동사뿐만 아니라, 의문사 'what'도 잘 들립니다. 이와 같이 전달하고자 하는 주요 내용을 포함하고 있기 때문에 강하고 길게 강조되어 들리는 단어를 내용어라고 하며, 명사, 동사, 형용사, 부사, 의문사가 내용어에 속합니다.

## 🎧 문장에서 강조되어 들리는 내용어

1. 명사
   Your **pictures** are hanging on the **wall**.        벽에 당신의 사진들이 걸려 있네요.

2. 동사
   I already **finished** it this morning.        저는 오늘 아침에 이미 그것을 끝냈어요.

3. 형용사
   The novel was so **boring**.        그 소설은 너무 지루했습니다.

4. 부사
   A sports car moves **really fast**.        스포츠카는 정말 빠르게 움직입니다.

5. 의문사
   **Why** didn't he arrive on time?        그가 왜 제시간에 도착하지 못했나요?

## ✓ Check-up  🎧 D02_C3_Checkup

🎧 들려주는 문장에서 내용어를 채워 보세요.

**01** I _____ the _____, but these days I can _____ to the cafeteria 10 times a week.

**02** I _____ for my _____ on the _____.

**03** My _____ is really _____ this _____ with school and _____.

**04** I _____ on the _____ for this _____.

**05** A _____ of mine from New York _____ a _____ last month.


🎧 들리는 내용어를 통해 전체 문장을 정확하게 이해한 것을 고르세요.

**06** Ⓐ 저는 호주에 있는 숙모와 사촌들을 방문하러 갈 거예요.
　　Ⓑ 저는 호주에 있는 친구 Ann과 그녀의 가족들을 방문하러 갑니다.

**07** Ⓐ 많은 학생들이 시험에 통과했습니다.
　　Ⓑ 시험에 통과한 학생이 한 명도 없습니다.

**08** Ⓐ 당신이 뛰어난 축구 선수라고 생각하지 않아요.
　　Ⓑ 당신은 확실히 뛰어난 축구 선수라고 생각해요.

**09** Ⓐ 저는 통계를 분석하지 않고는 다른 일을 할 수가 없습니다.
　　Ⓑ 저는 통계를 분석하는 것 외에 할 일이 없습니다.

**10** Ⓐ 저는 정치에 어느 정도 관심이 있습니다.
　　Ⓑ 저는 정치에 전혀 관심이 없습니다.

정답·해석·해설 p.245

# Course 4 약하게 들리는 기능어 알고 듣기 🎧 D02_C4_L&C

**[Listen & Check]**

It is not uncommon to **see them** in a biology book.
생물책에서 그것들을 보는 일은 드물지 않습니다.

You should go to the registration office in order to drop **one of your** classes.
수업 중 하나를 취소하려면 학적과에 가야 해요.

첫 번째 예문의 'see them'은 연결되어 [siːðəm] 또는 [siːəm]으로 발음되고, 두 번째 예문의 'one of your'는 연결되어 [wʌnəvjər]로 발음됩니다. 이처럼 'them'이나 'of'와 같이 문법적인 기능을 담당하는 대명사, 전치사, 관사, 접속사, 조동사 등의 기능어는 다른 단어들 사이에서 약하게 발음되므로, 여러 단어가 마치 하나의 단어인 것처럼 들리게 됩니다. 이는 기능어가 의미상으로 중요하지 않아 약하게 발음되기 때문입니다.

## 🎧 약해져서 다른 단어와 하나로 들리는 기능어

1. 인칭대명사 it, his, her, him, them, me, us

   He moved to Paris to **pursue his** own scientific studies.
   그는 그만의 과학 연구에 종사하기 위해 파리로 갔습니다.

   ➜ 'his', 'her' 등의 대명사는 연음되어 'h' 소리를 잃는 경우가 많습니다.

2. 전치사 of, in, at, with, on

   I don't know much about **either of them**.
   저는 그 두 가지 모두에 대해 잘 모릅니다.

3. 관사 a(n), the

   I've **got a lot of** paperwork to finish.
   저는 끝내야 할 문서 업무가 많습니다.

4. 접속사 and, but

   The bodies were formed from a soft **material and** then stuffed.
   몸통은 부드러운 재료로 만들어지고 난 후 채워졌습니다.

5. 조동사 would, could, can, will

   **I would** rather stay home today.
   저는 오늘 차라리 집에 있겠습니다.

   ➜ 조동사는 주로 축약되어 주어와 결합하는 경우가 많습니다.

## ✓ Check-up  🎧 D02_C4_Checkup

🎧 이어지는 단어를 듣고 받아써 보세요.

01 _____   02 _____

03 _____   04 _____

🎧 다음 문장의 빈칸을 채워 보세요.

05 I'm signing up _____.

06 _____ is not as fast as mine.

07 I prefer studying alone _____.

08 You'd better _____ right away.

09 Archaeologists found items _____ produce a bronze object.

10 I've _____ environmental science for a long time.

11 Please _____ to your roommate after class.

12 I spent all day _____ yesterday.

13 Can you _____ right away?

14 I _____ it on time _____ helped me.

정답·해석·해설 p.245

# Daily Test  🎧 D02_Test

🎧 이어지는 단어들을 듣고 어떤 단어인지 찾아보세요.

**01**  Ⓐ fit it
　　Ⓑ fill it

**02**  Ⓐ warning
　　Ⓑ weren't in

**03**  Ⓐ our right
　　Ⓑ I'll write

**04**  Ⓐ better
　　Ⓑ bet on

**05**  Ⓐ meet him
　　Ⓑ meeting

**06**  Ⓐ gentle leader
　　Ⓑ general reader

🎧 들려주는 문장에서 발음하고 있는 단어를 고르세요.

**07**  Ⓐ write a
　　Ⓑ writer

**08**  Ⓐ half an
　　Ⓑ happen

**09**  Ⓐ let him
　　Ⓑ letting

**10**  Ⓐ all of the
　　Ⓑ a loved

**11**  Ⓐ bet a
　　Ⓑ better

**12**  Ⓐ all out of
　　Ⓑ a lot of

🎧 문장을 듣고 빈칸을 채워 보세요.

**13**  How many credits are you taking _____?

**14**  _____ my tuition.

**15**  You should _____ your lab schedule.

**16**  Let's discuss _____.

**17**  I can't hand in my _____.

**18**  It is such a large _____ grade.

**19**  _____ to go to the library.

**20**  I am _____ to give advice.

🎧 문장을 듣고 빈칸에 들어갈 두 단어로 알맞은 것을 고르세요.

**21** Winter is _____ the corner.

　Ⓐ just round　　　Ⓑ adjusted to　　　Ⓒ just around

**22** Don't _____ any longer.

　Ⓐ put it off　　　Ⓑ pull it off　　　Ⓒ tell it off

🎧 문장을 듣고 받아써 보세요.

**23** _____ .

**24** _____ .

**25** _____ .

**26** _____ .

**27** _____ .

**28** _____ .

**29** _____ .

**30** _____ .

**31** _____ .

**32** _____ .

정답·해석·해설 p.245

# Day 03 긴 문장 끊어 듣기

음성 바로 듣기

토플 리스닝에서는 복잡한 구조의 긴 문장들이 자주 등장합니다. 문장을 의미 단위로 끊어 들으면서 바로 이해하는 능력은 전체 내용을 놓치지 않고 정답 단서를 포착하는 핵심 기술입니다.

## Course ① 명사절 끊어 듣기  🎧 D03_C1_L&C

**[Listen & Check]**

**What happened there** / is really shocking.
그곳에서 일어난 일은 / 정말 충격적입니다

**Do you suppose** / **that you can finish it on time**?
생각하나요 / 당신이 그것을 제시간에 끝낼 수 있다고

'What happened there'는 동사 'is'의 주어 역할을 하는 명사절입니다. 'that you can finish it on time'은 동사 'suppose'의 목적어 역할을 하는 명사절입니다. 이처럼 명사절은 문장 안에서 주어, 보어, 목적어 역할을 하며, '~하는 것, ~하는지' 등으로 해석됩니다. 구어체 표현에서 자주 쓰이는 명사절 접속사에는 that, what, when, where, how, why, whether, if 등이 있습니다. 이런 접속사를 기준으로 내용을 끊어서 들으면 긴 문장을 이해하는 데 도움이 됩니다.

### 🎧 명사절의 쓰임

1. **주어 역할을 하는 명사절**

    **Whether I'm at the top of the class or not** / doesn't matter to me.
    제가 반에서 일등인지 아닌지는 / 저에게 중요하지 않습니다

    It is unbelievable / **that they can float on water when they weigh so much**. (가주어 구문)
    믿기 힘듭니다 / 그들이 그렇게 무게가 많이 나가는데도 물 위에 뜰 수 있다는 것은

2. **목적어 역할을 하는 명사절**

    She said / **(that) restructuring is an essential requirement**.
    그녀는 말했습니다 / 구조조정이 필수 조건이라고

    I'm not sure / **if I will have to enroll in another class**.
    저는 잘 모르겠습니다 / 다른 수업에 등록해야 할지
    → 접속사 that이 목적절을 이끌 때에는 생략될 수 있습니다.

3. **보어 역할을 하는 명사절**

    The important thing is / **that the whales navigate around the small islands**.
    중요한 것은 / 고래들이 그 작은 섬들 주변을 지나간다는 것입니다

# ✓ Check-up  🎧 D03_C1_Checkup

🎧 순서대로 끊어 해석한 것을 참고하여, 빈칸에 들어갈 명사절을 받아써 보세요.

**01** I just want to know / _____ / so quickly.
저는 단지 알고 싶습니다 / 어떻게 당신이 보고서를 끝냈는지 / 그렇게 빨리

**02** I can't tell / _____ .
저는 알 수 없습니다 / 그가 옳은지 아닌지

**03** I heard / _____ .
저는 들었습니다 / Brown 선생님께서 더는 여기에서 강의하지 않으실 거라고

**04** _____ / was just that your opinion is different from his.
그가 의미한 바는 / 단지 당신의 의견이 그의 것과 다르다는 것뿐입니다

**05** Would you mind explaining / _____ / a few days ago?
설명해 주시겠습니까 / 왜 당신이 그녀를 도울 수 없었는지 / 며칠 전에

**06** I don't care / _____ .
저는 신경 쓰지 않습니다 / 제 최종 성적이 무엇이 될지

정답·해석·해설 p.246

# Course ❷ 형용사절 끊어 듣기  🎧 D03_C2_L&C

**[Listen & Check]**

I have something / **that you might be interested in**.
저는 무언가를 가지고 있습니다 / 당신이 관심 있을 만한

Can I talk to you for a moment about the report / **I handed in yesterday**?
보고서에 대해 잠시 이야기할 수 있을까요 / 제가 어제 제출한

'that you might be interested in'은 'something'을 수식하는 형용사절입니다. 'I handed in yesterday'는 목적격 관계대명사 'that'이 생략된 형용사절로, 'report'를 수식하고 있습니다. 이처럼 형용사절은 명사 뒤에 위치하여 명사를 수식하며, 주로 '~하는', '~한'이라고 해석됩니다. 형용사절 접속사에는 주격 관계대명사인 that, which, who, 소유격 관계대명사 whose, 목적격 관계대명사 whom(who), which, that이 있습니다.

## 🎧 형용사절의 쓰임

### 1. 주격 관계대명사를 포함한 형용사절

They want a person / **who is honest and diligent**.
그들은 사람을 원합니다 / 정직하고 부지런한

I have to stay in the library until late at night / because of this assignment / **which is due tomorrow**.
저는 도서관에 밤늦게까지 있어야 합니다 / 이 과제 때문에 / 내일이 마감인

### 2. 소유격 관계대명사를 포함한 형용사절

Trains transported all the people / **whose goal was to look for gold**.
기차는 모든 사람들을 실어 날랐습니다 / 그들의 목표가 금을 찾는 것인

### 3. 목적격 관계대명사를 포함한 형용사절

He is the professor / **(whom) I've respected for a long time**.
그는 교수님입니다 / 제가 오랫동안 존경해 온

→ that, which, whom과 같은 목적격 관계대명사는 생략될 수 있습니다.

## ✓ Check-up

🎧 순서대로 끊어 해석한 것을 참고하여, 빈칸에 들어갈 형용사절을 받아써 보세요.

**01** Doctor Johns, / _____, / visited our campus.
Johns 박사가 / 자신의 유명한 저서로 널리 알려진 / 우리 학교를 방문했습니다

**02** He is a writer / _____.
그는 작가입니다 / 자신의 책들이 매우 유명한

**03** How do you feel about your dorm room / _____?
기숙사 방은 어떤가요 / 새로 지어진

**04** She gave all the money / _____ / _____.
그녀는 모든 돈을 주었습니다 / 그녀가 가진 (모든 돈을) / 그 나이 든 여자에게

**05** This is a great movie / _____.
이것은 훌륭한 영화입니다 / 두 번 볼 가치가 있는

**06** The article is about the endangered animals / _____.
그 기사는 멸종 위기에 처한 동물들에 관한 것입니다 / 법에 의해 보호되어야 하는

## Course ❸ 부사절 끊어 듣기 🎧 D03_C3_L&C

**[Listen & Check]**

**Before we start today's lecture,** / I'd like to introduce you to the basics of law.
오늘의 강의를 시작하기 전에 / 여러분에게 법학의 기초를 소개하고자 합니다

Meerkats live in a group / **so that they can protect themselves**.
미어캣은 무리 지어 삽니다 / 그들 자신을 보호할 수 있도록

'Before we start today's lecture'는 시간의 정보를 제공하는 부사절로 쓰였습니다. 'so that they can protect themselves'는 목적의 정보를 제공하는 부사절로 쓰였습니다. 이와 같이 부사절은 첫 번째 예문처럼 문두에 올 수도 있고 두 번째 예문처럼 문미에 올 수도 있습니다. 부사절이 문두에 올 때에는 부사절과 주절 사이에 보통 콤마가 있으므로, 그 부분에서 잠깐의 휴지가 있습니다.

## 🎧 부사절의 쓰임

1. 시간의 부사절: as soon as ~, when ~, since ~, after ~, before ~

    Tell him to go to the student center / **as soon as he finishes the class**.
    그에게 학생 회관으로 가라고 전해주세요 / 수업이 끝나자마자

2. 이유의 부사절: as ~, since ~, because ~, cause ~

    **As you studied so hard**, / I believe you can pass the exam.
    당신은 매우 열심히 공부했으니 / 저는 당신이 시험에 통과할 수 있다고 믿어요

3. 목적의 부사절: so that ~, in order that ~

    I repeated the course / **so that I could get a better grade**.
    저는 그 수업을 여러 번 들었습니다 / 더 나은 성적을 받기 위해

4. 양보의 부사절: although ~, though ~, even if ~

    **Although he is not a famous actor**, / he is a really talented person.
    비록 유명한 배우는 아니지만 / 그는 매우 재능 있는 사람입니다

5. 조건의 부사절: if ~, unless ~

    **If you had been elected**, / you would've become a great representative.
    만약 당신이 뽑혔다면 / 당신은 훌륭한 대표자가 되었을 것입니다

# ✓ Check-up

🎧 순서대로 끊어 해석한 것을 참고하여, 빈칸에 들어갈 부사절을 받아써 보세요.

**01** _____, / I wouldn't have failed the class.

제가 제시간에 보고서를 끝냈더라면 / 저는 수업에서 낙제하지 않았을 것입니다

**02** I really need to get those tickets / _____.

저는 꼭 그 표를 구해야 합니다 / 왜냐하면 그 공연이 오늘 밤이기 때문에

**03** _____, / he went to Italy.

프랑스를 떠나자마자 / 그는 이탈리아로 갔습니다

**04** The professor will not give you an extension / _____

_____.

교수님께서는 시간을 연장해 주지 않으실 거예요 / 당신이 합당한 이유를 제시할 수 있지 않은 한

**05** Airtight buildings were built / _____.

밀폐형 건물들이 지어졌습니다 / 사람들이 에너지를 절약할 수 있도록 하기 위해

**06** You can't get additional points / _____

_____.

추가 점수를 얻을 수 없습니다 / 당신이 단독 실험을 한다고 할지라도

## Course 4 분사구 끊어 듣기 🎧 D03_C4_L&C

**[Listen & Check]**

He wished to write a book / **read by many people**.
그는 책을 쓰기를 원했습니다 / 많은 사람들에게 읽히는

**Having spread to the four corners of the world**, / jazz music became really popular.
전 세계 구석구석으로 퍼져 나갔기 때문에 / 재즈 음악은 매우 대중적인 것이 되었습니다

'read by many people'은 형용사 역할을 하는 분사구로서 앞에 있는 명사 'a book'을 수식하고 있습니다. 그리고 'Having spread to ~'는 부사 역할을 하는 분사구로서 뒤에 있는 문장 전체를 수식하고 있습니다. 이처럼 분사구는 종종 명사 뒤, 또는 문장의 앞이나 뒤에 쓰여 형용사나 부사의 역할을 합니다. 이러한 분사구가 주로 쓰이는 형태인 '부사 역할을 하는 경우', '형용사 역할을 하는 경우', '접속사를 포함하는 경우'를 익혀 봅시다.

### 🎧 분사구의 쓰임

1. **부사 역할을 하는 분사구**

    Students today do most of their research / **using computers**.
    오늘날 학생들은 대부분의 조사를 합니다 / 컴퓨터를 사용해서
    → 'using computers'가 앞에 있는 동사 'do'를 수식하고 있습니다.

    **Played by a famous musician**, / the song became very popular.
    유명한 음악가에 의해 연주되어 / 그 곡은 널리 알려졌습니다
    → 'played by ~'가 뒤에 있는 문장 전체를 수식하고 있습니다.

2. **형용사 역할을 하는 분사구**

    I took part in the academic seminar / **lasting for a week**.
    저는 학술 세미나에 참가했습니다 / 일주일 동안 계속되었던
    → 'lasting for a week'가 앞에 있는 명사 'the academic seminar'를 수식하고 있습니다.

    The picture / **taken by the photographer** / sold at a high price.
    그 사진은 / 그 사진가에 의해 촬영된 / 높은 가격에 팔렸습니다
    → 'taken by ~'가 앞에 있는 명사 'the picture'를 수식하고 있습니다.

3. **접속사를 포함하는 분사구**

    **Although feeling tired**, / I studied for the test.
    비록 피곤했지만 / 저는 시험 공부를 했습니다
    → 접속사를 생략할 수도 있지만, 생략하여 의미가 불분명해지는 경우에는 생략하지 않습니다.

# ✓ Check-up

🎧 순서대로 끊어 해석한 것을 참고하여, 빈칸에 들어갈 분사구를 받아써 보세요.

**01** The exhibition, / _____, / is attracting many people.
그 박람회는 / 현재 무역 센터에서 열리고 있는 / 많은 사람들을 끌어들이고 있습니다

**02** I've read several books / _____.
저는 몇 권의 책을 읽었습니다 / Hemingway에 의해 쓰인

**03** I have lots of work to do / _____.
저는 할 일이 매우 많습니다 / 실험 보고서와 에세이를 포함한

**04** _____, / you should present your student ID card.
도서관에서 책을 몇 권 빌릴 때 / 당신은 학생증을 제시해야 합니다

**05** _____, / I can now enroll in the advanced one.
기초 과정을 수강했기 때문에 / 저는 이제 상급 과정에 등록할 수 있습니다

**06** _____, / this book is not interesting.
비록 많은 사람에게 읽혔지만 / 이 책은 재미있지 않습니다

정답·해석·해설 p.247

# Daily Test  🎧 D03_Test

🎧 들려주는 문장에서 분사구를 받아써 보세요.

**01** Students _____ should talk to a counselor.

**02** _____, we finally finished our project.

**03** _____, I found something interesting.

**04** _____, he was calm and steady.

**05** _____, you can apply for a teacher's assistant position.

**06** The homework _____ is too demanding.

🎧 문장을 듣고, 그 속에 포함된 명사절, 형용사절 또는 부사절의 의미를 바르게 파악한 것을 고르세요.

**07** Ⓐ 제가 요청했던
　　Ⓑ 제가 요청했던 것

**08** Ⓐ 당신이 지원 날짜를 놓쳤다는 것
　　Ⓑ 당신이 지원 날짜를 놓쳤기 때문에

**09** Ⓐ 제가 찾아온 것
　　Ⓑ 제가 찾던

**10** Ⓐ 제가 시상식에 갈 수 있도록
　　Ⓑ 제가 시상식에 갈 수 있기 때문에

🎧 문장을 듣고 빈칸을 채워 보세요.

11  You should find someone _____.

12  You will fail the class _____.

13  I'm worried about my essay, _____.

14  I was impressed by the teacher _____.

15  _____, your writing style is old-fashioned.

16  I will talk about friendship between animals, _____
    _____.

🎧 문장을 듣고 받아써 보세요.

17  _____.
18  _____.
19  _____.
20  _____.
21  _____.
22  _____.
23  _____.
24  _____.
25  _____.
26  _____.

# Day 04 들으면서 노트테이킹하기

음성 바로 듣기

토플 리스닝에서는 지문을 먼저 들은 후에 문제가 나오기 때문에 핵심 내용을 놓치지 않도록 노트테이킹해두는 것이 필요합니다. 어떤 문제가 나올지 모르는 상황에서 중요한 정보를 간단히 기록하는 스킬은 긴 지문의 복잡한 정보를 확실하게 기억해내는 핵심 방법입니다.

## Course ① 중요 내용 기호와 약어로 노트하기

노트테이킹의 핵심은 대화나 강의의 중요 내용, 즉 요점만 간략하게 적는 것입니다. 먼저 기호와 약어를 사용하여 문장의 키워드를 간략하게 적는 연습을 해 봅시다.

### 1 키워드 노트하기

키워드는 들은 내용을 이해하는 데 중요한 정보를 담고 있는 단어들입니다. 노트테이킹을 할 때에는 이 키워드를 잘 요약해서 적는 것이 중요합니다.

**키워드에 해당하는 단어들**
- 명사, 동사, 형용사 등 의미를 가진 내용어
- 화자가 억양과 강세를 이용해서 강조하는 단어

➜ 관사, be 동사, 관계대명사 등의 기능어를 비롯하여, 내용어 중에서도 숫자나 연도 등 지나치게 세부적인 단어들은 받아쓸 필요가 없습니다.

**스크립트의 예**

Predators help maintain balance in ecosystems by controlling prey populations. Without wolves, deer populations can grow too large and damage plant life.

**노트의 예**

- predators maintain balance,
- control population
- no wolves → too many deer,
- damage plant

## 2 기호와 약어 사용하여 노트하기

키워드만 적어도 받아써야 할 분량이 적지 않기 때문에 이 단어들을 모두 노트하는 것은 상당히 힘듭니다. 기호와 약어를 사용한다면 훨씬 빠른 속도로 많은 내용을 노트테이킹할 수 있습니다.

### 기호의 예

| | | | |
|---|---|---|---|
| 좋음/긍정/맞음/있다 | ○ | 나쁨/부정/틀림/없다 | × |
| 오름/증가 | ↑ | 내림/감소 | ↓ |
| 큼/많음 | 大 | 작음/적음 | 小 |
| 같음 | = | 다름 | ≠ |
| 왜냐하면/이유/출처 | ←, ∵ | 결과/야기 | →, ∴ |
| ~와 함께(with) | w/ | ~ 없이(without) | w/o |
| 그리고(and) | &, + | 그러나/반면(but) | B/ |
| 최대 | max. | 최소 | min. |

### 약어의 예

- 앞부분만 쓰기
  예) professor ☞ prof.    lecture ☞ lec.    biology ☞ bio.

- 자음만 쓰기
  예) passage ☞ pssg.    background ☞ bkgrd.    page ☞ pg.    between ☞ btwn.

- 중간 빼고 쓰기
  예) government ☞ gov't    improvement ☞ impv't    environment ☞ env't

- 발음이 비슷한 것으로 대체하기
  예) to ☞ 2    for ☞ 4    you ☞ U    through ☞ thru    before ☞ b4

- 자주 쓰는 단어 약어 쓰기
  예) for example ☞ ex), e.g.    student ☞ S.    teaching assistant ☞ TA.

➜ 기호나 약어를 이용하는 데 정해진 방법은 없습니다. 쓰고 난 뒤 자신이 잘 알아볼 수 있는 것이면 됩니다. 많은 연습을 통해 자신이 가장 익숙하고 편한 방법을 찾는 것이 좋습니다.

노트의 예

- predators maintain balance,
- control population
- no wolves → too many deer,
- damage plant

기호와 약어를 사용한 노트의 예

- pred. maintain balance,
- ctrl. pop.
- w/o wolves → ↑ deer pop.
- → X plant

## ✓ Check-up  🎧 D04_C1_Checkup

🎧 다음 강의의 일부를 듣고 빈칸을 채운 후, 키워드를 정리해 보세요.

**01**

The ① _____ is an animal that ② _____
in a ③ _____ like a kangaroo.

● 키워드 _____
●

**02**

Most Americans ① _____ and ② _____
_____, usually using ③ _____.

● 키워드 _____
●

**03**

① _____ the leaves of the trees naturally
② _____.

● 키워드 _____
●

**04**

① _____ occur when concrete and asphalt absorb heat,
② _____.

● 키워드 _____
●

**05** Bees ① _____ and ② _____, which they ③ _____.

- 키워드 _____

**06** As we know today, ① _____ make up ② _____ _____ because they're the ③ _____ able to ④ _____ not to mention, they're capable of ⑤ _____.

- 키워드 _____

**07** Birds which live ① _____
_____ weather ② _____.
At lower altitudes, there is ③ _____.
Also, ④ _____ is available.

- 키워드 _____

## Course 2 강의의 구조를 알고 노트하기

토플 리스닝에 나오는 강의의 구조는 매우 다양해서 하나로 규정하기 어렵지만, 기본적인 구조와 몇 가지 주제 전개 방식을 파악하고 흐름을 예측하며 강의를 들으면 더욱 수월하게 노트테이킹 할 수 있습니다.

### 1 강의의 기본적인 구조 익히기

강의는 교수가 도입부에서 주제를 소개한 후, 본론에서 그 주제를 다양한 전개 방식으로 설명하는 것을 기본 구조로 하고 있습니다.

---

**강의의 기본 구조**

- [도입] 주제 소개
- [본론] 다양한 전개 방식을 통한 주제 설명

---

→ 본론의 주요 전개 방식에는 정의, 비교/대조, 순차적 나열, 분류, 예시 등이 있습니다.

**강의의 예**

| | |
|---|---|
| 주제<br>휴면의 두 가지 형태 | 많은 동물이 추운 겨울에 에너지를 보존하기 위해 휴면(dormancy)에 들어간다는 건 잘 알고 있겠죠? 오늘은 이러한 동물들의 휴면에 대해, 음... 구체적으로, 두 가지 형태의 휴면에 대해 논의해 보겠어요. |
| 분류 1<br>예측적 휴면 | 첫째로 예측적 휴면(predictive dormancy)입니다. 예측적 휴면이란 ……<br>그 예로는 ……가 있으며, 이들은 공통적으로 ……와 같은 특징을 갖습니다. |
| 분류 2<br>결과적 휴면 | 다른 하나의 휴면 형태는 결과적 휴면(consequential dormancy)으로 이것은 ……<br>이렇게 결과적 휴면을 하는 동물들로는 ……가 있습니다.<br>예측적 휴면을 하는 동물들과 달리 이들은 ……한 특징을 보입니다. |

## 2 강의 노트하기

강의에서 교수는 주제를 더욱 효과적으로 설명하기 위해 특정한 전개 방식을 사용합니다. 즉, 전개 방식은 강의의 중요 내용을 더욱 쉽게 파악할 수 있게 해주는 도구가 되는 것입니다. 따라서 강의를 들을 때에는 무엇보다도 강의의 전개 방식, 즉 강의의 구조를 파악하고 이를 바탕으로 노트테이킹하도록 합니다.

노트의 예

## ✅ Check-up 🎧 D04_C2_Checkup

🎧 다음 강의를 듣고 빈칸을 채운 후, 주어진 노트를 정리해 보세요.

**01**

Today we are going to continue our discussion on the ① _____. One of the key traits that distinguish these two orders of animals is the way that they regulate their body temperatures. I'm sure you have all heard the expressions *hot-blooded* and *cold-blooded*, right? Well, it's actually a bit more complicated than that. Basically, mammals ② _____ as required. In contrast, reptiles ③ _____. OK . . . Let's look at these functions in a bit more detail.

| | | |
|---|---|---|
| • | 주제 | _____ |
| • | 차이점 | way they regul bdy temp. |
| • | | 1. mammal: |
| • | | 2. reptile: |

**02**

Ancient Greek sculpture is classified into three periods, each of which is clearly distinguishable from the other. The first of these, the Archaic period, is ① _____ _____. Artists did not try to represent it accurately but rather followed a set pattern that included certain symbols. The Classical period broke with this tradition, in that ② _____, and there was great ③ _____. However, the subject matter was primarily limited to famous public figures. The Hellenistic period saw the form become even more naturalistic, and artists began to include a ④ _____ in an effort to portray everyday Greek life.

| | | |
|---|---|---|
| ● | 주제 | ancient Grk sculpt → 3 prd. |
| ● | 분류 1 | Archaic: |
| ● | 분류 2 | Classical: |
| ● | 분류 3 | Hellenistic: |

# Daily Test 🎧 D04_Test

🎧 다음 강의를 듣고 주어진 노트를 정리해 보세요.

**01**
- 주제 _____
- 분류 1 _____
- 분류 2 _____

**02**
- 주제 _____
- 예시 1 _____
- _____
- _____
- 예시 2 _____
- _____
- _____

**03**
- 주제
- 예시

**04**
- 주제
- 순서 1
- 순서 2
- 순서 3

무료 토플자료·유학정보 제공
**goHackers.com**

Hackers
Updated TOEFL
Listening Basic

# TASK ❶
# 문장 듣고 응답 고르기
Listen and Choose a Response

**Introduction**

**Day 05** 의문사 의문문
**Day 06** 일반 의문문
**Day 07** 평서문
**Day 08** Task Test

# Introduction:

Task 1 문장 듣고 응답 고르기(Listen and Choose a Response)는 평균 7~8단어로 이루어진 질문을 듣고 가장 적절한 응답을 고르는 유형으로, 질문의 내용이나 영어 어휘를 이해하고 짧은 대화에서 사회적으로 적절한 응답을 인식할 수 있는 능력을 묻습니다. 이 유형은 Module 1에서 8문제가 출제되며, 더미 문항이 포함될 경우 12문제까지도 출제됩니다. Upper Module 2에서는 3문제, Lower Module 2에서는 7문제가 출제됩니다.

## ■ 시험 미리보기

### Direction 화면

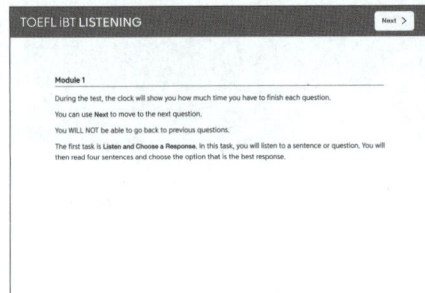

Module 1과 Task 1에 대한 Direction이 한 번에 주어집니다.

**디렉션을 들려주는 시간**: 약 20초

**디렉션의 내용**: 첫 번째 Task인 Listen and Choose a Response에서는 문장이나 질문을 듣고, 네 개의 보기 중 가장 적절한 응답을 고를 것이다.

**디렉션이 나오는 동안 해야 할 일**: Task 1은 한 문제의 음성 길이가 너무 짧아, 실제 문제를 풀면서 음성 볼륨을 조정하면 음성에 집중하기가 어렵습니다. 따라서, 디렉션을 들으면서 미리 볼륨을 적절하게 조정합니다.

### 음성 화면

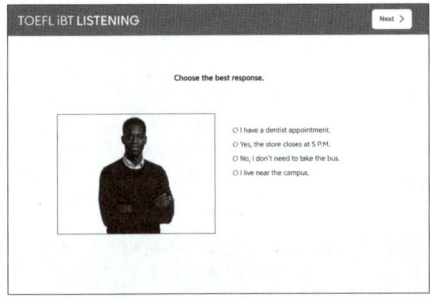

질문을 들을 때 나오는 화면으로, 한 사람의 사진과 함께 클릭할 수 없는 회색 보기가 나옵니다.

**음성이 나오는 동안 해야 할 일**: 질문은 짧게 한 번만 들려주므로 반드시 집중해서 들어야 합니다. 특히, 의문문이나 평서문의 종류에 따라 응답 방법이 다르므로, 질문 내용을 정확하게 듣고 필요시 의문사 등을 노트테이킹합니다. 이때 보기를 동시에 읽다가 질문을 놓치지 않도록 주의합니다.

### 문제 풀이 화면

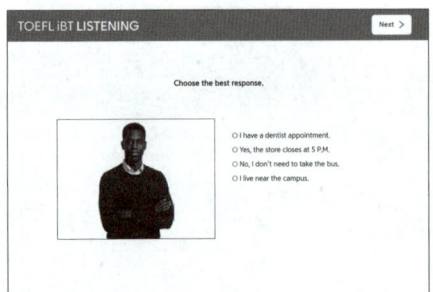

문제가 출제될 때 나오는 화면으로, 한 사람의 사진과 함께 클릭할 수 있는 검은색 보기가 나옵니다.

**문제를 풀 수 있는 시간**: 20초

**문제를 풀 때 해야 할 일**: 보기는 별도로 들려주지 않으므로, 음성이 끝나면 빠르게 읽습니다. 보기 앞에 있는 칸을 클릭하여 답을 표시합니다.

**문제를 풀고 난 후 해야 할 일**: 답을 고른 후 우측 상단의 Next 버튼을 누르면 다음 문제로 넘어갑니다. 이때, 이전 화면으로 돌아갈 수 없으므로 충분히 고민한 후 넘어가도록 합니다.

## 풀이 전략

**1. 들려주는 질문의 유형을 확인합니다.**

질문의 첫 단어는 반드시 들어 질문 유형을 확인합니다. 특히 출제율이 높은 의문사 의문문은 가장 처음에 언급되는 의문사만 들어도 대부분 올바른 정답을 고를 수 있습니다.

**2. 보기는 음성이 끝난 후에 읽어야 합니다.**

들려주는 질문이 짧기 때문에, 들으면서 보기를 동시에 읽으면 헷갈릴 수 있습니다. 특히, 질문에서 나온 단어를 그대로 사용하는 오답 보기가 자주 등장하므로, 질문의 일부만 듣게 되면 헷갈리는 보기가 많아집니다. 따라서, 보기는 반드시 음성이 끝난 후에 읽고 정답을 고르도록 합니다.

## 스터디 가이드

**1. 자주 출제되는 의문문 및 평서문의 형태를 익힙니다.**

토플에는 자주 출제되는 의문문 및 평서문이 있으며, 이들의 형태를 익혀두고 어떤 정답이 나올 수 있는지 학습해 두면 정답률을 높일 수 있습니다.

**2. 헷갈리는 오답 유형을 알아둡니다.**

발음이 유사하거나 의미가 다양한 단어를 사용한 오답, 질문에 쓰인 단어를 통해 연상할 수 있는 단어를 사용한 오답, 의문사 의문문에 Yes/No로 대답한 오답 등이 자주 등장하므로, 정답과 헷갈리지 않도록 유의합니다.

| Example | Who is presenting at the research seminar?

○ I have a present for you. ['present'의 다른 의미를 사용한 오답]

○ The meeting room is full. ['seminar'에서 연상할 수 있는 'meeting room'을 사용한 오답]

○ Yes, they will come. [의문사 의문문에 Yes/No로 대답한 오답]

**3. 간접 응답에 익숙해집니다.**

모른다는 응답, 알아보겠다는 응답, 되묻는 응답과 같은 간접 응답이 높은 비율로 출제되므로, 이들의 예시를 학습합니다.

| Example | Where's the nearest movie theater?

○ I'm not familiar with this area. [모른다는 간접 응답]

○ Let me look it up on my phone. [알아보겠다는 간접 응답]

○ Do you mean the cinema complex downtown? [되묻는 간접 응답]

# Day 05 의문사 의문문

## 01: 유형 소개

의문사 의문문이란 의문사 When, Where, Who, Why, What, Which, How로 시작하는 의문문입니다. 일반적으로 의문사 의문문은 구체적인 정보를 묻는 의문문이므로 Yes/No로 대답할 수 없습니다. 하지만 의문사 의문문이 제안·제공·요청의 의미로 쓰이는 경우에는 Yes/No로 답할 수도 있으므로 주의합니다. 매 시험 5~6 문제가 출제됩니다.

## 02: 문제 형태 🎧 D05_Example

| [화면] **Choose the best response.** | [해석] 가장 적절한 응답을 고르시오. |
|---|---|
| ○ I studied for three hours. | ○ 저는 세 시간 동안 공부했어요. |
| ○ The exam was quite difficult. | ○ 시험이 꽤 어려웠어요. |
| ○ They said by Friday afternoon. | ○ 그들이 금요일 오후까지라고 말했어요. |
| ○ In the main lecture hall. | ○ 본 강의실에서요. |
| [음성] | |
| W  When will you know the test results? | W  시험 결과는 언제 알 수 있나요? |

정답  They said by Friday afternoon.

해설  시험 결과를 언제 알 수 있는지를 묻는 When 의문문에 그들이 금요일 오후까지라고 말했다고 답변한 They said by Friday afternoon이 정답입니다.

## ① Who 의문문 🎧 D05_1

Who로 시작하는 의문문으로, 특정 행동의 주체나 업무의 담당자를 묻는 문제입니다. 매 시험 0~3문제가 출제됩니다.

### ■ 출제 패턴

**Who** is organizing the orientation?
누가 오리엔테이션을 준비하고 있나요?

- **Sarah Mitchell is.** [사람 이름]
  Sarah Mitchell이에요.
- **Someone from the IT department.** [부서 이름]
  IT 부서의 누군가예요.
- **The manager.** [직책 이름]
  관리자요.
- **I am.** [인칭 대명사]
  저예요.
- **I'd have to look that up.** [간접 응답]
  찾아봐야 해요.

⚠ **Possible Wrong Answers**
- **On Saturday.** [요일을 묻는 질문에 적절한 응답]
  토요일이에요.
- **Because I didn't get the email.** [이유를 묻는 질문에 적절한 응답]
  제가 이메일을 못 받아서요.

### ■ 고득점 Tips

Who 의문문의 정답으로 사람 이름뿐만 아니라 직책·직위명, 부서명도 자주 나오니 관련 빈출 어휘를 알아두면 도움이 됩니다.

**직책·직위명**

| | | | |
|---|---|---|---|
| manager | 관리자, 부장 | supervisor | 감독관 |
| academic adviser | 학사 지도 교수 | associate professor | 부교수 |
| event coordinator | 행사 진행자 | teaching assistant | 조교 |
| dorm supervisor | 기숙사 사감 | admissions counselor | 입학 상담사 |
| campus physician | 캠퍼스 의사 | dean of students | 학생처장 |

**부서명**

| | | | |
|---|---|---|---|
| maintenance department | 관리부 | accounting department | 회계부 |
| HR team | 인사팀 | legal department | 법무팀 |

## ❷ When·Where 의문문 🎧 D05_2

각각 When 또는 Where로 시작하는 의문문으로, 시간과 장소에 대해 묻는 문제입니다. 매 시험 0~4문제가 출제됩니다.

### ▌출제 패턴

**When** is the application deadline?
지원 마감일이 언제인가요?

- By next Friday. [시간]
  다음 주 금요일까지에요.
- It has been extended to November 1. [날짜]
  11월 1일로 연장되었어요.
- Check the careers page for the exact date. [간접 응답]
  정확한 날짜는 채용 페이지를 확인하세요.
- I can't remember the exact date. [간접 응답]
  정확한 날짜가 기억나지 않아요.

**Where** should I put these boxes?
이 상자들을 어디에 두어야 할까요?

- Just leave them by the storage room door. [위치]
  그냥 창고 문 옆에 두세요.
- I'll show you where they go. [간접 응답]
  그것들을 어디에 둬야 하는지 안내해 드릴게요.
- Is there anything fragile inside? [추가 정보 요청]
  안에 깨지기 쉬운 게 들어 있나요?

### ▌고득점 Tips

When 의문문에 정답으로 자주 나오는 시간 관련 표현들을 알아두면 도움이 됩니다.

| at 9 A.M. sharp | 오전 9시 정각에 | in about an hour | 약 한 시간 후에 |
| --- | --- | --- | --- |
| shortly | 곧 | later this evening | 오늘 저녁 늦게 |
| in three days | 3일 후에 | at the end of the month | 월말에 |
| not for a while | 당분간은 아닌 | two weeks from today | 오늘부터 2주 후에 |
| not until next week | 다음 주가 되어야 | before the semester begins | 학기가 시작하기 전에 |

## ③ Why 의문문 🎧 D05_3

Why로 시작하는 의문문으로, 특정 행동 및 사건과 관련된 이유를 묻는 문제입니다. 제안이나 요청할 때 사용하는 Why don't ~?로 시작하는 의문문과는 구별됩니다. 매 시험 0~3문제가 출제됩니다.

### ■ 출제 패턴

**Why** was the concert canceled?
콘서트가 왜 취소됐나요?

- The venue was unavailable. [이유]
  공연장을 사용할 수 없었어요.
- I wonder if there were safety concerns. [추측]
  안전상의 우려가 있었는지 궁금해요.
- Actually, it was rescheduled. [간접 응답]
  사실, 일정이 다시 잡혔어요.
- You should check the website. [간접 응답]
  사이트에서 확인해 보셔야 해요.

⚠ **Possible Wrong Answers**
- I love going to concerts. [질문에 나온 단어를 활용한 오답]
  저는 콘서트에 가는 것을 좋아해요.
- Because I lost my ticket. [Because를 사용한 오답]
  제 표를 잃어버려서요.

### ■ 고득점 Tips

'~ 때문에'라는 의미의 because (of)를 생략하고 바로 이유나 목적을 설명하는 응답이 정답으로 자주 출제되는 점을 알아둡니다. because (of)로 시작하지만 그 뒤에 질문의 맥락과 관계없는 내용으로 대답하는 오답이 종종 출제되므로, because (of)만 보고 답으로 고르지 않도록 주의합니다.

Q. Why is the parking lot so crowded?
주차장이 왜 이렇게 붐비나요?

A. Because my car broke down yesterday.(X)
제 차가 어제 고장 났기 때문이에요.

## ④ How 의문문 🎧 D05_4

How로 시작하는 의문문으로, How 뒤에 조동사(do, can) 또는 Be 동사(is, are)가 오면 방법이나 상태를 묻는 문제이고, How 뒤에 형용사(long, many)나 부사(far)가 오면, 기간, 수량, 빈도, 가격, 거리 등에 대해 묻는 문제입니다. 매 시험 0~4문제가 출제됩니다.

### ■ 출제 패턴

**How** do I register for classes?
수업 수강 신청은 어떻게 하나요?

- Complete the form on the student portal. [방법]
  학생 포털에서 양식을 작성하세요.
- I'm not familiar with that process. [간접 응답]
  저는 그 절차에 익숙하지 않아요.
- Are you a new or returning student? [추가 정보 요청]
  신입생이신가요, 아니면 복학생이신가요?

**How long** will the training session last?
교육 세션은 얼마나 오래 지속되나요?

- About three hours. [시간]
  약 3시간이요.
- Check the agenda for details. [정보 안내]
  자세한 내용은 안건을 확인해 보세요.
- I forgot to ask about that. [간접 응답]
  그것에 대해 물어보는 것을 깜빡했어요.

**How far** is the city hall from here?
시청이 여기서 얼마나 먼가요?

- Roughly 300 meters from here. [거리]
  여기에서 대략 300미터예요.
- About a five-minute walk. [소요 시간]
  걸어서 약 5분 거리예요.
- Let me check the map for you. [간접 응답]
  지도를 확인해 드릴게요.

### ■ 고득점 Tips

How 의문문이지만, 정보를 묻는 것이 아닌 불만 등을 나타내는 감정적인 표현도 가끔 등장하니 정답을 고를 때 주의해야 합니다.

Q. How many times do I have to tell you?
제가 몇 번이나 말해야 하나요?

A. Apologies, my mistake. (O)
죄송합니다, 저의 실수입니다.

## 5 What·Which 의문문 🎧 D05_5

각각 What 또는 Which로 시작하는 의문문으로, 시각, 비용, 의견, 방법, 종류 등 다양한 정보를 묻는 문제입니다. 매 시험 0~2문제가 출제됩니다.

### ■ 출제 패턴

**What time** does the train arrive?
기차는 몇 시에 도착하나요?

- At 2:15 this afternoon. [시간]
  오늘 오후 2시 15분이에요.
- The train is delayed. [간접 응답]
  기차가 연착됐어요.

**What is the charge** for express delivery?
특급 배송 요금이 얼마인가요?

- It's an extra 15 dollars. [가격]
  15달러 추가 요금입니다.
- We only do standard shipping. [간접 응답]
  저희는 일반 배송만 합니다.
- It depends on the distance. [조건부 응답]
  거리에 따라 달라요.

**What kind of exercise** do you do regularly?
어떤 종류의 운동을 정기적으로 하나요?

- I do weight training three times a week. [운동 종류]
  저는 주 3번 웨이트 트레이닝을 해요.
- I'm too busy to work out. [간접 응답]
  너무 바빠서 운동을 못 해요.

**What do you think** of my presentation idea?
제 발표 아이디어에 대해 어떻게 생각하세요?

- I love the concept. [의견]
  그 콘셉트가 마음에 들어요.
- I haven't seen it yet. [간접 응답]
  아직 보지 못했어요.

**Which floor** is the interview on?
면접은 몇 층에서 열리나요?

- On the second floor, room 204. [정보 제공]
  2층, 204호실이에요.
- Which interview are you asking about? [추가 정보 요청]
  어떤 면접을 말씀하시는 건가요?

### ■ 고득점 Tips

What time처럼 What 뒤에 바로 명사(time)가 나오면 그 명사 중심으로 의미를 파악하고, 그렇지 않으면 What 다음의 주어와 동사를 특히 주의해서 들어야 합니다.

# Daily Check-up 🎧 D05_Checkup

🎧 음성을 듣고 알맞은 답변을 고른 후, 빈칸을 받아써 보세요. (음성은 두 번 들려줍니다.)

**01** Ⓐ 자정까지 열어요.
Ⓑ 처방약만 가능해요.
Ⓒ 저는 최근에 여기로 이사 왔어요.

Q _____'s the nearest pharmacy?

**02** Ⓐ 재무팀은 다른 서식을 사용해요.
Ⓑ 저는 이미 지난달 메모를 검토했어요.
Ⓒ Jerry가 그걸 하고 있는 것 같아요.

Q _____ _____ the monthly sales report?

**03** Ⓐ 배송업체에 문의해 봐야 해요.
Ⓑ 할인점에서요.
Ⓒ 매장은 오늘 오후 6시에 문을 닫아요.

Q _____ will the furniture be delivered?

**04** Ⓐ I decided on English Composition.
Ⓑ Chemistry is a difficult subject.
Ⓒ In the engineering building.

Q _____ _____ are you planning to take next _____?

**05** Ⓐ In the main auditorium.
Ⓑ She's attending a conference.
Ⓒ Every Tuesday morning.

Q _____ _____ Professor Wilson _____ today's lecture?

**06** Ⓐ They are planning a launch.
Ⓑ At the marketing department.
Ⓒ In two weeks.

Q _____ is the product _____?

**07** Ⓐ The meeting room is on the third floor.
Ⓑ I'm not sure — let me check the agenda.
Ⓒ Meeting notes will be distributed later.

Q _____

**08** Ⓐ The student council president usually does.
Ⓑ It normally starts with a campus tour.
Ⓒ New students must attend orientation.

Q _____

**09** Ⓐ I just sent you them online.
Ⓑ The printer needs a new cartridge.
Ⓒ There's a copy center next to the café.

Q _____

**10** Ⓐ Ticket prices vary by seating section.
Ⓑ Events are held monthly at the venue.
Ⓒ I'll have to ask how many people are going.

Q _____

# Daily Test  🎧 D05_Test

🎧 음성을 듣고 가장 적절한 답변을 고르세요.

## 01
Ⓐ The flight was not on time.
Ⓑ The airport has lots of parking.
Ⓒ We could ask Tom to do it.
Ⓓ Our guest is staying for three days.

## 02
Ⓐ Yes, all the time.
Ⓑ Doctor visits are so expensive.
Ⓒ The clinic is on Main Street.
Ⓓ Next Thursday at three thirty.

## 03
Ⓐ It will come in a large box.
Ⓑ Delivery services are so convenient.
Ⓒ The driver said before five o'clock.
Ⓓ I'll be home to receive it.

## 04
Ⓐ I have some extra paper in my drawer.
Ⓑ Main Street is jammed with cars now.
Ⓒ Because it was moved to another floor.
Ⓓ You probably need to replace the rollers.

## 05
Ⓐ It's held in the campus theater.
Ⓑ Several music majors signed up.
Ⓒ Tickets go on sale tomorrow.
Ⓓ The show is always entertaining.

## 06
Ⓐ I bought new shoes yesterday.
Ⓑ The vegetables are very fresh.
Ⓒ I'm cooking dinner tonight.
Ⓓ I'm not familiar with this area.

## 07
Ⓐ In the main conference room.
Ⓑ Everyone should prepare thoroughly.
Ⓒ About 15 minutes per speaker.
Ⓓ Yes, you're allowed to present.

## 08
Ⓐ The service entrance is around back.
Ⓑ The estimate comes to about 200 dollars.
Ⓒ Could you hurry it up a little?
Ⓓ The cost of living has increased dramatically.

## 09

Ⓐ I used jumper cables from my neighbor.
Ⓑ Cold weather is expected this weekend.
Ⓒ The car dealership is downtown.
Ⓓ I started my presentation on time.

## 10

Ⓐ Work schedules are posted monthly.
Ⓑ I'm not sure about the procedure.
Ⓒ Schedule changes need advance notice.
Ⓓ I'm working overtime this week too.

## 11

Ⓐ I delivered a speech at the meeting.
Ⓑ I usually cook for myself these days.
Ⓒ The app is free to download today.
Ⓓ Express shipping is usually more expensive.

## 12

Ⓐ Next to the library entrance.
Ⓑ They sell both new and used textbooks.
Ⓒ The store closes at 5 P.M. today.
Ⓓ Textbook prices have increased this semester.

## 13

Ⓐ His birthday is next Tuesday.
Ⓑ The monitor has a scratch on the screen.
Ⓒ He had connection problems.
Ⓓ Because he forgot his umbrella.

## 14

Ⓐ The airport is north of the city.
Ⓑ Flight delays happen frequently these days.
Ⓒ I'll have to look up the traffic conditions.
Ⓓ Security lines are usually long.

## 15

Ⓐ Meetings always run better with food.
Ⓑ The meeting starts at two o'clock.
Ⓒ Healthy snacks are the best choice.
Ⓓ I think Susan volunteered this week.

## 16

Ⓐ Repair costs can be unpredictable.
Ⓑ Technical support is available online.
Ⓒ The equipment is still under warranty.
Ⓓ It depends on their schedule.

# Daily Test

**17**
Ⓐ The construction will take two years.
Ⓑ Yamamoto Architecture Firm won the contract.
Ⓒ It's located near Marina Bay.
Ⓓ The budget exceeded expectations.

**18**
Ⓐ The installation guide is very helpful.
Ⓑ I'm trying to figure that out.
Ⓒ The new software has better security features.
Ⓓ Because it should be completed by tomorrow.

**19**
Ⓐ I think she mentioned Hawaii.
Ⓑ She's taking two weeks off.
Ⓒ Her flight leaves early tomorrow morning.
Ⓓ She's been planning this trip for months.

**20**
Ⓐ It meets on Mondays.
Ⓑ Biology is very popular.
Ⓒ Check with the registrar.
Ⓓ Room 205 in the science building.

**21**
Ⓐ The mall closes at 10 P.M.
Ⓑ Number 42 stops right in front of it.
Ⓒ I'll see you outside the station.
Ⓓ The bus fare increased last month.

**22**
Ⓐ It went very well.
Ⓑ Can I reschedule for tomorrow?
Ⓒ In the main boardroom.
Ⓓ Yes, it was an important meeting.

**23**
Ⓐ I believe it's next to the library.
Ⓑ The hall has excellent facilities.
Ⓒ Whenever works for you.
Ⓓ Many events happen there.

**24**
Ⓐ I think it belonged to Ms. Dubois.
Ⓑ The meeting ended an hour ago.
Ⓒ The conference room is being cleaned.
Ⓓ All laptops must be password-protected.

## 25
Ⓐ Three weeks in total.
Ⓑ The airport is really crowded.
Ⓒ I packed my suitcase yesterday.
Ⓓ Hotels are fully booked this season.

## 26
Ⓐ The budget has been approved.
Ⓑ Quality control is our priority.
Ⓒ We're using the latest development tools.
Ⓓ We're still waiting for client feedback.

## 27
Ⓐ The gym is open daily.
Ⓑ Ask at the front counter.
Ⓒ Equipment was recently updated.
Ⓓ Memberships cost 30 dollars.

## 28
Ⓐ Do you have your receipt?
Ⓑ The store closes at nine.
Ⓒ I'd prefer to pay in cash.
Ⓓ Red is my favorite color.

## 29
Ⓐ You've earned two weeks this year.
Ⓑ The summer months are always busy.
Ⓒ Let me see what projects are coming up.
Ⓓ Make sure to submit your request form.

## 30
Ⓐ I have a connecting flight in Chicago.
Ⓑ I checked in online this morning.
Ⓒ The airport is about an hour away.
Ⓓ Due to bad weather conditions.

## 31
Ⓐ I prefer to eat lunch much later.
Ⓑ How about that new Italian place downtown?
Ⓒ My lunch break ends at one.
Ⓓ I think the food tastes better.

## 32
Ⓐ Parking might be difficult there.
Ⓑ The conference starts at nine.
Ⓒ They have excellent speakers this year.
Ⓓ You might want to check the map.

# Day 06 일반 의문문

## 01: 유형 소개

일반 의문문이란 의문사로 시작하지 않는 모든 의문문을 포함합니다. 조동사 의문문, Be 동사 의문문, 부가 의문문, 제공·제안·요청 의문문, 선택 의문문 등이 출제되고, 의문사 의문문과 달리 Yes/No로 대답할 수 있습니다. 매 시험 4~10문제가 출제됩니다.

## 02: 문제 형태 🎧 D06_Example

| [화면] **Choose the best response.** | [해석] 가장 적절한 응답을 고르시오. |
|---|---|
| ○ Yes, I turned it in yesterday. | ○ 네, 어제 제출했어요. |
| ○ Essays are difficult to write. | ○ 에세이는 쓰기가 어려워요. |
| ○ The professor is strict. | ○ 교수님은 엄격하세요. |
| ○ I enjoy writing. | ○ 저는 글쓰기를 즐겨요. |
| [음성] | |
| M Did you submit your essay? | M 에세이를 제출했나요? |

정답 Yes, I turned it in yesterday.

해설 에세이를 제출했는지 확인하는 질문에 그렇다고 한 뒤 어제 제출했다고 답한 Yes, I turned it in yesterday가 정답이다.

## ❶ 조동사 의문문 🎧 D06_1

조동사(Do, Have, Can, Will, Should 등)로 시작하는 의문문으로, 특정 사실을 확인하거나 의견을 묻는 문제입니다. 매 시험 1~7문제가 출제됩니다.

### ▌출제 패턴

**Do** you want to join our study group?
우리 스터디 그룹에 합류하고 싶나요?

- No, I prefer studying alone. [No 사용]
  아니요, 저는 혼자 공부하는 걸 선호해요.
- Count me in. [Yes 생략]
  저도 끼워 주세요.
- How many people are in it? [추가 정보 요청]
  거기 몇 명이 있나요?

**Have** you visited the new museum?
새로 문을 연 박물관에 가 봤나요?

- Yes, it was amazing. [Yes 사용]
  네, 정말 놀라웠어요.
- I haven't yet. [No 생략]
  아직 안 가 봤어요.
- When did it open? [추가 정보 요청]
  언제 개관했나요?

**Will** the meeting start on time?
회의가 정시에 시작될까요?

- Yes, it will. [Yes 사용]
  네, 그럴 거예요.
- It never does. [No 생략]
  항상 늦게 시작해요.
- I'll have to ask. [간접 응답]
  물어봐야겠어요.
- Only if everyone arrives early. [조건부 응답]
  모두 일찍 도착해야 가능해요.

**Should** we order lunch for the seminar?
세미나를 위해 점심을 주문해야 할까요?

- Yes, that's a good idea. [Yes 사용]
  네, 좋은 아이디어예요.
- Let's ask everyone first. [간접 응답]
  먼저 모두에게 물어보죠.

### ▌고득점 Tips

질문이 부정형이더라도, 확인하고자 하는 사실이 맞는 말이거나 의견에 동의하면 Yes로 응답하고, 사실을 부인하거나 의견에 반대하면 No로 응답하는 것에 주의합니다. 이때, Yes나 No는 생략될 수도 있습니다.

**Q.** Didn't she finish her work?
그녀가 업무를 끝내지 않았나요?

**A.** (Yes,) she did. / (No,) she's almost done.
(네,) 끝냈어요. / (아니요,) 거의 다 끝냈어요.

## ❷ Be 동사 의문문  🎧 D06_2

Be 동사(Is, Are, Were, Was 등)로 시작하는 의문문으로, 특정 사실이나 상태를 확인하는 문제입니다. 매 시험 0~3문제가 출제됩니다.

### ▌출제 패턴

**Are** you going to the training session this afternoon?
오늘 오후 교육 세션에 가시나요?

- Yes, I registered yesterday. [Yes 사용]
  네, 어제 등록했어요.
- I can't make it today. [No 생략]
  오늘은 참석할 수 없어요.
- If I finish my report in time. [조건부 응답]
  보고서를 제시간에 끝내면요.

**Is** the printer working properly now?
지금 프린터가 제대로 작동하고 있나요?

- No, it still jams. [No 사용]
  아니요, 아직도 용지가 자꾸 걸려요.
- It's working fine now. [Yes 생략]
  지금은 잘 작동해요.
- Let me test it with a document. [간접 응답]
  제가 문서로 테스트해 볼게요.

**Am** I supposed to attend the board meeting?
제가 이사회에 참석해야 하나요?

- No, you're not required. [No 사용]
  아니요, 참석하실 필요 없어요.
- It's optional for your level. [No 생략]
  당신의 직급에서는 선택 사항이에요.

**Aren't** you familiar with the new software system?
새 소프트웨어 시스템에 익숙하지 않으신가요?

- Yes, I've been using it for a month. [Yes 사용]
  네, 한 달째 사용 중이에요.
- Only the basic features so far. [No 생략]
  아직은 기본 기능만 알고 있어요.

### ▌고득점 Tips

Yes나 No 등으로 시작하여 그럴듯하게 들리지만, 그 뒤에 이어지는 내용이 적절하지 않은 오답이 자주 등장하니 주의합니다.

Q. Wasn't your exam yesterday?
시험이 어제였지 않나요?

A. No, the exam was multiple choice. (X)
아니요, 시험은 객관식이었어요.

## ③ 부가 의문문 🎧 D06_3

평서문 형태의 진술 뒤에 그 내용을 확인하는 꼬리말(is it, can't you, right 등)이 붙어 있는 의문문으로, 평서문의 내용이 맞는지 확인하거나 동의를 구하는 문제입니다. 매 시험 0~2문제가 출제됩니다.

### ■ 출제 패턴

**The bookstore isn't closed, is it?**
서점 문 안 닫았죠, 그렇죠?

- No, it closes early on Sundays. [No 사용]
  아니요, 일요일에는 일찍 문을 닫아요.
- It should be open. [Yes 생략]
  열었을 거예요.
- Let me check their hours. [간접 응답]
  영업시간을 확인해 볼게요.

**You can drive me home, can't you?**
저를 집까지 데려다주실 수 있죠, 아닌가요?

- Yes, no problem. [Yes 사용]
  네, 문제없어요.
- Now that you mention it, I'm out of gas. [간접 응답]
  말씀하시니 생각났는데, 기름이 떨어졌어요.
- How long will it take to get there? [추가 정보 요청]
  거기까지 얼마나 걸리나요?

### ■ 고득점 Tips

진술 문장이나 꼬리말에 not이 있든 없든, 그 앞의 내용이 맞는 말이거나 동의하면 Yes, 틀린 말이거나 반대하면 No라고 한 후 그에 맞는 적절한 부연 설명이 나온 내용을 정답으로 고릅니다.

**Q.** The store offers free delivery, doesn't it?
그 가게는 무료 배송을 제공하죠, 그렇지 않나요?

**A.** Yes, for orders over $30. (O)
네, 30달러 이상의 주문에 대해서요.

**A.** No, that policy changed last month. (O)
아니요, 그 정책은 지난달에 바뀌었어요.

## ④ 제안·제공·요청 의문문 🎧 D06_4

Why don't we ~?(우리 ~하는 것이 어때요?), Would you like ~?(~을 드릴까요?), Could you ~?(~해 주시겠어요?) 등의 표현을 사용한 의문문으로, 상대방에게 제안이나 제공, 요청을 하는 문제입니다. 매 시험 0~3문제가 출제됩니다.

### ▌출제 패턴

**Why don't we** meet for lunch tomorrow?
내일 점심에 만나는 게 어때요?

- Perfect, let's do that. [수락]
  좋아요, 그렇게 해요.
- I'm not available tomorrow. [거절]
  내일은 시간이 안 돼요.
- Where should we meet? [추가 정보 요청]
  어디서 만나야 할까요?

**Would you like** some help with that report?
그 보고서 좀 도와드릴까요?

- I'd appreciate it. [수락]
  그렇게 해 주시면 감사하겠습니다.
- No, I can handle it myself. [거절]
  아니요, 제가 직접 처리할게요.
- That's very kind of you. [감사 표현]
  정말 친절하시네요.
- I'll let you know if I get stuck. [조건부 응답]
  만약 막히면 말씀드릴게요.

**Could you** check this for me?
저 이것 좀 확인해 줄 수 있나요?

- Sure, I can. [수락]
  물론입니다, 도와드릴게요.
- I'm tied up at the moment. [거절]
  지금은 바빠요.
- What should I look for? [추가 정보 요청]
  무엇을 확인해 드릴까요?

### ▌고득점 Tips

제안·제공·요청 의문문의 일반적인 형태를 알아두면 도움이 됩니다.

| | | | |
|---|---|---|---|
| 제안 의문문 | Why don't we/you ~?<br>~하는 게 어때요? | How about ~?<br>~은 어때요? | Would you like to ~?<br>~하시겠어요? |
| 제공 의문문 | Would you like ~?<br>~을 드릴까요? | Would you like me to ~?<br>제가 ~을 해드릴까요? | Can I get you ~?<br>제가 ~을 가져다드릴까요? |
| 요청 의문문 | Can I ~?<br>~해도 되나요? | Can/Could you ~?<br>~해 주실 수 있으세요? | Would you mind ~?<br>~해 주시는 것이 괜찮으신가요? |

## ⑤ 선택 의문문 🎧 D06_5

단어와 단어, 구와 구, 또는 의문문과 의문문이 or로 연결된 의문문으로, 두 가지 선택 사항 중 하나를 선택하도록 요구하는 문제입니다. 매 시험 0~2문제가 출제됩니다.

### ■ 출제 패턴

Would you prefer pizza **or** pasta?
피자와 파스타 중 무엇을 선호하세요?

- Pizza with extra cheese, please. [둘 중 하나를 선택함]
  치즈 추가한 피자로 부탁드려요.
- Actually, I'd like a salad. [둘 다 선택하지 않음]
  사실, 저는 샐러드를 먹고 싶어요.
- I'm fine with both. [둘 다 괜찮다고 응답]
  저는 둘 다 괜찮아요.

Should we meet in the lobby **or** go to your office?
로비에서 만날까요, 아니면 사무실로 갈까요?

- Let's meet in the lobby. [둘 중 하나를 선택함]
  로비에서 만나죠.
- How about the cafe instead? [둘 다 선택하지 않음]
  대신 카페는 어떠세요?
- Whatever's more convenient for you. [둘 다 괜찮다고 응답]
  당신이 더 편하신 쪽으로 하세요.
- Where would be quieter? [추가 정보 요청]
  어디가 더 조용할까요?

Are you coming to the party **or** will you stay home tonight?
오늘 밤 파티에 올 거예요, 아니면 집에 있을 거예요?

- I'm staying in because I'm tired. [둘 중 하나를 선택]
  피곤해서 집에 있을 거예요.
- I'm visiting my parents. [둘 다 선택하지 않음]
  저는 부모님을 방문할 거예요.

### ■ 고득점 Tips

or 앞뒤로 단어나 구가 제시되면 Yes/No로 응답할 수 없습니다.

Q. Should we take the bus **or** the subway?
버스를 타야 할까요, 아니면 지하철을 타야 할까요?

A. The subway is faster during rush hour. (O)
출퇴근 시간 동안에는 지하철이 더 빨라요.

or 앞뒤로 완전한 의문문이 제시되면 Yes/No로 답할 수 있지만, 자주 생략되는 점에 주의합니다.

Q. Can you handle this task **or** will Jim take over?
이 일을 처리할 수 있나요, 아니면 Jim이 대신할 건가요?

A. (No,) Jim should handle it instead. (O)
아니요, Jim이 대신 처리할 거예요.

# Daily Check-up

🎧 D06_Checkup

🎧 음성을 듣고 알맞은 답변을 고른 후, 빈칸을 받아써 보세요. (음성은 두 번 들려줍니다.)

**01**  Ⓐ 아니요, 아직 연구 논문을 끝내지 못했어요.
Ⓑ 네, 하지만 운영시간이 단축됩니다.
Ⓒ 캠퍼스 서점은 다음 주에 열어요.

Q _____ the main library stay open during holidays?

**02**  Ⓐ 아직 기숙사에서 답을 못 받았어요.
Ⓑ 캠퍼스 투어는 매주 화요일에 가능해요.
Ⓒ 생활비는 지역에 따라 다양해요.

Q _____ _____ planning to live on campus next year?

**03**  Ⓐ 6명으로 예약했어요.
Ⓑ 사실, 7시 30분으로 바꿨어요.
Ⓒ 메뉴가 훌륭해 보이네요.

Q The restaurant reservation is for 7 P.M., _____ _____?

**04**  Ⓐ I need to renew my membership.
Ⓑ Yes, they're installing new equipment.
Ⓒ The trainers are very professional.

Q _____ the gym _____ for maintenance _____ _____?

**05**  Ⓐ I usually skip breakfast.
Ⓑ Hot drinks only.
Ⓒ Neither, I prefer juice.

Q _____ _____ _____ tea _____ coffee in the morning?

**06** Ⓐ What time do you need it for?
   Ⓑ Yes, let's open the window now.
   Ⓒ All rooms have computers in them.

   Q _____ _____ _____ a study room today?

**07** Ⓐ Speaking clearly is important.
   Ⓑ Sorry, I didn't realize I was loud.
   Ⓒ Quiet places help me concentrate.

   Q _____

**08** Ⓐ I need her signature on this paper.
   Ⓑ I'm planning to email her today.
   Ⓒ Yes, I'll submit the form tomorrow.

   Q _____

**09** Ⓐ A wide variety.
   Ⓑ Maybe later, thanks.
   Ⓒ The store sells many games.

   Q _____

**10** Ⓐ I turned in my homework online.
   Ⓑ I quizzed her on the vocabulary last night.
   Ⓒ It was moved to next week.

   Q _____

정답·해석·해설 p.259

# Daily Test  🎧 D06_Test

🎧 음성을 듣고 가장 적절한 답변을 고르세요.

## 01
Ⓐ The presentation is at two o'clock.
Ⓑ Sure, just return it by five.
Ⓒ Laptops are expensive these days.
Ⓓ My presentation went well yesterday.

## 02
Ⓐ It looks like it might rain soon.
Ⓑ Both areas are non-smoking.
Ⓒ The restaurant is quite busy today.
Ⓓ You can order once you're seated.

## 03
Ⓐ I already ate an hour ago.
Ⓑ The restaurant is on Central Avenue.
Ⓒ Yes, their menu changes daily.
Ⓓ I don't have the lunch receipt with me.

## 04
Ⓐ Newspapers are becoming digital.
Ⓑ Yes, quite shocking actually.
Ⓒ I'd rather go with a one-year subscription.
Ⓓ The newspaper delivery was late today.

## 05
Ⓐ Professor Smith retired last year.
Ⓑ Teaching assistants help with grading.
Ⓒ This semester ends in December.
Ⓓ I need to look at the course catalog.

## 06
Ⓐ I got one just like it.
Ⓑ Actually, I need some milk.
Ⓒ Stores are usually busy on weekends.
Ⓓ Some items were unavailable.

## 07
Ⓐ Thanks, you go ahead with that.
Ⓑ Of course, no problem.
Ⓒ Vacation time is important.
Ⓓ The watering can is in the garage.

## 08
Ⓐ The print quality is excellent.
Ⓑ No, it's an older model without Wi-Fi.
Ⓒ The ink level is low.
Ⓓ No, the paper tray is full.

## 09

Ⓐ It's about a 10-minute walk from here.
Ⓑ Walking shoes are more comfortable.
Ⓒ No, my doctor recommended daily exercise.
Ⓓ Maybe after I finish this.

## 10

Ⓐ Computer labs are open twenty-four hours.
Ⓑ It's one of the oldest professions.
Ⓒ I'm actually undecided between the two.
Ⓓ The professor is quite strict.

## 11

Ⓐ I've been preparing all week.
Ⓑ The projector needs to be tested.
Ⓒ Our proposal is very competitive.
Ⓓ The client seemed impressed last time.

## 12

Ⓐ No, the restaurant is across the street.
Ⓑ I usually order through the app.
Ⓒ The meal plan includes breakfast and dinner.
Ⓓ I changed my mind and got the chicken instead.

## 13

Ⓐ Sure, where should we go?
Ⓑ That was the last movie I saw.
Ⓒ I already had dinner earlier.
Ⓓ The theater is downtown.

## 14

Ⓐ No, I prefer to explore on my own.
Ⓑ Admission is free on Sundays.
Ⓒ Yes, the tours start every hour.
Ⓓ The museum shop closes early on weekends.

## 15

Ⓐ I need more time tomorrow.
Ⓑ I'd make one to be safe.
Ⓒ The location is very convenient.
Ⓓ I have reservations about that plan.

## 16

Ⓐ Business trips can be tiring.
Ⓑ The airport is very busy today.
Ⓒ Miguel travels frequently for work.
Ⓓ He's coming back this evening.

# Daily Test

**17**
Ⓐ The room is already set up.
Ⓑ Yes, you might need it just in case.
Ⓒ I bought mine last year.
Ⓓ The presentation is at 3 P.M.

**18**
Ⓐ I returned my books yesterday.
Ⓑ Yes, I have a library card.
Ⓒ It's about a 10-minute walk.
Ⓓ I think it's open until 10 P.M.

**19**
Ⓐ Sure, I'll do that next time.
Ⓑ The boxes came in this morning.
Ⓒ I can manage, but thank you.
Ⓓ The storage room is downstairs.

**20**
Ⓐ Feel free to use the phone on my desk.
Ⓑ I'll check the conference room schedule.
Ⓒ I was in meetings all afternoon.
Ⓓ I would've remembered if you had called.

**21**
Ⓐ The lawyer specializes in corporate law.
Ⓑ It's a standard agreement.
Ⓒ We use this template regularly.
Ⓓ I need a few more hours.

**22**
Ⓐ Her first day is Monday.
Ⓑ We need to prepare her workspace.
Ⓒ She has excellent qualifications.
Ⓓ The interview went very well.

**23**
Ⓐ It's this Saturday at the park.
Ⓑ You'll definitely see me there.
Ⓒ The weather looks perfect.
Ⓓ Let's go to the park.

**24**
Ⓐ The client is expecting him.
Ⓑ The slides are almost ready.
Ⓒ The presentation is scheduled for 2 P.M.
Ⓓ Do you want me to check with him?

## 25
Ⓐ Should I schedule my annual checkup?
Ⓑ The appointment book is on her desk.
Ⓒ She had to attend an emergency surgery.
Ⓓ The waiting room has new magazines.

## 26
Ⓐ It wasn't working for me either.
Ⓑ The presentation was moved to next week.
Ⓒ Unfortunately, I have to finish this report.
Ⓓ Emily prefers the evening shift.

## 27
Ⓐ Neither, I brought my own lunch.
Ⓑ The restaurant delivers until 3 P.M.
Ⓒ I usually skip breakfast on weekdays.
Ⓓ I'll order one for you too.

## 28
Ⓐ Aisle, please.
Ⓑ The flight departs in two hours.
Ⓒ I checked my luggage already.
Ⓓ The boarding gate changed to B12.

## 29
Ⓐ The venue provides tables and chairs.
Ⓑ I ate something before we started.
Ⓒ I'd rather handle the food myself.
Ⓓ The event starts at 7 P.M. sharp.

## 30
Ⓐ That sounds fair to me.
Ⓑ I always keep receipts organized.
Ⓒ I think the restaurant closes at 10 P.M.
Ⓓ The service charge is included.

## 31
Ⓐ The conference starts at 9 A.M.
Ⓑ That'd be great, if you don't mind.
Ⓒ The registration fee was expensive.
Ⓓ The speakers are all industry experts.

## 32
Ⓐ The maintenance crew left already.
Ⓑ The office is being reorganized today.
Ⓒ Yes, I placed it right next to mine.
Ⓓ Sure, let me grab the other end.

정답·해석·해설 p.260

# Day 07　평서문

음성 바로 듣기

## 01: 유형 소개

평서문이란 의문문이 아닌 형태의 진술을 말합니다. 평서문은 크게 정보 제공 평서문, 의견 전달 평서문, 감정 표현 평서문으로 나눌 수 있습니다. 매 시험 2~3문제가 출제됩니다.

## 02: 문제 형태 🎧 D07_Example

| [화면] **Choose the best response.** | [해석] 가장 적절한 응답을 고르시오. |
|---|---|
| ○ The coffee shop is closed. | ○ 커피숍이 문을 닫았어요. |
| ○ Coffee prices have gone up. | ○ 커피 가격이 올랐어요. |
| ○ I'll call the repair service. | ○ 제가 수리 서비스에 전화할게요. |
| ○ Machines break down eventually. | ○ 기계는 결국 고장 나게 마련입니다. |
| [음성] <br> W  The coffee machine is broken. | W  커피 머신이 고장 났어요. |

**정답**　I'll call the repair service.

**해설**　커피 머신이 고장 났다는 진술에 자신이 수리 서비스에 전화하겠다며 해결책을 제시하는 I'll call the repair service가 정답입니다.

## ❶ 정보 제공 평서문 🎧 D07_1

주로 객관적인 사실이나 상황 전달, 문제점 언급, 제3자에 대한 소식 등을 전하며 상대방의 응답을 요구하는 진술문입니다.
매 시험 0~3문제가 출제됩니다.

### 출제 패턴

The campus bookstore is having a sale this week.
이번 주에 캠퍼스 서점에서 할인을 합니다.

- That's great news! [긍정적 반응]
  좋은 소식이네요!
- Let's go check it out together. [제안]
  같이 가서 확인해 보죠.
- When does the sale end? [추가 정보 요청]
  할인은 언제 끝나나요?

I forgot to submit my assignment yesterday.
어제 과제를 제출하는 걸 깜빡했어요.

- You should talk to your professor about it. [해결책]
  그것은 교수님과 상의해 보세요.
- That happens to everyone sometimes. [공감/위로]
  그런 일은 누구에게나 가끔 일어나요.
- Is there a late submission penalty? [추가 정보 요청]
  늦게 제출 시 벌점이 있나요?

My roommate is studying abroad this semester.
제 룸메이트는 이번 학기에 유학 중이에요.

- That sounds like an amazing opportunity. [긍정적 반응]
  정말 놀라운 기회인 것 같네요.
- Which country did he go to? [추가 정보 요청]
  그는 어느 나라로 갔어요?
- That means you have the room to yourself. [상황 판단]
  그 말은 당신이 방을 혼자 사용하게 된다는 거네요.

### 고득점 Tips

객관적 사실에 대해서는 긍정적 반응이나 참여 의사를 제안하는 응답이 정답으로 자주 출제됩니다.

Q. The new training program starts next month.
  새 교육 프로그램이 다음 달에 시작됩니다.

A. That sounds like a great opportunity. (O)
  좋은 기회인 것 같네요.

A. I'd like to sign up for that. (O)
  저 등록하고 싶어요.

## ❷ 의견 전달 평서문 🎧 D07_2

주로 주관적인 의견이나 자신의 계획, 일정을 전달하거나, 상대방에게 요청, 명령, 충고, 제안을 하며 상대방의 응답을 요구하는 진술문입니다. 매 시험 0~2문제가 출제됩니다.

### ■ 출제 패턴

**We need to order more supplies.**
비품을 더 주문해야 해요.

- Yes, I noticed we're running low too. [동의]
  네, 저도 재고가 부족한 걸 확인했어요.
- I'll take care of that this afternoon. [해결책]
  오늘 오후에 처리할게요.
- How much should we order this time? [추가 정보 요청]
  이번에는 얼마나 주문할까요?

**I'm going to work from home next week.**
저는 다음 주에 재택 근무할 예정입니다.

- OK, I understand. [확인]
  네, 알겠어요.
- I can cover your desk duties. [제안]
  데스크 업무는 제가 대신 맡아 드릴 수 있어요.
- How can we reach you if needed? [추가 정보 요청]
  필요시, 저희가 어떻게 연락드리면 될까요?

**Let's meet at the coffee shop before the movie starts.**
영화 시작 전에 커피숍에서 만나요.

- I'd love to. [수락/동의]
  너무 좋아요.
- Sorry, I can't make it. [거절]
  미안하지만, 저는 못 갈 것 같아요.
- What about getting dinner first? [대안 제시]
  저녁을 먼저 먹는 게 어떨까요?

**If you have any questions, please let me know.**
질문이 있으시면, 말씀해 주세요.

- I appreciate your offer. [감사]
  제안해 주셔서 감사합니다.
- Actually, I do have one question. [수락]
  사실, 질문이 하나 있어요.

### ■ 고득점 Tips

의견을 전달하는 평서문에는 정해진 답변 패턴이 뚜렷하지 않기 때문에 문장 전체의 내용을 잘 이해하는 것이 중요합니다.

## ❸ 감정 표현 평서문 🎧 D07_3

미래에 대한 기대감이나 감사 같은 긍정적인 감정, 혹은 어떤 상황에 대한 걱정 또는 실망 같은 부정적 감정을 표현하는 진술문입니다. 매 시험 0~1문제가 출제됩니다.

### ▌출제 패턴

**I'm thrilled that we won the contract!**
우리가 계약을 따냈다니 너무 기뻐요!

- That's fantastic news for the company! [축하]
  회사에 정말 좋은 소식이네요!
- I'm so excited about this too! [공감]
  저도 무척 신나요!
- The team really deserved this win. [인정]
  팀이 이 승리를 거둘 자격이 있었어요.
- Have you told the CEO yet? [추가 정보 요청]
  대표님께 벌써 말씀드렸나요?

**I feel anxious about the job interview next week.**
다음 주 채용 면접이 걱정돼요.

- I have faith in your abilities. [격려]
  당신의 능력을 믿어요.
- I felt the same way before my interview. [공감]
  저도 면접 전에 같은 기분이었어요.
- Make sure to get a good night's sleep before. [조언]
  면접 전날 꼭 충분히 주무세요.
- What position are you interviewing for? [추가 정보 요청]
  어떤 직무 면접을 보시나요?

### ▌고득점 Tips

감정 표현 평서문에 응답으로 사용될 수 있는 표현들을 알아두면 도움이 됩니다.

| | | | |
|---|---|---|---|
| 동의 | Absolutely! I couldn't agree more!<br>그렇고 말고요! 완전히 동의해요! | That makes two of us!<br>저도 마찬가지예요! | I'm with you on that.<br>그 점에 동의해요. |
| 위로 | There's always next time.<br>다음 기회는 또 있어요. | These things happen.<br>그런 일은 있는 법이에요. | Don't beat yourself up about it.<br>자책하지 마세요. |
| 격려 | It's worth a shot.<br>시도해 볼만하네요. | Hang in there!<br>힘내세요! | You've got this.<br>잘 해낼 수 있어요. |

# Daily Check-up  🎧 D07_Checkup

🎧 음성을 듣고 알맞은 답변을 고른 후, 빈칸을 받아써 보세요. (음성은 두 번 들려줍니다.)

**01**  Ⓐ 저는 최근에 요리 실력이 늘었어요.
　　Ⓑ 저도 그것을 느꼈어요.
　　Ⓒ 개선은 지속적인 노력이 필요해요.

> Q  The cafeteria food has really _____ lately.

**02**  Ⓐ 관리자들은 많은 책임이 있어요.
　　Ⓑ 그녀에게 좋은 소식이네요.
　　Ⓒ Emma가 프로젝트를 잘 관리했어요.

> Q  I heard Emma got _____ to manager.

**03**  Ⓐ 시간 관리가 필수적이에요.
　　Ⓑ 저는 이미 점심을 끝냈어요.
　　Ⓒ 제가 도와드릴까요?

> Q  I wish I had more time to _____ this.

**04**  Ⓐ I'll refill it right now.
　　Ⓑ Paper prices have increased lately.
　　Ⓒ The printer was expensive.

> Q  The printer is _____ _____ _____ again.

**05**  Ⓐ What toppings does everyone like?
　　Ⓑ I ordered supplies this morning.
　　Ⓒ Pizza originated in Italy.

> Q  I think we _____ _____ _____ for the team now.

**06** Ⓐ Questions help us learn better.
　　Ⓑ I'll keep that in mind.
　　Ⓒ I called my mother yesterday.

　　Q  If you have _____, _____ _____ anytime.

**07** Ⓐ Software updates happen frequently.
　　Ⓑ I used my computer this morning.
　　Ⓒ Let me show you the basics.

　　Q  _____

**08** Ⓐ Libraries are quiet places.
　　Ⓑ Last night, I think.
　　Ⓒ Good to know, thanks.

　　Q  _____

**09** Ⓐ But I'm free right now.
　　Ⓑ Everyone is making an effort.
　　Ⓒ Sounds like a great idea.

　　Q  _____

**10** Ⓐ Where are you planning to go?
　　Ⓑ Thinking helps solve problems.
　　Ⓒ I took notes during the meeting.

　　Q  _____

정답·해석·해설 p.266

# Daily Test  D07_Test

🎧 음성을 듣고 가장 적절한 답변을 고르세요.

## 01
Ⓐ Heavy rain is expected tonight.
Ⓑ Before the next traffic light.
Ⓒ Maybe there's construction ahead.
Ⓓ This app gets a lot of traffic on weekends.

## 02
Ⓐ Would you like to try another chair?
Ⓑ Yes, I had it written down somewhere.
Ⓒ HR explained the new policy details.
Ⓓ What specifically bothers you about it?

## 03
Ⓐ Thrilling experiences create memories.
Ⓑ I can get you a recommendation letter.
Ⓒ Congratulations, you deserve it!
Ⓓ Promotions require hard work.

## 04
Ⓐ I made the same assumption.
Ⓑ I reviewed the proposal yesterday.
Ⓒ Actually, I haven't had a chance yet.
Ⓓ Under the terms and conditions.

## 05
Ⓐ We should try it this weekend.
Ⓑ Is excellent the highest rating?
Ⓒ I got a review from my boss.
Ⓓ A table for two at seven, please.

## 06
Ⓐ I'll have them set up the tent.
Ⓑ I postponed my vacation last month.
Ⓒ What's the weather forecast looking like?
Ⓓ No wonder vendors opened their booths early.

## 07
Ⓐ The cost of living dropped significantly.
Ⓑ I became a manager last year.
Ⓒ Expensive items need careful consideration.
Ⓓ I'm not happy about prices either.

## 08
Ⓐ There's always next quarter, anyway.
Ⓑ My computer needs an upgrade.
Ⓒ I performed in a play once.
Ⓓ Tell them to keep up the good work.

## 09

Ⓐ That's going to be challenging.
Ⓑ Sure, I changed my schedule recently.
Ⓒ Designs should be creative.
Ⓓ I didn't have time to change.

## 10

Ⓐ Let me try to help you.
Ⓑ I met with the client this afternoon.
Ⓒ We can meet somewhere else.
Ⓓ OK, I'll set a firm date.

## 11

Ⓐ Feedback sessions are held monthly.
Ⓑ You should be proud of your work.
Ⓒ I'm surprised by the news.
Ⓓ I'll submit my report by Friday.

## 12

Ⓐ You should make plans to attend.
Ⓑ It's on the next floor up, actually.
Ⓒ I'm down with the flu today.
Ⓓ Let's use the backup room instead.

## 13

Ⓐ What are your main concerns?
Ⓑ I'll get you that information.
Ⓒ It's considered normal in some places.
Ⓓ Everyone deserves a second chance.

## 14

Ⓐ Video games are very popular.
Ⓑ I froze the leftovers yesterday.
Ⓒ Try restarting it first.
Ⓓ Computers are essential for work.

## 15

Ⓐ You're probably right about that.
Ⓑ Yes, I need to finish my tasks.
Ⓒ Staff meetings are held weekly.
Ⓓ Projects require careful planning.

## 16

Ⓐ The project was completed on time.
Ⓑ What changes would you suggest?
Ⓒ The campaign starts next month.
Ⓓ Our competitor launched a new product.

# Daily Test

**17**
Ⓐ My lab report is due tomorrow.
Ⓑ Do you need a new partner?
Ⓒ I dropped my phone yesterday.
Ⓓ Chemistry labs meet twice weekly.

**18**
Ⓐ I changed my password a long time ago.
Ⓑ Deadlines help us stay focused.
Ⓒ The project budget was approved.
Ⓓ That must be frustrating.

**19**
Ⓐ The cafeteria might be open until 9 P.M.
Ⓑ Vegetarian restaurants are popular now.
Ⓒ The menu features two fish entrées.
Ⓓ I agree—the selection is pretty limited.

**20**
Ⓐ I already requested time off work.
Ⓑ Company events are usually fun.
Ⓒ The weather forecast looks good.
Ⓓ What was the reason for the delay?

**21**
Ⓐ The truck has excellent fuel efficiency.
Ⓑ You should call the shipping company.
Ⓒ I work two hours every morning.
Ⓓ Delivery trucks are painted yellow.

**22**
Ⓐ Vacation time is limited this year.
Ⓑ I wonder what happened.
Ⓒ I canceled my subscription too.
Ⓓ Her plans included visiting museums.

**23**
Ⓐ Clients are demanding these days.
Ⓑ He worked really hard on it.
Ⓒ Where are the presentation slides?
Ⓓ I was impressed by the building.

**24**
Ⓐ Frequent breaks are necessary.
Ⓑ You're absolutely right.
Ⓒ I saved money last month.
Ⓓ Work schedules are flexible.

## 25
Ⓐ Scheduling software is user-friendly.
Ⓑ That works perfectly for me.
Ⓒ It seems it's your turn to make it.
Ⓓ Everything you need is online.

## 26
Ⓐ I see you've made some improvements.
Ⓑ I left my keys at the lobby desk.
Ⓒ It definitely needs remodeling.
Ⓓ I heard music playing earlier.

## 27
Ⓐ Which coffee shop do you mean?
Ⓑ Coffee shops serve tea too.
Ⓒ I met him last week.
Ⓓ Yes, I enjoyed it.

## 28
Ⓐ I'll email them right now.
Ⓑ The lecture hall is full.
Ⓒ My professor is out this week.
Ⓓ I downloaded the syllabus already.

## 29
Ⓐ I trained for the marathon last month.
Ⓑ Two hours is a long movie.
Ⓒ Did you miss anything important?
Ⓓ Morning exercises are beneficial.

## 30
Ⓐ Tasks are assigned every week.
Ⓑ It's scheduled for next month.
Ⓒ I just finished my lunch break.
Ⓓ Can I help you prioritize anything?

## 31
Ⓐ They've accepted my offer.
Ⓑ How much of a discount is it?
Ⓒ This is the way to the bookstore.
Ⓓ I'm offering tutoring services.

## 32
Ⓐ Spring is about three months long.
Ⓑ Where are you planning to go?
Ⓒ Be careful not to break it.
Ⓓ I packed it in your suitcase.

정답·해석·해설 p.267

# Day 08  Task Test

D08_TaskTest

TOEFL iBT LISTENING    Questions 01~04 of 28    Volume

Choose the best response.

**01**
Ⓐ The results look promising.
Ⓑ Quarterly reports are due Friday.
Ⓒ Nicole from the finance team.
Ⓓ I presented my proposal yesterday.

**02**
Ⓐ I worked late last night.
Ⓑ Usually within 24 hours.
Ⓒ The project deadline is next week.
Ⓓ Overtime pay is calculated monthly.

**03**
Ⓐ Conference rooms need advance booking.
Ⓑ Cancellation policies vary by venue.
Ⓒ Disappointed customers should contact management.
Ⓓ I know you were really looking forward to it.

**04**
Ⓐ All employees are affected.
Ⓑ Starting next Monday.
Ⓒ The policy manual is online.
Ⓓ HR reviewed all the policies.

TOEFL iBT **LISTENING**  Questions 05~08 of 28  Volume

Choose the best response.

**05** Ⓐ Let's meet in five minutes.
   Ⓑ The documents are on my desk.
   Ⓒ It was rescheduled for tomorrow morning.
   Ⓓ They'll be with you shortly.

**06** Ⓐ The team leader will send invitations.
   Ⓑ The conference room is available.
   Ⓒ The agenda is ready.
   Ⓓ We meet every Tuesday.

**07** Ⓐ The food here is excellent.
   Ⓑ I made a reservation for 7 P.M.
   Ⓒ Yes, all major cards are accepted.
   Ⓓ The service charge is included.

**08** Ⓐ Payment options have become limited.
   Ⓑ Parking spaces are hard to find.
   Ⓒ I need to renew my driver's license soon.
   Ⓓ When will the installation be complete?

**Choose the best response.**

**09**  Ⓐ Software updates are important.
　　Ⓑ The IT support team can assist you.
　　Ⓒ I installed new shelves yesterday.
　　Ⓓ Kevin upgraded his personal laptop.

**10**  Ⓐ It's at the Korean restaurant downtown.
　　Ⓑ Should I make a reservation?
　　Ⓒ About fifteen, I think.
　　Ⓓ The menu looks great.

**11**  Ⓐ It was very educational.
　　Ⓑ Friday is the end of the week.
　　Ⓒ The workshop room is booked.
　　Ⓓ I'll check my schedule.

**12**  Ⓐ I took some notes.
　　Ⓑ I had a dentist appointment.
　　Ⓒ Psychology is my major.
　　Ⓓ Yes, she teaches that class.

**13**  Ⓐ Yes, you can leave the car here.
　　Ⓑ My phone battery died during the movie.
　　Ⓒ I should have taken a photo of the spot.
　　Ⓓ I couldn't recall her name.

Choose the best response.

**14**
- Ⓐ The cafeteria hours changed last month.
- Ⓑ Let's talk to the food service manager.
- Ⓒ I usually eat lunch around noon.
- Ⓓ The new tables look really modern.

**15**
- Ⓐ The report covers three months of data.
- Ⓑ Everyone needs to submit their section.
- Ⓒ No, the finance team is reviewing it now.
- Ⓓ I'll have to get back to you on that.

**16**
- Ⓐ It's quite far from here.
- Ⓑ I've tried everything on the menu.
- Ⓒ Actually, they're open every day now.
- Ⓓ The Monday specials are popular.

**17**
- Ⓐ Sales training starts next Monday.
- Ⓑ I need the percentage calculations.
- Ⓒ Fifteen minutes is enough time.
- Ⓓ That's excellent news for the company.

**18**
- Ⓐ I haven't counted the pages.
- Ⓑ I'm not familiar with this area.
- Ⓒ The copies should be double-sided.
- Ⓓ No problem.

**Choose the best response.**

19  Ⓐ I don't have any change.
    Ⓑ The salad bar looks fresh.
    Ⓒ I usually eat at my desk.
    Ⓓ Maybe just a sandwich if they have one.

20  Ⓐ I need to book my flight soon.
    Ⓑ I prefer traveling by train.
    Ⓒ Very productive, thanks for asking.
    Ⓓ My passport expires next year.

21  Ⓐ It's around $20 each.
    Ⓑ I forgot to leave a tip.
    Ⓒ The total amount is reasonable.
    Ⓓ I'll use my mobile payment app.

22  Ⓐ The project starts next month.
    Ⓑ She requested to be excluded.
    Ⓒ She has excellent qualifications.
    Ⓓ The team needs five more members.

23  Ⓐ I haven't seen it yet.
    Ⓑ The management has all the forms.
    Ⓒ Was I supposed to?
    Ⓓ You can change your hours.

**Choose the best response.**

**24** Ⓐ Lunch meetings are more casual.
Ⓑ Today's restaurant reservations are full.
Ⓒ I cancelled my membership last month.
Ⓓ No problem at all.

**25** Ⓐ At 2 P.M. in the main auditorium.
Ⓑ It covers our quarterly results.
Ⓒ The presenter is very experienced.
Ⓓ How long will it last?

**26** Ⓐ The meeting room is reserved.
Ⓑ Let me double-check my calendar.
Ⓒ It'll be different this time.
Ⓓ Meeting agendas are helpful.

**27** Ⓐ The classroom has been changed.
Ⓑ I registered for it last week.
Ⓒ No, his research is very interesting.
Ⓓ He's on sabbatical this semester.

**28** Ⓐ Of course not.
Ⓑ The speakers are in the corner.
Ⓒ This song is very popular, too.
Ⓓ My roommate set up the sound system.

무료 토플자료·유학정보 제공

**goHackers.com**

Hackers
Updated TOEFL
Listening Basic

# TASK ❷
# 대화 듣고 문제 풀기
Listen to a Conversation

**Introduction**

**Day 09** 중심 내용을 파악하는 문제
**Day 10** 세부 내용을 파악하는 문제
**Day 11** 대화의 맥락으로 추론하는 문제
**Day 12** Task Test

# Introduction:

Task 2 대화 듣고 문제 풀기(Listen to a Conversation)는 평균 70~71단어로 이루어진 대화를 듣고 주어지는 문제의 답을 고르는 유형으로, 대화의 주제 및 중요한 세부 내용을 파악하고 화자의 태도, 의도, 목적을 이해하는 능력을 묻습니다. 각 대화에는 2개의 문제가 출제되는데, Module 1에서 대화 2개가 출제되며, 더미 문항이 포함될 경우 대화가 3개까지도 출제됩니다. Upper Module 2와 Lower Module 2 모두 대화가 2개씩 출제됩니다.

## ■ 시험 미리보기

### Direction 화면

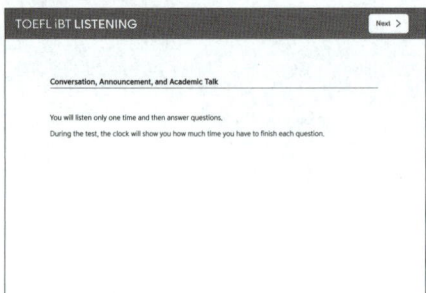

Task 2, 3, 4 시험에 대한 Direction이 한 번에 주어집니다.

**디렉션을 들려주는 시간**: 약 11초

**디렉션의 내용**: 대화, 공지, 학술 강의를 한 번만 듣고 문제를 풀 것이며, 시계가 문제를 풀 수 있는 시간을 표시할 것입니다.

**디렉션이 나오는 동안 해야 할 일**: 노트테이킹을 할 펜과 종이를 앞에 가져다 두고, 대화를 들을 준비를 마칩니다. 필요한 경우 음성 볼륨을 조정합니다.

### 음성 화면

대화를 들을 때 나오는 화면으로, 두 화자의 사진이 나옵니다.

**음성이 나오는 동안 해야할 일**: 대화의 첫 부분에서 대화의 전반적인 주제를 파악할 수 있으므로, 첫 부분을 놓치지 않도록 주의 깊게 듣습니다. 문제 풀이를 할 때 대화의 주요한 정보를 기억할 수 있도록, 음성을 들으며 노트테이킹을 해둡니다.

### 문제 풀이 화면

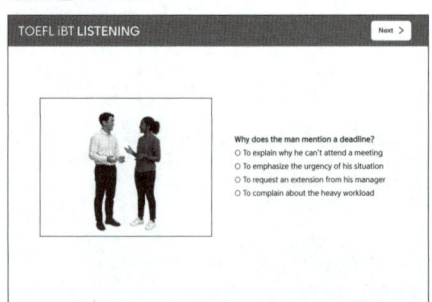

문제가 출제될 때 나오는 화면으로, 문제와 보기가 나옵니다.

**문제를 풀 수 있는 시간**: 20초

**문제를 풀 때 해야 할 일**: 문제와 보기는 별도로 들려주지 않으므로, 화면이 전환되면 빠르게 읽습니다. 보기 앞에 있는 칸을 클릭하여 답을 표시합니다.

**문제를 풀고 난 후 해야 할 일**: 답을 고른 후 우측 상단의 Next 버튼을 누르면 다음 문제 또는 다음 대화로 넘어갑니다. 이때, 이전 화면으로 돌아갈 수 없으므로 충분히 고민한 후 넘어가도록 합니다.

## ■ 풀이 전략

**1. 대화가 어떤 상황인지 파악하며 듣습니다.**

대화의 전반적인 상황을 파악하면 중간중간 세부 내용을 놓치더라도 풀 수 있는 문제가 생기므로, 대화를 들으면서 화자들이 중점적으로 얘기하고 있는 소재나 화자들의 관계를 파악합니다.

**2. 중요한 세부 정보를 노트테이킹합니다.**

대화를 듣는 동안에는 어떤 문제가 나올지 모르지만, Task 2에서는 대화의 내용에서 알 수 있는 세부적인 사실을 문제가 자주 출제됩니다. 특히, 화자가 제안하거나 제공하는 것, 화자가 가진 문제점, 화자가 다음에 할 일, 화자가 예로 들거나 나열한 세부 정보는 문제로 연결될 가능성이 크므로 이러한 정보들은 반드시 노트테이킹 해둡니다.

**3. Paraphrasing된 정답을 고릅니다.**

대부분 문제의 정답은 대화의 내용을 paraphrasing해서 나오므로, 제대로 paraphrasing된 정답을 고릅니다. 대화에서 들은 단어 및 일부 표현을 그대로 쓴 선택지는 오히려 오답일 가능성이 많다는 것도 염두에 둡니다.


## ■ 스터디 가이드

**1. 문제 유형별로 알맞은 듣기 전략을 익힙니다.**

정답을 잘 고르기 위해 집중해서 들어야 하는 정답의 단서가 문제 유형에 따라 다르므로, 각 유형별로 알맞은 듣기 전략을 익혀두면 정답을 더 정확하게 고를 수 있습니다.

**2. 화자의 의도를 파악하는 연습을 합니다.**

대화에 직접적으로 언급되지 않는 화자의 의도를 파악하는 전략을 익히고 이를 연습해 두면, 화자의 의도를 파악하는 질문을 더 쉽게 풀이할 수 있습니다.

# Day 09 중심 내용을 파악하는 문제

## 01: 출제 경향

대화의 주제나 목적을 묻는 문제가 출제됩니다. 주로 두 사람이 무엇에 관해 이야기하는지 주제를 묻거나 학생이 교수나 교직원을 찾아간 목적이 무엇인지를 묻습니다. 대화에서는 일반적으로 주제를 묻는 문제가 자주 출제되며, 매 시험 0-3문제씩 출제됩니다.

## 02: 질문 형태

### ▎주제

- What are the speakers mainly discussing?
  화자들은 주로 무엇에 대해 이야기하고 있는가?
- What event are the speakers discussing?
  화자들은 무슨 행사에 대해 이야기하고 있는가?
- What is the conversation mainly about?
  대화는 주로 무엇에 관한 것인가?

### ▎목적

- Why does the man talk to the woman?
  남자는 왜 여자와 이야기하는가?
- Why does the student go to see the professor?
  학생은 왜 교수를 찾아가는가?
- Why does the student visit the registrar's office?
  학생은 왜 학적과를 방문하는가?
- Why did the professor ask to see the student?
  교수는 왜 학생을 보자고 했는가?

## 03: 핵심 전략

### 1. 대화의 첫 부분을 놓치지 않는다.
대화의 주제나 목적은 주로 대화의 첫 부분에서 언급되는 경우가 많으므로, 도입부를 특히 집중해서 들어야 합니다. 도입부에서 주제나 목적이 명확히 드러나지 않으면, 전반적인 대화의 흐름을 파악해 정답을 고릅니다.

### 2. 표시어(Signal words)를 반드시 잡는다.
대화의 주제를 소개할 때는 다음에 제시된 표현들을 자주 사용합니다. 이러한 표현들은 곧 이어질 내용이 대화의 주제임을 알려주는 표시어로서, 대화의 주제나 목적을 찾는 데 가장 좋은 힌트가 됩니다.

| 주요 표시어 | 예문 |
| --- | --- |
| Are you going to the ~<br>~에 갈 것인가요? | Are you going to the graduation ceremony next Friday?<br>다음 주 금요일 졸업식에 갈 것인가요? |
| Are you planning to attend the ~<br>~에 참여할 계획인가요? | Are you planning to attend the annual company retreat?<br>연례 회사 워크숍에 참여할 계획인가요? |
| Are you ready for the ~<br>~에 대한 준비가 되었나요? | Are you ready for the camping trip this weekend?<br>이번 주말 캠핑 여행에 대한 준비가 되었나요? |
| Have you decided ~<br>~을 결정했나요? | Have you decided which course to take next semester?<br>다음 학기에 어떤 과목을 들을지 결정했나요? |
| Do you happen to know ~<br>혹시 ~을 아세요? | Do you happen to know when registration opens?<br>혹시 등록이 언제 시작되는지 아세요? |
| Did you already ~<br>벌써 ~을 했나요? | Did you already finish reviewing the contract documents?<br>계약서 검토를 벌써 마쳤나요? |

### 3. 다음과 같은 오답 유형에 주의한다.
- 그럴듯하지만 대화에서 실제로 언급되지 않은 보기
- 대화 내용과 부분적으로만 일치하는 보기
- 대화에서 언급된 사실과 무관한 보기

# Example:

## 🎧 Script  🎧 D09_Example

**Listen to a conversation.**

W I'm really struggling with calculus this semester. My midterm grade was much lower than I expected.

M Have you considered getting a tutor? The math department has a peer tutoring program that's quite effective.

W I looked into it, but all the slots are filled until next month. I need help before the final exam.

M My roommate Jake tutors calculus privately. He's excellent at explaining complex concepts in simple terms. I can give you his contact information.

대화를 들으시오.

W 이번 학기에 미적분학 때문에 정말 힘들어요. 중간고사 성적이 예상보다 훨씬 낮았어요.

M 튜터를 구하는 것을 고려해 봤어요? 수학과에서 운영하는 또래 튜터링 프로그램이 꽤 효과적이에요.

W 그것도 알아봤는데, 다음 달까지 모든 자리가 다 찼더라고요. 저는 기말고사 전에 도움이 필요해서요.

M 제 룸메이트 Jake가 미적분학을 개인적으로 과외해줘요. 복잡한 개념들을 쉽게 설명하는 데 정말 뛰어나거든요. 그의 연락처를 알려드릴 수 있어요.

**TOEFL iBT LISTENING**

What is the conversation mainly about?
○ Comparing different tutoring services
○ Finding academic assistance
○ Preparing for final exams
○ Mathematics course requirements

해석  대화는 주로 무엇에 관한 것인가?
○ 다양한 튜터링 프로그램 비교하기
○ 학업 지원 찾기
○ 기말고사 준비하기
○ 수학 과목 이수 요건

정답  Finding academic assistance

해설  여자가 미적분학 때문에 힘들다고 한 뒤 학습에 도움을 받을 수 있는 방법에 대한 대화가 이어지고 있으므로 정답은 학업 지원 찾기입니다.

● 단어 및 표현 ●

struggle [strʌ́gl] 힘들어하다, 고군분투하다   calculus [kǽlkjuləs] 미적분학   peer [piər] 또래   privately [práivətli] 개인적으로

# Daily Check-up  🎧 D09_Checkup

🎧 대화의 빈칸을 받아 적고, 질문에 대한 답을 고르세요. (음성은 세 번 들려줍니다.)

**01**
W: Did you hear that ① _____ during finals week? It'll be open until 2 A.M. starting on Monday.

M: That's great news! I've been struggling to ② _____ in my dorm. Do you know if it's still using that seat reservation system?

W: Yes. You can ③ _____ up to 48 hours in advance. I already booked a table on the third floor for Tuesday night.

M: Perfect. I'll check its website right after this class and secure a spot for Wednesday.

Q 화자들은 주로 무엇을 논의하고 있는가?
 Ⓐ 연장된 도서관 운영 시간
 Ⓑ 온라인 강좌 등록
 Ⓒ 기말고사 일정

**02**
W: I saw your flyer about ① _____. I'm really interested in joining since I care about sustainability issues.

M: That's wonderful! We're planning ② _____ next month, and we need volunteers to help organize it.

W: I'd love to participate. What kind of preparation is involved?

M: We need people to ③ _____, create volunteer schedules, and distribute supplies like gloves and trash bags.

Q 화자들은 어떤 행사를 논의하고 있는가?
 Ⓐ 재활용 인식 캠페인
 Ⓑ 캠퍼스 청소 프로젝트
 Ⓒ 나무 심기 행사

**03**  W: The Photography Club ① _____ next month. Are you planning to ② _____?

M: I've been considering it, but I'm not sure my photos are ③ _____ _____.

W: Don't underestimate yourself! Your landscape series from last semester is absolutely stunning. You should definitely enter some of those.

M: You really think so? Maybe I'll select ④ _____ and see how they look framed.

Q What event are the speakers discussing?

Ⓐ A photography workshop
Ⓑ A student art exhibit
Ⓒ A club membership drive

**04**  M: Professor Allen, I'm sorry to bother you, but I ① _____ _____ that's due tomorrow.

W: What's the problem, Robert?

M: My grandmother was hospitalized over the weekend, and I had to travel home to help my family. I've completed most of the research, but ② _____ to finish writing.

W: I understand that ③ _____. You can have until Friday, but make sure to email me the ④ _____.

Q Why does the student go to see the professor?

Ⓐ To explain a recent class absence
Ⓑ To request an extension for an assignment
Ⓒ To ask for help with his writing

# Daily Test  🎧 D09_Test

🎧 음성을 듣고 알맞은 답변을 고르세요.

**01** Listen to a conversation.

    Q What event are the speakers planning?

        Ⓐ A scholarship ceremony

        Ⓑ A fundraising bake sale

        Ⓒ A student orientation

        Ⓓ A cooking competition

---

**02** Listen to a conversation.

    Q What are the speakers mainly discussing?

        Ⓐ A library policy change

        Ⓑ Study group formation

        Ⓒ A new reservation system

        Ⓓ Study room availability issues

---

**03** Listen to a conversation.

    Q What are the speakers mainly discussing?

        Ⓐ An application to the campus newspaper

        Ⓑ A journalism internship opportunity

        Ⓒ Coverage of upcoming sports events

        Ⓓ The student newspaper's publication schedule

**04** Listen to a conversation.

Q  Why does the woman talk to the man?
   Ⓐ To ask about the upcoming midterm exam
   Ⓑ To discuss the professor's teaching style
   Ⓒ To borrow his class notes
   Ⓓ To arrange a study group session

---

**05** Listen to a conversation.

Q  What are the speakers mainly discussing?
   Ⓐ An insurance claim
   Ⓑ A malfunctioning car component
   Ⓒ Traffic congestion issues
   Ⓓ Parking availability problems

---

**06** Listen to a conversation.

Q  What are the speakers mainly discussing?
   Ⓐ A broken sound system in the dormitory
   Ⓑ Inadequate study spaces in residence halls
   Ⓒ Unfair room assignment policies
   Ⓓ Excessive noise from a roommate

# Daily Test

**07** Listen to a conversation.

Q  Why is the man talking to the woman?
- Ⓐ To request a change to his appointment
- Ⓑ To ask about insurance coverage options
- Ⓒ To discuss his recent test results
- Ⓓ To schedule a consultation with a specialist

---

**08** Listen to a conversation.

Q  What are the speakers mainly discussing?
- Ⓐ An upcoming campus event
- Ⓑ A school policy change
- Ⓒ A student ID card replacement
- Ⓓ A payment dispute

---

**09** Listen to a conversation.

Q  What are the speakers mainly discussing?
- Ⓐ An assignment deadline
- Ⓑ A training schedule
- Ⓒ A safety inspection
- Ⓓ A research proposal

**10** Listen to a conversation.

   Q What are the speakers mainly discussing?
   Ⓐ A fitness program enrollment
   Ⓑ A phone repair service
   Ⓒ A travel equipment rental
   Ⓓ A smartwatch purchase

**11** Listen to a conversation.

   Q What are the speakers mainly discussing?
   Ⓐ A software installation guide
   Ⓑ A network security program
   Ⓒ An email access problem
   Ⓓ A computer hardware repair

**12** Listen to a conversation.

   Q Why is the man talking to the woman?
   Ⓐ To discuss building maintenance issues
   Ⓑ To invite her to dinner
   Ⓒ To complain about noise levels
   Ⓓ To welcome her to the building

정답·해석·해설 p.280

# Day 10  세부 내용을 파악하는 문제

## 01: 출제 경향

대화에서 언급된 세부 내용을 묻는 문제가 출제됩니다. 주로 대화의 흐름에 중심적이거나 주제와 밀접하게 관련된 내용이 다양한 질문 형태로 나옵니다. 매 시험 4-5문제가 출제되며, 출제 비중이 가장 높습니다.

## 02: 질문 형태

### ▌사실 정보 파악

- What did the woman do this morning?
  여자는 오늘 아침에 무엇을 했는가?
- When will the event begin?
  행사는 언제 시작하는가?

### ▌문제점

- What is the man's problem?
  남자의 문제는 무엇인가?

### ▌이유

- Why did the woman call a technician?
  여자는 왜 기술자를 불렀는가?
- What reason does the woman give for her suggestion?
  여자가 자신의 제안을 하는 이유는 무엇인가?

### ▌제안/제공

- What does the woman suggest the man do?
  여자는 남자에게 무엇을 하라고 제안하는가?
- What does the woman offer to do?
  여자는 무엇을 하겠다고 제안하는가?

### ▌다음에 할 일

- What will the man do after the meeting?
  회의가 끝난 후 남자는 무엇을 할 것인가?
- What will the woman probably do next?
  여자는 다음에 무엇을 할 것 같은가?

## 03: 핵심 전략

### 1. 다른 말로 바꿔 쓴 표현에 익숙해진다.
세부 내용을 파악하는 문제의 정답은 화자의 말을 그대로 옮기기보다 다른 말로 바뀌어 표현(paraphrase)되어 있는 경우가 많으므로, 이러한 표현에 익숙해지도록 합니다.

> 대화에서 언급된 내용
> W  Professor Leach is not in his office now. They say he's on holiday.
>
> → Paraphrase된 보기들
> • Professor Leach is not available.
> • The student cannot meet with the professor.

### 2. 대화의 중요 내용을 파악하며 듣는다.
세부 내용을 파악하는 문제를 잘 풀기 위해서는 대화에서 언급된 여러 내용 중 무엇이 중요한지를 적극적으로 파악하며 들어야 합니다. 특히 다음과 같은 내용들은 귀를 쫑긋 세우고 듣도록 합니다.

| 대화 중요 내용 | 주요 표시어 |
| --- | --- |
| 제안하는 내용 | What / How about ~?  ~은 어때요?<br>Why don't you ~?  ~하는 게 어때요?<br>Have you checked ~?  ~을 확인해 보셨나요?<br>You might want to ~  ~을 하는 게 좋겠어요<br>You might consider ~  ~을 고려해 봐도 좋을 것 같아요<br>What you want to do is ~  당신이 해야 하는 것은 ~이에요<br>You can / could ~  ~할 수 있어요<br>(I think) you should ~  ~하셔야 해요 |
| 이유를 언급하는 내용 | because / since / due to ~  ~ 때문에<br>the reason is ~  그 이유는 ~입니다 |
| 역접의 내용 | but / yet / however  하지만<br>though  ~에도 불구하고 |
| 부연하여 길게 설명하거나<br>반복, 강조하는 내용 | I mean  제 말은 ~입니다<br>actually / in fact  사실은<br>that is / the thing is  즉,<br>you know  알다시피 |

### 3. 다음과 같은 오답 유형에 주의한다.
• 대화에서 언급된 단어를 포함하고 있지만 내용이 틀린 보기
• 대화에서 언급된 사실과 무관한 보기

# Example:

## 🎧 Script  🎧 D10_Example

**Listen to a conversation.**

M I bought these shoes two weeks ago, and they're rubbing my heels raw. Can I return them?
W Our policy allows returns within 30 days with a receipt. Do you have it?
M I misplaced it. I paid with my card, though.
W I can look it up and issue store credit, or we can exchange sizes.
M Store credit is fine. I'll try a different brand.
W Great. I'll process the credit and email the receipt.

대화를 들으시오.

M 이 신발을 2주 전에 샀는데, 뒤꿈치를 심하게 쓸리게 해요. 반품할 수 있을까요?
W 영수증이 있으면 30일 이내 반품이 가능합니다. 영수증 있으신가요?
M 잃어버렸어요. 그래도 카드로 결제했어요.
W 조회해서 스토어 크레딧으로 발급해 드리거나, 사이즈 교환도 가능해요.
M 스토어 크레딧 괜찮아요. 다른 브랜드로 시도해 볼게요.
W 좋아요. 크레딧 처리하고 영수증은 이메일로 보내드릴게요.

```
TOEFL iBT LISTENING                    Volume 🔊   Help ❓   Next >

        Why does the man want to return the shoes?
        ○ They hurt his heels.
        ○ They are the wrong color.
        ○ They were a gift.
        ○ They are out of style.
```

해석   남자는 왜 신발을 반품하려고 하는가?
       ○ 신발이 뒤꿈치를 아프게 한다.
       ○ 색상이 잘못되었다.
       ○ 선물로 받은 것이다.
       ○ 유행에 뒤떨어졌다.

정답   They hurt his heels.

해설   남자는 "I bought these shoes two weeks ago, and they're rubbing my heels raw"라고 말해 2주 전에 산 신발이 뒤꿈치를 심하게 쓸리게 해서 아프게 만든다고 했으므로 They hurt his heels.(신발이 뒤꿈치를 아프게 한다)가 정답입니다. 나머지는 대화에 언급되지 않았으므로 오답입니다.

● 단어 및 표현 ●

return [ritə́ːrn] 반품하다   rub (someone's) heels raw 뒤꿈치를 심하게 쓸리게 하다   misplace [mispléis] 잃어버리다   issue [íʃuː] 발급하다

# Daily Check-up  🎧 D10_Checkup

🎧 대화의 빈칸을 받아 적고, 질문에 대한 답을 고르세요. (음성은 세 번 들려줍니다.)

**01**
W: I've been trying to ① _____ at the library so we can prepare for our economics exam, but ② _____.

M: That's unfortunate timing. What about the study area on the third floor? It's usually quiet there.

W: I considered that, but we need somewhere we can ③ _____ _____ without disturbing others.

M: Fair point. Maybe we could _____? I have a large dining table we could use.

Q 화자들은 어떤 문제를 논의하고 있는가?
  Ⓐ 도서관이 일찍 문을 닫는다.
  Ⓑ 스터디룸을 사용할 수 없다.
  Ⓒ 3층이 너무 시끄럽다.


**02**
W: Professor Hendricks, I'm ① _____, and the deadline is next Friday. Would you be willing to ② _____?

M: Of course, Sarah. You've been an outstanding student in my courses. However, I'll need at least a week to write a thorough letter.

W: That's cutting it close to the deadline. Should I ask someone else, or could you ③ _____?

M: Let me see what I can do. If you ④ _____, _____ I can prioritize your letter.

Q 교수는 여자에게 무엇을 하라고 요청하는가?
  Ⓐ 다음 주에 미팅을 잡는다.
  Ⓑ 다른 교수진에게 연락한다.
  Ⓒ 필요한 서류를 오늘 보낸다.

## 03

W: David, are you ① _____ this Thursday?
It's ② _____.

M: I forgot about that! Is it too late to register? I've been so busy with midterm preparations.

W: The deadline was yesterday, but I heard ③ _____ if there's space. It starts at 2 P.M. in the science building.

M: ④ _____ then. Thanks for reminding me.

Q What will the man most likely do next?
Ⓐ Check the certification requirements online
Ⓑ Ask for an alternative date
Ⓒ Arrive early to secure a spot

## 04

M: Emma, are you free this Saturday morning? There's a ① _____ _____ that I've been wanting to check out.

W: I know the one you mean. I've heard they have excellent ② _____ _____. What time does it start?

M: It ③ _____ I was thinking we could go around 9 to avoid the early morning rush but still get the best selection.

W: Perfect. I'll bring some reusable bags. ④ _____ _____ too? I heard several vendors sell fresh pastries and coffee.

Q When will the event begin?
Ⓐ 8 A.M.
Ⓑ 9 A.M.
Ⓒ 2 P.M.

# Daily Test 🎧 D10_Test

🎧 음성을 듣고 알맞은 답변을 고르세요.

[01-02] Listen to a conversation.

**01** What does the woman suggest they do?
- Ⓐ Buy a new printer immediately
- Ⓑ Move the printer to another floor
- Ⓒ Wait until tomorrow to fix it
- Ⓓ Contact repair service

**02** What will the man do?
- Ⓐ Call the repair company
- Ⓑ Fix the printer himself
- Ⓒ Order replacement parts online
- Ⓓ Give coworkers instructions

[03-04] Listen to a conversation.

**03** Why does the man rarely go to the gym?
- Ⓐ He's too busy with work.
- Ⓑ He doesn't like the facilities.
- Ⓒ The distance is inconvenient.
- Ⓓ The results take too much time.

**04** What does the woman suggest the man do?
- Ⓐ Find a gym closer to home
- Ⓑ Join organized workout sessions
- Ⓒ Exercise with a personal trainer
- Ⓓ Cancel his membership immediately

[05-06] Listen to a conversation.

**05** Why is the man talking to the woman?

Ⓐ To explain some research methods
Ⓑ To discuss their professor's requirements
Ⓒ To propose working together on an assignment
Ⓓ To share information about deadlines

**06** What does the woman offer to do?

Ⓐ Manage analytical work
Ⓑ Contact their professor
Ⓒ Find additional sources
Ⓓ Choose the research topic

[07-08] Listen to a conversation.

**07** Why is the woman talking to the professor?

Ⓐ To get guidance on topic selection
Ⓑ To discuss her research methodology
Ⓒ To report progress on her current assignment
Ⓓ To request an extension for her project

**08** What research approach does the professor recommend?

Ⓐ Conducting laboratory experiments
Ⓑ Surveying local residents' opinions
Ⓒ Comparing different energy sources
Ⓓ Analyzing successful municipal programs

# Daily Test

[09-10] Listen to a conversation.

**09** What does the man say about tour guides?

Ⓐ They receive academic credit.
Ⓑ Additional volunteers are needed.
Ⓒ They must have previous experience.
Ⓓ Training is optional for applicants.

**10** What does the man suggest the woman bring?

Ⓐ Appropriate footwear
Ⓑ Campus maps and brochures
Ⓒ Personal identification documents
Ⓓ Letters of recommendation

---

[11-12] Listen to a conversation.

**11** When will the woman's appointment be?

Ⓐ Tomorrow afternoon
Ⓑ Thursday morning
Ⓒ Friday evening
Ⓓ Next Monday

**12** What is the woman's attitude toward changing her hairstyle?

Ⓐ She wants to try something new.
Ⓑ She's following current fashion trends.
Ⓒ She prefers to maintain her current look.
Ⓓ She only wants minor adjustments.

[13-14] Listen to a conversation.

**13** What does the man need the transcript for?

- Ⓐ Graduate school admission
- Ⓑ A university transfer request
- Ⓒ An employment application
- Ⓓ Scholarship approval

**14** What will the man most likely do next?

- Ⓐ Choose the expedited service option
- Ⓑ Schedule an appointment with an advisor
- Ⓒ Submit additional supporting documents
- Ⓓ Complete the required paperwork

---

[15-16] Listen to a conversation.

**15** What problem is the man experiencing?

- Ⓐ The parking fees have increased.
- Ⓑ His parking space is too small.
- Ⓒ His car was damaged in the garage.
- Ⓓ Someone is using his designated spot.

**16** What has the man already tried?

- Ⓐ Contacting building security
- Ⓑ Leaving a written message
- Ⓒ Speaking directly with the other driver
- Ⓓ Parking in a different location

정답·해석·해설 p.286

# Day 11 대화의 맥락으로 추론하는 문제

## 01: 출제 경향

대화에서 직접적으로 언급되지 않았으나 맥락상 추론할 수 있는 사실을 묻는 문제가 출제됩니다. 대화에서 주어진 정보들을 종합해 답을 찾아야 하므로 대화의 전체적인 맥락을 이해하는 것이 중요합니다. 매 시험 0~1문제가 출제되어 출제 비중이 높지 않지만, 고득점을 위해 반드시 맞춰야 하는 문제입니다.

## 02: 질문 형태

### ▌화자

- What kind of job does the man most likely have?
  남자는 어떤 종류의 직업을 가지고 있을 것 같은가?
- What department of the company does the woman most likely work in?
  여자는 회사의 어느 부서에서 근무하고 있을 것 같은가?

### ▌추론

- What can be inferred about the man?
  그 남자에 대해 암시되는 것은?
- What does the woman imply that she was about to do?
  여자는 자신이 무엇을 하려고 했음을 암시하는가?
- What does the man indicate about weekends?
  남자는 주말에 대해 무엇을 암시하는가?

### ▌의도 파악

- What does the woman imply when she says, "They close too early on weekdays."?
  여자가 "평일에는 너무 일찍 닫아요."라고 말할 때 무슨 뜻인가?
- Why does the woman mention a client?
  여자가 고객을 언급한 이유는 무엇인가?

### ▌화자의 태도

- What is the man's attitude toward exercising?
  운동에 대한 남자의 태도는 무엇인가?

## 03: 핵심 전략

### 1. 언급된 사실을 근거로 추론한다.
대화의 맥락으로 추론하는 문제를 정확히 풀기 위해서는 대화에서 화자가 언급한 사실을 근거로 삼아, 직접적으로 언급되지 않은 내용을 추론하는 과정이 필요합니다.

> W  새로운 팀장과의 첫 미팅은 어땠어요?
> M  제가 제출한 보고서에 대해 세부 사항을 많이 물어보더라고요.
> W  그럼 다음엔 더 자세히 준비해야겠네요.

Q  여자가 "세부 사항을 많이 물어보더라고요"라고 말할 때 무슨 뜻인가?
A  보고서에 정보가 충분하지 않았다.

\* 토플 리스닝의 추론 문제는 높은 수준의 추리력이나 논리력을 요구하지 않습니다. 지나치게 깊이 생각하여 논리의 비약이 일어나지 않도록 항상 화자의 말 중에서 근거를 찾아내도록 합니다.

### 2. 대화의 맥락 속에서 화자의 말을 이해한다.
화자의 의도 및 태도는 개별 문장만으로는 단정하기 어렵습니다. 전후 문맥, 상황(누가 누구에게, 언제, 왜 말하는지), 어조와 역접과 부연 신호(하지만, 그런데, 사실은 등)를 함께 고려해 해석해야 합니다. 동일한 문장이라도 맥락에 따라 동의, 거절, 불만 표출 등으로 기능이 달라질 수 있음을 염두에 두도록 합니다.

> M  Are you going to finish that project tonight?
>    오늘 밤에 그 프로젝트 끝낼 거예요?
> W  I'm trying, but my computer keeps crashing. It's so frustrating.
>    하려고 하는데 컴퓨터가 계속 꺼져요. 정말 답답해요.
> M  That sounds really annoying. Maybe you should call it a day.
>    정말 성가시겠어요. 아마 오늘은 그만두는 게 좋겠어요.

Q  What does the man imply when he says, "Maybe you should call it a day"?
A  She should stop due to technical problems. 기술적 문제로 인해 멈춰야 한다.

> M  How's the presentation coming along?
>    발표 준비는 어떻게 돼가요?
> W  I've been working on it for six hours straight. I think I covered everything.
>    6시간 연속으로 작업하고 있어요. 제 생각에는 모든 걸 다 다룬 것 같아요.
> M  Wow, that's a lot of work. Maybe you should call it a day.
>    와, 정말 많이 했네요. 아마 오늘은 그만두는 게 좋겠어요.

Q  What does the man imply when he says, "Maybe you should call it a day"?
A  She has worked enough for today. 오늘 충분히 일했다.

### 3. 다음과 같은 오답 유형에 주의한다.
- 충분한 근거 없이 논리가 비약된 보기
- 대화에서 언급되지 않은 내용에 관한 보기
- 대화에서 언급된 단어를 포함하고 있지만 의미가 왜곡된 보기

# Example:

## Script  D11_Example

**Listen to a conversation.**

M  Hi, I booked office hours with Professor Lane at 2, but my seminar presentation was moved to the same time. Could I reschedule?
W  That's fine. He has openings at 10:30 and 3:45 tomorrow.
M  10:30 works. Will he need my topic ahead of time?
W  Yes, email a short outline so he can skim before you arrive.
M  Got it. Do I need to check in at the front desk?
W  Just sign the sheet on his door, and he'll call you in.

대화를 들으시오.

M  안녕하세요, Lane 교수님과 면담 시간을 2시에 잡았는데, 제 세미나 발표가 같은 시간으로 옮겨졌어요. 일정 변경 가능할까요?
W  괜찮아요. 교수님은 내일 10시 30분과 3시 45분에 빈 시간이 있어요.
M  10시 30분이 괜찮아요. 교수님이 미리 제 주제를 보셔야 하나요?
W  네, 학생이 도착 전에 훑어보실 수 있게 짧은 개요를 이메일로 보내세요.
M  알겠습니다. 접수하려면 안내 데스크에서 체크인해야 하나요?
W  교수님 문에 있는 명단에 서명하면, 교수님이 들어오라고 불러주실 거예요.

## TOEFL iBT LISTENING

What can be inferred about the man?

○ He has another commitment at the original time.
○ He forgot the professor's name.
○ He already met the professor today.
○ He wants to cancel the meeting permanently.

해석　남자에 대해 무엇을 추론할 수 있습니까?
　　　○ 원래 예약된 시간에 다른 일정이 있다.
　　　○ 교수님의 이름을 잊어버렸다.
　　　○ 오늘 이미 교수님을 만났다.
　　　○ 면담을 영구적으로 취소하고 싶다.

정답　He has another commitment at the original time.

해설　남자가 "I booked office hours with Professor Lane at 2, but my seminar presentation was moved to the same time."이라고 하며 2시에 있던 면담 시간과 동일 시간대로 세미나 발표가 옮겨졌다고 했으므로 원래 면담 시간에 다른 일정(세미나 발표)이 겹쳤음을 알 수 있다. 따라서 He has another commitment at the original time.(원래 예약된 시간에 다른 일정이 있다)이 정답입니다. 나머지는 대화에 언급되지 않았으므로 오답입니다.

● 단어 및 표현 ●

reschedule[riːskédʒuːl] 일정을 변경하다　　office hours 교수 면담 시간　　skim[skim] 훑어보다　　commitment[kəmítmənt] 약속, 선약

# Daily Check-up 🎧 D11_Checkup

🎧 대화의 빈칸을 받아 적고, 질문에 대한 답을 고르세요. (음성은 세 번 들려줍니다.)

**01**

M: Did you check out ① _____? I stopped by yesterday morning.

W: No, not yet. How was it? I've been curious about their croissants.

M: The atmosphere is really nice, but honestly, ② _____.
The coffee was lukewarm, and the service was pretty slow.

W: That's too bad. Maybe ③ _____ since they just opened.
I might ④ _____ before trying it myself.

Q 여자가 새로운 사업체에 대해 무엇을 암시하는가?
Ⓐ 더 많은 광고가 필요하다.
Ⓑ 할인을 제공해야 한다.
Ⓒ 초기에는 문제가 있는 경우가 많다.


**02**

W: Michael, I just got word that ① _____
from our office to our client's headquarters downtown.

M: Downtown? I'm worried ② _____
and be late for the presentation.

W: Don't worry. We can leave an hour early. That way ③ _____
_____.

M: That's a relief. ④ _____ before important presentations.

Q 남자에 대해 암시되는 것은?
Ⓐ 그는 보통 외근 갈 때 직접 운전해서 간다.
Ⓑ 그는 발표 내용에 대해 걱정하고 있다.
Ⓒ 그는 빡빡한 일정 때문에 압박을 받는 것을 싫어한다.

**03**

M: Our photography club needs ① _____.
The current budget doesn't cover printing costs.

W: How much extra funding are you requesting? The Student Activities Committee ② _____.

M: We need about $300 more. ③ _____, but we've been planning this for months. I don't want to let everyone down.

W: I appreciate your enthusiasm. ④ _____, and we'll review it at next week's meeting.

Q  Why does the man say "we've been planning this for months"?

Ⓐ To explain the extension of a deadline
Ⓑ To justify the high cost of a project
Ⓒ To stress the importance of an event

**04**

W: Doctor Kim, I'm here for ① _____. How did everything look?

M: Overall, your health is excellent. However, ② _____, which we should monitor.

W: Really? But I've been ③ _____.

M: It's nothing alarming, but I'd recommend reducing red meat consumption and ④ _____.

Q  What is the woman's attitude toward her health?

Ⓐ She's worried about the cost of treatment.
Ⓑ She's already making positive changes.
Ⓒ She's anxious about potential problems.

# Daily Test  🎧 D11_Test

🎧 음성을 듣고 알맞은 답변을 고르세요.

[01-02] Listen to a conversation.

**01** What are the speakers mainly discussing?

   Ⓐ Dining hall management changes
   Ⓑ International food festivals
   Ⓒ A survey on a campus facility
   Ⓓ A healthy eating initiative

**02** Why does the woman mention the new director?

   Ⓐ To explain the recent increase in prices
   Ⓑ To suggest cafeteria workers will be hired
   Ⓒ To confirm the availability of new services
   Ⓓ To indicate menu changes will be made

---

[03-04] Listen to a conversation.

**03** What does the woman imply when she says "We've already put deposits down with other vendors"?

   Ⓐ They cannot change the event date.
   Ⓑ They have a limited catering budget.
   Ⓒ They're comparing multiple catering services.
   Ⓓ They've spent too much money on event preparations.

**04** What will the man most likely do next?

   Ⓐ Provide a detailed price estimate
   Ⓑ Review his booking calendar for availability
   Ⓒ Discuss menu options with the woman
   Ⓓ Schedule a site visit to the venue

[05-06] Listen to a conversation.

**05** What problem are the speakers discussing?

Ⓐ A broken laboratory instrument
Ⓑ Missing laboratory materials
Ⓒ Conflicting equipment reservations
Ⓓ Incorrect experimental procedures

**06** What do the speakers indicate about the reservation system?

Ⓐ It updates reservation status in real-time.
Ⓑ It prioritizes certain courses.
Ⓒ It limits usage to specific hours.
Ⓓ It has had a technical malfunction.

---

[07-08] Listen to a conversation.

**07** What does the woman imply about afternoon photography time slots?

Ⓐ They are only open to certain majors.
Ⓑ They are more popular with students.
Ⓒ They cost more than morning sessions.
Ⓓ They are only available on certain days.

**08** What can be inferred about the woman's original clothing choice?

Ⓐ It was too formal for the portrait.
Ⓑ It was the wrong color for yearbook photos.
Ⓒ It had a pattern that might not photograph well.
Ⓓ It was too casual for the occasion.

# Daily Test

[09-10] Listen to a conversation.

**09** What are the speakers mainly discussing?

Ⓐ A jewelry-making workshop
Ⓑ A student council election
Ⓒ A campus art exhibition
Ⓓ A charity fundraiser

**10** Why does the man mention last year's event?

Ⓐ To offer support for a selection
Ⓑ To suggest a suitable venue
Ⓒ To explain a registration process
Ⓓ To show interest in participating

---

[11-12] Listen to a conversation.

**11** Why is the man talking to the woman?

Ⓐ To complain about food quality
Ⓑ To apply for a part-time job
Ⓒ To request meal plan changes
Ⓓ To inquire about catering services

**12** What does the man imply at the end of the conversation?

Ⓐ He lives off campus.
Ⓑ He is a first-year student.
Ⓒ He is very busy this week.
Ⓓ He needs to retake an exam.

[13-14] Listen to a conversation.

**13** What are the speakers mainly discussing?

Ⓐ Social media training
Ⓑ Budget allocation
Ⓒ Staff recruitment
Ⓓ A spring marketing campaign

**14** Why does the man mention social media trends?

Ⓐ To suggest a possible strategy
Ⓑ To explain a recent change
Ⓒ To criticize current approaches
Ⓓ To propose training sessions

---

[15-16] Listen to a conversation.

**15** What are the speakers mainly discussing?

Ⓐ Course registration procedures
Ⓑ A research opportunity
Ⓒ Faculty recommendation letters
Ⓓ Graduation requirements

**16** What does the man imply when he says, "That's tight, but manageable"?

Ⓐ He doesn't think he can complete everything on time.
Ⓑ He has experience with similar tight deadlines.
Ⓒ He has enough time to prepare a quality application.
Ⓓ He prefers to work under pressure.

정답·해석·해설 p.292

# Day 12  Task Test

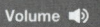

TOEFL iBT **LISTENING**      Questions 01~04 of 24      Volume

**[01-02]** Listen to a conversation.

**01** What problem does the woman have with her purchase?

Ⓐ She changed her mind about the style.
Ⓑ She ordered the wrong item by mistake.
Ⓒ The sweater was more expensive than expected.
Ⓓ The size and appearance don't meet expectations.

**02** What does the man say he can do?

Ⓐ Provide a product discount
Ⓑ Confirm an amount quickly
Ⓒ Process a return immediately
Ⓓ Locate a replacement item

**[03-04]** Listen to a conversation.

**03** What will the woman most likely do after lunch?

Ⓐ Write her article
Ⓑ Send an email
Ⓒ Meet with students
Ⓓ Visit the facilities office

**04** Why does the man mention the administration's perspective?

Ⓐ To explain why the deadline is important
Ⓑ To suggest an alternative interview subject
Ⓒ To emphasize the value of getting that viewpoint
Ⓓ To warn about potential problems

[05-06] Listen to a conversation.

05 What does the man suggest the woman do?

Ⓐ Hire additional designers
Ⓑ Confirm the project deadline
Ⓒ Work through the weekend
Ⓓ Contact the client about rescheduling

06 What will the man do on Tuesday morning?

Ⓐ Meet with his team
Ⓑ Meet with the client
Ⓒ Present the final mockups
Ⓓ Discuss budget adjustments

[07-08] Listen to a conversation.

07 What are the speakers mainly discussing?

Ⓐ Hiring new employees
Ⓑ Customer service improvements
Ⓒ Quarterly budget reviews
Ⓓ Technology upgrades

08 What does the man suggest the woman do?

Ⓐ Hire more support staff
Ⓑ Extend operating hours
Ⓒ Update their software system
Ⓓ Reduce response standards

**[09-10]** Listen to a conversation.

**09** What is the woman trying to do?

    Ⓐ Apply for a study abroad program
    Ⓑ Transfer to another university
    Ⓒ Join an international relations club
    Ⓓ Request a schedule change

**10** Why does the man mention Professor Lewis?

    Ⓐ To suggest someone who could provide a reference
    Ⓑ To recommend an international relations course
    Ⓒ To identify the leader of an academic club
    Ⓓ To explain the application requirements

---

**[11-12]** Listen to a conversation.

**11** What does the woman say about her cat's normal behavior?

    Ⓐ She sleeps frequently during the day.
    Ⓑ She is energetic and eats well.
    Ⓒ She is picky about her food.
    Ⓓ She prefers staying indoors.

**12** What does the man suggest the woman do?

    Ⓐ Wait another week to see if symptoms improve
    Ⓑ Change the cat's diet immediately
    Ⓒ Schedule a thorough medical checkup
    Ⓓ Monitor the cat's activity levels

**[13-14]** Listen to a conversation.

13. What are the speakers discussing?

   Ⓐ Sales performance reviews
   Ⓑ Client communication strategies
   Ⓒ Database maintenance procedures
   Ⓓ A new training program

14. What can be inferred about the Thursday session?

   Ⓐ It has almost no remaining spaces.
   Ⓑ It covers more advanced topics.
   Ⓒ It is scheduled at a better time.
   Ⓓ It has been postponed indefinitely.

---

**[15-16]** Listen to a conversation.

15. What can be inferred about the woman?

   Ⓐ She is moving to a larger home.
   Ⓑ She is experienced with relocating.
   Ⓒ She has used packing services before.
   Ⓓ She has lived in her current place for years.

16. Why does the man mention his sister?

   Ⓐ To offer the woman help with packing
   Ⓑ To compare moving experiences
   Ⓒ To recommend a company
   Ⓓ To suggest a way to reduce costs

**[17-18]** Listen to a conversation.

**17** Why do the speakers want to visit the apartment today?

Ⓐ To measure rooms for furniture
Ⓑ To pick up their keys
Ⓒ To pay their security deposit
Ⓓ To confirm repairs were completed

**18** What appliance are the speakers concerned about?

Ⓐ The dishwasher
Ⓑ The refrigerator
Ⓒ The washing machine
Ⓓ The air conditioner

---

**[19-20]** Listen to a conversation.

**19** Where can the man find the rental office?

Ⓐ In the administration building
Ⓑ On the second floor of the student services building
Ⓒ In the campus bookstore
Ⓓ Near the campus security office

**20** What does the woman mention about caps and tassels?

Ⓐ They come free with gown rental.
Ⓑ They are only available in one color.
Ⓒ They must be rented separately.
Ⓓ They can be purchased as souvenirs.

**[21-22]** Listen to a conversation.

**21** How long does the screen repair take?

  Ⓐ One hour
  Ⓑ Two hours
  Ⓒ Half a day
  Ⓓ Twenty-four hours

**22** What is the man's attitude toward the repair cost?

  Ⓐ He finds it higher than anticipated.
  Ⓑ He thinks it's reasonable.
  Ⓒ He wants to compare it with what other shops charge.
  Ⓓ He is satisfied with the discount.

---

**[23-24]** Listen to a conversation.

**23** Why does the woman want a parking pass?

  Ⓐ She recently bought a new car.
  Ⓑ Paying for parking is inconvenient.
  Ⓒ Parking meters are often broken.
  Ⓓ She received a parking ticket.

**24** What is the cost of the pass?

  Ⓐ $100
  Ⓑ $110
  Ⓒ $120
  Ⓓ $130

무료 토플자료·유학정보 제공

**goHackers.com**

Hackers
Updated TOEFL
Listening Basic

# TASK ③
# 공지 듣고 문제 풀기
Listen to an Announcement

**Introduction**

**Day 13**  중심 내용을 파악하는 문제
**Day 14**  세부 내용을 파악하는 문제
**Day 15**  공지의 맥락으로 추론하는 문제
**Day 16**  Task Test

# Introduction:

Task 3 공지 듣고 문제 풀기(Listen to an Announcement)는 평균 47~48단어로 이루어진 공지를 듣고 주어지는 문제의 답을 고르는 유형으로, 한 명의 화자가 전달하는 공지의 주요 목적 및 중요한 세부 내용을 파악하는 능력을 묻습니다. 각 공지에는 2개의 문제가 출제되는데, Module 1에서 공지 2개가 출제되며, 더미 문항이 포함될 경우 공지가 4개까지도 출제됩니다. Upper Module 2에서는 이 유형이 출제되지 않으며, Lower Module 2에서만 공지 2개가 출제됩니다.

## ■ 시험 미리보기

**음성 화면**

공지를 들을 때 나오는 화면으로, 화자의 사진이 나옵니다.

**주의 사항**: Task 3의 Direction 화면은 별도로 나오지 않으므로 Task 2가 끝난 후 바로 공지를 들을 준비를 합니다.

**해야 할 일**: 공지가 이루어지는 장소를 통해 대략적인 공지 내용을 예측할 수 있으므로 각 공지의 Direction부터 집중해서 듣습니다. 공지의 첫 부분에서 공지의 목적을 파악할 수 있으므로, 첫 부분을 놓치지 않도록 주의 깊게 듣습니다. 문제 풀이를 할 때 공지의 주요한 정보를 기억할 수 있도록, 음성을 들으며 노트테이킹을 해둡니다.

**문제 풀이 화면**

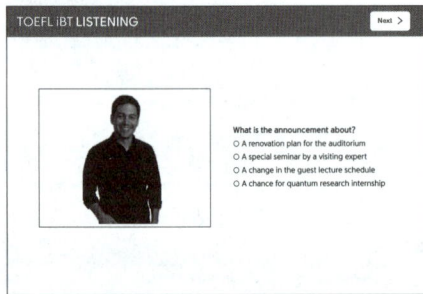

문제가 출제될 때 나오는 화면으로, 문제와 보기가 나옵니다.

**문제를 풀 수 있는 시간**: 20초

**문제를 풀 때 해야 할 일**: 문제와 보기는 별도로 들려주지 않으므로, 화면이 전환되면 빠르게 읽습니다. 보기 앞에 있는 칸을 클릭하여 답을 표시합니다.

**문제를 풀고 난 후 해야 할 일**: 답을 고른 후 우측 상단의 Next 버튼을 누르면 다음 문제 또는 다음 공지로 넘어갑니다. 이때, 이전 화면으로 돌아갈 수 없으므로 충분히 고민한 후 넘어가도록 합니다.

## 풀이 전략

**1. 공지가 이루어지는 장소를 통해 공지 내용을 유추합니다.**

Direction에서 공지가 이루어지는 장소를 먼저 확인할 수 있으며, 장소에 따라 공지 내용이 달라지므로 이를 파악해두면 앞으로 이어질 공지 내용을 더 쉽게 들을 수 있습니다. 예를 들어, university event에서는 주로 교내에서 일어날 법한 행사를 소개하며 참여를 독려하고, classroom에서는 주로 초청 강연이나 강의실 변경에 대한 안내를 합니다.

**2. 공지의 첫 부분과 마지막 부분은 반드시 듣습니다.**

공지에는 주제 및 목적이나 청자에게 요청하는 내용을 묻는 문제가 자주 출제됩니다. 따라서, 공지의 첫 부분에서 공지에서 중점적으로 다룰 내용이나 목적을 듣고, 공지의 마지막 부분에서 청자에게 요구되는 행동 지침을 반드시 듣는 연습을 합니다.

**3. 중요한 세부 정보를 노트테이킹합니다.**

Task 3에서는 특히 화자가 청자들에게 요청하는 행동 지침, 화자가 예로 들거나 나열한 세부 정보가 문제로 연결될 가능성이 크므로 공지를 들으면서 이러한 세부 정보들은 반드시 노트테이킹해둡니다.

**4. paraphrasing된 정답을 고릅니다.**

대부분 문제의 정답은 공지의 내용을 paraphrasing해서 나오므로, 제대로 paraphrasing된 정답을 고릅니다. 공지에서 들은 단어 및 일부 표현을 그대로 쓴 선택지는 오히려 오답일 가능성이 많다는 것도 염두에 둡니다.

## 스터디 가이드

**1. 문제 유형별로 알맞은 듣기 전략을 익힙니다.**

정답을 잘 고르기 위해 집중해서 들어야 하는 정답의 단서가 문제 유형에 따라 다르므로, 각 유형별로 알맞은 듣기 전략을 익혀두면 정답을 더 정확하게 고를 수 있습니다.

**2. 중요한 세부 정보를 듣고 파악하는 능력을 기릅니다.**

공지에서는 구체적인 시간, 장소, 변경사항 등의 핵심 정보를 빠르게 파악하는 능력이 중요하므로, 이를 제대로 듣는 연습을 집중적으로 합니다.

# Day 13   중심 내용을 파악하는 문제

## 01: 출제 경향

공지의 주제나 목적을 묻는 문제가 출제됩니다. 주로 공지에서 안내하고자 하는 중점적인 내용이 무엇인지를 묻거나, 화자가 공지를 발표하는 주요 목적이 무엇인지를 묻습니다. 공지에서는 일반적으로 주제를 묻는 문제가 자주 출제되며, 매 시험 3~4문제가 출제됩니다.

## 02: 질문 형태

### ▌주제

- What is the announcement about?
  공지는 무엇에 관한 것인가?
- What is the announcement mainly about?
  공지는 주로 무엇에 관한 것인가?
- What is the main topic of the announcement?
  공지의 주요 주제는 무엇인가?

### ▌목적

- What is the purpose of the event?
  행사의 목적은 무엇인가?
- What is the main purpose of the announcement?
  공지의 주요 목적은 무엇인가?

## 03: 핵심 전략

### 1. 공지의 첫 부분을 놓치지 않는다.
공지의 주제나 목적은 주로 공지의 첫 부분에 언급되는 경우가 많으므로, 공지의 도입부를 특히 집중해서 들어야 합니다. 만약 첫 부분에서 주제나 목적이 명확하게 언급이 되지 않는다면, 전반적인 공지의 흐름을 파악해서 정답을 고르도록 합니다.

### 2. 표시어(Signal words)를 반드시 잡는다.
공지의 주제를 언급할 때는 다음에 제시된 것과 같은 표현들을 자주 사용합니다. 이러한 표현들은 곧이어 언급될 내용이 공지의 주제임을 알려주는 표시어로서, 공지의 Main Topic을 찾는 데 가장 좋은 힌트가 됩니다.

| 주요 표시어 | 예문 |
|---|---|
| **We're excited to announce that ~**<br>우리는 ~을 전하게 되어 기쁩니다. | We're excited to announce that the café reopens tomorrow.<br>우리는 카페가 내일 재개장한다는 것을 알리게 되어 기쁩니다. |
| **We're excited to inform you that ~**<br>우리는 여러분께 ~을 알리게 되어 기쁩니다. | We're excited to inform you that parking is now free.<br>우리는 여러분께 주차가 이제 무료라는 것을 알리게 되어 기쁩니다. |
| **We're pleased to announce the ~**<br>우리는 ~을 전하게 되어 기쁩니다. | We're pleased to announce the guest speaker series.<br>우리는 초청 연사 시리즈를 알리게 되어 기쁩니다. |
| **We're thrilled to announce that ~**<br>우리는 ~을 전하게 되어 매우 기쁩니다. | We're thrilled to announce that the new gym opens next week.<br>우리는 새 체육관이 다음 주에 개장한다는 것을 전하게 되어 매우 기쁩니다. |
| **Just a friendly reminder that ~**<br>~을 상기시켜 드립니다. | Just a friendly reminder that registration closes tonight.<br>등록이 오늘 밤에 마감됨을 상기시켜 드립니다. |
| **I want to remind you that ~**<br>저는 오늘 여러분께 ~을 상기시켜 드리고자 합니다. | We're thrilled to announce that the career fair starts tomorrow.<br>우리는 취업 박람회가 내일 시작한다는 것을 전하게 되어 매우 기쁩니다. |
| **Today, we will ~**<br>오늘, 우리는 ~할 것입니다. | Today, we will introduce the new mentor program.<br>오늘, 우리는 새로운 멘토 프로그램을 소개할 것입니다. |

### 3. 다음과 같은 오답 유형에 주의한다.
- 그럴듯하지만 공지에서는 언급된 적이 없는 보기
- 일부만 공지 내용과 일치하는 보기
- 공지에서 언급된 사실과 전혀 관련 없는 보기

# Example:

🎧 **Script** 🎧 D13_Example

**Listen to an announcement on the student radio.**

Get ready to ride! (We're excited to announce that) the new Campus Bike Share Program launches Monday with 50 bikes available at stations throughout campus. Students can rent bikes hourly using their student ID cards at self-service kiosks. Perfect for getting to class quickly or exploring the surrounding neighborhood. Helmets are provided, and the first week is completely free for all students!

▶ 표시어

학교 라디오에서 나오는 공지를 들으시오.

자전거 탈 준비를 하세요! 새로운 캠퍼스 자전거 공유 프로그램이 교내 곳곳의 지점에 마련된 50대의 자전거들로 이번 월요일부터 시작됨을 전하게 되어 기쁩니다. 학생들은 셀프 서비스 키오스크에서 학생증을 사용하여 자전거를 시간 단위로 대여할 수 있습니다. 수업에 빠르게 도착하거나 주변 지역을 탐방하기에 안성맞춤입니다. 헬멧도 제공되며, 첫 주는 모든 학생에게 완전히 무료입니다!

**TOEFL iBT LISTENING**  Volume  Help  Next

What is the announcement mainly about?
○ Bicycle safety education program
○ New bike rental service
○ Campus transportation policy changes
○ Student parking improvements

해석  공지는 주로 무엇에 관한 것인가?
○ 자전거 안전 교육 프로그램
○ 새로운 자전거 대여 서비스
○ 캠퍼스 교통 정책 변경
○ 학생 주차 개선

정답  New bike rental service

해설  이 문제는 공지의 주제를 파악하는 문제입니다. 화자는 첫 문장에서 "The new Campus Bike Share Program starts Monday"라고 말하며 새로운 자전거 공유 서비스의 시작을 알린 뒤, 학생들이 시간 단위로 자전거를 빌릴 수 있다고 하였으므로 정답은 New bike rental service(새로운 자전거 대여 서비스)입니다. 다른 보기들은 모두 지문과 관련이 없습니다.

● 단어 및 표현 ●

hourly [áuərli] 시간 단위로   surrounding neighborhood 주변 지역   completely [kəmplí:tli] 완전히

# Daily Check-up  🎧 D13_Checkup

🎧 공지의 빈칸을 받아 적고, 질문에 대한 답을 고르세요. (음성은 세 번 들려줍니다.)

**01**  Hello, new students! Welcome to campus. ① _____ will take place this coming Tuesday from 9 A.M. to 12 P.M. in the gymnasium. You'll receive your student ID cards, ② _____, and learn about campus resources. Please ③ _____ and a photo ID. We're excited to have you join our university community!

Q  공지는 무엇에 관한 것인가?
   Ⓐ 졸업식
   Ⓑ 신입생 오리엔테이션
   Ⓒ 캠퍼스 투어

**02**  Attention all students and faculty. The library's ① _____ a major upgrade this weekend from Friday evening until Monday morning. During this period, ② _____ will be unavailable. However, the building will ③ _____, and staff will assist with manual book searches if needed.

Q  공지의 주요 주제는 무엇인가?
   Ⓐ 직원 교육 세션
   Ⓑ 새 도서관 운영 시간
   Ⓒ 컴퓨터 시스템 업그레이드

**03**  Good morning students. The campus health center ① _____ _____ from 10 A.M. to 4 P.M. in the Student Union. All donors will ② _____. Your contribution could save lives, so ③ _____!

Q  What is the main topic of the announcement?
   Ⓐ A health center relocation
   Ⓑ A medical research study
   Ⓒ A blood donation event

**04**  Fellow students, it's time for ① _____! ② _____ and closes next Friday at 5 P.M. Elections will be held the following Tuesday through online voting. ③ _____ _____ using their student ID numbers. Campaign materials can be posted in designated areas starting Monday. ④ _____!

Q  What is the main purpose of the announcement?
   Ⓐ To provide election information
   Ⓑ To announce election results
   Ⓒ To explain campaign rules

# Daily Test 🎧 D13_Test

🎧 음성을 듣고 알맞은 답변을 고르세요.

**01** Listen to an announcement in a class.

Q  What is the main topic of the announcement?
   Ⓐ New laboratory equipment installation
   Ⓑ Laboratory schedule changes
   Ⓒ Chemical inventory updates
   Ⓓ Mandatory safety training requirements

**02** Listen to an announcement at a university club meeting.

Q  What is the main topic of the announcement?
   Ⓐ A software development competition
   Ⓑ A programming course registration
   Ⓒ A technology job fair
   Ⓓ A computer equipment sale

**03** Listen to an announcement at a university club meeting.

Q  What is the announcement about?
   Ⓐ A campus running event
   Ⓑ A fitness class schedule
   Ⓒ A new athletic facility opening
   Ⓓ A health screening program

## 04 Listen to an announcement in a classroom.

Q  What is the main topic of the announcement?
- Ⓐ A new environmental research project
- Ⓑ Field trip cancellation policies
- Ⓒ Changes in course instruction
- Ⓓ Online learning platform updates

## 05 Listen to an announcement on the campus radio station.

Q  What is the purpose of the event?
- Ⓐ To celebrate recent graduations
- Ⓑ To facilitate professional networking
- Ⓒ To raise funds for student programs
- Ⓓ To promote continuing education

## 06 Listen to an announcement in a student lounge.

Q  What is the main topic of the announcement?
- Ⓐ A graduation ceremony
- Ⓑ An anniversary celebration
- Ⓒ A scholarship program
- Ⓓ A campus renovation project

# Daily Test

**07** Listen to an announcement at a university club meeting.

  Q What is the purpose of the announcement?

  Ⓐ To schedule regular meetings
  Ⓑ To invite new members
  Ⓒ To organize tournament participation
  Ⓓ To announce competition results

**08** Listen to an announcement in a student lounge.

  Q What is the purpose of the announcement?

  Ⓐ To schedule new experiments
  Ⓑ To introduce new equipment features
  Ⓒ To announce course changes
  Ⓓ To inform about temporary lab closure

**09** Listen to an announcement at a university club meeting.

  Q What is the announcement about?

  Ⓐ An entrepreneurship competition
  Ⓑ A business networking event
  Ⓒ A career development workshop
  Ⓓ A funding application deadline

**10** Listen to an announcement on the campus radio station.

Q What is the main topic of the announcement?
  Ⓐ A ceramics workshop
  Ⓑ A pop-up printmaking showcase
  Ⓒ An art history lecture
  Ⓓ A gallery opening reception

**11** Listen to an announcement at a university event.

Q What is the announcement about?
  Ⓐ International student orientation
  Ⓑ Traditional craft workshops
  Ⓒ Cultural exchange activities
  Ⓓ Foreign language classes

**12** Listen to an announcement at a university club meeting.

Q What is the main topic of the announcement?
  Ⓐ A telescope demonstration
  Ⓑ A meteor shower viewing event
  Ⓒ An astronomy lecture series
  Ⓓ An observatory facility opening

# Day 14 세부 내용을 파악하는 문제

## 01: 출제 경향

공지에서 언급된 세부 내용을 묻는 문제가 출제됩니다. 주로 공지의 흐름에 중심적이거나 주제와 밀접하게 관련된 내용이 다양한 질문 형태로 나옵니다. 매 시험 4~5문제가 출제되어, 출제 비율이 가장 높습니다.

## 02: 질문 형태

### ▌요청/권고

- What does the speaker hope the listeners will do?
  화자는 청자들이 무엇을 하기를 바라는가?
- What are students encouraged to do?
  학생들은 무엇을 하라고 권고받는가?
- What does the speaker urge the listeners to do?
  화자는 청자들에게 무엇을 하라고 촉구하는가?
- What should students do according to the announcement?
  공지에 따르면 학생들은 무엇을 해야 하는가?

### ▌사실 정보 파악

- Who is the intended audience of the lectures?
  강의의 의도된 청중은 누구인가?
- Which of the following is true about the event?
  다음 중 행사에 대해 사실인 것은 무엇인가?
- What will featured artists do at the gallery?
  유명 아티스트들은 갤러리에서 무엇을 할 예정인가?
- What should a student submit when signing up?
  학생이 등록할 때 제출해야 할 사항은 무엇인가?

### ▌이유

- What is the reason for the campaign in the announcement?
  공지에 설명된 캠페인의 이유는 무엇인가?

## 03: 핵심 전략

### 1. 다른 말로 바꿔 쓴 표현에 익숙해진다.
세부 내용을 파악하는 문제의 정답은 화자의 말이 그대로 인용되기보다 다른 말로 바뀌어 표현(paraphrase) 되어있는 경우가 많으므로, 이러한 표현에 익숙해지도록 합니다.

> 공지에서 언급된 내용
> M  A number of students have signed up for this class lately.
>
> → Paraphrase된 보기들
>   • Growth in class enrollment
>   • Rise in class participation

### 2. 공지의 중요 내용을 파악하며 듣는다.
세부 내용을 파악하는 문제를 잘 풀기 위해서는 공지에서 언급된 여러 내용 중 무엇이 중요한지를 적극적으로 파악하며 들어야 합니다. 특히 다음과 같은 내용들은 귀를 쫑긋 세우고 듣도록 합니다.

| 공지 중요 내용 | 주요 표시어 |
| --- | --- |
| 화자가 청자에게 제안하는 내용 | We hope / encourage ~  ~하기를 바랍니다<br>I recommend ~  ~을 추천합니다<br>Don't miss it  그것을 놓치지 마세요<br>Please ~  ~하세요<br>Make sure to ~  반드시 ~하세요<br>You can / You could ~  ~하실 수 있어요<br>(I think) you should ~  (제 생각엔) ~하셔야 해요 |
| 이유를 언급하는 내용 | because / for / since / due to ~  ~ 때문에 |
| 역접의 내용 | but / however / yet  하지만<br>though  그럼에도 불구하고 |
| 지침/요구사항을 전달하는 내용 | Make sure to ~  반드시 ~하세요<br>must be ~  ~되어야 합니다 |

### 3. 다음과 같은 오답 유형에 주의한다.
- 공지에서 언급된 단어를 포함하고 있지만 내용이 틀린 보기
- 공지에서 언급된 사실과 무관한 보기

## Example:

🎧 **Script** 🎧 D14_Example

**Listen to an announcement on the school radio.**

Good evening everyone. Starting next Monday, the main library will extend its operating hours until midnight Sunday through Thursday for finals preparation. The quiet study areas on the third floor will remain available throughout these extended hours. (Make sure to) bring your university ID cards for after-hours building access verification.
▶ 표시어

학교 라디오에서 나오는 공지를 들으시오.

안녕하세요, 여러분. 다음 월요일부터 메인 도서관은 기말고사 준비를 위해 일요일부터 목요일까지 자정까지 운영시간을 연장합니다. 3층의 조용한 학습 공간은 이 연장된 시간 동안 계속 이용 가능합니다. 시간 외 건물 출입 확인을 위해 반드시 학생증을 지참하시기 바랍니다.

```
┌─────────────────────────────────────────────────────────────┐
│ TOEFL iBT LISTENING              Volume 🔊   Help ?   Next > │
├─────────────────────────────────────────────────────────────┤
│                                                             │
│         What should students do according to the announcement? │
│           ○ Study only in quiet areas                       │
│           ○ Bring university ID cards                       │
│           ○ Register for extended access                    │
│           ○ Form study groups                               │
│                                                             │
└─────────────────────────────────────────────────────────────┘
```

**해석** 공지에 따르면 학생들은 무엇을 해야 하는가?
 ○ 조용한 공간에서만 공부한다.
 ○ 학생증을 지참한다.
 ○ 이용을 연장 등록한다.
 ○ 스터디 그룹을 만든다.

**정답** Bring university ID cards

**해설** 화자가 "Make sure to bring your university ID cards for after-hours building access verification."에서 시간 외 건물 출입 확인을 위해 학생증을 반드시 지참하라고 했으므로 정답은 Bring university ID cards(학생증을 지참한다)입니다. 나머지는 모두 공지에서 언급된 단어를 포함하고 있지만 틀린 내용이거나 공지에 언급되지 않은 내용입니다.

● 단어 및 표현 ●

extend[iksténd] 연장하다   operating hours 운영시간   midnight[mídnàit] 자정   university ID card 학생증
after-hours[ǽftəráuərz] 시간 외의   access[ǽkses] (건물) 출입   verification[vèrəfikéiʃən] 확인, 인증   register[rédʒistər] 등록하다

# Daily Check-up 🎧 D14_Checkup

🎧 공지의 빈칸을 받아 적고, 질문에 대한 답을 고르세요. (음성은 세 번 들려줍니다.)

**01**
Creative writing club members, ① _____,
April 12th at 7 P.M. in the campus coffee house. We're inviting members ② _____
_____ in a relaxed, supportive environment.
③ _____ by Wednesday, and remember,
④ _____,
not competition. Light refreshments will be provided.

Q 화자는 회원들이 무엇을 하기를 바라는가?
  Ⓐ 출판을 위해 글을 제출한다.
  Ⓑ 원고를 읽기 위해 등록한다.
  Ⓒ 창작 글쓰기 워크숍에 참석한다.

**02**
Theater club members, don't forget about ① _____
at 7 P.M. in room 301. We'll be discussing costumes, set design, and ② _____
_____ of A Winter's Tale.
If you're involved in any aspect of the production, ③ _____
_____. Please ④ _____
_____ you might have.

Q 회원들이 회의에 가져가야 하는 것은 무엇인가?
  Ⓐ 대본과 의상 아이디어
  Ⓑ 악기 및 소품
  Ⓒ 메이크업 용품 및 조명 장비들

## 03

Computer lab users, please note that ① _____ _____ this weekend. The lab will reopen Monday with the latest versions of design and programming applications. Some file formats may change, so ② _____ before Friday. ③ _____ to assist with any compatibility issues.

Q  What is the reason for the weekend closure?
   Ⓐ Security system upgrades
   Ⓑ Software installation process
   Ⓒ Equipment inspections

## 04

Music lovers, mark your calendars! ① _____ next Saturday from 6 to 9 P.M. in the main auditorium. We'll feature ② _____ _____ and a solo vocal competition with cash prizes. ③ _____ are available at the music department office until Wednesday. Come celebrate the power of music with us!

Q  What can participants win in the vocal competition?
   Ⓐ Music equipment
   Ⓑ Performance opportunities
   Ⓒ Cash prizes

# Daily Test  🎧 D14_Test

🎧 음성을 듣고 알맞은 답변을 고르세요.

[01-02] Listen to an announcement on the campus radio station.

**01** Who is the intended audience for the language workshops?

Ⓐ International students
Ⓑ Language professors
Ⓒ People who come to the festival
Ⓓ Student organization members

**02** What does the speaker encourage the listeners to do?

Ⓐ Join a student organization
Ⓑ Visit a festival
Ⓒ Learn a new language
Ⓓ Prepare international cuisine

---

[03-04] Listen to an announcement on the campus radio station.

**03** What is the main purpose of the announcement?

Ⓐ To inform students about a location change
Ⓑ To announce new graduation requirements
Ⓒ To notify students of a schedule delay
Ⓓ To encourage punctual attendance

**04** What should students do before the rehearsal?

Ⓐ Visit a renovation site
Ⓑ Check online information
Ⓒ Contact their academic advisors
Ⓓ Complete graduation forms

[05-06] Listen to an announcement in a classroom.

**05** What change is announced for next week?

Ⓐ The class will meet at a different time.
Ⓑ The lecture hall will be different.
Ⓒ The regular professor will be absent.
Ⓓ Students must submit questions in writing.

**06** Why does the professor encourage students to prepare questions?

Ⓐ To help them understand the research better
Ⓑ To ensure they ask meaningful questions
Ⓒ To participate in a graded discussion
Ⓓ To compare different research methods

[07-08] Listen to an announcement in a student lounge.

**07** What is the main purpose of the announcement?

Ⓐ To advertise new menu items
Ⓑ To announce extended dining hours
Ⓒ To inform students about limited food service
Ⓓ To promote the student center food court

**08** What does the speaker recommend students do tomorrow?

Ⓐ Bring lunch from home
Ⓑ Wait until after 3 P.M. to eat
Ⓒ Visit the food court for full meals
Ⓓ Help with kitchen equipment repairs

# Daily Test

[09-10] Listen to an announcement in a student lounge.

**09** What is the main purpose of the announcement?

　Ⓐ To explain construction delays
　Ⓑ To inform about exam relocations
　Ⓒ To extend study periods
　Ⓓ To announce grade changes

**10** What is the reason for the change described in the announcement?

　Ⓐ Construction noise disruption
　Ⓑ Room capacity limitations
　Ⓒ Equipment installation
　Ⓓ Security concerns

---

[11-12] Listen to an announcement on the campus radio station.

**11** What is the purpose of the announcement?

　Ⓐ To apologize for construction delays
　Ⓑ To promote alternative exercise options
　Ⓒ To inform about a facility closure
　Ⓓ To explain renovation procedures

**12** What should students do during the closure?

　Ⓐ Cancel all physical activities
　Ⓑ Use alternative exercise facilities
　Ⓒ Wait until a gymnasium reopens
　Ⓓ Contact the recreation department

[13-14] Listen to an announcement at a university event.

**13** What will happen on Monday morning?

- Ⓐ Tree planting ceremony
- Ⓑ Recycling workshop session
- Ⓒ Campus cleanup activity
- Ⓓ Sustainable living seminar

**14** What does the speaker hope students will do?

- Ⓐ Donate to environmental causes
- Ⓑ Research sustainability topics
- Ⓒ Organize cleanup committees
- Ⓓ Participate in Green Week activities

---

[15-16] Listen to an announcement on the campus radio station.

**15** When will students receive their login information?

- Ⓐ During the training sessions
- Ⓑ By Thursday
- Ⓒ Next Monday morning
- Ⓓ After completing registration

**16** What are students encouraged to do?

- Ⓐ Update their email addresses
- Ⓑ Download course materials
- Ⓒ Submit pending assignments
- Ⓓ Watch training videos

정답·해석·해설 p.309

# Day 15 공지의 맥락으로 추론하는 문제

## 01: 출제 경향

공지에서 직접적으로 언급되지 않았으나 맥락상 추론할 수 있는 사실을 묻는 문제가 출제됩니다. 이 문제들의 특징은 공지에서 언급된 정보들을 종합적으로 이해해야 답을 찾을 수 있기 때문에 공지의 전체적인 맥락을 이해하는 것이 중요합니다. 매 시험 0-1문제가 출제되어, 출제 비중이 높지 않으나 고득점을 위해 반드시 맞춰야 하는 문제입니다.

## 02: 질문 형태

### ▌언급 의도

- Why does the professor mention the graduate students?
  교수는 왜 대학원생을 언급하는가?
- Why does the speaker mention the extended hours?
  화자는 왜 연장된 시간을 언급하는가?

### ▌추론

- What can be inferred about the upcoming project?
  다가오는 프로젝트에 대해 암시되는 것은?
- What does the speaker imply about the training?
  화자는 훈련에 대해 무엇을 암시하는가?
- What does the speaker indicate about the registration?
  화자는 등록에 대해 무엇을 암시하는가?

### ▌의도 파악

- What does the speaker imply when she/he says, "Attendance is completely voluntary."?
  화자가 "출석은 전적으로 자발적입니다."라고 말할 때 무엇을 암시하는가?

# 03: 핵심 전략

## 1. 언급된 사실에 근거하여 추론한다.
공지의 맥락으로 추론하는 문제를 풀기 위해서는 공지에서 화자가 언급한 사실들을 근거로 하여, 직접적으로 언급되지 않은 내용을 추론하는 과정이 필요합니다.

| | |
|---|---|
| M | 학생 여러분, 주목하세요. 다음 주부터 우리 반은 105호실이 아닌 204호실에서 모일 예정입니다. 204호실은 같은 건물에 있지만 동쪽 날개에 한 층 위에 있습니다. 변경 사항을 기억하고 제시간에 도착해주세요. |

Q  화자는 왜 동쪽 날개를 언급하는가?
A  학생들이 교실을 찾는 데 도움을 주기 위해

* 토플 리스닝의 추론 문제는 높은 수준의 추리력이나 논리력을 요구하지 않습니다. 지나치게 깊이 생각하여 논리의 비약이 일어나지 않도록 항상 화자의 말 중에서 근거를 찾아내도록 합니다.

## 2. 공지의 맥락 속에서 화자의 말을 이해한다.
화자가 특정 사항을 언급한 이유를 공지의 전체적인 맥락 안에서 파악하는 것이 가장 중요하며, 이를 위해서는 특정 사항을 언급한 내용의 앞뒤 맥락을 통해 그 사이에 함축된 화자의 의도를 파악해야 합니다.

| | |
|---|---|
| W | 캠퍼스 셔틀버스 운행이 눈으로 인해 지연되고 있습니다. 첫 번째 수업에 늦지 않도록 일찍 출발하시기 바랍니다. |

Q  화자가 "일찍 출발하시기 바랍니다"라고 말할 때 무엇을 의미하는가?
A  평소보다 통학 시간이 더 오래 걸릴 것이라는 것이다.

## 3. 다음과 같은 오답 유형에 주의한다.
- 충분한 근거 없이 논리가 비약된 보기
- 공지에서 언급되지 않은 내용에 관한 보기
- 공지에서 언급된 단어를 포함하고 있지만 내용이 틀린 보기

# Example:

## 🎧 Script  🎧 D15_Example

**Listen to an announcement at a university club meeting.**

Debate team members, exciting news! We've been invited to compete in the regional championship next Saturday at City University. Transportation will be provided, departing at 8 A.M. from the campus center. This is the result of our outstanding performance at last month's qualifying tournament. Let's bring home the trophy!

학교 동아리 모임에서 나오는 공지를 들으시오.

토론팀 회원 여러분, 흥미진진한 소식이에요! 우리가 다음 주 토요일 시립대학교에서 열리는 지역 챔피언십에 참가하도록 초청받았습니다. 교통편이 제공될 예정이며, 오전 8시에 캠퍼스 센터에서 출발합니다. 이는 지난달 예선 대회에서의 우리의 뛰어난 성과의 결과입니다. 트로피를 가져와 봅시다!

```
TOEFL iBT LISTENING                    Volume 🔊    Help ❓    Next >

        Why does the speaker mention last month's qualifying
        tournament?

        ○ To announce future competition dates
        ○ To explain how they earned the invitation
        ○ To describe team preparation methods
        ○ To compare different tournament formats
```

해석  화자가 지난달 예선 토너먼트를 언급하는 이유는 무엇인가?
○ 향후 대회 일정을 발표하기 위해서
○ 그들이 어떻게 초청을 받게 되었는지 설명하기 위해서
○ 팀 준비 방법을 설명하기 위해서
○ 다른 토너먼트 형식들을 비교하기 위해서

정답  To explain how they earned the invitation

해설  이 문제는 화자가 특정 내용을 언급한 이유를 추론하는 문제입니다. 화자가 "This is the result of our outstanding performance at last month's qualifying tournament."라고 말하며 지역 챔피언십 초청이 지난달 예선 토너먼트에서의 뛰어난 성과 때문이라고 설명하고 있으므로, 정답은 To explain how they earned the invitation(그들이 어떻게 초청을 받게 되었는지 설명하기 위해서)입니다. 나머지 선택지들은 모두 지문에서 언급되지 않은 내용들입니다.

● 단어 및 표현 ●

debate[dibéit] 토론   compete[kəmpíːt] 참가하다, 경쟁하다   depart[dipáːrt] 출발하다   outstanding[àutstǽndiŋ] 뛰어난
performance[pərfɔ́ːrməns] 성과   qualifying tournament 예선 대회   trophy[tróufi] 트로피

# Daily Check-up 🎧 D15_Checkup

🎧 공지의 빈칸을 받아 적고, 질문에 대한 답을 고르세요. (음성은 세 번 들려줍니다.)

**01**
Environmental club members, we've ① _____ starting at 9 A.M. The city transportation department is ② _____ from the campus at 8:30 A.M. We'll work until 2 P.M., and lunch will be provided. ③ _____ if you have them. This activity counts toward your community service hours.

Q 화자는 왜 사회 봉사 시간을 언급하는가?
  Ⓐ 동아리의 요건을 설명하기 위해
  Ⓑ 회원 참여를 독려하기 위해
  Ⓒ 새로운 정책을 발표하기 위해

**02**
Book club members, we're launching ① _____ this Friday evening. ② _____, and we'll be tracking our collective progress toward the 10,000-page goal. Comfortable seating, snacks, and beverages will be provided throughout the event. ③ _____ if you want to be part of this literary challenge and ④ _____ _____.

Q 행사 구성에 대해 암시되는 것은?
  Ⓐ 협력적인 노력이 필요하다.
  Ⓑ 특정 장르의 도서에 초점을 맞춘다.
  Ⓒ 참여 인원을 제한한다.

## 03

Good morning, students! I want to remind you about ① _____ _____ from 11 A.M. to 4 P.M. in the gymnasium. ② _____ _____, representing various industries from technology to healthcare. ③ _____ and dress professionally. This is an excellent opportunity to ④ _____ _____ and full-time positions.

Q What can be inferred about the participating companies?

Ⓐ They focus exclusively on internships.

Ⓑ They represent diverse professions.

Ⓒ They are all local businesses.

## 04

Hello, photography club members. ① _____ for this Saturday at sunrise, around 6:30 A.M. We'll meet at the campus entrance and ② _____. Please bring your cameras, extra batteries, and ③ _____. This is a perfect opportunity to ④ _____ we discussed last week.

Q Why does the speaker mention last week?

Ⓐ To compare different photography styles

Ⓑ To reference previous workshop content

Ⓒ To announce a schedule change

# Daily Test  🎧 D15_Test

🎧 음성을 듣고 알맞은 답변을 고르세요.

[01-02] Listen to an announcement in a classroom.

**01** What is the announcement about?

  Ⓐ A textbook exchange program
  Ⓑ A volunteer recruitment drive
  Ⓒ A student council meeting
  Ⓓ A book donation campaign

**02** Why does the speaker mention the condition of the books?

  Ⓐ To prevent students from bringing old editions
  Ⓑ To ensure the practical usefulness of exchanged textbooks
  Ⓒ To help volunteers organize books more easily
  Ⓓ To increase student participation in a program

---

[03-04] Listen to an announcement in a campus administration office.

**03** What is the reason for the change described in the announcement?

  Ⓐ Road construction
  Ⓑ A new shuttle schedule
  Ⓒ Student requests
  Ⓓ Bus maintenance issues

**04** Why does the speaker mention the university website?

  Ⓐ To direct people to shuttle schedule information
  Ⓑ To help people view a modified route
  Ⓒ To announce updates to a website
  Ⓓ To encourage feedback about a shuttle service

[05-06] Listen to an announcement in a student lounge.

**05** What do food purchases support?

Ⓐ Campus facility improvements
Ⓑ Local charity organizations
Ⓒ Student scholarships
Ⓓ New restaurant equipment

**06** What can be inferred about the event?

Ⓐ It charges admission fees for entry.
Ⓑ It focuses only on traditional cuisine.
Ⓒ It requires advance reservation.
Ⓓ It welcomes families with children.

---

[07-08] Listen to an announcement at a university club meeting.

**07** What is the main purpose of the announcement?

Ⓐ To advertise yoga equipment sales
Ⓑ To recruit new club officers
Ⓒ To promote fitness center membership
Ⓓ To announce weekly session details

**08** Why does the speaker mention midterm season?

Ⓐ To highlight an activity's benefit
Ⓑ To explain the timing of some sessions
Ⓒ To justify a session fee increase
Ⓓ To encourage academic preparation

# Daily Test

[09-10] Listen to an announcement at a university event.

**09** Why does the speaker mention arriving early?

   Ⓐ To find good seating
   Ⓑ To meet the players
   Ⓒ To receive special items
   Ⓓ To avoid parking issues

**10** What should students do according to the announcement?

   Ⓐ Purchase season tickets
   Ⓑ Attend a football game
   Ⓒ Join the football team
   Ⓓ Volunteer as ushers

---

[11-12] Listen to an announcement at a university club meeting.

**11** What is the main purpose of the announcement?

   Ⓐ To schedule practice sessions
   Ⓑ To recruit new dance members
   Ⓒ To announce performance dates
   Ⓓ To introduce dance instructors

**12** Why does the speaker mention enthusiasm and dedication?

   Ⓐ To explain selection criteria
   Ⓑ To describe a club's atmosphere
   Ⓒ To compare different dance styles
   Ⓓ To encourage regular attendance

[13-14] Listen to an announcement at a university event.

13. What is the announcement about?

    Ⓐ An engineering scholarship program
    Ⓑ A technology convention
    Ⓒ A robotics competition
    Ⓓ A maze design contest

14. What does the speaker suggest about the event?

    Ⓐ It requires advanced programming skills.
    Ⓑ Both participants and observers are welcome.
    Ⓒ It focuses solely on industrial applications.
    Ⓓ Teams must build robots during a competition.

[15-16] Listen to an announcement at a university event.

15. What is the main purpose of the announcement?

    Ⓐ To introduce a visiting professor
    Ⓑ To promote Italian cuisine
    Ⓒ To recruit culinary club members
    Ⓓ To announce a cooking class

16. Why does the speaker mention size limitations?

    Ⓐ To ensure individual attention
    Ⓑ To encourage early registration
    Ⓒ To maintain kitchen safety
    Ⓓ To control ingredient costs

정답·해석·해설 p.314

# Day 16    Task Test

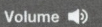

**TOEFL iBT LISTENING**     Questions 01~04 of 24     Volume

**[01-02]** Listen to an announcement in a student lounge.

**01** What is the main purpose of the announcement?

    Ⓐ To announce new cafeteria hours
    Ⓑ To inform students about a temporary closure
    Ⓒ To introduce a new food vendor
    Ⓓ To promote a campus food truck

**02** What are students encouraged to do on Friday?

    Ⓐ Use other dining options
    Ⓑ Get discounted meals
    Ⓒ Request free drinks
    Ⓓ Wait for extended dinner hours

**[03-04]** Listen to an announcement in a classroom.

**03** What is the announcement about?

    Ⓐ A basketball tournament registration
    Ⓑ A change in recreation center hours
    Ⓒ A department meeting schedule
    Ⓓ A new sports equipment policy

**04** Why does the speaker mention high demand from previous years?

    Ⓐ To encourage participants to invite more players
    Ⓑ To compare this year's event with past events
    Ⓒ To explain why early registration is recommended
    Ⓓ To justify the player requirements

# TOEFL iBT LISTENING — Questions 05~08 of 24

**[05-06]** Listen to an announcement on the campus radio station.

**05** What is the main topic of the announcement?

Ⓐ A new art course
Ⓑ A faculty presentation
Ⓒ A gallery renovation
Ⓓ A student art display

**06** What does the speaker hope the listeners will do?

Ⓐ Visit a campus event
Ⓑ Submit artwork
Ⓒ Join the art department
Ⓓ Vote for the best artwork

---

**[07-08]** Listen to an announcement on the campus radio station.

**07** What is the purpose of the event?

Ⓐ To recruit new medical staff
Ⓑ To promote healthy lifestyles
Ⓒ To celebrate academic achievements
Ⓓ To raise funds for research

**08** What can students do at the end of the event?

Ⓐ Meet with health advisors
Ⓑ Register for fitness classes
Ⓒ Purchase health insurance
Ⓓ Schedule follow-up appointments

**[09-10]** Listen to an announcement in a student lounge.

**09** What is the main purpose of the announcement?

Ⓐ To promote new library services
Ⓑ To announce extended weekend hours
Ⓒ To request student feedback on services
Ⓓ To inform students about schedule changes

**10** What are students advised to do?

Ⓐ Wait until Monday to use library services
Ⓑ Contact the library staff for assistance
Ⓒ Use the computer lab in the basement
Ⓓ Study at home instead of on campus

---

**[11-12]** Listen to an announcement at a university event.

**11** What is the main topic of the announcement?

Ⓐ An upcoming photography exhibition
Ⓑ A new art gallery opening
Ⓒ A photography workshop
Ⓓ A monthly competition

**12** What does the speaker ask people to do by Tuesday?

Ⓐ Visit an art gallery
Ⓑ Register for a photography workshop
Ⓒ Submit their photographs
Ⓓ Attend an opening ceremony

**[13-14]** Listen to an announcement at a university event.

**13** What is the main topic of the announcement?

Ⓐ A new outdoor facility
Ⓑ A comedy workshop
Ⓒ A fundraising activity
Ⓓ A film screening event

**14** What will be provided for free?

Ⓐ Blankets and chairs
Ⓑ Movie tickets
Ⓒ Popcorn
Ⓓ Parking spaces

---

**[15-16]** Listen to an announcement at a university club meeting.

**15** What is the main topic of the announcement?

Ⓐ A tutoring service for students
Ⓑ A new peer mentoring program
Ⓒ Campus facility usage guidelines
Ⓓ Freshman orientation activities

**16** What are students encouraged to do?

Ⓐ Attend freshman orientation
Ⓑ Visit the student center regularly
Ⓒ Apply to become a mentor
Ⓓ Join weekly study groups

**[17-18]** Listen to an announcement in a class.

**17** What is the main purpose of the announcement?

   Ⓐ To postpone a midterm exam
   Ⓑ To inform students about a room change
   Ⓒ To explain heating problems
   Ⓓ To remind students about an exam time

**18** What are students advised to do?

   Ⓐ Contact the maintenance office
   Ⓑ Bring extra materials for an exam
   Ⓒ Check the heating system
   Ⓓ Arrive early to find a new room

---

**[19-20]** Listen to an announcement at a university club meeting.

**19** What is the main topic of the announcement?

   Ⓐ A cultural festival
   Ⓑ An international student orientation
   Ⓒ A conversation skills workshop
   Ⓓ A new language exchange program

**20** What are students encouraged to do?

   Ⓐ Sign up for a program
   Ⓑ Visit the International Center
   Ⓒ Practice with native speakers
   Ⓓ Learn about other cultures

**[21-22]** Listen to an announcement on the campus radio station.

**21** What is the purpose of the event?

   Ⓐ To recruit new tutors
   Ⓑ To provide academic support
   Ⓒ To celebrate academic achievements
   Ⓓ To introduce new courses

**22** What can students do during the last half hour of the event?

   Ⓐ Meet with counselors individually
   Ⓑ Take practice exams
   Ⓒ Register for classes
   Ⓓ Join study groups

---

**[23-24]** Listen to an announcement at a university club meeting.

**23** What will volunteers do at the food bank?

   Ⓐ Sort donations and prepare packages
   Ⓑ Distribute meals to families
   Ⓒ Cook meals for the community
   Ⓓ Interview local residents

**24** Why does the speaker mention carpools?

   Ⓐ To reduce transportation costs
   Ⓑ To ensure member safety
   Ⓒ To organize group participation
   Ⓓ To promote environmental awareness

무료 토플자료·유학정보 제공
# goHackers.com

Hackers
Updated TOEFL
Listening Basic

# TASK ④
# 강의 듣고 문제 풀기
Listen to an Academic Talk

**Introduction**

**Day 17** 중심 내용을 파악하는 문제
**Day 18** 세부 내용을 파악하는 문제
**Day 19** 강의의 맥락으로 추론하는 문제
**Day 20** Task Test

# Introduction:

Task 4 강의 듣고 문제 풀기(Listen to an Academic Talk)는 평균 199~200단어로 이루어진 강의를 듣고 주어지는 문제의 답을 고르는 유형으로, 대학 수준의 강의 내용 및 학술 용어를 파악하고 강의의 구조와 정보가 전달되는 방식을 이해하는 능력을 묻습니다. 각 강의에는 4개의 문제가 출제되는데, Module 1에서 강의 1개가 출제되며, 더미 문항이 포함될 경우 강의가 2개까지도 출제됩니다. Lower Module 2에서는 이 유형이 출제되지 않으며, Upper Module 2에서만 강의 2개가 출제됩니다.

## ■ 시험 미리보기

### 음성 화면

강의를 들을 때 나오는 화면으로, 화자의 사진이 나옵니다.

**주의 사항**: Task 4의 Direction 화면은 별도로 나오지 않으므로 Task 3가 끝난 후 바로 강의를 들을 준비를 해야 합니다.

**해야 할 일**: 강의의 첫 부분에서 강의의 전반적인 주제를 소개하므로, 첫 부분을 놓치지 않도록 주의 깊게 듣습니다. 문제 풀이를 할 때 강의의 주요한 정보를 기억할 수 있도록, 음성을 들으며 노트테이킹을 해둡니다.

### 문제 풀이 화면

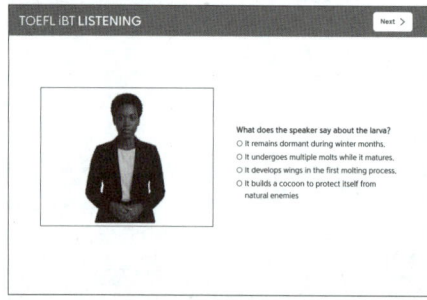

문제가 출제될 때 나오는 화면으로, 문제와 보기가 나옵니다.

**문제를 풀 수 있는 시간**: 30초

**문제를 풀 때 해야 할 일**: 문제와 보기는 별도로 들려주지 않으므로, 화면이 전환되면 빠르게 읽습니다. 보기 앞에 있는 칸을 클릭하여 답을 표시합니다.

**문제를 풀고 난 후 해야 할 일**: 답을 고른 후 우측 상단의 Next 버튼을 누르면 다음 문제 또는 다음 강의로 넘어갑니다. 이때, 이전 화면으로 돌아갈 수 없으므로 충분히 고민한 후 넘어가도록 합니다.

## ■ 풀이 전략

**1. 강의의 첫 부분과 마지막 부분은 반드시 듣습니다.**

Task 4에서는 강의의 주제를 묻거나 다음에 설명할 내용을 묻는 문제가 상당히 높은 비율로 출제됩니다. 따라서, 강의의 첫 부분에서 강의에서 중점적으로 다룰 핵심 소재를 듣고, 강의의 마지막 부분에서 화자가 앞으로 설명할 내용을 반드시 듣는 연습을 합니다.

**2. 중요한 세부 정보를 노트테이킹하면서 강의의 큰 구조를 파악합니다.**

Task 4에서는 화자가 다음에 다룰 내용, 화자가 예로 들거나 나열한 세부 정보가 문제로 연결될 가능성도 크지만, 화자가 특정 개념을 소개하는 방식이나 강의의 전체 구조를 묻는 문제도 자주 출제됩니다. 따라서, 세부 정보들을 노트테이킹하면서 강의가 어떤 구조로 전개되는지도 함께 파악해야 합니다.

**3. 핵심적인 용어의 개념 정의에 집중합니다.**

강의에서는 특정 개념이나 용어에 대한 정의와 설명이 이루어지며, 이 개념에 대한 질문이 자주 출제됩니다. 따라서, 화자가 특히 강조하거나 "이것은 중요합니다", "핵심은", "정의하자면" 등의 표현을 사용할 때 집중해서 들어야 합니다.

**4. paraphrasing된 정답을 고릅니다.**

대부분 문제의 정답은 강의의 내용을 paraphrasing해서 나오므로, 제대로 paraphrasing된 정답을 고릅니다. 강의에서 들은 단어 및 일부 표현을 그대로 쓴 선택지는 오히려 오답일 가능성이 많다는 것도 염두에 둡니다.


## ■ 스터디 가이드

**1. 강의의 일반적인 구조에 익숙해집니다.**

강의는 주제 소개→개념 설명→예시 제공→다음에 다룰 내용 등의 일반적인 구조를 가지므로, 이러한 구조를 익히면 주요 정보를 효율적으로 파악할 수 있습니다.

**2. 절이 포함된 긴 문장을 듣고 이해하는 연습을 합니다.**

강의는 절을 포함한 긴 문장을 사용하여 설명하는 경우가 많습니다. 이러한 긴 문장을 이해하지 못하게 되면 강의 내용을 파악하기 어려울 수 있으므로, 평소 긴 문장에 포함된 절을 하나의 단위로 듣고 이해하는 연습을 합니다.

**3. 개념과 예시를 연결 짓는 연습을 합니다.**

대부분의 강의는 개념을 설명한 후 그에 대한 구체적인 예시나 사례를 제시하며, 개념과 예시 간의 관계를 묻는 문제가 자주 출제됩니다. 따라서, 예시가 언급될 때는 그것이 어떤 개념이나 원리를 설명하기 위한 것인지 연결 짓는 것을 연습하면 문제를 더 정확하게 풀 수 있습니다.

# Day 17 중심 내용을 파악하는 문제

## 01: 출제 경향

강의에서 중심이 되는 내용이 무엇인지 찾는 문제가 출제됩니다. 강의를 듣고 전체적으로 무엇에 관해 이야기하는지 파악하는 능력을 평가하기 위해 출제되며, 드물게 강의의 목적을 묻는 문제로 변형되어 출제되기도 합니다. 매 시험 3~4문제가 출제됩니다.

## 02: 질문 형태

### ▌주제

- What is the talk mainly about?
  강의 내용은 주로 무엇에 관한 것인가?
- What is the topic of the talk?
  강의의 주제는 무엇인가?
- What is the main topic of the talk?
  강의의 주요 주제는 무엇인가?
- What aspect of the research topic is the talk mainly about?
  이 강의는 연구 주제의 어떤 측면에 대해 주로 다루고 있는가?

### ▌목적

- What is the purpose of the talk?
  강의의 목적은 무엇인가?
- What is the main purpose of the lecture?
  강의의 주요 목적은 무엇인가?

## 03: 핵심 전략

### 1. 강의의 도입부에 집중한다.
강의의 주제나 목적은 주로 강의 첫 부분에 언급되는 경우가 많으므로, 도입부를 집중해서 들어야 합니다. 특히 첫 부분에서 앞으로의 강의에서 핵심적으로 다루는 용어에 대한 정의를 설명하는 경우가 많으므로, 이를 잘 들으면 주제를 쉽게 파악할 수 있습니다.

### 2. 표시어(Signal words)를 반드시 잡는다.
강의의 주제를 언급할 때 자주 쓰이는 전형적인 표시어들이 있습니다. 이 표시어들은 강의의 주제나 목적을 파악할 수 있는 좋은 힌트가 됩니다.

| 주요 표시어 | 예문 |
| --- | --- |
| **Today we will ~** <br> 오늘 우리는 ~할 것입니다. | Today we will examine cell structure. <br> 오늘 우리는 세포 구조를 살펴볼 것입니다. |
| **Today we're going to discuss ~** <br> 오늘 우리는 ~을 논의할 것입니다 | Today we're going to discuss urban planning. <br> 오늘 우리는 도시 계획을 논의할 것입니다. |
| **For today, I'll be focusing on ~** <br> 오늘, 저는 ~에 초점을 맞출 것입니다 | For today, I'll be focusing on Cubism. <br> 오늘, 저는 입체파에 초점을 맞출 것입니다. |
| **Now, we're going to consider ~** <br> 이제, 우리는 ~을 생각해 볼 것입니다 | Now, we're going to consider renewable energy. <br> 이제, 우리는 재생 에너지를 생각해 볼 것입니다. |
| **Let's talk about ~** <br> ~에 관해 이야기해 봅시다 | Let's talk about ancient civilizations. <br> 고대 문명에 관해 이야기해 봅시다. |
| **OK, I'd like to talk about ~** <br> 자, ~에 관해 이야기하고자 합니다 | OK, I'd like to talk about cultural identity. <br> 자, 문화적 정체성에 관해 이야기하고자 합니다. |
| **I want to get into the topic of ~** <br> ~에 관한 주제를 시작하고자 합니다 | I want to get into the topic of cultural anthropology. <br> 문화 인류학에 관한 주제를 시작하고자 합니다 |
| **~ is what I want to talk about today** <br> ~이 바로 제가 오늘 이야기하고 싶은 것입니다. | Modern literature is what I want to talk about today. <br> 현대 문학이 바로 제가 오늘 이야기하고 싶은 것입니다. |

### 3. 다음과 같은 오답 유형에 주의한다.
- 강의 내용 중 일부만을 다루고 있는 보기
- 강의에서 언급된 단어를 포함하고 있지만 내용이 틀린 보기
- 강의에 언급되지 않은 내용에 관한 보기

# Example:

## 🎧 Script 🎧 D17_Example

**Listen to a talk in an environmental science class.**

(Today we'll) examine urban farming, the practice of growing food within city environments. Urban farming includes rooftop gardens, vertical farms, and community plots that transform unused urban spaces into productive agricultural areas. This movement addresses several modern challenges, including food security, environmental sustainability, and community building. Urban farms reduce transportation costs and carbon emissions by producing food close to consumers. They also provide fresh produce in food deserts, areas where residents have limited access to nutritious foods.

▶ 표시어

환경과학 수업의 강의를 들으시오.

오늘 우리는 도시 농업에 대해 살펴보겠습니다. 도시 농업은 도시 환경 내에서 식품을 재배하는 관행입니다. 도시 농업에는 옥상 정원, 수직 농장, 그리고 사용되지 않는 도시 공간을 생산적인 농업 지역으로 변환하는 공동체 대지가 포함됩니다. 이 운동은 식량 안보, 환경 지속 가능성, 공동체 구축 등 여러 현대적 과제들을 다룹니다. 도시 농장들은 소비자와 가까운 곳에서 식품을 생산함으로써 운송 비용과 탄소 배출량을 줄입니다. 또한 거주민들이 영양가 있는 식품에 대한 접근이 제한된 지역인 푸드 데저트에 신선한 농산물을 제공합니다.

**TOEFL iBT LISTENING**

What is the talk mainly about?

○ Transportation methods in cities
○ Agricultural practices within urban areas
○ Environmental problems in communities
○ Social programs for neighborhood development

해석   강의 내용은 주로 무엇에 관한 것인가?
○ 도시의 운송 방법들
○ 도시 지역 내의 농업 관행
○ 공동체의 환경 문제들
○ 지역사회 개발을 위한 사회 프로그램들

정답   Agricultural practices within urban areas

해설   이 문제는 강의의 주제를 묻는 중심 내용 파악하기 문제입니다. 화자가 "Today we'll examine urban farming, the practice of growing food within city environments"라고 말한 뒤 도시 환경에서 식품을 재배하는 방법과 그 효과에 대해 설명하고 있으므로, 정답은 Agricultural practices within urban areas(도시 지역 내의 농업 관행)입니다. 나머지는 강의에서 언급되지 않은 내용입니다.

● 단어 및 표현 ●

urban farming 도시 농업   rooftop garden 옥상 정원   vertical[vớ:rtikəl] 수직의   plot[plɑːt] 대지
sustainability[səstèinəbíləti] 지속 가능성   carbon emission 탄소 배출량

# Daily Check-up  🎧 D17_Checkup

🎧 강의 일부의 빈칸을 받아 적고, 질문에 대한 답을 고르세요. (음성은 세 번 들려줍니다.)

**01**   So today, let's talk about ① _____
_____. Thanks to movies, TV, and countless science-fiction books, we've all heard about colonizing or settling on Mars. While futuristic cities under huge glass domes on the surface of Mars might seem real only in Hollywood, there are, um, ② _____
_____.

Q 강의의 주요 주제는 무엇인가?
   Ⓐ TV와 공상 과학 소설이 끼치는 나쁜 영향
   Ⓑ TV와 공상 과학 소설의 교육적 측면
   Ⓒ 화성에서 생명체의 생존이 가능할지도 모르는 이유

**02**   Today we'll explore ① _____. Language acquisition is a remarkable process that occurs during early childhood. Children ② _____
_____, beginning with babbling around six months, then ③ _____.

Q 강의의 주요 주제는 무엇인가?
   Ⓐ 어린 학습자를 위한 교수법
   Ⓑ 어린 시절 언어를 배우는 자연스러운 과정
   Ⓒ 유아의 의사소통 능력 발달

**03**  In today's class, ① _____
_____.

Red muscle fibers contain large amounts of an oxygen-storing protein called myoglobin. ② _____
and are used primarily during activities that require endurance.

Q  What is the main topic of the talk?
   Ⓐ The different characteristics of red muscles
   Ⓑ The difference between red and white muscles
   Ⓒ The components of muscles

**04**  Let's begin. Now, I am sure all of you are familiar with dams. I mean, they are pretty common. These can range from ① _____
_____
such as Hoover Dam. ② _____
_____.

Q  What is the talk mainly about?
   Ⓐ A function of the Hoover Dam
   Ⓑ The construction of the Hoover Dam
   Ⓒ Main types of dams

# Daily Check-up

🎧 강의 일부를 노트테이킹하고, 질문에 대한 답을 고르세요. (음성은 세 번 들려줍니다.)

**05**

Q 강의는 주로 무엇에 관한 것인가?
  Ⓐ 북극곰이 추위를 극복하는 방법
  Ⓑ 북극에 거주하는 생물의 특성
  Ⓒ 북극 생태계 식물의 종류

**06**

Q 강의의 목적은 무엇인가?
  Ⓐ 냉난방 장치의 중요성을 보여주기 위해
  Ⓑ 전통적인 건축 방식의 효율성을 홍보하기 위해
  Ⓒ 생물기후학적 건물의 특징을 설명하기 위해

**07**

Q What is the main topic of the talk?
   Ⓐ The gods of ancient Greece
   Ⓑ The camouflage of the octopus
   Ⓒ Species of coral reefs

**08**

Q What is the talk mainly about?
   Ⓐ Inuit hunting and social change
   Ⓑ Viking settlement in Greenland and climate change
   Ⓒ European farming techniques in Greenland

# Daily Test  🎧 D17_Test

🎧 음성을 듣고 알맞은 답변을 고르세요.

**01** Listen to a talk in a linguistic class.

Q What is the main topic of the talk?
- Ⓐ Methods for learning multiple languages effectively
- Ⓑ Cultural differences in communication patterns
- Ⓒ Economic benefits of speaking dominant languages
- Ⓓ The decline and preservation of endangered languages

---

**02** Listen to a talk in an architecture class.

Q What is the main topic of the talk?
- Ⓐ The biographies of Roman architects
- Ⓑ Roman architectural innovations
- Ⓒ Methods of mixing concrete
- Ⓓ Modern construction techniques

---

**03** Listen to a talk in an Environmental Science class.

Q What is the main topic of the talk?
- Ⓐ The effects of climate change on ocean ecosystems
- Ⓑ The feeding relationships in marine environments
- Ⓒ The importance of phytoplankton in ocean productivity
- Ⓓ The impact of human activities on marine life

**04** Listen to a talk in a business class.

Q  What is the main topic of the talk?

Ⓐ The challenges of implementing new software systems
Ⓑ How modern companies change to adopt new technology
Ⓒ The importance of employee training
Ⓓ Customer service improvements through automation

---

**05** Listen to a talk in a biology class.

Q  What is the main topic of the talk?

Ⓐ A phenomenon threatening coral reef ecosystems
Ⓑ The symbiotic relationships in marine ecosystems
Ⓒ The economic value of coral reefs
Ⓓ The biodiversity of tropical oceans

---

**06** Listen to a talk in an art history class.

Q  What is the talk mainly about?

Ⓐ The techniques used in commercial printing and advertising
Ⓑ An art movement that incorporated popular culture imagery
Ⓒ The relationship between television and American society
Ⓓ The career and works of Andy Warhol

# Day 18 세부 내용을 파악하는 문제

## 01: 출제 경향

강의에서 직접적으로 언급된 세부 내용을 묻는 문제가 출제됩니다. 강의의 주제와 밀접한 관련을 가지고 있는 내용들을 얼마나 정확히 이해했는지를 알아보는 문제가 나옵니다. 상당히 다양한 질문 형태가 포함되어 있으며 매 시험 4-5문제가 출제되어, 출제 비율이 가장 높습니다.

## 02: 질문 형태

### ▌ 언급 내용

- What does the speaker say about guild system?
  화자는 협회 체제에 대해 뭐라고 말하는가?
- What does the speaker mention as the social functions of rituals?
  화자가 의식의 사회적 기능이라고 언급하는 것은 무엇인가?
- What does the speaker point out about the angler fish?
  화자는 아귀에 대해 무엇을 지적하는가?
- What is NOT mentioned as a benefit of urban green spaces?
  도시 녹지 공간의 이점으로 언급되지 않은 것은 무엇인가?
- According to the speaker, color psychology influences all of the following EXCEPT
  화자에 따르면, 색채 심리학은 다음을 제외한 모든 것에 영향을 미친다.

### ▌ 사실 정보 파악

- What is an important feature of literary realism?
  사실주의 문학의 중요한 특징은 무엇인가?
- According to the speaker, what is a central concern of marine ecologists?
  화자에 따르면, 해양 생태학자들의 핵심 우려는 무엇인가?
- According to the speaker, how do coral reefs maintain their biodiversity?
  화자에 따르면, 산호초는 어떻게 생물 다양성을 유지하는가?

### ▌ 다음에 할 일

- What will the speaker discuss next?
  화자는 다음에 무엇에 대해 이야기할 것인가?
- What will the speaker most likely discuss next?
  화자는 다음에 무엇에 대해 이야기할 것 같은가?

## 03: 핵심 전략

### 1. 다른 말로 바꿔 쓴 표현에 익숙해진다.
세부 내용을 파악하는 문제의 정답은 거의 대부분 화자가 직접적으로 한 말을 paraphrase한 것입니다. 한 개의 문장이 paraphrase되기도 하고, 여러 개의 문장이 요약되어 paraphrase되기도 합니다.

> 교수 Water takes in thermal energy during the daylight hours and discharges this energy after the sun has set.

문제 What does the professor say about the thermal function of water?
답 Water absorbs heat during the day and releases it at night.

\* 강의에서 나온 단어들이 아무 변화 없이 그대로 보기에 쓰였다면 오히려 함정이 아닌지 의심해 보는 것이 좋습니다.

### 2. 적극적으로 문제가 나올만한 부분을 예상한다.
주로 주제와 관련되어 화자가 강조하는 내용이 문제로 출제될 확률이 높습니다. 이를 노트테이킹하기 위해서는 자주 등장하는 표시어들을 알아두는 것이 좋습니다.

| 강의 중요 내용 | 주요 표시어 |
|---|---|
| 강조하는 내용 | I'd like to point out ~  ~을 지적하고 싶습니다<br>It's important/significant/essential ~  ~은 중요합니다 |
| 놀라움과 흥미를<br>나타내는 내용 | What's more interesting/exciting is ~  더 흥미로운 것은 ~ 입니다<br>It's surprising/amazing ~  ~은 놀라운 일입니다 |
| 어떤 일의 이유/근거/결과를<br>언급하는 내용 | That's because ~  그것은 ~이기 때문입니다<br>The reason why ~  ~한 이유는<br>As a result  결과적으로 |
| 역접의 내용 | On the other hand  다른 한편으로는<br>Ironically  반어적으로<br>However  그렇지만<br>But  그러나 |
| 다음에 나올 내용 | Next, we'll discuss ~  다음으로, 우리는 ~을 논의할 것입니다<br>I'll discuss ~ next  다음에 저는 ~을 논의할 것입니다 |

### 3. 다음과 같은 오답 유형에 주의한다.
- 강의에서 언급된 단어를 포함하고 있지만 내용이 틀린 보기
- 강의에서 언급되지 않은 내용에 관한 보기

# Example:

## 🎧 Script  🎧 D18_Example

**Listen to a talk in a psychology class.**
Language acquisition involves complex neurological processes that scientists are just beginning to understand. When children learn their first language, specific brain regions activate and form neural pathways that facilitate communication. Research shows that the critical period for language learning occurs before puberty, when the brain exhibits maximum plasticity. Brain imaging studies reveal that different languages activate overlapping but distinct neural networks. (Next), we will examine how age affects second language acquisition and the implications for language education programs.

▶ 표시어

심리학 수업의 강의를 들으시오.

언어 습득은 과학자들이 이제 막 이해하기 시작한 복잡한 신경학적 과정들을 포함합니다. 아이들이 모국어를 배울 때, 특정 뇌 영역들이 활성화되고 의사소통을 촉진하는 신경 경로를 형성합니다. 연구에 따르면 언어 학습의 결정적 시기는 뇌가 최대 유연성을 보이는 사춘기 이전에 발생합니다. 뇌 영상 연구는 서로 다른 언어들이 겹치지만 구별되는 신경 네트워크를 활성화한다는 것을 보여줍니다. 다음으로, 우리는 나이가 제2언어 습득에 어떻게 영향을 미치는지와 언어 교육 프로그램에 대한 함의를 살펴볼 것입니다.

```
TOEFL iBT LISTENING                    Volume 🔊    Help ❓    Next >

            What will the speaker discuss next?
            ◯ The structure of different brain regions
            ◯ How age influences learning additional languages
            ◯ The history of language development research
            ◯ Cultural differences in communication patterns
```

해석 화자는 다음에 무엇에 대해 이야기할 것인가?
◯ 다양한 뇌 영역들의 구조
◯ 나이가 추가 언어 학습에 어떻게 영향을 미치는지
◯ 언어 발달 연구의 역사
◯ 의사소통 패턴의 문화적 차이점들

정답 How age influences learning additional languages

해설 이 문제는 화자가 다음에 논의할 내용을 묻는 세부 내용 파악하기 문제입니다. 화자가 "Next, we will examine how age affects second language acquisition and the implications for language education programs"라고 명확히 다음 주제를 예고하고 있으므로, 정답은 How age influences learning additional languages(나이가 추가 언어 학습에 어떻게 영향을 미치는지)입니다. 나머지 선택지들은 강의에서 언급되지 않은 내용들입니다.

● 단어 및 표현 ●

acquisition[ækwizíʃən] 습득   neurological[njùərəláːdʒikəl] 신경학적인   neural pathway 신경 경로
plasticity[plæstísəti] 유연성, 가소성   implication[ìmplikéiʃən] 함의

# Daily Check-up  🎧 D18_Checkup

🎧 강의 일부의 빈칸을 받아 적고, 질문에 대한 답을 고르세요. (음성은 세 번 들려줍니다.)

**01**  Now, there was another reason Modigliani was less popular than other painters of his time. Modigliani did portraits almost exclusively. So what was wrong with portraits? Well, it was a genre ① _____
_____. ② _____ the portrait _____.

Q 모딜리아니의 그림은 왜 인기가 없었는가?
　Ⓐ 미술상들과 사이가 좋지 못했다.
　Ⓑ 인기가 없는 장르의 그림을 그렸다.
　Ⓒ 다른 화가들보다 그림 실력이 떨어졌다.

**02**  Today, I'd like to talk about ① _____.
The Romans and Greeks were talented, and they knew how to make the people laugh or cry. But ② _____
_____. People today think of the Romans as courageous people who were very loyal and just. However, on stage, ③ _____
_____. Of course, this does not mean that the Romans never did anything creative in theater.

Q 교수는 로마 연극에 관해 무엇이라고 말하는가?
　Ⓐ 그리스 연극을 흉내 낸 것이 많다.
　Ⓑ 인간의 정의감과 충성심을 강조하였다.
　Ⓒ 그리스 연극보다 뛰어났다.

## 03

Now when the blowpipe was invented around 30 BC, probably along the Eastern Mediterranean coast, it revolutionized glass production. It made ① _____. So, for the first time, ② _____, which, in fact _____, who avoided using glass cups because these cups were ③ _____. Glass was ④ _____.

Q According to the professor, why did the wealthy stop using glass cups?
  Ⓐ Glass cups were very brittle.
  Ⓑ The quality was getting worse.
  Ⓒ Ordinary people started to use them.

## 04

Beyond home and work, sociologist Ray Oldenburg described "third places"— ① _____. Think cafes, barbershops, neighborhood libraries, or community gardens. These spaces are easy to enter, low-cost, and socially level: ② _____, conversation flows, and regulars set a welcoming tone. Because encounters are unplanned, ③ _____, building trust and local knowledge.

Q What does the speaker say is a feature of third places?
  Ⓐ They are easy to enter and not status-focused.
  Ⓑ They require membership fees and strict dress codes.
  Ⓒ They exist only in city centers.

# Daily Check-up

🎧 강의 일부를 노트테이킹하고, 질문에 대한 답을 고르세요. (음성은 세 번 들려줍니다.)

**05**

Q 전선과 반도체 칩을 이용한 컴퓨터의 단점은 무엇인가?
   Ⓐ 가격이 비싸다.
   Ⓑ 크기가 크다.
   Ⓒ 속도가 느리다.

**06**

Q 초기 미국인들은 금과 은이 없을 때, 물건값을 지불하기 위해 무엇을 사용했는가?
   Ⓐ 유럽의 동전
   Ⓑ 천 조각
   Ⓒ 다양한 종류의 음식

07

Q  How is an earth-fill dam more cost-effective than a dugout?

  Ⓐ Earth-fill dams last longer than dugouts.
  Ⓑ Earth-fill dams can store more water.
  Ⓒ Earth-fill dams require less construction.

08

Q  What will the speaker talk about next?

  Ⓐ How frequency and absorption change long-range sound
  Ⓑ Seasonal channel depth and setup
  Ⓒ Using whale calls for long-distance tracking

# Daily Test  🎧 D18_Test

🎧 음성을 듣고 알맞은 답변을 고르세요.

[01-02] Listen to a talk in a geology class.

**01** What is the talk mainly about?

Ⓐ Volcanic hotspots and plate movement
Ⓑ How earthquakes are measured
Ⓒ The growth and evolution of continental masses
Ⓓ The formation of ocean trenches and mountain belts

**02** According to the talk, what is an important feature of hotspots?

Ⓐ They remain stationary while plates move over them.
Ⓑ They primarily occur at convergent plate boundaries.
Ⓒ They move with the Pacific Plate.
Ⓓ They can vary in intensity and lifespan.

---

[03-04] Listen to a talk in an art history class.

**03** What does the speaker say about Pierre Beauchamp?

Ⓐ He established the first professional ballet company in France.
Ⓑ He collaborated with avant-garde artists in the 20th century.
Ⓒ He introduced pointe work during the Romantic period.
Ⓓ He created a systematic foundation for ballet instruction.

**04** What will the speaker most likely discuss next?

Ⓐ The specific techniques taught in contemporary ballet classes
Ⓑ How different countries developed unique ballet traditions
Ⓒ The economic impact of ballet companies on local communities
Ⓓ The psychological benefits of ballet training for young dancers

[05-06] Listen to a talk in a film studies class.

**05** What is the topic of the talk?

   Ⓐ How film music is composed
   Ⓑ How lighting equipment evolved
   Ⓒ How editing creates meaning
   Ⓓ How actors memorize lines

**06** What is NOT mentioned as a tool used to shape emotion?

   Ⓐ Shot composition
   Ⓑ Cutting speed
   Ⓒ Sound editing
   Ⓓ Visual contrast

---

[07-08] Listen to a talk in history class.

**07** What point does the speaker make about the Phoenician alphabet?

   Ⓐ It was the first writing system ever developed.
   Ⓑ It was adopted without changes by other civilizations.
   Ⓒ It was primarily used for recording commercial transactions.
   Ⓓ It made reading and writing more accessible to people.

**08** What does the speaker say about the Phoenicians' political structure?

   Ⓐ It was highly centralized under a single ruler.
   Ⓑ It caused frequent conflicts between different cities.
   Ⓒ It was similar to other ancient Mediterranean civilizations.
   Ⓓ It helped them maintain flexibility in their trade relationships.

# Day 19 강의의 맥락으로 추론하는 문제

## 01: 출제 경향

강의에서 주어진 정보를 바탕으로 추론할 수 있는 내용을 묻는 문제를 말합니다. 강의에서 언급된 사실을 근거로 하여 논리적인 판단을 할 수 있는 능력을 평가하기 위해 출제되며, 매 시험 0-1문제가 출제됩니다.

## 02: 질문 형태

### ▌언급 의도

- Why does the professor mention ancient Greece?
  교수님은 왜 고대 그리스를 언급하는가?
- Why does the speaker mention graduation ceremonies?
  화자가 졸업식에 대해 언급하는 이유는 무엇인가?

### ▌추론

- What can be inferred about the confirmation bias?
  확증 편향에 대해 무엇을 추론할 수 있는가?
- What can be concluded about the personal struggles?
  개인적 어려움에 대해 무엇을 추론할 수 있는가?
- What is implied about controversial topics?
  논란의 여지가 많은 주제들에 대해 암시된 것은 무엇인가?
- What does the speaker indicate about modern literature?
  화자는 현대 문학에 대해 무엇을 의미하는가?
- The speaker implies that offering customers free trials is an example of what?
  화자는 고객에게 무료 체험을 제공하는 것이 무엇의 예라고 암시하는가?

## 03: 핵심 전략

### 1. 언급된 사실에 근거하여 추론한다.
추론 문제를 풀기 위해서는 강의나 토론 중에 직접적으로 언급되지 않은 내용을 추론해내는 과정이 필요합니다.

> M  예를 들어, 의학 연구자들은 생체발광 표지자와 이미징 기법을 사용하는 방법을 탐구하고 있습니다. 이것은 언젠가 암세포의 확산이나 약물의 효과를 추적하는 과정에 도움이 될 수 있을 것입니다. 생체발광 연구는 자연의 경이로움을 밝혀줄 뿐만 아니라 혁신적인 과학 발전의 길을 열어줍니다.
>
> Q  생체발광의 의학적 응용 가능성에 대해 암시되는 것은 무엇인가?
> A  그것들은 아직 실험 단계에 있다

"탐구하고 있다", "언젠가 도움이 될 수 있다", "문을 열어준다"라는 표현들을 통해 생체발광의 의학적 응용이 현재 연구 중이며 미래의 가능성 단계에 있음을 추론할 수 있습니다.

* 토플 리스닝의 추론 문제는 높은 수준의 추리력이나 논리력을 요구하지 않습니다. 지나치게 깊이 생각하여 논리의 비약이 일어나지 않도록 항상 화자의 말 중에서 근거를 찾아내도록 합니다.

### 2. 화자가 언급하는 주장, 예시, 비교 등에 주목한다.
화자는 주로 강의에서 특정 대상을 언급하면서 주장을 뒷받침하거나, 구체적인 예시를 들어 설명하거나, 서로 다른 대상 간의 비교를 통해 개념을 명확히 하는데, 이때 언급된 내용들이 문제로 자주 출제됩니다. 따라서 화자의 핵심 주장, 구체적 예시, 비교나 대조되는 개념들을 집중해서 들으며 노트테이킹을 하는 것이 효과적입니다.

| 강의 내용 | 주요 표시어 |
| --- | --- |
| 예시 | for example 예를 들어서<br>like ~ ~처럼<br>to illustrate 예증을 하자면 |
| 비교 | in comparison to ~ ~와 비교하면<br>~er than – ~보다 더 ~한 (비교급)<br>similar to ~ ~와 비슷하게 |
| 대조 | on the other hand 반면에<br>however 그렇지만<br>but 그러나 |

### 3. 다음과 같은 오답 유형에 주의한다.
- 충분한 근거 없이 논리가 비약된 보기
- 강의에서 언급되지 않은 내용에 관한 보기
- 강의에서 언급된 단어를 포함하고 있지만 내용이 틀린 보기

# Example:

## 🎧 Script  🎧 D19_Example

> **Listen to a talk in an education class.**
> Digital literacy has become essential in today's interconnected world, encompassing the ability to effectively use digital technologies for communication, learning, and problem-solving. It involves more than basic computer skills, requiring critical thinking about online information, understanding digital privacy, and creating digital content responsibly. Educational institutions worldwide are integrating digital literacy into their curricula. Consider Finland's education system, which demonstrates how comprehensive digital literacy programs can enhance both technological skills and analytical thinking abilities.

교육학 수업의 강의를 들으시오.

디지털 리터러시는 오늘날 상호 연결된 세계에서 필수적으로 되었으며, 의사소통, 학습, 문제 해결을 위해 디지털 기술을 효과적으로 사용하는 능력을 포괄합니다. 이는 기본적인 컴퓨터 기술 이상을 포함하며, 온라인 정보에 대한 비판적 사고, 디지털 프라이버시 이해, 디지털 콘텐츠를 책임감 있게 생성하는 것을 요구합니다. 전 세계 교육 기관들이 디지털 리터러시를 그들의 교육과정에 통합하고 있습니다. 포괄적인 디지털 리터러시 프로그램이 기술적 기술과 분석적 사고 능력 모두를 어떻게 향상시킬 수 있는지를 보여주는 핀란드의 교육 시스템을 잘 생각해 보세요.

> **TOEFL iBT LISTENING**
>
> Why does the speaker mention Finland's education system?
> ○ To compare different countries' technological capabilities
> ○ To illustrate an effective approach to teaching digital skills
> ○ To explain the history of educational technology
> ○ To discuss the challenges of implementing new curricula

해석 화자가 핀란드의 교육 시스템을 언급하는 이유는 무엇인가?
○ 다른 국가들의 기술적 역량을 비교하기 위해서
○ 디지털 기술을 가르치는 효과적인 접근법을 설명하기 위해서
○ 교육 기술의 역사를 설명하기 위해서
○ 새로운 교육과정을 실행하는 데 있어서의 도전들을 논의하기 위해서

정답 To illustrate an effective approach to teaching digital skills

해설 이 문제는 화자가 특정 내용을 언급한 목적을 묻는 강의의 맥락으로 추론하기 문제입니다. 화자가 핀란드의 교육 시스템을 포괄적인 디지털 리터러시 프로그램의 효과적인 예시로 제시하고 있으므로, 정답은 To illustrate an effective approach to teaching digital skills(디지털 기술을 가르치는 효과적인 접근법을 설명하기 위해서)입니다. 나머지 선택지들은 강의에서 언급되지 않은 내용들입니다.

● 단어 및 표현 ●

digital literacy 디지털 리터러시(디지털 정보 활용 능력)   interconnected[ìntərkənéktid] 상호 연결된   encompass[inkʌ́mpəs] 포괄하다
critical thinking 비판적 사고   curriculum[kəríkjuləm] 교육과정   comprehensive[kà:mprihénsiv] 포괄적인
analytical[ǽnəlìtikəl] 분석적인

# Daily Check-up  🎧 D19_Checkup

🎧 강의 일부의 빈칸을 받아 적고, 질문에 대한 답을 고르세요. (음성은 세 번 들려줍니다.)

**01**  Okay, the first tragedies were ① _____ to honor the Greek god Dionysus. What is unusual is that, ② _____ _____, these performances were actually celebrations with ③ _____ _____. As time passed, though, the pieces became ④ _____.

Q 초기 비극에 관해 추론할 수 있는 것은 무엇인가?
   Ⓐ 초기의 비극은 흥겨운 부분이 많았다.
   Ⓑ 초기 비극의 형태는 슬픈 노래와 춤으로 이루어져 있었다.
   Ⓒ 초기 비극에는 음악적 요소가 없었다.

**02**  Well, beavers were plentiful in America before Europeans arrived and began hunting them. Beaver pelts became the material of choice for top hats in Europe, and ① ____ _____. During the peak of the fur trade era, about 200,000 pelts were shipped to Europe every year. With the beavers gone, ② _____, and the ③ _____.

Q 비버에 관해 추론할 수 있는 것은 무엇인가?
   Ⓐ 그것들은 유럽에서 발견된다.
   Ⓑ 그것들은 건조한 기후에서 살 수 있다.
   Ⓒ 그것들을 습지 유지에 중요하다.

## 03

Well, despite the differences between Earth and Mars now, there are actually clear similarities between ① _____ and ② _____.
You see, at a certain point, very tiny bacteria developed on Earth. They were able to survive by using sunlight. They eventually created enough oxygen to support animal life. Some scientists believe that ③ _____ _____.

Q What does the professor imply about the future of Mars?
   Ⓐ It may one day resemble Earth.
   Ⓑ It will be much cooler than it is now.
   Ⓒ It may harbor more bacteria than Earth.

## 04

OK. Let's talk about garbage – as a power source. Someone's actually thinking about somehow getting energy out of garbage, and that's exactly what I mean. ① _____ _____ because ② _____.
Methane is colorless and odorless, but don't be fooled: ③ _____ _____ than carbon dioxide, according to the Environmental Protection Agency.

Q Why does the professor mention the Environmental Protection Agency?
   Ⓐ To provide evidence for the properties of methane
   Ⓑ To explain the dangers of methane in detail
   Ⓒ To highlight the energy resource value of methane

# Daily Check-up

🎧 강의 일부를 노트테이킹하고, 질문에 대한 답을 고르세요. (음성은 세 번 들려줍니다.)

**05**

Q 교수는 왜 탑을 언급하는가?
　Ⓐ 습기 찬 먼지로부터 반사되는 빛의 흐릿함을 강조하기 위해
　Ⓑ 사람들이 비오는 날에 더욱 조심해야 하는 이유를 설명하기 위해
　Ⓒ 반사된 빛이 우윳빛을 띄는 이유를 설명하기 위해

**06**

Q 도시형 마을에 관해 추론할 수 있는 것은 무엇인가?
　Ⓐ 도시형 마을은 대도시 교통 혼잡의 주요 원인이다.
　Ⓑ 도시형 마을에서는 차량 통행이 금지되어 있다.
　Ⓒ 도시형 마을이 많아지면 환경오염을 줄일 수 있다.

**07**

Q What does the professor imply about neutrinos?

Ⓐ They are the smallest type of particle.

Ⓑ They are not electrically charged.

Ⓒ They are not present on Earth.

**08**

Q Why does the professor mention the Netherlands?

Ⓐ To show that the Zero Waste Program can be actualized in any environment

Ⓑ To explain a strategy a country uses to implement the Zero Waste Program

Ⓒ To emphasize the need to implement the Zero Waste Program in other countries

# Daily Test  🎧 D19_Test

🎧 음성을 듣고 알맞은 답변을 고르세요.

[01-02] Listen to a talk on a podcast about brain science.

**01** Why does the speaker mention riding a bike?

   Ⓐ To encourage listeners to engage in physical activities
   Ⓑ To explain the concept of procedural learning
   Ⓒ To compare different types of transportation
   Ⓓ To share a childhood memory with listeners

**02** What does the speaker say about memorizing dates and names?

   Ⓐ This activity falls under procedural learning.
   Ⓑ Retrieving this information requires conscious effort.
   Ⓒ Memorized facts typically last longer than physical skills.
   Ⓓ The brain processes these items automatically over time.

---

[03-04] Listen to a talk in an astronomy class.

**03** Why does the speaker mention the Kepler Space Telescope?

   Ⓐ To explain how direct imaging works
   Ⓑ To compare different space telescope designs
   Ⓒ To illustrate the success of the transit method
   Ⓓ To discuss the limitations of ground-based observations

**04** What does the speaker imply about direct imaging of exoplanets?

   Ⓐ It works best with planets similar to Earth.
   Ⓑ It is the most reliable detection method available.
   Ⓒ It requires specialized equipment to block starlight.
   Ⓓ It can only be performed from space-based telescopes.

[05-06] Listen to a talk in a literature class.

**05** Why does the speaker mention Charles Baudelaire?

Ⓐ To describe him as an early influence on Symbolist ideas
Ⓑ To identify him as the founder of the Symbolist movement
Ⓒ To compare his work with that of later Symbolist poets
Ⓓ To explain his opposition to symbolic literary techniques

**06** What can be inferred about Symbolism's influence?

Ⓐ It was limited primarily to French literature.
Ⓑ It had little impact on 20th-century artistic movements.
Ⓒ It completely replaced realistic artistic styles.
Ⓓ It extended to other art forms beyond literature.

---

[07-08] Listen to a talk in a philosophy class.

**07** What is the main topic of the talk?

Ⓐ A philosophical approach to achieving happiness
Ⓑ The history of philosophical schools in Athens
Ⓒ The difference between ancient and modern psychology
Ⓓ The misconceptions about ancient Greek philosophy

**08** Why does the speaker mention modern psychology and self-help movements?

Ⓐ To explain the development of mindful living techniques
Ⓑ To compare ancient and modern approaches to happiness
Ⓒ To demonstrate the popularity of philosophical ideas today
Ⓓ To show how Epicureanism has influenced contemporary practices

# Day 20  Task Test

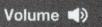

**TOEFL iBT LISTENING**  Questions 01~04 of 24

**[01-04]** Listen to a talk in an economics class.

**01** What is the main topic of the talk?

- Ⓐ Social media advertising techniques
- Ⓑ A marketing strategy that relies on rapid content sharing
- Ⓒ Methods for reducing advertising expenses
- Ⓓ The history of online marketing campaigns

**02** Why does the speaker mention the Ice Bucket Challenge?

- Ⓐ To demonstrate how charitable causes always go viral
- Ⓑ To show the importance of celebrity endorsements
- Ⓒ To provide an example of successful viral marketing
- Ⓓ To explain how social media algorithms work

**03** What does the speaker say about Dollar Shave Club's video?

- Ⓐ It required a large production budget to create.
- Ⓑ It was more successful than the Ice Bucket Challenge.
- Ⓒ It achieved significant results with a small investment.
- Ⓓ It demonstrated the risks of viral marketing.

**04** What point does the speaker make about viral marketing risks?

- Ⓐ Most viral campaigns fail to reach their intended audience.
- Ⓑ Companies may lose control over how their content is interpreted.
- Ⓒ Viral content typically has a very short lifespan.
- Ⓓ Social media platforms often remove viral marketing content.

**[05-08]** Listen to a talk in a history class.

**05** What is the talk mainly about?

Ⓐ The collapse of the Roman Empire
Ⓑ Ancient Greek and Roman literature
Ⓒ The development of printing technology
Ⓓ Medieval monasteries' role in preserving knowledge

**06** What does the speaker say about manuscript illumination?

Ⓐ It was only used for religious texts.
Ⓑ It required significant time and artistic skill.
Ⓒ It was invented during the Renaissance period.
Ⓓ It was primarily done by professional artists.

**07** Why does the speaker mention Saint Gall?

Ⓐ To show how monasteries competed with each other
Ⓑ To illustrate a famous center of manuscript production
Ⓒ To explain why Swiss monasteries were different
Ⓓ To describe the origins of manuscript illumination

**08** What can be inferred about the historical impact of monasteries?

Ⓐ They primarily focused on religious education.
Ⓑ They were eventually replaced by universities.
Ⓒ They helped connect ancient knowledge to later periods.
Ⓓ They mainly served the needs of local communities.

**[09-12]** Listen to a talk in a computer science class.

**09** What is the main topic of the talk?

Ⓐ Different types of computer algorithms
Ⓑ Basic principles and uses of machine learning
Ⓒ The history of artificial intelligence
Ⓓ Programming techniques for data analysis

**10** Why does the speaker mention photos of cats?

Ⓐ To explain image classification techniques
Ⓑ To demonstrate the supervised learning process
Ⓒ To show the limitations of AI systems
Ⓓ To introduce computer vision concepts

**11** What does the speaker mention as an application of machine learning in everyday life?

Ⓐ Medical diagnosis systems in hospitals
Ⓑ Speed improvements in transaction processing
Ⓒ Automated customer service systems
Ⓓ Personalized streaming recommendations

**12** What will the speaker most likely discuss next?

Ⓐ Methods for evaluating machine learning algorithms
Ⓑ Technical requirements for machine learning systems
Ⓒ Case studies of successful machine learning applications
Ⓓ Potential limitations in current machine learning technologies

[13-16] Listen to a talk in a psychology class.

13  What is NOT mentioned as a factor that contributes to groupthink?

   Ⓐ High levels of group cohesiveness
   Ⓑ Isolation from external sources of information
   Ⓒ The size of the group making decisions
   Ⓓ Directive leadership style

14  What does the speaker imply about groups under time pressure?

   Ⓐ They are more likely to seek outside expert opinions.
   Ⓑ They tend to make more innovative decisions.
   Ⓒ They are more susceptible to developing groupthink.
   Ⓓ They typically assign devil's advocate roles more frequently.

15  According to the speaker, what is collective rationalization?

   Ⓐ The process of making group decisions through voting
   Ⓑ The tendency to dismiss information that challenges group assumptions
   Ⓒ The practice of documenting group decision-making processes
   Ⓓ The ability to explain group decisions to outside observers

16  What will the speaker most likely discuss next?

   Ⓐ Techniques for improving group communication
   Ⓑ Real examples of how groupthink caused major mistakes
   Ⓒ The psychological benefits of group membership
   Ⓓ Methods for measuring group decision-making effectiveness

**[17-20]** Listen to a talk on a podcast about public health.

**17** What is the talk mainly about?

　Ⓐ Causes of obesity and diabetes
　Ⓑ Areas with limited healthy food access
　Ⓒ Economic challenges of grocery stores
　Ⓓ Transportation problems in communities

**18** Why does the speaker mention convenience stores and gas stations?

　Ⓐ To illustrate the types of food outlets available in food deserts
　Ⓑ To compare urban and rural shopping patterns
　Ⓒ To explain how food distribution systems work
　Ⓓ To describe the growth of chain businesses in cities

**19** According to the speaker, what health problems are associated with food deserts?

　Ⓐ Infectious diseases and vitamin deficiencies
　Ⓑ Respiratory problems from air pollution
　Ⓒ Mental health issues and substance abuse
　Ⓓ Diet-related conditions like obesity and diabetes

**20** What does the speaker imply about community solutions to food deserts?

　Ⓐ They are too expensive for most neighborhoods to implement.
　Ⓑ They have been developed by residents to address the problem.
　Ⓒ They require significant government funding to succeed.
　Ⓓ They are less effective than attracting major grocery chains.

**[21-24]** Listen to a talk in an anthropology class.

**21** What is the main topic of the talk?

   Ⓐ The commercialization of traditional ceremonies
   Ⓑ The social functions of gift-giving practices
   Ⓒ The economic impact of cultural exchanges
   Ⓓ The anthropological study methods of Marcel Mauss

**22** According to the speaker, what are the three obligations identified by Mauss?

   Ⓐ To give, receive, and reciprocate
   Ⓑ To celebrate, honor, and remember
   Ⓒ To create, exchange, and preserve
   Ⓓ To offer, accept, and distribute

**23** Why does the speaker mention Pacific Island societies?

   Ⓐ To contrast different cultural approaches to gift-giving
   Ⓑ To describe the origins of modern gift-giving practices
   Ⓒ To explain why some cultures reject gift exchange
   Ⓓ To illustrate the complexity of ceremonial exchange systems

**24** What does the speaker say about people who cannot return gifts appropriately?

   Ⓐ They often become more generous in other ways
   Ⓑ They may lose their position in society
   Ⓒ They usually seek help from community members
   Ⓓ They are excluded from future gift exchanges

무료 토플자료·유학정보 제공

**goHackers.com**

Hackers
Updated TOEFL
Listening Basic

# Actual Test

ACTUAL TEST

# Actual Test

🎧 ActualTest

| TOEFL iBT **LISTENING** | Volume 🔊 | Begin > |

**Module 1**

During the test, the clock will show you how much time you have to finish each question.

You can use **Next** to move to the next question.

You WILL NOT be able to go back to previous questions.

The first task is **Listen and Choose a Response**. In this task, you will listen to a sentence or question. You will then read four sentences and choose the option that is the best response.

## TOEFL iBT LISTENING — Questions 01~04 of 20

**Choose the best response.**

01  Ⓐ The team meeting was moved.
    Ⓑ You will be able to meet her soon.
    Ⓒ I don't want that position.
    Ⓓ Let's try to lead by example.

02  Ⓐ By all means, be my guest.
    Ⓑ Yes, I forgot mine at home.
    Ⓒ When do you need it back?
    Ⓓ I can walk you through it step by step.

03  Ⓐ No, they don't allow photography inside.
    Ⓑ Yes, with a valid school ID.
    Ⓒ I lost count.
    Ⓓ The exhibit has a lot to offer.

04  Ⓐ Perhaps you're right.
    Ⓑ Is the menu available?
    Ⓒ Have you been to the restaurant?
    Ⓓ Why don't we meet around six?

**Choose the best response.**

**05** Ⓐ Please switch it off.
   Ⓑ The next one over.
   Ⓒ That would help.
   Ⓓ I can't see.

**06** Ⓐ That might be too expensive.
   Ⓑ By the finance and accounting departments.
   Ⓒ The director needs to approve it.
   Ⓓ It was cut by about a quarter this time.

**07** Ⓐ I thought you didn't like coffee.
   Ⓑ About 10 pages.
   Ⓒ It's out of ink.
   Ⓓ The print center in the library.

**08** Ⓐ No, it isn't.
   Ⓑ Yes, I prefer reading.
   Ⓒ It's close to the post office.
   Ⓓ I don't want to.

**[09-10]** Listen to a conversation.

**09** What is the conversation mainly about?

Ⓐ A wedding reception
Ⓑ A car accident
Ⓒ A family visit
Ⓓ A schedule conflict

**10** What will the woman probably do next?

Ⓐ Call a coworker
Ⓑ Ask for time off
Ⓒ Visit her sister
Ⓓ Request help setting up

---

**[11-12]** Listen to a conversation.

**11** Why does the man hesitate to register for the course?

Ⓐ His personal finances are tight.
Ⓑ He thinks it will be too difficult.
Ⓒ The professor is known to be strict.
Ⓓ He prefers to take in-person classes.

**12** What does the woman say about the assignments?

Ⓐ They must be handed in every week.
Ⓑ They require group collaboration.
Ⓒ They make up most of the grade.
Ⓓ They call for strong math skills.

**[13-14]** Listen to an announcement at a university club meeting.

**13** What is the main topic of the announcement?

　Ⓐ A Friday schedule change
　Ⓑ A Student Center closure
　Ⓒ An organizational meeting
　Ⓓ A club registration opportunity

**14** What are students encouraged to do?

　Ⓐ Stay until the end of an event
　Ⓑ Take a campus tour
　Ⓒ Sign up for clubs
　Ⓓ Start their own organizations

---

**[15-16]** Listen to an announcement at a university event.

**15** What is the main topic of the announcement?

　Ⓐ An album collaboration
　Ⓑ A musical performance
　Ⓒ A food festival on campus
　Ⓓ A school tradition

**16** What does the speaker hope the listeners will do?

　Ⓐ Join the music department
　Ⓑ Volunteer as event staff
　Ⓒ Attend a concert
　Ⓓ Apply to be performers

**[17-20]** Listen to a talk in an environmental science class.

**17** What is the main topic of the talk?

   Ⓐ How human development affects wildlife populations
   Ⓑ Environmental changes at habitat boundaries
   Ⓒ The importance of forest conservation efforts
   Ⓓ Different types of forest and field ecosystems

**18** According to the speaker, what is one characteristic of forest edges?

   Ⓐ Unstable temperature and humidity
   Ⓑ Better nesting sites for birds
   Ⓒ A wide variety of species
   Ⓓ Higher sunlight exposure

**19** Why does the speaker mention roads and farmland?

   Ⓐ To show examples of natural habitat boundaries
   Ⓑ To demonstrate unsuccessful land development methods
   Ⓒ To explain how human activities create more habitat edges
   Ⓓ To compare different types of habitat fragmentation

**20** What will the speaker most likely discuss next?

   Ⓐ Specific conservation tactics to reduce edge effects
   Ⓑ The history of habitat fragmentation research
   Ⓒ Different methods for measuring forest interior areas
   Ⓓ The ecological benefits of designing protected areas

**End of Module 1**

The first module of the Listening Section is now complete.
Module 2 will begin next.

# Module 2

During the test, the clock will show you how much time you have to finish each question.

You can use **Next** to move to the next question.

You WILL NOT be able to go back to previous questions.

Choose the best response.

01  Ⓐ One of our firm's biggest clients.
    Ⓑ No, there's no extra charge.
    Ⓒ Peter took over for me.
    Ⓓ A money order at the bank.

02  Ⓐ A lost wallet.
    Ⓑ Since yesterday.
    Ⓒ Call your bank.
    Ⓓ At the ATM.

03  Ⓐ Your signature is needed on the form.
    Ⓑ There's a checklist available online.
    Ⓒ They'll issue you a boarding pass.
    Ⓓ You'll have to request a paper version.

**[04-05]** Listen to a conversation.

**04** What event are the speakers discussing?

 Ⓐ A birthday celebration
 Ⓑ A neighborhood block party
 Ⓒ A school fundraiser
 Ⓓ A wedding reception

**05** What will the woman probably do next?

 Ⓐ Buy ingredients for cookies
 Ⓑ Help set up music equipment
 Ⓒ Invite more neighbors
 Ⓓ Prepare decorations

---

**[06-07]** Listen to a conversation.

**06** Why does the man mention his part-time job?

 Ⓐ To explain why he might not get a seat
 Ⓑ To complain about having no time to study
 Ⓒ To reveal how he is paying for school
 Ⓓ To illustrate how busy his schedule is

**07** Where does the woman want to sit?

 Ⓐ By a window
 Ⓑ In a booth
 Ⓒ On a patio
 Ⓓ Near an outlet

[08-11] Listen to a talk in a history class.

**08** What is the main topic of the talk?

Ⓐ An initiative to rebuild Europe after World War II
Ⓑ The devastation of Europe after World War II
Ⓒ The opposing alliances involved in World War II
Ⓓ The postwar threat posed by the Soviet Union

**09** According to the talk, what was the main approach of the Marshall plan?

Ⓐ Forming a military alliance between European countries
Ⓑ Offering financial aid to Europe
Ⓒ Establishing free trade in Western Europe
Ⓓ Putting pressure on Soviet allies

**10** Why does the speaker mention NATO and the Warsaw Pact?

Ⓐ To illustrate the economic recovery of Western Europe
Ⓑ To explain what emerged from tensions caused by the plan
Ⓒ To show how democratic institutions form
Ⓓ To compare different approaches to foreign policy

**11** What can be inferred about Eastern European nations under Soviet influence?

Ⓐ They were less damaged than Western European countries.
Ⓑ They received Soviet assistance that rivaled American aid.
Ⓒ They did not share in the recovery seen in Western Europe.
Ⓓ They surpassed pre-war production levels by the 1950s.

**[12-15]** Listen to a talk in a biology class.

**12** What is a key characteristic of seed dispersal?

   Ⓐ It leads to competition for resources.
   Ⓑ It is observed in certain types of seeds.
   Ⓒ It ensures seeds remain close to the parent plant for protection.
   Ⓓ It helps plants spread their offspring to new locations.

**13** According to the talk, seed dispersal methods include all of the following EXCEPT

   Ⓐ wind-driven travel
   Ⓑ artificial distribution by humans
   Ⓒ movement by water currents
   Ⓓ transportation by animals

**14** What does the speaker say about water dispersal?

   Ⓐ It is used by plants that grow near bodies of water.
   Ⓑ It is less common than other modes of seed dispersal.
   Ⓒ It is most effective in seeds with heavy, dense structures.
   Ⓓ It allows invasive species to reach remote locations.

**15** What will the speaker most likely discuss next?

   Ⓐ Environmental threats to natural seed dispersal
   Ⓑ Predictions about changes in plant distribution patterns
   Ⓒ Specialized seed features that aid dispersal
   Ⓓ Human efforts to support plant reproduction

**End of Module 2**

The Listening Section is now complete.

# HACKERS
# Updated
# TOEFL
# LISTENING BASIC

개정 4판 3쇄 발행 2026년 1월 12일
개정 4판 1쇄 발행 2025년 11월 7일

| | |
|---|---|
| 지은이 | David Cho ǀ 언어학 박사, 前 UCLA 교수, 해커스 어학연구소 공저 |
| 펴낸곳 | (주)해커스 어학연구소 |
| 펴낸이 | 해커스 어학연구소 출판팀 |

| | |
|---|---|
| 주소 | 서울특별시 서초구 강남대로61길 23 (주)해커스 어학연구소 |
| 고객센터 | 02-537-5000 |
| 교재 관련 문의 | publishing@hackers.com |
| 동영상강의 | HackersIngang.com |

| | |
|---|---|
| ISBN | 978-89-6542-809-1 (13740) |
| Serial Number | 04-03-01 |

저작권자 ⓒ 2025, David Cho, 해커스 어학연구소
이 책 및 음성파일의 모든 내용, 이미지, 디자인, 편집 형태에 대한 저작권은 저자에게 있습니다.
서면에 의한 저자와 출판사의 허락 없이 내용의 일부 혹은 전부를 인용, 발췌하거나 복제, 배포할 수 없습니다.

**외국어인강 1위,**
**해커스인강(HackersIngang.com)**
**해커스인강**

- 효과적인 리스닝 학습을 돕는 **교재 MP3 · 단어암기 MP3**
- 해커스 토플 스타강사의 **본 교재 인강**
- 리스닝에 유용한 문장을 반복 학습하는 **쉐도잉 프로그램**

**전세계 유학정보의 중심,**
**고우해커스(goHackers.com)**
**고우해커스**

- **토플 보카 외우기, 토플 스피킹/라이팅 첨삭 게시판** 등 무료 학습 콘텐츠
- 고득점을 위한 **토플 공부전략 강의**
- **국가별 대학 및 전공별 정보, 유학 Q&A 게시판** 등 다양한 유학정보

[외국어인강 1위] 헤럴드 선정 2018 대학생 선호브랜드 대상 '대학생이 선정한 외국어인강' 부문 1위

전세계 유학정보의 중심
**고우해커스**

goHackers.com

# HACKERS
# Updated
# TOEFL
## LISTENING BASIC

정답 · 스크립트 · 해석 · 해설

해커스 어학연구소

# 리스닝을 위한 기본기 다지기

## Day 01  단어 제대로 듣기

### Course 1 ..................... p.25

| | | | |
|---|---|---|---|
| 01 | H (repertory) | 02 | C (canoe) |
| 03 | A (algorithm) | 04 | F (collagen) |
| 05 | I (symposium) | 06 | B (Renaissance) |
| 07 | G (buffet) | 08 | J (item) |
| 09 | E (Italy) | 10 | D (massage) |
| 11 | calorie | 12 | marathon |
| 13 | interior | 14 | coupon |
| 15 | cocoa | 16 | career |
| 17 | aerobic | 18 | missile |
| 19 | bacteria | | |
| 20 | counselor | 21 | signature |
| 22 | data | 23 | apartment |
| 24 | algorithm | 25 | collagen |
| 26 | jewelry | | |

20 그녀는 상담원입니다.
21 수업을 추가 신청하기 위해서는 그녀의 서명만 있으면 됩니다.
22 당신은 자료를 수집하기 위해 모든 사람에게 전화해야 합니다.
23 먼저 아파트를 임대하는 비용을 확인하세요.
24 웹사이트의 검색 알고리즘이 업데이트되어, 이제 결과가 더 빨리 로드됩니다.
25 단백질을 더 섭취하고 싶다면 스무디에 콜라겐 파우더를 첨가하는 것을 추천합니다.
26 이 온라인 상점은 50달러 이상 보석 주문에 대해 무료 배송을 제공합니다.

어휘 05 symposium[simpóuziəm] 심포지엄, 토론회
21 add the class 수업을 추가 신청하다
25 protein[próuti:n] 단백질

### Course 2 ..................... p.27

| | | | |
|---|---|---|---|
| 01 | veteran | 02 | opera |
| 03 | model | 04 | sentiment |
| 05 | legitimate | 06 | Athens |
| 07 | poem | 08 | elite |

| 09 | material | | |
|---|---|---|---|
| 10 | Ⓐ | 11 Ⓑ | 12 Ⓐ | 13 Ⓑ | 14 Ⓑ | 15 Ⓐ |
| 16 | reminding | 17 | materials |
| 18 | semester | 19 | announce |
| 20 | legitimate | 21 | across |
| 22 | emotion | | |

10 I'm going to **attend** the meeting.
저는 그 모임에 참석할 것입니다.
11 Are you **sure**?
정말입니까?
12 Did you **apply** for that position?
그 자리에 지원했나요?
13 What time shall we **meet**?
몇 시에 만날까요?
14 Early **balloons** were made of dried animal bladders.
초기의 풍선은 동물의 말린 방광으로 만들어졌습니다.
15 I want to talk about one particular **attempt** at species restoration.
저는 종 복원에 대한 한 가지 특정한 시도에 관해 이야기하고 싶습니다.
16 상기시켜 주셔서 고맙습니다.
17 공공 도서관에서 읽기 자료를 구하실 수 있습니다.
18 한 학기에 일곱 과목은 너무 많아요.
19 동아리 모임에서 모금 행사를 제가 알릴까요?
20 오직 적출자만이 왕세자로 임명될 수 있었습니다.
21 우리는 기차로 전국을 여행했습니다.
22 음악은 몇 초 만에 묻혀 있던 감정을 깨울 수 있습니다.

어휘 04 sentiment[séntəmənt] 감정, 정서  14 bladder[blǽdər] 방광
15 attempt[ətémpt] 시도  restoration[rèstəréiʃən] 복원
19 fundraiser[fʌ́ndrèizər] 모금 행사
20 legitimate[lidʒítəmət] 적출의  install[instɔ́:l] 임명하다
crown prince 왕세자  22 unlock[ʌ̀nlɑ́:k] 깨우다

### Course 3 ..................... p.29

| | | | |
|---|---|---|---|
| 01 | law | 02 | beat |
| 03 | vow | 04 | lock |
| 05 | rift | 06 | bought |

| 07 | bury | 08 | pair |
| --- | --- | --- | --- |
| 09 | leaves | | |

| 10 | ⓑ | 11 | ⓑ | 12 | ⓐ | 13 | ⓐ | 14 | ⓑ | 15 | ⓐ |
| --- | --- | --- | --- | --- | --- | --- | --- | --- | --- | --- | --- |

| 16 | poll, fall | 17 | file, pile |
| --- | --- | --- | --- |
| 18 | cost, coastal | 19 | bet, vet |
| 20 | grass, glass | | |

10 What a nice **vest**!
정말 멋진 조끼군요!

11 He is **painting** the walls green.
그는 벽을 초록색으로 페인트칠하고 있습니다.

12 **Call** me later.
나중에 제게 전화하세요.

13 We live largely on **rice**.
우리는 주로 쌀을 주식으로 합니다.

14 I miss my hometown a **bit**.
저는 고향이 조금 그립습니다.

15 I heard **a fly** buzz in the middle of the night.
저는 한밤중에 파리가 윙윙거리는 것을 들었습니다.

16 이번 가을에 학생 휴게실에 대한 여론 조사가 있을 것입니다.

17 이 서류들을 더미로 쌓아두지 말고 적절히 정리해서 보관해 주세요.

18 연안 지역을 조사하는 데 많은 비용이 들 것입니다.

19 새 수의사가 동물 병원에서 훌륭한 일을 해낼 거라고 확신합니다.

20 이제, 유리를 통해 잔디를 볼 수 있습니다.

어휘 05 rift[rift] 틈, 균열  13 live on ~을 주식으로 하다  largely[láːrdʒli] 주로  15 buzz[bʌz] 윙윙거리다  16 poll[poul] 여론 조사  17 properly[práːpərli] 적절히  18 coastal[kóustəl] 연안의  19 vet[vet] 수의사

## Course 4
p.31

| 01 | (x) dairy / diary | 02 | (o) threw / through |
| --- | --- | --- | --- |
| 03 | (x) later / ladder | 04 | (x) beard / beer |
| 05 | (o) waste / waist | 06 | (x) absorb / observe |
| 07 | (x) pants / fans | 08 | (o) wait / weight |
| 09 | (x) arise / rise | | |

| 10 | ⓑ | 11 | ⓑ | 12 | ⓐ | 13 | ⓐ | 14 | ⓑ | 15 | ⓑ |
| --- | --- | --- | --- | --- | --- | --- | --- | --- | --- | --- | --- |

| 16 | due | 17 | allowed |
| --- | --- | --- | --- |
| 18 | fair, fare | 19 | warned |
| 20 | contact | | |

10 I finally finished my paper, and I'm **printing** it out now.
저는 마침내 보고서를 끝내고, 지금 그것을 인쇄하고 있어요.

11 I mentioned that farmers in one locality **adopted** technological innovations.
저는 한 지방의 농부들이 기술적인 혁신을 도입했다는 것을 언급했습니다.

12 The binding is very good, and the paper **quality** is also excellent.
표지가 매우 좋고, 종이의 질 역시 뛰어납니다.

13 For his first film, it was **quite** a feat.
그의 첫 번째 영화치고는, 그것은 굉장한 위업이었습니다.

14 Didn't you take the **pain** reliever I gave you?
제가 드린 진통제를 복용하지 않았나요?

15 I better go out and get the new **edition**.
나가서 새로운 판을 구입하는 것이 낫겠어요.

16 그건 내일이 마감입니다.

17 코치님께서 제가 연습을 빠지도록 허락해 주셨어요.

18 방문객들에게 이곳으로 오는 데 드는 운임을 부담하게 하는 것은 공평하지 않았습니다.

19 그녀는 그에게 이메일에서 의심스러운 링크를 클릭하지 말라고 경고했습니다.

20 가장 붐비는 시간대에는 사무실에 연락하기 어려울 수도 있어요.

어휘 06 absorb[æbsɔ́ːrb] 흡수하다  11 locality[loukǽləti] 지방  innovation[ìnəvéiʃən] 혁신  12 binding[báindiŋ] 표지  13 feat[fiːt] 위업  14 pain reliever 진통제  19 suspicious[səspíʃəs] 의심스러운

## Daily Test
p.32

| 01 | symposium | 02 | approve |
| --- | --- | --- | --- |
| 03 | banned | 04 | flow |
| 05 | copy | 06 | coal |

| 07 | ⓐ | 08 | ⓑ | 09 | ⓑ | 10 | ⓐ |
| --- | --- | --- | --- | --- | --- | --- | --- |

11 I'd like to talk about the design

12 when the assignment is due

13 a copy of my original transcript

14 Mike got an acceptance letter

15 Dyeing has been carried out

16 It is not allowed to read aloud

17 According to this book

18 This branch of sociology emphasizes three main areas.

19 I heard it from the registrar's office directly.

20  Mushrooms steal nutrients from some plants.
21  The application deadline has been extended a week.
22  I think this computer's broken beyond repair this time.
23  It will not be fair to all the students.
24  The report seems a bit groundless.

01  당신은 또한 국제 토론회에 참가할 기회를 가질 것입니다.
02  당신은 저의 계획에 찬성하지 않는 것 같군요.
03  학교는 학생들이 건물 내에서 담배 피우는 것을 금지했습니다.
04  그 댐은 강물의 흐름을 통제했습니다.
05  이 서류의 사본을 보관하셔야 해요.
06  이 책은 탄광업의 역사를 다루고 있습니다.
07  Research shows that the color of a shirt can **affect** a person's first impression.
08  Today's lecture is about the **oral** cavity.
09  Emperor Charles II was **bald**.
10  The male partner used to **bow** to his female partner at the end of the dance.
11  그리스 정원의 설계에 관해 이야기하고 싶습니다.
12  그 과제가 언제 마감 예정인지 아세요?
13  저는 오늘 원본 성적 증명서 사본을 가져오지 못했어요.
14  Mike는 대학원으로부터 입학 허가서를 받았습니다.
15  염색은 5천 년 이상 실행되어 왔습니다.
16  도서관에서 큰 소리로 낭독하는 것은 허용되지 않습니다.
17  이 책에 따르면, 세계 경제는 지금 회복되고 있는 중입니다.
18  이 사회학 분과는 세 가지 주요한 영역을 강조합니다.
19  제가 학적과에서 그것을 직접 들었습니다.
20  버섯은 몇몇 식물들로부터 영양분을 빼앗습니다.
21  신청 마감 기한은 일주일 연장되었습니다.
22  이번에는 이 컴퓨터가 수리할 수 없을 정도로 고장 난 것 같아요.
23  그것은 모든 학생에게 공평하지 않을 것입니다.
24  그 보고서는 약간 근거가 없는 것 같군요.

어휘 02 **approve** [əprúːv] 찬성하다  03 **ban** [bæn] 금지하다
04 **regulate** [régjulèit] 통제하다
05 **keep a copy of** ~의 사본을 보관하다
06 **cover** [kʌ́vər] 다루다  **coal mining** 탄광업
08 **oral cavity** 구강  12 **due** [djuː] 마감 예정인
13 **transcript** [trǽnskript] 성적 증명서
14 **acceptance letter** 입학 허가서  15 **carry out** ~을 실행하다
20 **nutrient** [njúːtriənt] 영양분
22 **beyond repair** 수리할 수 없을 정도로

24 **groundless** [gráundlis] 근거 없는

## Day 02 발음과 문장의 강세 확인하며 듣기

### Course 1 ············································· p.35

| | | | |
|---|---|---|---|
| 01 | every fifth day | 02 | get through |
| 03 | fill out the form | 04 | make it up |
| 05 | get along with | 06 | take it away |
| 07 | ancient theater | 08 | as far as I know |
| 09 | rewrite the report | 10 | last test |
| 11 | pass through | 12 | around the corner |
| 13 | had trouble | 14 | just take |
| 15 | interested in | 16 | missed the |
| 17 | take a look at | 18 | hard time |
| 19 | glad that | 20 | excited about it |
| 21 | hard work | 22 | were ruined |
| 23 | this theory | 24 | had enough |

13  저는 모든 읽기 자료를 따라잡느라 애를 먹었습니다.
14  의사는 제가 그저 일을 쉬엄쉬엄해야 한다고 말했습니다.
15  저는 그 분야에 오랫동안 관심이 있었습니다.
16  저는 해외에서 공부할 기회를 놓쳤습니다.
17  도표를 한 번 봅시다.
18  저는 컴퓨터 과제를 끝내느라 고생했습니다.
19  당신이 올 수 있었다니 기쁘네요.
20  저는 그것 때문에 매우 흥분됩니다.
21  저는 이것이 힘든 일이라고 생각하지 않습니다.
22  많은 국가들이 피비린내 나는 전쟁으로 폐허가 됐습니다.
23  저는 이 이론을 이해할 수 없습니다.
24  당신이 충분한 경험이 있다면, 그 인턴십에 지원할 수 있을 것입니다.

어휘 03 **fill out** 기입하다  04 **make up** 보상하다
05 **get along with** ~와 잘 지내다  13 **keep up with** ~을 따라잡다
**reading material** 읽기 자료  14 **take it easy** 일을 쉬엄쉬엄하다
16 **study abroad** 해외에서 공부하다  22 **ruin** [rúːin] 폐허로 만들다

### Course 2 ············································· p.37

| | | | |
|---|---|---|---|
| 01 | it'd | 02 | It'll |
| 03 | should've | 04 | won't |
| 05 | let's, animal's | 06 | haven't |
| 07 | don't, it's | 08 | Here's |

| 09 | We'll | 10 | I'd |
|---|---|---|---|
| 11 | would've | 12 | might've |

01 저는 그것이 당신에게 좋을 거라고 생각합니다.
02 기숙사 방보다 도서관에서 공부하는 것이 더 쉬울 거예요.
03 우리는 교통 상황이 더 나빠지기 전에 출발해야 했어요.
04 그것은 필요하지 않을 것입니다.
05 자, 그 동물의 행동에 관해 이야기해 봅시다.
06 저는 사실 제 식권을 잘 사용하지 않았습니다.
07 저는 그것이 불가능하다고 생각하지 않아요.
08 여기 한 가지 예가 있습니다.
09 사람들의 공통적인 감정에 대해 논의해 보겠습니다.
10 저는 그 인턴십 프로그램에 지원하지 않는 게 나을 것 같아요.
11 제 조언을 구했다면 더 좋았을 텐데요.
12 그 주제에 대해 조금만 조사해 봤더라면, 에너지원을 발견했을 지도 모릅니다.

어휘 03 get worse 더 나빠지다   05 behavior[bihéivjər] 행동
06 meal card 식권   12 energy source 에너지원

## Course 3 ········· p.39

01 have, 20-meal plan, barely get
02 babysit, neighbor, weekends
03 schedule, packed, semester, a part-time job
04 studied everything, syllabus, month.
05 friend, made, surprise visit

| 06 Ⓐ | 07 Ⓑ | 08 Ⓑ | 09 Ⓑ | 10 Ⓐ |

01 저는 20회의 식사 이용권을 가지고 있는데, 요즘은 거의 일주일에 10번도 구내식당에 가지 못해요.
02 저는 주말에 이웃집 아이를 돌봐줍니다.
03 이번 학기에 저의 일정은 학업과 아르바이트로 정말 꽉 찼습니다.
04 저는 이번 달 강의 계획표에 있는 것을 전부 공부했어요.
05 뉴욕에 있는 친구가 지난달에 갑자기 저를 방문했습니다.
06 I'm going to Australia to visit my aunt and cousins.
저는 숙모와 사촌들을 방문하러 호주에 갈 거예요.
07 Not a single student passed the exam.
단 한 명의 학생도 시험에 통과하지 못했습니다.
08 Needless to say, you're an excellent soccer player.
말할 필요도 없이, 당신은 뛰어난 축구 선수예요.

09 I have nothing to do other than to analyze the statistics.
저는 통계를 분석하는 것 외에 할 일이 없습니다.
10 I'm not disinterested in politics.
저는 정치에 관심이 없는 것이 아니에요.

어휘 02 babysit[béibisìt] 아이를 돌봐주다   03 packed[pækt] 꽉 찬
04 syllabus[síləbəs] 강의 계획표
08 needless to say 말할 필요도 없이
09 analyze[ǽnəlàiz] 분석하다   statistics[stətístiks] 통계
10 disinterested[disíntərèstid] 관심이 없는

## Course 4 ········· p.41

| 01 | nuts and bolts | 02 | give it a shot |
|---|---|---|---|
| 03 | let them in | 04 | pull it off |
| 05 | for an extra class | 06 | His computer |
| 07 | than with others | 08 | attend the meeting |
| 09 | that were used to | 10 | had an interest in |
| 11 | hand it | 12 | at the botany lab |
| 13 | start it | 14 | wouldn't have made, if you had not |

05 저는 추가 수업을 신청할 겁니다.
06 그의 컴퓨터는 제 것만큼 빠르지 않습니다.
07 저는 다른 사람들과 함께하는 것보다 혼자 공부하는 것을 선호합니다.
08 즉시 모임에 참석하는 것이 나을 거예요.
09 고고학자들은 청동으로 된 물건을 생산하는 데 사용되었던 물품을 발견했습니다.
10 저는 환경 과학에 오랫동안 관심이 있었습니다.
11 수업이 끝나고 그것을 당신의 룸메이트에게 전해주세요.
12 저는 어제 온 하루를 식물학 실험실에서 보냈습니다.
13 그것을 즉시 시작할 수 있나요?
14 당신이 도와주지 않았다면 저는 그것을 제시간에 끝낼 수 없었을 거예요.

어휘 02 give it a shot 시도해 보다   04 pull off 잘 해내다
05 sign up for ~을 신청하다   08 right away 즉시
09 archaeologist[à:rkiá:lədʒist] 고고학자
11 hand[hænd] 전해주다   12 botany[bátəni] 식물학

## Daily Test ········· p.42

| 01 | fit it | 02 | weren't in |
|---|---|---|---|
| 03 | I'll write | 04 | bet on |

| | | | | | | |
|---|---|---|---|---|---|---|
| 05 | meet him | | | 06 | general reader | |
| 07 | ⓑ | 08 ⓐ | 09 ⓐ | 10 ⓐ | 11 ⓑ | 12 ⓑ |

13 this semester
14 I've already paid
15 fit it into
16 how to deal with stress
17 report on time
18 part of your
19 Neither one of us wants
20 hardly the right person
21 ⓒ  22 ⓐ
23 Please fill in this application before you register.
24 Today's topic is about the space shuttle.
25 You should take it easy and spend the day at home.
26 That kind of work is as easy as pie for me.
27 The ticket shouldn't cost you more than a few dollars.
28 The English literature professor made us read 10 books this semester.
29 Please write it down in your notebook.
30 What is the answer again?
31 Let me know when you've finally solved the problem.
32 She is working on her lab report.

07 The **writer** will speak during class today.
그 작가가 오늘 수업 시간에 강의를 할 것입니다.
08 It took just **half an** hour.
그것은 30분밖에 안 걸렸습니다.
09 Don't **let him** in.
그를 들여보내지 마세요.
10 **All of the** materials you read are not appropriate.
당신이 읽었던 모든 자료는 적절하지 않습니다.
11 You'd **better** start another project.
당신은 다른 과제를 시작하는 편이 낫겠어요.
12 There are **a lot of** books in this bookstore.
이 서점에는 많은 책이 있습니다.
13 당신은 이번 학기에 몇 학점이나 수강하나요?
14 저는 이미 등록금을 냈습니다.
15 당신은 당신의 실험실 일정에 그것을 맞춰야 합니다.
16 스트레스를 다루는 방법을 논의해 봅시다.

17 저는 보고서를 제시간에 제출할 수 없습니다.
18 그건 당신의 성적에서 매우 큰 부분을 차지합니다.
19 우리 중 누구도 도서관에 가고 싶어 하지 않습니다.
20 저는 조언을 하기에 적합한 사람이 아닙니다.
21 겨울이 임박했습니다.
22 더 이상 그것을 미루지 마세요.
23 등록하기 전에 이 신청서를 먼저 작성하세요.
24 오늘의 주제는 우주 왕복선에 관한 것입니다.
25 당신은 쉬면서 집에서 하루를 보내야 합니다.
26 그런 종류의 일이라면 저에겐 식은 죽 먹기죠.
27 그 표는 몇 달러 이상의 비용이 들지 않을 거예요.
28 영문학 교수님은 이번 학기에 저희에게 10권의 책을 읽게 하셨습니다.
29 공책에 그것을 적어두세요.
30 답이 뭐라고 하셨죠?
31 그 문제를 결국 해결하면 저에게 알려주세요.
32 그녀는 실험 보고서를 쓰고 있어요.

어휘 04 bet on 돈을 걸다  10 appropriate [əpróupriət] 적절한
11 had better ~하는 편이 낫다  14 tuition [tju:íʃən] 등록금
15 fit into 맞추다  16 deal with 다루다  17 on time 제시간에
21 just around the corner 임박한  22 put off 미루다
28 literature [lítərətʃər] 문학  29 write down 적어두다

# Day 03  긴 문장 끊어 듣기

## Course 1 ............................................................. p.45

01 how you finished your report
02 whether he is right or not
03 that Mr. Brown will not teach here anymore.
04 What he meant
05 why you couldn't help her
06 what my final grade will be

어휘 02 tell [tel] 알다, 분간하다  04 opinion [əpínjən] 의견
06 final grade 최종 성적

## Course 2 ............................................................. p.47

01 who is widely known for his famous book
02 whose books are very popular
03 that is newly built

04 she had / to the old woman
05 that is worth watching twice
06 that should be protected by the law

어휘 06 article[áːrtikl] 기사
endangered[indéindʒərd] 멸종 위기에 처한
protect[prətékt] 보호하다

## Course 3  p.49

01 If I had finished the paper on time
02 because the show is for tonight
03 As soon as he left France
04 unless you can give him a reasonable excuse
05 so that people could save energy
06 even if you do independent research

어휘 04 reasonable[ríːzənəbl] 합당한  excuse[ikskjúːs] 이유
05 airtight[ɛ́ərtàit] 밀폐된
06 independent[ìndipéndənt] 단독의, 독립적인

## Course 4  p.51

01 now being held in the trade center
02 written by Hemingway
03 including the lab report and the essay
04 When borrowing some books in the library
05 Having taken the introductory course
06 Although read by many people

어휘 01 exhibition[èksəbíʃən] 박람회  attract[ətrǽkt] 끌어들이다
04 present[prizént] 제시하다  05 enroll[inróul] 등록하다
advanced[ædvǽnst] 상급의

## Daily Test  p.52

01 having problems
02 Staying up all night yesterday
03 Researching this topic
04 Although laughed at by many people
05 After fulfilling all the requirements
06 given to me
07 Ⓐ  08 Ⓐ  09 Ⓑ  10 Ⓐ
11 who is punctual and diligent
12 unless you do well on the test

13 which is much too long
14 whose teaching method motivated children
15 Although your characters are novel
16 comparing it to that of human beings

17 The whales move to a warmer place in winter so that they can save energy.
18 The marmots living in a cold area flock together.
19 After migrating, they start to mate.
20 You were the only student who solved that problem in my class.
21 When protecting their nest, they get aggressive.
22 It is you that I wanted to meet.
23 That's why you studied all night yesterday.
24 Living near the campus, I can save time in the morning.
25 The truth is that they use their poison only to protect themselves.
26 I can't tell you whether I will be able to finish evaluating your report by next week.

01 문제가 있는 학생들은 상담원과 이야기를 해야 합니다.
02 어제 밤을 새웠기 때문에, 우리는 마침내 연구 과제를 끝냈습니다.
03 이 주제를 조사하다가, 흥미로운 것을 발견했습니다.
04 비록 많은 사람에 의해 비웃음을 당했지만, 그는 침착하고 한결같았습니다.
05 모든 필요조건을 만족시킨 후에, 당신은 교수님의 조교 자리에 지원할 수 있습니다.
06 제게 주어진 숙제가 너무 힘듭니다.
07 Did the book **I asked for** arrive?
제가 요청했던 책이 도착했나요?
08 The problem is **that you missed the application date**.
문제는 당신이 지원 날짜를 놓쳤다는 것입니다.
09 You are the person **I've been looking for**.
당신은 제가 찾던 사람이에요.
10 Could you reschedule my presentation **so that I can go to the awards ceremony**?
제가 시상식에 갈 수 있도록 발표를 재조정해 주실 수 있나요?
11 당신은 시간을 잘 지키고 근면한 사람을 찾아야 합니다.
12 당신은 시험을 잘 보지 않으면 수업에서 낙제할 것입니다.
13 저는 제 에세이가 걱정돼요, 그건 너무 길거든요.
14 저는 아이들에게 동기를 부여하는 교수법을 쓰는 그 선생님에게 감명을 받았습니다.

15 등장인물들은 참신한데, 당신의 글쓰기 스타일은 구식이에요.
16 저는 인간들의 우정과 비교하여, 동물 간의 우정에 대해 이야기할 것입니다.
17 고래들은 겨울에 에너지를 아끼기 위해 따뜻한 곳으로 이동합니다.
18 추운 지역에 사는 마멋은 떼를 지어 삽니다.
19 이동한 후에, 그들은 짝짓기를 시작합니다.
20 당신이 우리 반에서 그 문제를 푼 유일한 학생이군요.
21 그들의 둥지를 보호할 때, 그들은 공격적이 됩니다.
22 제가 만나고 싶었던 것은 당신이에요.
23 그것이 당신이 어젯밤 내내 공부한 이유군요.
24 학교 근처에 살기 때문에, 저는 아침에 시간을 절약할 수 있습니다.
25 사실은 그들이 오로지 자신을 보호하기 위해서만 독을 사용한다는 것입니다.
26 다음 주까지 당신의 보고서 평가를 마칠 수 있을지 말해줄 수가 없습니다.

어휘 04 **calm**[kɑːm] 침착한　**steady**[stédi] 한결같은
05 **fulfill**[fulfíl] 만족시키다　06 **demanding**[dimǽndiŋ] 힘든
11 **punctual**[pʌ́ŋktʃuəl] 시간을 잘 지키는　12 **fail**[feil] 낙제하다
14 **motivate**[móutəvèit] ~에게 동기를 부여하다
15 **novel**[nɑ́vəl] 참신한
18 **marmot**[mɑ́ːrmət] 마멋(땅에 구멍을 파고 사는 설치류 동물)
**flock together** 떼를 짓다　19 **migrate**[máigreit] 이동하다
21 **nest**[nest] 둥지　**aggressive**[əgrésiv] 공격적인
26 **evaluate**[ivǽljueit] 평가하다

# Day 04 들으면서 노트테이킹하기

## Course 1 ......................................................... p.56

### 01  🎧 미국

The ① marsupial is an animal that ② carries its babies in a ③ pouch on its stomach like a kangaroo.

marsupial[mɑːrsúːpiəl] 유대류　pouch[pautʃ] 주머니

해석　유대류는 캥거루처럼 그것의 새끼들을 배에 있는 주머니에 넣고 다니는 동물입니다.

● 키워드　marsu.: carry bby. in pouch stom. – kangaroo

### 02  🎧 호주

Most Americans ① work in the heart of the city and ② live in the suburbs, usually using ③ cars to get to work.

suburb[sʌ́bəːrb] 교외

해석　대부분의 미국인들은 도시 중심부에서 일을 하고 교외에서 살며, 일하러 가기 위해 일반적으로 차를 사용합니다.

● 키워드　Amrs. work city, live suburbs, cars

### 03  🎧 미국

① The water that evaporates off the leaves of the trees naturally ② cools the surrounding air.

evaporate off 증발하다　surrounding[səráundiŋ] 주변의

해석　나뭇잎에서 증발하는 물은 자연적으로 주변의 공기를 서늘해지게 합니다.

● 키워드　water evap. → cool air

### 04  🎧 뉴질랜드

① Urban heat islands occur when concrete and asphalt absorb heat, ② making cities warmer than nearby rural areas.

rural[rúərəl] 농촌인, 시골의

해석　도시 열섬은 콘크리트와 아스팔트가 열을 흡수해 인근 농촌보다 도시를 더 덥게 만들 때 발생합니다.

● 키워드　UHI: conc. & asph. absorb heat → city temp ↑
　　　　　vs rural

### 05  🎧 영국

Bees ① collect nectar from flowers and ② convert it into honey, which they ③ store in the hive.

nectar[néktər] 꿀즙　convert[kənvə́ːrt] 바꾸다
store[stɔːr] 저장하다　hive[haiv] 벌집

해석　꿀벌은 꽃에서 꿀즙을 모아 그것을 꿀로 바꾸어 벌집에 저장합니다.

● 키워드　bees: coll. nectar → honey ∴ store @ hive

### 06  🎧 미국

As we know today, ① the strings make up ② the heart of the orchestra because they're the ③ most versatile able to ④ express any emotion, mood, or tempo not to mention, they're capable of ⑤ continuous play.

the strings 현악기  versatile[və́ːrsətl] 다재다능한

해석 오늘날 우리가 아는 것처럼, 현악기는 오케스트라의 핵심을 구성하는데 왜냐하면 그들이 가장 다재다능하기 때문이죠. 어떠한 감정, 기분, 혹은 속도라도 표현할 수 있어요. 쉼 없이 연주할 수 있다는 것은 말할 필요도 없겠죠.

- 키워드  strings, heart orche.
-         versatile → any emot., mood, tempo, cont.

## 07
호주

Birds which live ① high up on mountains during the warm summer weather ② travel down the mountain in the fall. At lower altitudes, there is ③ greater protection from winter storms. Also, ④ more food is available.

altitude[ǽltətjùːd] 고도

해석 따뜻한 여름 날씨 동안 산의 높은 곳에서 사는 새들은 가을에 산 아래로 이동합니다. 낮은 고도에서, 겨울 폭풍으로부터 더 잘 보호 받을 수 있죠. 또한, 더 많은 먹이를 구할 수 있습니다.

- 키워드  birds↑ mount. summer, ↓ in fall
-         ∵ protect fr. win. storm, ↑ food

## Course 2  p.60

### 01
영국

Today we are going to continue our discussion on the ① differences between mammals and reptiles. One of the key traits that distinguish these two orders of animals is the way that they regulate their body temperatures. I'm sure you have all heard the expressions *hot-blooded* and *cold-blooded*, right? Well, it's actually a bit more complicated than that. Basically, mammals ② rely on their ability to burn fats and sugars to generate heat as required. In contrast, reptiles ③ depend on external factors, such as the sun to warm their bodies and cold water to cool them. OK . . . Let's look at these functions in a bit more detail.

mammal[mǽməl] 포유동물  reptile[réptail] 파충류
trait[treit] 특성  distinguish[distíŋgwiʃ] 구별하다
order[ɔ́ːrdər] 종류  complicated[kɑ́ːmpləkèitid] 복잡한
rely on ~에 의존하다  generate[dʒénərèit] 발생시키다
external[ikstə́ːrnl] 외부의

해석 오늘 우리는 포유동물과 파충류의 차이에 관한 논의를 계속해 볼 것입니다. 이러한 동물들의 두 가지 종류를 구별하는 중요한 특성 중 하나는 그들이 체온을 조절하는 방법이죠. 여러분 모두 온혈 동물과 냉혈 동물에 대해 들어봤을 거라고 확신해요. 그렇죠? 음, 이것은 사실상 그것보다 좀 더 복잡하죠. 근본적으로, 포유동물은 필요에 따라 지방과 당을 태워서 열을 발생시키는 능력에 의존합니다. 대조적으로, 파충류들은 그들의 몸을 따뜻하게 해주는 태양과 서늘하게 식혀주는 차가운 물과 같은 외부 요소들에 의존하죠. 자... 이런 기능들을 좀 더 자세하게 살펴봅시다.

- 주제  diff. mammal & reptile
- 차이점  way they regul. body temp.
-         1. mammal: burn fat & sugar → heat
-         2. reptile: sun → warm body water → cool

### 02
미국

Ancient Greek sculpture is classified into three periods, each of which is clearly distinguishable from the other. The first of these, the Archaic period, is ① characterized by stylistic representations of the human form. Artists did not try to represent it accurately but rather followed a set pattern that included certain symbols. The Classical period broke with this tradition, in that ② poses became more natural, and there was great ③ interest in accurately representing human anatomy. However, the subject matter was primarily limited to famous public figures. The Hellenistic period saw the form become even more naturalistic, and artists began to include a ④ wider range of subject matter in an effort to portray everyday Greek life.

distinguishable[distíŋgwiʃəbl] 구별할 수 있는
characterize[kǽriktəràiz] 특징짓다
stylistic representation 대략적 표현
represent[rèprizént] ~을 표현하다  break with ~을 깨버리다
human anatomy 인체 해부학적 구조  public figure 공인
portray[pɔːrtréi] 묘사하다

해석 고대 그리스 조각상은 세 가지 시대로 분류되는데, 각각의 시대가 서로 분명하게 구별될 수 있습니다. 이 중 첫 번째인 아르카이크 시대는 사람 형태의 대략적인 표현으로 특징지어집니다. 예술가들은 그것을 정확하게 표현하려고 노력하지 않고 오히려 특정한 상징을 포함한 정해진 패턴을 따랐습니다. 고전 시대는 자세가 더 자연스러워지고, 인체 해부학적 구조를 정확하게 표현하는 데 지대한 관심이 있었다는 점에서, 이런 전통을 깨버렸죠. 하지만, 주제가 대부분 유명한 공인으로 제한되어 있었습니다. 헬레니즘 시대에는 더욱 자연스러워진 형태가 등장하였고, 예술가들은 일상적인 그리스 생활을 묘사하려는 노력으로 더 넓은 범위의 주제를 포함시키기 시작했죠.

| | | |
|---|---|---|
| 주제 | ancient Grk. sculpt. → 3 prd. | |
| 분류 1 | Archaic: stylistic represent | |
| | - X accurate, pattern | |
| 분류 2 | Classical: ↑ natural, mimic human ana., | |
| | B/ pub. fig. | |
| 분류 3 | Hellenistic: ↑ natural, wider range subj. | |
| | → evrday life | |

## Daily Test p.62

### 01 🎧 영국

The El Niño Southern Oscillation is a periodic shift in the tropical Pacific. During El Niño, weakened trade winds allow warm surface water to move east, raising sea temperatures near South America. Rainfall patterns shift, fisheries decline because upwelling, the rising of cold, nutrient-rich water is suppressed, and regions like Australia often face drought during this time. La Niña brings the opposite pattern, with strengthened trade winds, cooler eastern Pacific waters, and enhanced upwelling.

periodic[pìəriɑ́:dik] 주기적인  trade wind 무역풍
fishery[fíʃəri] 어업  upwelling[ʌ̀pwéliŋ] 용승
suppress[səprés] 억제하다  drought[draut] 가뭄
enhance[inhǽns] 강화하다

해석 엘니뇨 남방 진동은 열대 태평양의 주기적 변화입니다. 엘니뇨 때는 무역풍이 약해져 표층의 따뜻한 물이 동쪽으로 이동해 남미 연안의 해수 온도가 올라갑니다. 강수 분포가 바뀌고, 차갑고 영양분이 풍부한 물이 상승하는 용승이 억제되어 어업 생산이 감소하며 호주 같은 지역은 이 시기에 가뭄을 겪기 쉽습니다. 라니냐는 반대 양상으로 무역풍이 강해지고 동태평양이 더 차가워지며 용승이 강화됩니다.

| | | |
|---|---|---|
| 주제 | ENSO | |
| 분류 1 | El. ↓ t winds → warm E Pac; rain shift; ↓ upwl. → ↓ fish | |
| 분류 2 | La. ↑ t winds → cool E Pac; ↑ upwl. | |

### 02 🎧 미국

So, we normally associate acts of kindness with things like morals and ethics. It's what makes us human, what sets us apart from animals, right? But animals behave similarly. While animals typically hide from predators, a vervet monkey will make alarm calls when spotting danger to warn others. This allows group members to escape but attracts the predator's attention to the caller, demonstrating altruistic behavior. African buffaloes travel in herds for safety. When surrounded by predators, an endangered buffalo makes distress calls for help. Other buffaloes will attempt rescue despite personal risk, showing another example of animal altruism that challenges our assumptions about human uniqueness.

associate[əsóuʃièit] 연관 짓다  moral[mɔ́:rəl] 도덕
ethic[éθik] 윤리  predator[prédətər] 포식자  alarm call 경보음
spot[spɑːt] 발견하다  in herds 무리 지어
distress call (새, 동물 등의) 위험 신호

해석 자, 우린 보통 친절한 행동들을 도덕과 윤리 같은 것들과 연관 짓습니다. 그것이 우리를 인간으로 만드는 것이겠죠, 우리를 동물들과 구분하는 것 말이에요, 그렇죠? 하지만 동물들도 비슷하게 행동합니다. 동물들은 보통 포식자로부터 숨지만, 버빗 원숭이는 위험을 발견하면 다른 원숭이들에게 경고하기 위해 경보음을 냅니다. 이는 무리 구성원들이 도망갈 수 있게 하지만 포식자의 주의를 경보를 울리는 개체에게 끌며 이타적 행동을 보여줍니다. 아프리카 물소는 안전을 위해 무리를 지어 이동합니다. 포식자들에게 둘러싸이면, 위험에 빠진 물소는 도움을 요청하기 위해 위험 신호를 보냅니다. 다른 물소들은 개인적 위험에도 불구하고 구조를 시도하며, 이는 인간의 독특성에 대한 우리의 가정에 도전하는 동물 이타주의의 또 다른 예를 보여줍니다.

| | | |
|---|---|---|
| 주제 | kindness= animals behav. similar | |
| 예시 1 | vervet monkey | |
| | - alarm call when spot predator | |
| | - puts self in dang b/c attracts pred att | |
| 예시 2 | African buffaloes | |
| | - surrounded by preds → distress call | |
| | - other buffs try to resc despite risk | |

### 03 🎧 뉴질랜드

For today, we'll talk about languages and alphabets. Now, not all languages have an alphabet. This may seem strange, but it's true. In fact, most Native American tribes did not use a writing system to express their own language until fairly recently. Instead, they had a strong oral tradition, using, for example, songs and stories to convey their histories. However, there have been several examples of alphabets being created in the recent past to accommodate these languages. For instance, the Cherokee alphabet was invented in the early 19th century. It is a phonetic system, similar to the English alphabet, and it includes 86 vowel and consonant sound combinations.

tribe[traib] 부족  fairly[féərli] 꽤  oral tradition 구전
convey[kənvéi] 전달하다

**accommodate**[əkάːmədèit] 수용하다　**phonetic**[fənétik] 음성의
**combination**[kὰːmbənéiʃən] 조합

해석　오늘, 우리는 언어와 문자에 대해서 이야기해 볼 것입니다. 자, 모든 언어가 문자를 가지고 있지는 않죠. 이것은 아마도 이상해 보이지만, 사실입니다. 사실, 대부분의 북미 원주민 부족들은 꽤 최근까지 그들의 언어를 표현하기 위해서 문자 체계를 사용하지 않았죠. 대신에, 그들은 강한 구전을 가지고 있었는데, 예를 들면, 그들의 역사를 전달하는 노래와 이야기를 사용하는 것이었죠. 하지만, 가까운 과거에는 이러한 언어를 수용하기 위한 몇몇 문자의 견본들이 만들어져 왔습니다. 예를 들면, 체로키 문자는 19세기 초에 만들어졌죠. 그것은 영어 알파벳과 비슷한 음성 체계였고, 86개의 모음과 자음 소리의 조합을 포함합니다.

| | | |
|---|---|---|
| 주제 | lang. & alph. | |
| | X all have alph. | |
| 예시 | Native Ame.: X writing sys. | |
| | → oral tradition ex) songs & stories | |
| | → alph. created | |
| | ex) Cherokee alph. early 19th cen. phonetic sys. | |
| | = Eng. | |

## 04

| | | |
|---|---|---|
| 주제 | snake bite treat | |
| 순서 1 | X bitten again | |
| 순서 2 | immobilize | |
| 순서 3 | transport → hospital, prf. ambulance | |

Snake bites are a serious danger for hikers and people who work outdoors. It's important that people understand the correct way to treat these injuries. Now, although the type of venom varies depending on the snake, there are a few simple steps that should be taken immediately in each case. First, care should be taken to ensure that the victim is not in danger of being bitten again by other snakes in the area. Next, every effort should be made to immobilize the victim. Remember, the more movement, the greater the chance that the venom will spread throughout the body. Finally, transport should be arranged to the nearest hospital, preferably by way of ambulance.

**venom**[vénəm] 독　**vary**[véəri] 다르다
**ensure**[inʃúər] 확실하게 하다　**victim**[víktim] 피해자
**immobilize**[imóubəlàiz] 고정시키다　**transport**[trænspɔ́ːrt] 이동
**arrange**[əréindʒ] 조처하다　**preferably**[préfərəbli] 되도록이면

해석　뱀에 물리는 것은 도보 여행자들과 야외에서 일하는 사람들에게 심각한 위험입니다. 사람들이 이런 상처를 치료하는 정확한 방법을 아는 것은 중요하죠. 자, 뱀에 따라서 독의 종류가 다르지만, 각 상황에서 즉시 취해져야 하는 몇 가지 간단한 절차들이 있습니다. 첫째, 피해자가 그 지역의 다른 뱀들에게 다시 물리는 위험에 빠지지 않도록 확실하게 하기 위해 주의해야 합니다. 다음으로, 그 피해자가 움직이지 못하게 하기 위해 모든 노력을 다해야 합니다. 기억하세요, 많이 움직일수록 그 독이 몸 전체에 퍼질 가능성도 커진다는 것을요. 마지막으로, 되도록이면 구급차에 의해, 가장 가까운 병원으로의 이동이 조처되어야 합니다.

# TASK 1 문장 듣고 응답 고르기 Listen and Choose a Response

## Day 05 의문사 의문문

### Daily Check-up   p.74

01 ⓒ   02 ⓒ   03 Ⓐ   04 Ⓐ   05 Ⓑ   06 ⓒ
07 Ⓑ   08 Ⓐ   09 Ⓑ   10 ⓒ

### 01 Where 의문문  🎧 미국

> Where's the nearest pharmacy?
>
> pharmacy[fá:rməsi] 약국

해석  가장 가까운 약국이 어디예요?

해설  가까운 약국의 위치를 묻는 질문에 최근에 여기로 이사 왔다며 약국의 위치를 모른다는 의미를 전달하는 ⓒ가 정답입니다.

### 02 Who 의문문  🎧 호주

> Who's preparing the monthly sales report?
>
> report[ripɔ́:rt] 보고서; 보고하다

해석  누가 월간 판매 보고서를 준비하고 있나요?

해설  누가 업무를 담당하고 있는지 묻는 질문에 Jerry가 그것을 하고 있는 것 같다며 사람 이름을 언급하는 ⓒ가 정답입니다.

### 03 When 의문문  🎧 영국

> When will the furniture be delivered?
>
> furniture[fɜ́:rnitʃər] 가구

해석  가구는 언제 배달될 예정인가요?

해설  배달 예정 시간을 묻는 질문에 배송업체에 문의해 봐야 한다며 잘 모른다는 의미를 전달하는 Ⓐ가 정답입니다.

### 04 Which 의문문  🎧 뉴질랜드

> Which course are you planning to take next semester?
> Ⓐ I decided on English Composition.
> Ⓑ Chemistry is a difficult subject.
> ⓒ In the engineering building.
>
> semester[siméstər] 학기   composition[kà:mpəzíʃən] 작문

해석  다음 학기에 어떤 과목을 수강할 예정인가요?
   Ⓐ 저는 영어 작문을 선택했어요.
   Ⓑ 화학은 어려운 과목이에요.
   ⓒ 공과 건물에서요.

해설  어떤 과목을 수강할 예정인지 묻는 질문에 과목명을 구체적으로 제시하는 Ⓐ가 정답입니다.

### 05 Why 의문문  🎧 미국

> Why did Professor Wilson cancel today's lecture?
> Ⓐ In the main auditorium.
> Ⓑ She's attending a conference.
> ⓒ Every Tuesday morning.
>
> auditorium[ɔ̀:ditɔ́:riəm] 강당
> conference[ká:nfərəns] 컨퍼런스, 회의

해석  Wilson 교수님이 왜 오늘 강의를 취소했나요?
   Ⓐ 대강당에서요.
   Ⓑ 그녀는 컨퍼런스에 참석하고 계세요.
   ⓒ 매주 화요일 아침이에요.

해설  강의를 취소한 이유를 묻는 질문에 교수가 컨퍼런스에 참석하고 있다는 이유를 제시하는 Ⓑ가 정답입니다.

### 06 When 의문문  🎧 영국

> When is the product launch?
> Ⓐ They are planning a launch.
> Ⓑ At the marketing department.
> ⓒ In two weeks.
>
> product launch 제품 출시

해석  제품 출시는 언제인가요?
   Ⓐ 그들은 출시를 계획하고 있어요.
   Ⓑ 마케팅 부서에서요.
   ⓒ 2주 후에요.

해설  제품 출시 시기를 묻는 질문에 2주 후라는 구체적인 시간을 제시하는 ⓒ가 정답입니다.

### 07 How 의문문  🎧 호주

> How long will the meeting last today?
> Ⓐ The meeting room is on the third floor.
> Ⓑ I'm not sure — let me check the agenda.
> ⓒ Meeting notes will be distributed later.
>
> last[læst] 지속되다   agenda[ədʒéndə] 안건
> meeting note 회의록   distribute[distríbju:t] 배포하다

해석  오늘 회의는 얼마나 오래 지속될까요?
   Ⓐ 회의실은 3층에 있어요.
   Ⓑ 잘 모르겠어요, 안건을 확인해 볼게요.

ⓒ 회의록은 나중에 배포될 예정이에요.

해설 회의가 얼마나 오래 지속될지 묻는 질문에 잘 모르겠다며 안건을 확인해 보겠다는 ⓑ가 정답입니다.

## 08 Who 의문문
영국

Who will lead the orientation for new students?
ⓐ The student council president usually does. ✓
ⓑ It normally starts with a campus tour.
ⓒ New students must attend orientation.

lead [li:d] 이끌다   student council president 학생회장

해석 누가 신입생 오리엔테이션을 이끌 예정인가요?
ⓐ 보통 학생회장이 해요. ✓
ⓑ 그것은 보통 캠퍼스 투어와 함께 시작해요.
ⓒ 신입생들은 오리엔테이션에 반드시 참석해야 해요.

해설 누가 오리엔테이션을 담당하는지 묻는 질문에 보통 학생회장이 한다며 구체적인 인물을 언급하는 ⓐ가 정답입니다.

## 09 Where 의문문
뉴질랜드

Where can I print some documents?
ⓐ I just sent you them online.
ⓑ The printer needs a new cartridge.
ⓒ There's a copy center next to the café. ✓

document [dá:kjəmənt] 문서   cartridge [ká:rtridʒ] 카트리지
copy center 복사 센터

해석 어디서 문서를 인쇄할 수 있나요?
ⓐ 제가 방금 그것을 당신에게 온라인으로 보냈어요.
ⓑ 프린터에 새 카트리지가 필요해요.
ⓒ 카페 옆에 복사 센터가 있어요. ✓

해설 인쇄할 장소를 묻는 질문에 카페 옆 복사 센터라는 구체적인 위치를 제시하는 ⓒ가 정답입니다.

## 10 How 의문문
미국

How many tickets should I purchase for the event?
ⓐ Ticket prices vary by seating section.
ⓑ Events are held monthly at the venue.
ⓒ I'll have to ask how many people are going. ✓

purchase [pə́:rtʃəs] 구매하다   seating [sí:tiŋ] 좌석
section [sékʃən] 구역

해석 행사를 위해 표를 몇 장 구매해야 하나요?
ⓐ 좌석 구역별로 티켓 가격이 다릅니다.
ⓑ 행사는 그 장소에서 매월 열립니다.
ⓒ 몇 명이 갈 건지 물어봐야겠어요. ✓

해설 표를 몇 장 구매해야 하는지 묻는 질문에 몇 명이 갈 건지 물어보겠다며 확인이 필요하다는 의미를 전달하는 ⓒ가 정답입니다.

## Daily Test
p.76

| 01 ⓒ | 02 ⓓ | 03 ⓒ | 04 ⓓ | 05 ⓑ | 06 ⓓ |
| 07 ⓒ | 08 ⓑ | 09 ⓐ | 10 ⓑ | 11 ⓑ | 12 ⓐ |
| 13 ⓒ | 14 ⓒ | 15 ⓓ | 16 ⓓ | 17 ⓑ | 18 ⓑ |
| 19 ⓐ | 20 ⓒ | 21 ⓑ | 22 ⓐ | 23 ⓒ | 24 ⓐ |
| 25 ⓐ | 26 ⓓ | 27 ⓑ | 28 ⓐ | 29 ⓒ | 30 ⓓ |
| 31 ⓑ | 32 ⓓ | | | | |

## 01 Who 의문문
미국

Who should drive to the airport to pick up our guest?
ⓐ The flight was not on time.
ⓑ The airport has lots of parking.
ⓒ We could ask Tom to do it. ✓
ⓓ Our guest is staying for three days.

pick up 데리러 가다   guest [gest] 손님   flight [flait] 항공편
parking [pá:rkiŋ] 주차(장)

해석 누가 공항에 손님을 데리러 가야 하나요?
ⓐ 항공편이 제시간에 도착하지 않았어요.
ⓑ 공항에는 주차장이 많이 있어요.
ⓒ Tom에게 해 달라고 부탁하면 돼요. ✓
ⓓ 저희 손님은 3일 동안 머무를 거예요.

해설 누가 공항에 손님을 데리러 가야 하는지 묻는 질문에 Tom에게 부탁하면 된다며 구체적인 인물을 제시하는 ⓒ가 정답입니다.

## 02 When 의문문
영국

When is your doctor's appointment?
ⓐ Yes, all the time.
ⓑ Doctor visits are so expensive.
ⓒ The clinic is on Main Street.
ⓓ Next Thursday at three thirty. ✓

doctor's appointment 병원 예약   clinic [klínik] 병원

해석 병원 예약이 언제인가요?
ⓐ 네, 항상요.
ⓑ 진료비가 너무 비싸요.
ⓒ 병원은 Main가에 있어요.
ⓓ 다음 주 목요일 3시 30분이에요. ✓

해설 병원 예약 시간을 묻는 질문에 구체적인 날짜와 시간을 제시하는 ⓓ가 정답입니다.

## 03 When 의문문
영국

When will the package be delivered?
ⓐ It will come in a large box.
ⓑ Delivery services are so convenient.

ⓒ The driver said before five o'clock.
ⓓ I'll be home to receive it.

package[pækidʒ] 소포  convenient[kənvíːnjənt] 편리한
receive[risíːv] 받다

해석 소포가 언제 배달될 예정인가요?
ⓐ 큰 상자에 배송될 거예요.
ⓑ 배송 서비스는 정말 편리해요.
ⓒ 기사가 5시 전에 온다고 했어요.
ⓓ 제가 집에서 받을 예정이에요.

해설 배달 시간을 묻는 질문에 기사가 5시 전에 온다고 했다며 구체적인 시간을 제시하는 ⓒ가 정답입니다.

## 04 Why 의문문  [미국]

Why does the printer always jam?
ⓐ I have some extra paper in my drawer.
ⓑ Main Street is jammed with cars now.
ⓒ Because it was moved to another floor.
ⓓ You probably need to replace the rollers.

jam[dʒæm] (종이가) 걸리다, 막히다  drawer[drɔːr] 서랍
replace[ripléis] 교체하다

해석 왜 프린터에 항상 종이가 걸리나요?
ⓐ 저는 서랍에 여분의 종이가 있어요.
ⓑ Main가는 지금 차로 막혀있어요.
ⓒ 왜냐하면 그게 다른 층으로 옮겨졌거든요.
ⓓ 롤러를 교체하셔야 할 것 같아요.

해설 프린터에 항상 종이가 걸리는 이유를 묻는 질문에 이유 대신 롤러 교체가 필요하다는 해결책을 제시하는 ⓓ가 정답입니다.

## 05 Who 의문문  [호주]

Who's performing at the spring talent show?
ⓐ It's held in the campus theater.
ⓑ Several music majors signed up.
ⓒ Tickets go on sale tomorrow.
ⓓ The show is always entertaining.

perform[pərfɔ́ːrm] 공연하다  talent show 장기자랑
theater[θíːətər] 극장  major[méidʒər] 전공생
go on sale 판매를 시작하다

해석 봄 장기자랑에서 누가 공연하나요?
ⓐ 캠퍼스 극장에서 열려요.
ⓑ 몇몇 음악 전공생들이 신청했어요.
ⓒ 표는 내일 판매를 시작해요.
ⓓ 쇼는 항상 재미있어요.

해설 누가 공연하는지 묻는 질문에 음악 전공생들이 신청했다며 공연할 사람들을 제시하는 ⓑ가 정답입니다.

## 06 Where 의문문  [뉴질랜드]

Where can I buy fresh produce?
ⓐ I bought new shoes yesterday.
ⓑ The vegetables are very fresh.
ⓒ I'm cooking dinner tonight.
ⓓ I'm not familiar with this area.

produce[prədúːs] 농산물  familiar[fəmíljər] 익숙한

해석 신선한 농산물을 어디서 살 수 있나요?
ⓐ 저는 어제 새 신발을 샀어요.
ⓑ 야채들이 매우 신선해요.
ⓒ 저는 오늘 밤 저녁을 요리할 거예요.
ⓓ 저는 이 지역에 익숙하지 않아요.

해설 농산물을 살 장소를 묻는 질문에 자신은 이 지역에 익숙하지 않다며 잘 모르겠다는 의미를 간접적으로 전달하는 ⓓ가 정답입니다.

## 07 How 의문문  [영국]

How much time is allowed per presentation?
ⓐ In the main conference room.
ⓑ Everyone should prepare thoroughly.
ⓒ About 15 minutes per speaker.
ⓓ Yes, you're allowed to present.

allow[əláu] 허용하다  per[pər] ~당, ~마다
thoroughly[θə́ːrouli] 철저히

해석 발표당 얼마나 많은 시간이 허용되나요?
ⓐ 대회의실에서요.
ⓑ 모두 철저히 준비해야 해요.
ⓒ 발표자당 약 15분이에요.
ⓓ 네, 발표하셔도 됩니다.

해설 발표에 허용되는 시간을 묻는 질문에 발표자당 약 15분이라고 허용 시간을 알려주는 ⓒ가 정답입니다.

## 08 How 의문문  [미국]

How much will the repair service cost?
ⓐ The service entrance is around back.
ⓑ The estimate comes to about 200 dollars.
ⓒ Could you hurry it up a little?
ⓓ The cost of living has increased dramatically.

repair[ripέər] 수리; 수리하다  cost[kɔːst] 비용이 들다
entrance[éntrəns] 입구  estimate[éstəmət] 견적
cost of living 생활비  dramatically[drəmǽtikli] 급격히

해석 수리 서비스 비용이 얼마나 들까요?
ⓐ 서비스 입구는 뒤쪽에 있어요.
ⓑ 견적이 약 200달러 정도 나와요.
ⓒ 조금 더 서둘러 주시겠어요?
ⓓ 생활비가 급격히 증가했어요.

해설 수리 서비스 비용을 묻는 질문에 구체적인 견적 금액을 제시하는

ⓑ가 정답입니다.

## 09 How 의문문 　　뉴질랜드

How did you get your car to start in this cold?
ⓐ I used jumper cables from my neighbor.
ⓑ Cold weather is expected this weekend.
ⓒ The car dealership is downtown.
ⓓ I started my presentation on time.

start[stɑːrt] 시동을 걸다　dealership[díːlərʃip] 대리점

해석　이 추위에 어떻게 차 시동을 걸었나요?
　　ⓐ 이웃의 점프 케이블을 사용했어요.
　　ⓑ 이번 주말에 추운 날씨가 예상돼요.
　　ⓒ 자동차 대리점은 시내에 있어요.
　　ⓓ 저는 발표를 시간에 맞춰 시작했어요.

해설　차 시동을 건 방법을 묻는 질문에 이웃의 점프 케이블을 사용했다고 방법을 알려주는 ⓐ가 정답입니다.

## 10 Who 의문문 　　영국

Who can I ask about changing my work schedule?
ⓐ Work schedules are posted monthly.
ⓑ I'm not sure about the procedure.
ⓒ Schedule changes need advance notice.
ⓓ I'm working overtime this week too.

work schedule 근무 일정　post[poust] 게시하다
procedure[prəsíːdʒər] 절차　advance notice 사전 통보
work overtime 야근하다

해석　제 근무 일정을 변경하는 것에 대해 누구에게 물어볼 수 있나요?
　　ⓐ 근무 일정은 매월 게시돼요.
　　ⓑ 저는 절차에 대해 잘 몰라요.
　　ⓒ 일정 변경은 사전 통보가 필요해요.
　　ⓓ 저도 이번 주에 야근하고 있어요.

해설　일정 변경을 누구에게 문의해야 하는지 묻는 질문에 자신은 절차를 잘 모른다고 답변하는 ⓑ가 정답입니다.

## 11 What 의문문 　　호주

What food delivery services do you prefer to use?
ⓐ I delivered a speech at the meeting.
ⓑ I usually cook for myself these days.
ⓒ The app is free to download today.
ⓓ Express shipping is usually more expensive.

prefer[prifə́ːr] 선호하다　deliver[dilívər] (연설, 강연 등을) 하다
express shipping 특급 배송

해석　어떤 음식 배달 서비스를 사용하는 걸 선호하시나요?
　　ⓐ 저는 회의에서 연설을 했어요.
　　ⓑ 요즘은 보통 제가 직접 요리해요.
　　ⓒ 앱을 오늘 무료로 다운로드할 수 있어요.
　　ⓓ 특급 배송은 보통 더 비싸요.

해설　선호하는 음식 배달 서비스가 무엇인지 묻는 질문에 요즘은 직접 요리한다며 선호하는 배달 서비스가 없다는 의미를 간접적으로 전달하는 ⓑ가 정답입니다.

## 12 Where 의문문 　　미국

Where is the campus bookstore located?
ⓐ Next to the library entrance.
ⓑ They sell both new and used textbooks.
ⓒ The store closes at 5 P.M. today.
ⓓ Textbook prices have increased this semester.

locate[lóukeit] 위치하다　textbook[tékstbuk] 교과서

해석　캠퍼스 서점이 어디에 위치해 있나요?
　　ⓐ 도서관 입구 옆에요.
　　ⓑ 새 교과서와 중고 교과서를 모두 팔아요.
　　ⓒ 오늘은 매장이 오후 5시에 닫아요.
　　ⓓ 교과서 가격이 이번 학기에 올랐어요.

해설　캠퍼스 서점이 어디에 있는지 묻는 질문에 도서관 입구 옆에 있다며 위치를 알려주는 ⓐ가 정답입니다.

## 13 Why 의문문 　　미국

Why didn't Richard join the video call?
ⓐ His birthday is next Tuesday.
ⓑ The monitor has a scratch on the screen.
ⓒ He had connection problems.
ⓓ Because he forgot his umbrella.

join[dʒɔin] 참여하다　video call 화상통화
connection[kənékʃən] 연결

해석　Richard가 왜 화상통화에 참여하지 않았나요?
　　ⓐ 그의 생일이 다음 주 화요일이에요.
　　ⓑ 모니터 화면에 흠집이 있어요.
　　ⓒ 그는 연결 문제가 있었어요.
　　ⓓ 왜냐하면 그가 우산을 깜빡했거든요.

해설　Richard가 화상통화에 참여하지 않은 이유를 묻는 질문에 그에게 연결 문제가 있었다며 참여하지 못한 이유를 제시하는 ⓒ가 정답입니다.

## 14 What 의문문 　　영국

What time should we leave for the airport?
ⓐ The airport is north of the city.
ⓑ Flight delays happen frequently these days.
ⓒ I'll have to look up the traffic conditions.
ⓓ Security lines are usually long.

leave[liːv] 떠나다　delay[diléi] 지연
frequently[fríːkwəntli] 자주　security line 보안 검색대 줄

해석 공항에 가려면 몇 시에 떠나야 하나요?
(A) 공항은 도시의 북쪽에 있어요.
(B) 요즘 항공편 지연이 자주 발생해요.
(C) 교통 상황을 확인해 봐야 해요. ✓
(D) 보안 검색대 줄은 보통 길어요.

해설 공항으로의 출발 시간을 묻는 질문에 교통 상황을 확인해 봐야겠다며 계획을 말하는 (C)가 정답입니다.

## 15 Who 의문문  🔊 뉴질랜드

Whose turn is it to bring snacks for the meeting?
(A) Meetings always run better with food.
(B) The meeting starts at two o'clock.
(C) Healthy snacks are the best choice.
(D) I think Susan volunteered this week. ✓

turn [tə:rn] 차례  snack [snæk] 간식  run [rʌn] 진행되다
healthy [hélθi] 건강한  volunteer [vὰ:ləntíər] 자원하다

해석 회의에 간식을 가져올 차례가 누구인가요?
(A) 회의는 항상 음식이 있으면 더 잘 진행돼요.
(B) 회의는 2시에 시작해요.
(C) 건강한 간식이 최고의 선택이에요.
(D) Susan이 이번 주에 자원했던 것 같아요. ✓

해설 회의에 간식을 가져오는 것이 누구 차례인지 묻는 질문에 이번 주에 Susan이 자원한 것 같다고 구체적인 사람 이름을 언급하는 (D)가 정답입니다.

## 16 How 의문문  🔊 영국

How long before the repair technician arrives?
(A) Repair costs can be unpredictable.
(B) Technical support is available online.
(C) The equipment is still under warranty.
(D) It depends on their schedule. ✓

repair technician 수리 기술자  arrive [əráiv] 도착하다
unpredictable [ʌ̀npridíktəbl] 예측 불가능한
technical support 기술 지원  warranty [wɔ́:rənti] 보증

해석 수리 기술자가 도착하기까지 얼마나 걸리나요?
(A) 수리비가 예측 불가능할 수 있어요.
(B) 기술 지원이 온라인으로 가능해요.
(C) 장비가 아직 보증기간 내에 있어요.
(D) 그들의 일정에 달려 있어요. ✓

해설 수리 기술자의 도착 시간을 묻는 질문에 기술자들의 일정에 달려 있다고 간접적으로 답변하는 (D)가 정답입니다.

## 17 Who 의문문  🔊 호주

Who designed the new headquarters in Singapore?
(A) The construction will take two years.
(B) Yamamoto Architecture Firm won the contract. ✓
(C) It's located near Marina Bay.
(D) The budget exceeded expectations.

design [dizáin] 설계하다  headquarters [hédkwɔ:rtərz] 본사
construction [kənstrʌ́kʃən] 건설  contract [kɑ́:ntrækt] 계약
exceed [iksí:d] 초과하다  expectation [èkspektéiʃən] 예상

해석 싱가포르의 새 본사를 누가 설계했나요?
(A) 건설은 2년이 걸릴 예정이에요.
(B) Yamamoto 건축사무소가 계약을 따냈어요. ✓
(C) 그것은 마리나 베이 근처에 위치해요.
(D) 예산이 예상을 초과했어요.

해설 싱가포르의 새 본사를 누가 설계했는지 묻는 질문에 대해 Yamamoto 건축사무소가 계약을 따냈다며 구체적인 업체명을 제시하는 (B)가 정답입니다.

## 18 Why 의문문  🔊 미국

Why did the software installation fail?
(A) The installation guide is very helpful.
(B) I'm trying to figure that out. ✓
(C) The new software has better security features.
(D) Because it should be completed by tomorrow.

installation [ìnstəléiʃən] 설치  fail [feil] 실패하다
security [səkjúrəti] 보안  feature [fí:tʃər] 기능

해석 소프트웨어 설치가 왜 실패했나요?
(A) 설치 가이드가 매우 도움이 돼요.
(B) 지금 알아내려고 노력하고 있어요. ✓
(C) 새 소프트웨어는 더 나은 보안 기능이 있어요.
(D) 왜냐하면 내일까지 완료되어야 하거든요.

해설 소프트웨어 설치 실패 이유를 묻는 질문에 알아내려고 노력하고 있다며 모른다는 의미를 간접적으로 전달하는 (B)가 정답입니다.

## 19 Where 의문문  🔊 영국

Where did Catherine say she was going for her vacation?
(A) I think she mentioned Hawaii. ✓
(B) She's taking two weeks off.
(C) Her flight leaves early tomorrow morning.
(D) She's been planning this trip for months.

mention [ménʃən] 언급하다  take off 휴가를 내다

해석 Catherine이 휴가로 어디에 간다고 했나요?
(A) 하와이라고 말했던 것 같아요. ✓
(B) 그녀는 2주 휴가를 내요.
(C) 그녀의 비행편이 내일 아침 일찍 떠나요.
(D) 그녀는 몇 달 동안 이 여행을 계획하고 있었어요.

해설 Catherine의 휴가지를 묻는 질문에 하와이라고 말했던 것 같다며 구체적인 장소를 제시하는 (A)가 정답입니다.

## 20 Who 의문문  미국

Who teaches Biology 101?
Ⓐ It meets on Mondays.
Ⓑ Biology is very popular.
✓Ⓒ Check with the registrar.
Ⓓ Room 205 in the science building.

biology[baiάːlədʒi] 생물학  registrar[rédʒistrɑ̀ːr] 등록처

해석 생물학 101을 누가 가르치나요?
Ⓐ 월요일에 모여요.
Ⓑ 생물학은 매우 인기가 있어요.
✓Ⓒ 등록처에 문의하세요.
Ⓓ 과학관 205호실이에요.

해설 생물학 101을 누가 가르치는지 묻는 질문에 등록처에 문의하라며 정보를 얻을 수 있는 방법을 제시하는 Ⓒ가 정답입니다.

## 21 Which 의문문  호주

Which bus goes to the shopping mall?
Ⓐ The mall closes at 10 P.M.
✓Ⓑ Number 42 stops right in front of it.
Ⓒ I'll see you outside the station.
Ⓓ The bus fare increased last month.

fare[fear] 요금

해석 쇼핑몰에 가는 버스는 어떤 것인가요?
Ⓐ 쇼핑몰은 밤 10시에 닫아요.
✓Ⓑ 42번이 바로 그 앞에서 정차해요.
Ⓒ 역 밖에서 봐요.
Ⓓ 버스 요금이 지난달에 올랐어요.

해설 쇼핑몰에 가는 버스가 어떤 버스인지 묻는 질문에 42번 버스가 바로 앞에서 정차한다며 버스 번호를 제시하는 Ⓑ가 정답입니다.

## 22 How 의문문  미국

How did the meeting with the client turn out?
✓Ⓐ It went very well.
Ⓑ Can I reschedule for tomorrow?
Ⓒ In the main boardroom.
Ⓓ Yes, it was an important meeting.

client[kláiənt] 고객  turn out (결과가) 나오다
reschedule[rìːskédʒuːl] 일정을 변경하다
boardroom[bɔ́ːrdrùːm] 회의실

해석 고객과의 회의가 어떻게 됐나요?
✓Ⓐ 아주 잘 됐어요.
Ⓑ 내일로 일정을 변경할 수 있을까요?
Ⓒ 대회의실에서요.
Ⓓ 네, 중요한 회의였어요.

해설 고객과의 회의 결과를 묻는 질문에 아주 잘 됐다며 긍정적인 결과를 언급하는 Ⓐ가 정답입니다.

## 23 What 의문문  영국

What time should we meet at Thompson Hall?
Ⓐ I believe it's next to the library.
Ⓑ The hall has excellent facilities.
✓Ⓒ Whenever works for you.
Ⓓ Many events happen there.

facility[fəsíləti] 시설

해석 Thompson 홀에서 몇 시에 만날까요?
Ⓐ 제 생각에는 도서관 옆에 있는 것 같아요.
Ⓑ 홀은 훌륭한 시설을 갖추고 있어요.
✓Ⓒ 당신이 편한 시간 아무 때나요.
Ⓓ 그곳에서 많은 행사가 열려요.

해설 만날 시간을 묻는 질문에 상대방이 편한 아무 때나 좋다는 Ⓒ가 정답입니다.

## 24 Who 의문문  뉴질랜드

Whose laptop was left in the conference room?
✓Ⓐ I think it belonged to Ms. Dubois.
Ⓑ The meeting ended an hour ago.
Ⓒ The conference room is being cleaned.
Ⓓ All laptops must be password-protected.

laptop[lǽptɑːp] 노트북  belong[bilɔ́ːŋ] ~의 것이다, ~에 속하다
password-protected[pǽswərdprətektid] 암호로 보호되는

해석 회의실에 누구의 노트북이 남겨져 있었나요?
✓Ⓐ Ms. Dubois의 것 같아요.
Ⓑ 회의가 한 시간 전에 끝났어요.
Ⓒ 회의실을 청소하고 있어요.
Ⓓ 모든 노트북은 암호로 보호되어야 해요.

해설 회의실에 남겨진 노트북이 누구의 노트북인지 묻는 질문에 Ms. Dubois의 것 같다며 구체적인 사람 이름을 제시하는 Ⓐ가 정답입니다.

## 25 How 의문문  미국

How long will you be traveling?
✓Ⓐ Three weeks in total.
Ⓑ The airport is really crowded.
Ⓒ I packed my suitcase yesterday.
Ⓓ Hotels are fully booked this season.

crowded[kráudid] 붐비는  suitcase[súːtkèis] 여행 가방

해석 얼마나 오래 여행할 예정인가요?
✓Ⓐ 총 3주 동안이에요.
Ⓑ 공항이 정말 붐벼요.
Ⓒ 어제 여행 가방을 쌌어요.
Ⓓ 호텔이 이 시즌에는 모두 예약이 찼어요.

해설 얼마나 오래 여행할 예정인지 묻는 질문에 총 3주 동안이라는 구체적인 기간을 제시하는 Ⓐ가 정답입니다.

## 26 When 의문문
영국

When will the project be completed?
Ⓐ The budget has been approved.
Ⓑ Quality control is our priority.
Ⓒ We're using the latest development tools.
✓Ⓓ We're still waiting for client feedback.

complete[kəmplíːt] 완료하다  budget[bʌ́dʒit] 예산
approve[əprúːv] 승인하다  priority[praiɔ́ːrəti] 우선순위

해석 프로젝트가 언제 완료될 예정인가요?
Ⓐ 예산이 승인됐어요.
Ⓑ 품질 관리가 우리의 우선순위예요.
Ⓒ 저희는 최신 개발 도구를 사용하고 있어요.
✓Ⓓ 저희는 아직 고객 피드백을 기다리고 있어요.

해설 프로젝트가 완료되는 시점을 묻는 질문에 대해 고객 피드백을 기다리고 있다는 답변으로 아직 완료되지 못한 이유를 설명하는 Ⓓ가 정답입니다.

## 27 Who 의문문
호주

Who manages the campus gym?
Ⓐ The gym is open daily.
✓Ⓑ Ask at the front counter.
Ⓒ Equipment was recently updated.
Ⓓ Memberships cost 30 dollars.

manage[mǽnidʒ] 관리하다  gym[dʒim] 헬스장  daily[déili] 매일
equipment[ikwípmənt] 장비

해석 캠퍼스 헬스장을 누가 관리하나요?
Ⓐ 헬스장은 매일 열어요.
✓Ⓑ 프론트 카운터에 문의하세요.
Ⓒ 장비가 최근에 업데이트됐어요.
Ⓓ 멤버십은 30달러예요.

해설 누가 관리하는지 묻는 질문에 프론트 카운터에 문의하라며 정보를 얻을 방법을 제시하는 Ⓑ가 정답입니다.

## 28 How 의문문
영국

How can I get a refund for this item?
✓Ⓐ Do you have your receipt?
Ⓑ The store closes at nine.
Ⓒ I'd prefer to pay in cash.
Ⓓ Red is my favorite color.

refund[rifʌ́nd] 환불  item[áitəm] 물건  receipt[risíːt] 영수증
favorite[féivərit] 가장 좋아하는

해석 이 물건을 어떻게 환불받을 수 있나요?
✓Ⓐ 영수증을 가지고 계신가요?
Ⓑ 매장은 9시에 닫아요.
Ⓒ 저는 현금으로 내고 싶어요.
Ⓓ 빨간색이 제가 가장 좋아하는 색이에요.

해설 물품 환불 방법을 묻는 질문에 영수증이 있는지 되물어 확인하는 Ⓐ가 정답입니다.

## 29 When 의문문
미국

When can I take my vacation days?
Ⓐ You've earned two weeks this year.
Ⓑ The summer months are always busy.
✓Ⓒ Let me see what projects are coming up.
Ⓓ Make sure to submit your request form.

take one's vacation days 휴가를 내다  earn[əːrn] 얻다
submit[səbmít] 제출하다  request form 신청서

해석 언제 휴가를 낼 수 있나요?
Ⓐ 올해 2주를 얻으셨어요.
Ⓑ 여름철은 항상 바빠요.
✓Ⓒ 어떤 프로젝트들이 예정되어 있는지 제가 확인해 볼게요.
Ⓓ 반드시 신청서를 제출하도록 하세요.

해설 언제 휴가를 낼 수 있는지 묻는 질문에 어떤 프로젝트들이 예정되어 있는지 확인해 보겠다는 답변으로 적절한 시기를 찾아보겠다는 의미를 간접적으로 전달하는 Ⓒ가 정답입니다.

## 30 Why 의문문
뉴질랜드

Why was your flight delayed?
Ⓐ I have a connecting flight in Chicago.
Ⓑ I checked in online this morning.
Ⓒ The airport is about an hour away.
✓Ⓓ Due to bad weather conditions.

flight[flait] 비행기  delayed[diléid] 지연된
connecting flight 연결편

해석 당신의 비행편이 왜 지연됐나요?
Ⓐ 시카고에서 연결편이 있어요.
Ⓑ 오늘 아침에 온라인으로 체크인했어요.
Ⓒ 공항이 약 한 시간 거리에 있어요.
✓Ⓓ 악천후 때문에요.

해설 비행편 지연 이유를 묻는 질문에 악천후 때문이라는 구체적인 이유를 제시하는 Ⓓ가 정답입니다.

## 31 Where 의문문
미국

Where would you like to eat lunch today?
Ⓐ I prefer to eat lunch much later.
✓Ⓑ How about that new Italian place downtown?
Ⓒ My lunch break ends at one.
Ⓓ I think the food tastes better.

downtown[dàuntáun] 시내에

해석 오늘 점심을 어디서 먹고 싶으세요?
Ⓐ 저는 점심을 훨씬 늦게 먹는 걸 선호해요.
✓Ⓑ 시내에 새로 생긴 이탈리아 레스토랑은 어때요?

ⓒ 제 점심시간은 1시에 끝나요.
ⓓ 제 생각에 음식이 더 맛있는 것 같아요.

해석  점심을 먹고 싶은 장소를 묻는 질문에 시내의 이탈리아 레스토랑이라는 구체적인 장소를 제안하는 ⓑ가 정답입니다.

## 32  How 의문문                                       영국

How far away is the conference center?
Ⓐ Parking might be difficult there.
Ⓑ The conference starts at nine.
Ⓒ They have excellent speakers this year.
Ⓓ You might want to check the map.

excellent[éksələnt] 훌륭한

해석  컨퍼런스 센터가 얼마나 떨어져 있나요?
Ⓐ 거기 주차하기 어려울 수도 있어요.
Ⓑ 컨퍼런스가 9시에 시작해요.
Ⓒ 올해는 훌륭한 연사들이 있어요.
Ⓓ 지도를 확인해 보시는 게 좋을 것 같아요.

해설  컨퍼런스 센터까지 얼마나 떨어져 있는지 묻는 질문에 지도를 확인해 보는 게 좋겠다며 잘 모르겠다는 의미를 간접적으로 전달하는 ⓓ가 정답입니다.

# Day 06   일반 의문문

## Daily Check-up                                    p.86

01 Ⓑ   02 Ⓐ   03 Ⓑ   04 Ⓑ   05 Ⓒ   06 Ⓐ
07 Ⓑ   08 Ⓑ   09 Ⓑ   10 Ⓒ

### 01  조동사 의문문                                    호주

Does the main library stay open during holidays?

stay open 열려 있다   holiday[hɑ́:lədèi] 휴일

해석  메인 도서관은 휴일에도 열려 있나요?

해설  메인 도서관의 휴일 운영 여부를 묻는 질문에 그렇다고 답한 뒤 하지만 운영시간이 단축된다는 추가 정보를 제공하는 ⓑ가 정답입니다.

### 02  Be 동사 의문문                                   미국

Are you planning to live on campus next year?

live on campus 캠퍼스에서 거주하다

해석  내년에 캠퍼스에서 거주할 계획인가요?

해설  캠퍼스 거주 계획을 묻는 질문에 기숙사로부터 아직 답변을 받지 못했다며 모른다는 의미를 간접적으로 전달하는 Ⓐ가 정답입니다.

### 03  부가 의문문                                       영국

The restaurant reservation is for 7 P.M., isn't it?

reservation[rèzərvéiʃən] 예약

해석  식당 예약이 오후 7시이죠, 아닌가요?

해설  예약 시간이 7시가 맞는지 확인하는 질문에 시간이 바뀌었다고 알려주는 ⓑ가 정답입니다.

### 04  Be 동사 의문문                                   뉴질랜드

Isn't the gym closed for maintenance this week?
Ⓐ I need to renew my membership.
Ⓑ Yes, they're installing new equipment.
Ⓒ The trainers are very professional.

maintenance[méintənəns] 정비, 유지보수
renew[rinjú:] 갱신하다   install[instɔ́:l] 설치하다
equipment[ikwípmənt] 장비
professional[prəféʃənəl] 전문적인

해석  체육관이 이번 주에 정비로 인해 문을 닫지 않나요?
Ⓐ 저는 회원권을 갱신해야 해요.
Ⓑ 네, 새 장비를 설치하고 있어요.
Ⓒ 트레이너들이 매우 전문적이에요.

해설  체육관이 이번 주에 문을 닫지 않는지 묻는 질문에 그렇다고 답한 뒤, 새 장비 설치하고 있다는 구체적인 이유를 제시하는 ⓑ가 정답입니다.

### 05  선택 의문문                                       영국

Do you prefer tea or coffee in the morning?
Ⓐ I usually skip breakfast.
Ⓑ Hot drinks only.
Ⓒ Neither, I prefer juice.

prefer[prifə́:r] 선호하다   skip[skip] 거르다
neither[ní:ðər] 둘 다 아닌

해석  아침에 차와 커피 중 어느 것을 선호하나요?
Ⓐ 저는 보통 아침 식사를 걸러요.
Ⓑ 뜨거운 음료만요.
Ⓒ 둘 다 아니고, 주스를 선호해요.

해설  차와 커피 중 선호도를 묻는 질문에 둘 다 아니고 주스를 선호한다며 아무것도 선택하지 않는 ⓒ가 정답입니다.

### 06  요청 의문문                                       미국

Can I reserve a study room today?
Ⓐ What time do you need it for?
Ⓑ Yes, let's open the window now.
Ⓒ All rooms have computers in them.

reserve[rizə́:rv] 예약하다

해설 오늘 스터디룸을 예약할 수 있나요?
ⓐ 몇 시에 필요하신가요?
ⓑ 네, 지금 창문을 엽시다.
ⓒ 모든 방에 컴퓨터가 있어요.

해설 스터디룸을 예약할 수 있는지 묻는 질문에 몇 시에 필요한지 구체적인 시간을 확인하는 ⓐ가 정답입니다.

## 07 요청 의문문　🎧 미국

Would you mind speaking more quietly?
ⓐ Speaking clearly is important.
ⓑ Sorry, I didn't realize I was loud.
ⓒ Quiet places help me concentrate.

quietly[kwáiətli] 조용히　clearly[klíərli] 명확하게
realize[ríːəlàiz] 깨닫다　loud[laud] 시끄러운
concentrate[kάːnsəntrèit] 집중하다

해설 좀 더 조용히 말씀해 주시겠어요?
ⓐ 명확하게 말하는 것이 중요해요.
ⓑ 죄송해요, 제가 시끄럽게 했는지 몰랐어요.
ⓒ 조용한 곳이 집중하는 데 도움이 돼요.

해설 조용히 말해줄 수 있냐는 요청에 대해 자신이 시끄럽게 했는지 몰랐다며 사과하는 ⓑ가 정답입니다.

## 08 조동사 의문문　🎧 호주

Have you contacted the professor?
ⓐ I need her signature on this paper.
ⓑ I'm planning to email her today.
ⓒ Yes, I'll submit the form tomorrow.

contact[kάːntækt] 연락하다　submit[səbmít] 제출하다

해설 교수님께 연락드렸나요?
ⓐ 저는 이 서류에 그녀의 서명이 필요해요.
ⓑ 오늘 이메일을 보낼 계획이에요.
ⓒ 네, 내일 양식을 제출할게요.

해설 교수님에게 연락했는지 묻는 질문에 오늘 이메일을 보낼 계획이라며 구체적인 연락 방법과 시기를 제시하는 ⓑ가 정답입니다.

## 09 제공 의문문　🎧 영국

Would you like to try this new game?
ⓐ A wide variety.
ⓑ Maybe later, thanks.
ⓒ The store sells many games.

variety[vəráiəti] 종류

해설 이 새로운 게임을 해볼래요?
ⓐ 게임에는 여러 종류가 있어요.
ⓑ 나중에요, 고마워요.
ⓒ 그 상점은 많은 게임을 판매해요.

해설 이 새로운 게임을 해보겠냐고 권하는 질문에 나중에 해보겠다고 거절하는 ⓑ가 정답입니다.

## 10 조동사 의문문　🎧 뉴질랜드

Don't we have a quiz this morning?
ⓐ I turned in my homework online.
ⓑ I quizzed her on the vocabulary last night.
ⓒ It was moved to next week.

quiz[kwiz] 퀴즈; 퀴즈를 내다　turn in 제출하다

해설 오늘 아침에 퀴즈가 있지 않나요?
ⓐ 저는 숙제를 온라인으로 제출했어요.
ⓑ 어젯밤에 그녀에게 어휘 퀴즈를 냈어요.
ⓒ 다음 주로 옮겨졌어요.

해설 오늘 아침 퀴즈 일정을 확인하는 질문에 다음 주로 옮겨졌다며 일정이 변경되었음을 알려주는 ⓒ가 정답입니다.

## Daily Test　p.88

| 01 ⓑ | 02 ⓐ | 03 ⓐ | 04 ⓑ | 05 ⓓ | 06 ⓑ |
|---|---|---|---|---|---|
| 07 ⓑ | 08 ⓑ | 09 ⓓ | 10 ⓒ | 11 ⓐ | 12 ⓓ |
| 13 ⓒ | 14 ⓐ | 15 ⓒ | 16 ⓑ | 17 ⓑ | 18 ⓓ |
| 19 ⓒ | 20 ⓒ | 21 ⓓ | 22 ⓐ | 23 ⓑ | 24 ⓓ |
| 25 ⓒ | 26 ⓑ | 27 ⓐ | 28 ⓑ | 29 ⓒ | 30 ⓐ |
| 31 ⓑ | 32 ⓓ | | | | |

## 01 요청 의문문　🎧 영국

Can I borrow your laptop for the presentation?
ⓐ The presentation is at two o'clock.
ⓑ Sure, just return it by five.
ⓒ Laptops are expensive these days.
ⓓ My presentation went well yesterday.

borrow[bάːrou] 빌리다　laptop[lǽptàːp] 노트북
return[ritə́ːrn] 돌려주다　expensive[ikspénsiv] 비싼

해설 발표용으로 노트북을 빌릴 수 있을까요?
ⓐ 발표는 2시에 있어요.
ⓑ 네, 5시까지만 돌려주세요.
ⓒ 요즘 노트북이 비싸요.
ⓓ 제 발표는 어제 잘 됐어요.

해설 노트북을 빌릴 수 있는지 묻는 질문에 그렇다고 답한 뒤 5시까지만 돌려 달라는 ⓑ가 정답입니다.

## 02 선택 의문문　🎧 미국

Would you like to sit inside or outside?
ⓑ It looks like it might rain soon.

Ⓑ Both areas are non-smoking.
Ⓒ The restaurant is quite busy today.
Ⓓ You can order once you're seated.

inside[ìnsáid] 안쪽에   outside[àutsáid] 바깥쪽에
non-smoking[nàːnsmóukiŋ] 금연의

해석  안쪽에 앉을래요, 아니면 바깥쪽에 앉을래요?
      ✓ 곧 비가 올 것 같아요.
      Ⓑ 두 구역 모두 금연이에요.
      Ⓒ 레스토랑이 오늘 꽤 바빠요.
      Ⓓ 자리에 앉으면 주문할 수 있어요.

해설  안쪽과 바깥쪽 중 어디에 앉을지 묻는 질문에 곧 비가 올 것 같다며 안쪽을 선택하겠다는 의미를 간접적으로 전달하는 Ⓐ가 정답입니다.

## 03 조동사 의문문 　호주

Don't you want to join us for lunch?
✓ I already ate an hour ago.
Ⓑ The restaurant is on Central Avenue.
Ⓒ Yes, their menu changes daily.
Ⓓ I don't have the lunch receipt with me.

join[dʒɔin] 함께하다   already[ɔːlrédi] 이미
receipt[risíːt] 영수증

해석  점심에 우리와 함께하지 않을래요?
      ✓ 저는 한 시간 전에 이미 먹었어요.
      Ⓑ 레스토랑이 Central가에 있어요.
      Ⓒ 네, 그들의 메뉴는 매일 바뀌어요.
      Ⓓ 점심 영수증을 갖고 있지 않아요.

해설  점심에 함께하자는 제안에 한 시간 전에 이미 먹었다며 거절하는 Ⓐ가 정답입니다.

## 04 조동사 의문문 　영국

Did you see the news yesterday?
Ⓐ Newspapers are becoming digital.
✓ Yes, quite shocking actually.
Ⓒ I'd rather go with a one-year subscription.
Ⓓ The newspaper delivery was late today.

shocking[ʃákiŋ] 충격적인   subscription[səbskrípʃən] 구독

해석  어제 뉴스 봤어요?
      Ⓐ 신문이 디지털로 바뀌고 있어요.
      ✓ 네, 사실 정말 충격적이었어요.
      Ⓒ 저는 1년 구독으로 가는 게 좋겠어요.
      Ⓓ 오늘 신문 배달이 늦었어요.

해설  어제 뉴스를 봤는지 묻는 질문에 그렇다고 답한 뒤 충격적이었다는 의견을 제시하는 Ⓑ가 정답입니다.

## 05 Be 동사 의문문  미국

Is Professor Kim teaching this semester?
Ⓐ Professor Smith retired last year.
Ⓑ Teaching assistants help with grading.
Ⓒ This semester ends in December.
✓ I need to look at the course catalog.

semester[siméstər] 학기   retire[ritáiər] 은퇴하다
teaching assistant 조교   grading[gréidiŋ] 채점
course catalog 수강 목록

해석  Kim 교수님이 이번 학기에 수업하세요?
      Ⓐ Smith 교수님은 작년에 은퇴하셨어요.
      Ⓑ 조교가 채점을 도와줘요.
      Ⓒ 이번 학기는 12월에 끝나요.
      ✓ 수강 목록을 봐야겠어요.

해설  Kim 교수님의 이번 학기 수업하는지 묻는 질문에 수강 목록을 봐야겠다며 잘 모른다는 의미를 간접적으로 전달하는 Ⓓ가 정답입니다.

## 06 제공 의문문 　뉴질랜드

Can I get you anything from the store?
Ⓐ I got one just like it.
✓ Actually, I need some milk.
Ⓒ Stores are usually busy on weekends.
Ⓓ Some items were unavailable.

actually[ǽktʃuəli] 사실   unavailable[ʌ̀nəvéiləbl] 재고가 없는

해석  상점에서 뭔가 사다 드릴까요?
      Ⓐ 그것과 똑같은 걸 하나 샀어요.
      ✓ 사실, 우유가 필요해요.
      Ⓒ 상점들은 보통 주말에 바빠요.
      Ⓓ 일부 품목은 재고가 없었어요.

해설  상점에서 뭔가 사다 주는 걸 원하냐는 질문에 사실 우유가 필요하다며 부탁하는 Ⓑ가 정답입니다.

## 07 요청 의문문 　영국

Can you water my plants while I'm away?
Ⓐ Thanks, you go ahead with that.
✓ Of course, no problem.
Ⓒ Vacation time is important.
Ⓓ The watering can is in the garage.

water[wɔ́ːtər] 물을 주다   plant[plænt] 식물
watering can 물뿌리개   garage[gərάːdʒ] 차고

해석  제가 없는 동안 식물에 물을 줄 수 있나요?
      Ⓐ 고마워요, 당신이 그것을 진행해 주세요.
      ✓ 물론이죠, 문제없어요.
      Ⓒ 휴가 시간이 중요해요.
      Ⓓ 물뿌리개가 차고에 있어요.

해설  자신이 없는 동안 식물에 물을 줄 수 있냐는 요청에 문제없다며 승낙하는 ⑧가 정답입니다.

## 08 조동사 의문문 🔊 미국

Does this printer work with wireless connections?
(A) The print quality is excellent.
🎯 No, it's an older model without Wi-Fi.
(C) The ink level is low.
(D) No, the paper tray is full.

wireless[wáiərlis] 무선   connection[kənékʃən] 연결
quality[kwá:ləti] 성능, 품질   paper tray 용지함

해석  이 프린터가 무선 연결로 작동하나요?
(A) 프린터 성능이 아주 좋아요.
🎯 아니요, 와이파이가 없는 예전 모델이에요.
(C) 잉크 잔량이 적어요.
(D) 아니요, 용지함이 꽉 차 있어요.

해설  프린터기 무선 연결로 작동하는지 묻는 질문에 아니라고 답한 뒤 와이파이가 없는 예전 모델이라는 추가 정보를 제공하는 ⑧가 정답입니다.

## 09 제안 의문문 🔊 뉴질랜드

Would you like to take a walk?
(A) It's about a 10-minute walk from here.
(B) Walking shoes are more comfortable.
(C) No, my doctor recommended daily exercise.
🎯 Maybe after I finish this.

walk[wɔ:k] 산책   walking shoes 운동화
comfortable[kʌ́mfərtəbəl] 편한
recommend[rèkəménd] 권장하다

해석  산책하러 갈래요?
(A) 여기서 걸어서 10분 거리예요.
(B) 운동화가 더 편해요.
(C) 아니요, 의사가 매일 운동을 권장했어요.
🎯 아마도 이것을 끝낸 후에요.

해설  산책하러 갈지 제안하는 질문에 지금 하는 것을 끝낸 후에 하겠다며 조건부로 수락하는 ⑩가 정답입니다.

## 10 선택 의문문 🔊 미국

Are you majoring in computer science or engineering?
(A) Computer labs are open twenty-four hours.
(B) It's one of the oldest professions.
🎯 I'm actually undecided between the two.
(D) The professor is quite strict.

major in ~을 전공하다   engineering[èndʒiníəriŋ] 공학
computer lab 컴퓨터실   undecided[ʌ̀ndisáidid] 결정하지 못한

해석  컴퓨터 과학을 전공하나요, 아니면 공학을 전공하나요?
(A) 컴퓨터실은 24시간 열려 있어요.
(B) 그것은 가장 오래된 직업 중 하나예요.
🎯 사실 둘 사이에서 결정을 못 했어요.
(D) 교수님은 꽤 엄격하세요.

해설  전공 선택을 묻는 질문에 사실 둘 사이에서 결정하지 못했다며 둘 중 아무것도 선택하지 않은 ⓒ가 정답입니다.

## 11 부가 의문문 🔊 영국

You didn't forget about the client presentation, did you?
🎯 I've been preparing all week.
(B) The projector needs to be tested.
(C) Our proposal is very competitive.
(D) The client seemed impressed last time.

prepare[pripéər] 준비하다
competitive[kəmpétətiv] 경쟁력 있는
impressed[imprést] 인상 깊어하는

해석  고객 발표를 잊은 건 아니죠, 맞죠?
🎯 저는 일주일 내내 준비했어요.
(B) 프로젝터를 테스트해야 해요.
(C) 우리 제안서는 매우 경쟁력이 있어요.
(D) 지난번에 고객이 인상 깊어했던 것 같아요.

해설  고객 발표를 잊지 않았는지 확인하는 질문에 일주일 내내 준비했다는 답변으로 잊지 않았음을 간접적으로 전달하는 ⑧가 정답입니다.

## 12 조동사 의문문 🔊 호주

Didn't you order the vegetarian meal?
(A) No, the restaurant is across the street.
(B) I usually order through the app.
(C) The meal plan includes breakfast and dinner.
🎯 I changed my mind and got the chicken instead.

order[ɔ́:rdər] 주문하다   vegetarian[vèdʒətéəriən] 채식주의자의
meal plan 식사 계획   include[inklú:d] 포함하다
instead[instéd] 대신에

해석  채식 식단을 주문하지 않았나요?
(A) 아니요, 레스토랑이 길 건너편에 있어요.
(B) 저는 보통 앱으로 주문해요.
(C) 식사 계획에는 아침과 저녁이 포함돼요.
🎯 마음을 바꿔서 대신 치킨으로 했어요.

해설  채식 식단 주문 여부를 묻는 질문에 마음을 바꿔서 대신 치킨으로 했다고 답하는 ⑩가 정답입니다.

## 13 제안 의문문 🔊 미국

How about watching a movie tonight?
🎯 Sure, where should we go?
(B) That was the last movie I saw.

ⓒ I already had dinner earlier.
ⓓ The theater is downtown.

theater[θíːətər] 극장

해석   오늘 밤 영화 보는 게 어때요?
       ⓐ 좋아요, 어디로 갈까요? ✓
       ⓑ 그게 제가 마지막에 봤던 영화예요.
       ⓒ 일찍 저녁을 이미 먹었어요.
       ⓓ 극장이 시내에 있어요.

해설   오늘 밤 영화 보는 게 어떠냐는 제안에, 좋다고 답한 뒤 어디로 갈지 묻는 ⓐ가 정답입니다.

## 14  조동사 의문문    🎧 영국

Does the museum provide guided tours?
ⓐ No, I prefer to explore on my own.
ⓑ Admission is free on Sundays.
ⓒ Yes, the tours start every hour. ✓
ⓓ The museum shop closes early on weekends.

museum[mjuːzíːəm] 박물관   provide[prəváid] 제공하다
explore[ikspló:r] 둘러보다, 탐험하다   admission[ədmíʃən] 입장료

해석   박물관에서 가이드 투어를 제공하나요?
       ⓐ 아니요, 저는 혼자 둘러보는 것을 선호해요.
       ⓑ 일요일에는 입장료가 무료예요.
       ⓒ 네, 투어는 매시간 시작해요. ✓
       ⓓ 박물관 상점은 주말에 일찍 문을 닫아요.

해설   박물관의 가이드 투어 제공 여부를 묻는 질문에 그렇다고 답한 뒤 매시간 투어가 시작된다고 추가 정보를 제공하는 ⓒ가 정답입니다.

## 15  조동사 의문문    🎧 호주

Will I need a reservation?
ⓐ I need more time tomorrow.
ⓑ I'd make one to be safe. ✓
ⓒ The location is very convenient.
ⓓ I have reservations about that plan.

reservation[rèzərvéiʃən] 예약, 의구심

해석   예약이 필요할까요?
       ⓐ 내일 저는 시간이 더 필요해요.
       ⓑ 저라면 안전하게 예약하겠어요. ✓
       ⓒ 위치가 매우 편리해요.
       ⓓ 그 계획에 대해 의구심이 있어요.

해설   예약이 필요한지 묻는 질문에 자신이라면 안전하게 예약하겠다고 조언하는 ⓑ가 정답입니다.

## 16  조동사 의문문    🎧 미국

Has Miguel returned from his business trip?
ⓐ Business trips can be tiring.
ⓑ The airport is very busy today.
ⓒ Miguel travels frequently for work.
ⓓ He's coming back this evening. ✓

return[ritə́:rn] 돌아오다   business trip 출장
tiring[táiəriŋ] 피곤한   frequently[fríːkwəntli] 자주

해석   Miguel이 출장에서 돌아왔나요?
       ⓐ 출장은 피곤할 수 있어요.
       ⓑ 공항이 오늘 매우 붐비네요.
       ⓒ Miguel은 업무상 자주 여행해요.
       ⓓ 그는 오늘 저녁에 돌아와요. ✓

해설   Miguel의 출장 복귀 여부를 묻는 질문에 오늘 저녁에 돌아온다고 답하는 ⓓ가 정답입니다.

## 17  제공 의문문    🎧 뉴질랜드

Should I bring my laptop to the meeting?
ⓐ The room is already set up.
ⓑ Yes, you might need it just in case. ✓
ⓒ I bought mine last year.
ⓓ The presentation is at 3 P.M.

set up 설치하다   just in case 혹시나, ~할 경우를 대비하여

해석   회의에 노트북을 가져와야 할까요?
       ⓐ 장소는 이미 준비되어 있어요.
       ⓑ 네, 혹시나 필요할 수도 있어요. ✓
       ⓒ 저는 작년에 노트북을 샀어요.
       ⓓ 발표가 오후 3시에 있어요.

해설   회의에 노트북을 가져올지 묻는 질문에 혹시 모르니 가져오라고 제안하는 ⓑ가 정답입니다.

## 18  조동사 의문문    🎧 영국

Does the library close at 9 P.M. on weekdays?
ⓐ I returned my books yesterday.
ⓑ Yes, I have a library card.
ⓒ It's about a 10-minute walk.
ⓓ I think it's open until 10 P.M. ✓

weekday[wíːkdei] 평일

해석   도서관이 평일에 오후 9시에 문을 닫나요?
       ⓐ 어제 책을 반납했어요.
       ⓑ 네, 저는 도서관 카드가 있어요.
       ⓒ 걸어서 약 10분 거리예요.
       ⓓ 오후 10시까지 여는 것 같아요. ✓

해설   도서관이 평일에 오후 9시에 닫는지 묻는 질문에 오후 10시까지 여는 것 같다고 알려주는 ⓓ가 정답입니다.

### 19 조동사 의문문 🎧 영국

Do you need help carrying those boxes?
Ⓐ Sure, I'll do that next time.
Ⓑ The boxes came in this morning.
Ⓒ I can manage, but thank you.
Ⓓ The storage room is downstairs.

carry[kǽri] 운반하다   manage[mǽnidʒ] 할 수 있다, (간신히) 해내다
storage room 창고

해석  그 상자들 옮기는 데 도움이 필요하세요?
Ⓐ 물론이죠, 제가 그걸 다음에 할게요.
Ⓑ 상자들이 오늘 아침에 들어왔어요.
Ⓒ 제가 할 수 있어요, 그래도 고마워요.
Ⓓ 창고가 아래층에 있어요.

해설  상자 운반 도움이 필요한지 묻는 질문에 고맙지만 자신이 할 수 있다며 정중히 거절하는 Ⓒ가 정답입니다.

### 20 조동사 의문문 🎧 미국

Did anyone call while I was out?
Ⓐ Feel free to use the phone on my desk.
Ⓑ I'll check the conference room schedule.
Ⓒ I was in meetings all afternoon.
Ⓓ I would've remembered if you had called.

conference room 회의실

해석  제가 외출 중일 때 누가 전화했나요?
Ⓐ 제 책상 위에 있는 전화기를 써도 돼요.
Ⓑ 회의실 일정을 확인할게요.
Ⓒ 저는 오후 내내 회의 중이었어요.
Ⓓ 당신이 전화했으면 기억했을 거예요.

해설  외출 중 전화 온 사람이 있는지 묻는 질문에 자신은 오후 내내 회의 중이었다며 모른다는 의미를 간접적으로 전달하는 Ⓒ가 정답입니다.

### 21 조동사 의문문 🎧 영국

Did you finish reviewing the contract?
Ⓐ The lawyer specializes in corporate law.
Ⓑ It's a standard agreement.
Ⓒ We use this template regularly.
Ⓓ I need a few more hours.

contract[kɑ́ntrækt] 계약   lawyer[lɔ́:jər] 변호사
specialize in ~을 전문으로 하다   corporate law 회사법
standard[stǽndərd] 표준   agreement[əgrí:mənt] 계약서
template[témplət] 서식   regularly[régjulərli] 정기적으로

해석  계약서 검토를 끝냈나요?
Ⓐ 그 변호사는 회사법을 전문으로 해요.
Ⓑ 표준 계약서예요.
Ⓒ 저희는 이 서식을 정기적으로 사용해요.
Ⓓ 몇 시간이 더 필요해요.

해설  계약서 검토 완료 여부를 묻는 질문에 몇 시간이 더 필요하다고 답하는 Ⓓ가 정답입니다.

### 22 조동사 의문문 🎧 뉴질랜드

Has the new employee started working yet?
Ⓐ Her first day is Monday.
Ⓑ We need to prepare her workspace.
Ⓒ She has excellent qualifications.
Ⓓ The interview went very well.

employee[implɔ́:ii:] 직원   prepare[pripέər] 준비하다
workspace[wə́:rkspeis] 작업 공간   excellent[éksələnt] 훌륭한
qualification[kwɑ̀:ləfikéiʃən] 자격

해석  신입 사원이 벌써 일을 시작했나요?
Ⓐ 그녀의 첫 출근 날이 월요일이에요.
Ⓑ 그녀의 작업 공간을 준비해야 해요.
Ⓒ 그녀는 훌륭한 자격을 갖추고 있어요.
Ⓓ 면접이 아주 잘 됐어요.

해설  신입 사원이 일을 시작했는지 묻는 질문에 그녀의 첫 출근 날이 월요일이라고 알려주는 Ⓐ가 정답입니다.

### 23 Be 동사 의문문 🎧 미국

Are you planning to attend the company picnic?
Ⓐ It's this Saturday at the park.
Ⓑ You'll definitely see me there.
Ⓒ The weather looks perfect.
Ⓓ Let's go to the park.

attend[əténd] 참석하다   perfect[pə́:rfikt] 완벽한

해석  회사 소풍에 참석할 계획이세요?
Ⓐ 그건 이번 토요일에 공원에서 해요.
Ⓑ 거기서 저를 꼭 보실 수 있을 거예요.
Ⓒ 날씨가 완벽해 보이네요.
Ⓓ 공원에 갑시다.

해설  회사 소풍 참석 계획을 묻는 질문에 대해 거기서 자신을 볼 것이라는 답변으로 참석 의사를 나타내는 Ⓑ가 정답입니다.

### 24 Be 동사 의문문 🎧 영국

Isn't Joseph supposed to handle the presentation?
Ⓐ The client is expecting him.
Ⓑ The slides are almost ready.
Ⓒ The presentation is scheduled for 2 P.M.
Ⓓ Do you want me to check with him?

be supposed to ~ 하기로 되어 있는
handle[hǽndl] 담당하다, 처리하다

해설  Joseph이 발표를 담당하기로 되어 있지 않나요?
Ⓐ 고객이 그를 기대하고 있어요.
Ⓑ 슬라이드가 거의 준비됐어요.

ⓒ 발표가 오후 2시로 예정되어 있어요.
ⓓ 그에게 확인해 드릴까요? ✓

해설 Joseph이 발표 담당이 아닌지 확인하는 질문에 그에게 확인해 주길 원하냐고 되묻는 ⓓ가 정답입니다.

## 25 Be 동사 의문문  〔미국〕

Wasn't Dr. Collins available for appointments today?
Ⓐ Should I schedule my annual checkup?
Ⓑ The appointment book is on her desk.
Ⓒ She had to attend an emergency surgery. ✓
Ⓓ The waiting room has new magazines.

appointment[əpɔ́intmənt] 예약  annual[ǽnjuəl] 연례의
checkup[tʃékʌp] 건강검진  appointment book 예약부
emergency[imə́:rdʒənsi] 응급  surgery[sə́:rdʒəri] 수술
waiting room 대기실  magazine[mǽgəzi:n] 잡지

해설 Collins 박사님이 오늘 예약이 가능하지 않았나요?
Ⓐ 연례 건강검진을 예약해야 하나요?
Ⓑ 예약부가 그녀의 책상에 있어요.
Ⓒ 그녀는 응급 수술에 참석해야 했어요. ✓
Ⓓ 대기실에 새 잡지가 있어요.

해설 오늘 Collins 박사님 예약이 가능하지 않았는지 묻는 질문에 응급 수술에 참석해야 했다며 진료가 불가능해진 이유를 전달하는 ⓒ가 정답입니다.

## 26 부가 의문문  〔호주〕

You're not working late tonight, are you?
Ⓐ It wasn't working for me either.
Ⓑ The presentation was moved to next week.
Ⓒ Unfortunately, I have to finish this report. ✓
Ⓓ Emily prefers the evening shift.

work late 야근하다  unfortunately[ʌnfɔ́:rtʃənətli] 안타깝게도
evening shift 야간 근무

해설 오늘 밤 야근하는 건 아니죠, 맞죠?
Ⓐ 저에게도 효과가 없었어요.
Ⓑ 발표가 다음 주로 연기됐어요.
Ⓒ 안타깝게도, 이 보고서를 끝내야 해요. ✓
Ⓓ Emily는 저녁 근무를 선호해요.

해설 야근 여부를 확인하는 질문에 보고서를 끝내야 한다며 야근해야 함을 간접적으로 나타내는 ⓒ가 정답입니다.

## 27 선택 의문문  〔뉴질랜드〕

Do you want pizza or Chinese food for lunch?
Ⓐ Neither, I brought my own lunch. ✓
Ⓑ The restaurant delivers until 3 P.M.
Ⓒ I usually skip breakfast on weekdays.
Ⓓ I'll order one for you too.

neither[ní:ðər] 둘 다 아닌

해설 점심으로 피자를 원하나요, 아니면 중국 음식을 원하나요?
Ⓐ 둘 다 아니에요, 제가 도시락을 가져왔어요. ✓
Ⓑ 레스토랑이 오후 3시까지 배달해요.
Ⓒ 저는 보통 평일에는 아침을 걸러요.
Ⓓ 당신 것도 하나 주문할게요.

해설 점심으로 피자와 중국 음식 중 선택하라는 질문에 도시락을 가져왔다는 답변으로 아무것도 선택하지 않는 Ⓐ가 정답입니다.

## 28 선택 의문문  〔영국〕

Would you like the window seat or aisle seat?
Ⓐ Aisle, please. ✓
Ⓑ The flight departs in two hours.
Ⓒ I checked my luggage already.
Ⓓ The boarding gate changed to B12.

aisle[ail] 복도  flight[flait] 비행기  depart[dipá:rt] 출발하다
check[tʃek] (짐을) 부치다  luggage[lʌ́gidʒ] 짐
boarding gate 탑승구

해설 창가 좌석을 원하세요, 복도 좌석을 원하세요?
Ⓐ 복도 쪽으로 주세요. ✓
Ⓑ 비행기가 2시간 후에 출발해요.
Ⓒ 이미 짐을 부쳤어요.
Ⓓ 탑승구가 B12로 바뀌었어요.

해설 창가와 복도 좌석 중 선택하라는 질문에 복도 쪽을 선택한 Ⓐ가 정답입니다.

## 29 제안 의문문  〔미국〕

Why don't we order catering for the party?
Ⓐ The venue provides tables and chairs.
Ⓑ I ate something before we started.
Ⓒ I'd rather handle the food myself. ✓
Ⓓ The event starts at 7 P.M. sharp.

catering[kéitəriŋ] 케이터링, 연회 음식 공급  venue[vénju:] 장소
sharp[ʃɑ:rp] 정각에

해설 파티용으로 케이터링을 주문하는 게 어때요?
Ⓐ 행사장에서 테이블과 의자를 제공해요.
Ⓑ 시작하기 전에 저는 뭘 먹었어요.
Ⓒ 음식은 제가 직접 준비하는 게 나을 것 같아요. ✓
Ⓓ 행사가 오후 7시 정각에 시작해요.

해설 파티용으로 케이터링을 주문하자는 제안에 본인이 음식을 직접 준비하는 게 좋겠다며 거절하는 ⓒ가 정답입니다.

## 30 제안 의문문
🎧 영국

How about we split the cost?
ⓐ That sounds fair to me.
Ⓑ I always keep receipts organized.
Ⓒ I think the restaurant closes at 10 P.M.
Ⓓ The service charge is included.

split[split] 나누다　cost[kɔːst] 비용　receipt[risíːt] 영수증
organized[ɔ́ːrɡənàizd] 정리된　charge[tʃɑːrdʒ] 요금

해석　비용을 나누는 게 어때요?
　　　ⓐ 저는 그게 공평한 것 같아요.
　　　Ⓑ 저는 영수증을 항상 정리해 둬요.
　　　Ⓒ 식당은 오후 10시에 닫는 것 같아요.
　　　Ⓓ 서비스 요금이 포함되어 있어요.

해설　비용을 나누자는 제안에 그게 공평하다며 동의하는 ⓐ가 정답입니다.

## 31 제공 의문문
🎧 호주

Should I save you a seat at the conference?
Ⓐ The conference starts at 9 A.M.
ⓑ That'd be great, if you don't mind.
Ⓒ The registration fee was expensive.
Ⓓ The speakers are all industry experts.

registration fee 등록비　industry[índəstri] 업계
expert[ékspəːrt] 전문가

해석　회의에서 좌석을 맡아둘까요?
　　　Ⓐ 회의가 오전 9시에 시작해요.
　　　ⓑ 괜찮으시다면, 감사하겠습니다.
　　　Ⓒ 등록비가 비쌌어요.
　　　Ⓓ 연사들이 모두 업계 전문가들이에요.

해설　회의 좌석을 맡아두길 원하냐는 질문에 괜찮다면 감사하겠다며 제안을 수락하는 ⓑ가 정답입니다.

## 32 요청 의문문
🎧 미국

Could you help me move this desk?
Ⓐ The maintenance crew left already.
Ⓑ The office is being reorganized today.
Ⓒ Yes, I placed it right next to mine.
ⓓ Sure, let me grab the other end.

maintenance crew 정비팀　reorganize[riːɔ́ːrɡənàiz] 재배치하다
grab[ɡræb] 잡다

해석　이 책상을 옮기는 걸 도와줄 수 있나요?
　　　Ⓐ 정비팀이 이미 떠났어요.
　　　Ⓑ 오늘 사무실을 재배치하고 있어요.
　　　Ⓒ 네, 제 책상 바로 옆에 뒀어요.
　　　ⓓ 네, 제가 다른 쪽 끝을 잡을게요.

해설　책상을 옮기는 것을 도와줄 수 있는지 묻는 질문에 요청을 수락한 뒤 다른 쪽 끝을 잡겠다는 ⓓ가 정답입니다.

# Day 07　평서문

## Daily Check-up
p.96

| 01 Ⓑ | 02 Ⓑ | 03 Ⓒ | 04 Ⓐ | 05 Ⓐ | 06 Ⓑ |
| 07 Ⓒ | 08 Ⓒ | 09 Ⓒ | 10 Ⓐ | | |

## 01 의견 전달 평서문
🎧 호주

The cafeteria food has really improved lately.

improve[imprúːv] 개선되다, 향상되다　lately[léitli] 최근에

해석　카페테리아 음식이 최근에 정말 많이 개선되었어요.

해설　카페테리아 음식이 많이 개선되었다는 의견에 자신도 그것을 느꼈다며 공감을 표현하는 Ⓑ가 정답입니다.

## 02 정보 제공 평서문
🎧 영국

I heard Emma got promoted to manager.

promote[prəmóut] 승진시키다

해석　Emma가 관리자로 승진했다고 들었어요.

해설　Emma의 승진 소식에 대해 긍정적으로 반응하며 축하하는 Ⓑ가 정답입니다.

## 03 감정 표현 평서문
🎧 미국

I wish I had more time to finish this.

해석　이것을 끝낼 시간이 더 있었으면 좋겠어요.

해설　시간이 더 있었으면 좋겠다면서 시간 부족으로 인한 어려움을 토로하는 표현에 대해 도움을 제안하는 Ⓒ가 정답입니다.

## 04 정보 제공 평서문
🎧 미국

The printer is out of paper again.
ⓐ I'll refill it right now.
Ⓑ Paper prices have increased lately.
Ⓒ The printer was expensive.

out of ~이 떨어진　refill[riːfíl] 보충하다

해석　프린터에 용지가 또 떨어졌어요.
　　　ⓐ 지금 바로 용지를 보충할게요.
　　　Ⓑ 용지 가격이 최근에 올랐어요.
　　　Ⓒ 그 프린터는 비쌌어요.

해설 프린터에 용지가 또 떨어졌다는 정보를 전달하는 말에 바로 용지를 보충하겠다며 해결책을 제시하는 ⓐ가 정답입니다.

## 05 의견 전달 평서문  뉴질랜드

I think we should order pizza for the team now.
ⓐ What toppings does everyone like?
ⓑ I ordered supplies this morning.
ⓒ Pizza originated in Italy.

supply[səplái] 비품  originate[ərídʒənèit] 유래하다

해석 팀을 위해 피자를 지금 주문해야 한다고 생각해요.
ⓐ 모두들 어떤 토핑을 좋아하나요?
ⓑ 오늘 아침에 비품을 주문했어요.
ⓒ 피자는 이탈리아에서 유래했어요.

해설 팀을 위해 지금 피자를 주문하자는 의견을 표현하는 말에 모두들 어떤 토핑을 선호하는지 되묻는 ⓐ가 정답입니다.

## 06 정보 전달 평서문  영국

If you have questions, call me anytime.
ⓐ Questions help us learn better.
ⓑ I'll keep that in mind.
ⓒ I called my mother yesterday.

keep in mind 명심하다

해석 궁금한 점이 있으면 언제든 전화하세요.
ⓐ 질문은 우리가 더 잘 배우는 데 도움이 돼요.
ⓑ 그 점을 명심할게요.
ⓒ 저는 어제 어머니께 전화드렸어요.

해설 궁금한 점이 있으면 언제든 연락하라는 정보를 제공하는 말에 그 점을 명심하겠다고 답하는 ⓑ가 정답입니다.

## 07 의견 전달 평서문  호주

This new software is quite confusing to use.
ⓐ Software updates happen frequently.
ⓑ I used my computer this morning.
ⓒ Let me show you the basics.

confusing[kənfjúːziŋ] 혼란스러운  basic[béisik] 기본적인 것

해석 이 신규 소프트웨어는 사용하기 꽤 혼란스러워요.
ⓐ 소프트웨어 업데이트는 자주 일어나요.
ⓑ 저는 오늘 아침에 컴퓨터를 사용했어요.
ⓒ 제가 기본 사용법을 보여드릴게요.

해설 신규 소프트웨어가 사용하기 혼란스럽다는 의견을 전달하는 말에 기본 사용법을 보여주겠다며 도움을 제안하는 ⓒ가 정답입니다.

## 08 정보 제공 평서문  미국

The library closes early on Sundays.
ⓐ Libraries are quiet places.
ⓑ Last night, I think.
ⓒ Good to know, thanks.

quiet[kwáiət] 조용한

해석 도서관은 일요일에 일찍 문을 닫아요.
ⓐ 도서관은 조용한 장소예요.
ⓑ 제 생각에는 어젯밤이에요.
ⓒ 알려줘서 고마워요.

해설 일요일에 도서관이 일찍 닫는다는 정보를 제공하는 말에 알려줘서 고맙다고 감사를 표하는 ⓒ가 정답입니다.

## 09 의견 전달 평서문  영국

Let's try that new restaurant downtown.
ⓐ But I'm free right now.
ⓑ Everyone is making an effort.
ⓒ Sounds like a great idea.

effort [éfərt] 노력

해석 시내에 있는 새 식당을 가보죠.
ⓐ 하지만 지금은 한가해요.
ⓑ 모두가 노력하고 있습니다.
ⓒ 좋은 아이디어네요.

해설 시내에 있는 새 식당을 가보자는 의견을 전달하는 말에 좋은 아이디어라며 동의하는 ⓒ가 정답입니다.

## 10 의견 전달 평서문  미국

I'm thinking of taking a vacation next month.
ⓐ Where are you planning to go?
ⓑ Thinking helps solve problems.
ⓒ I took notes during the meeting.

해석 다음 달에 휴가를 가려고 생각하고 있어요.
ⓐ 어디로 갈 계획이에요?
ⓑ 생각하는 것은 문제를 해결하는 데 도움이 돼요.
ⓒ 회의 중에 메모를 했어요.

해설 다음 달 휴가를 생각하고 있다는 의견을 전달하는 말에 어디로 갈 계획인지 되묻는 ⓐ가 정답입니다.

## Daily Test  p.98

| 01 | ⓒ | 02 | ⓓ | 03 | ⓒ | 04 | ⓒ | 05 | ⓐ | 06 | ⓒ |
|---|---|---|---|---|---|---|---|---|---|---|---|
| 07 | ⓓ | 08 | ⓓ | 09 | ⓐ | 10 | ⓐ | 11 | ⓑ | 12 | ⓓ |
| 13 | ⓐ | 14 | ⓒ | 15 | ⓐ | 16 | ⓑ | 17 | ⓑ | 18 | ⓓ |

| 19 ⓓ | 20 ⓓ | 21 ⓑ | 22 ⓑ | 23 ⓑ | 24 ⓑ |
| 25 ⓑ | 26 ⓒ | 27 ⓐ | 28 ⓐ | 29 ⓒ | 30 ⓓ |
| 31 ⓑ | 32 ⓑ | | | | |

## 01 정보 제공 평서문  🔊 뉴질랜드

The traffic seems unusually heavy today.
Ⓐ Heavy rain is expected tonight.
Ⓑ Before the next traffic light.
✓ Maybe there's construction ahead.
Ⓓ This app gets a lot of traffic on weekends.

traffic[trǽfik] 교통 체증, 트래픽   unusually[ənjúʒuəli] 유난히
construction[kənstrʌ́kʃən] 공사   ahead[əhéd] 앞쪽에

해석 오늘은 교통 체증이 유난히 심한 것 같아요.
Ⓐ 오늘 밤 많은 비가 예상돼요.
Ⓑ 다음 신호등 전에요.
✓ 아마 앞쪽에 공사가 있나 봐요.
Ⓓ 이 앱은 주말에 트래픽이 많이 발생해요.

해설 오늘 교통이 유난히 심하다는 정보를 제공하는 말에 교통 체증의 그럴듯한 원인을 제시하는 ⓒ가 정답입니다.

## 02 의견 전달 평서문  🔊 영국

I'm not comfortable with this new policy.
Ⓐ Would you like to try another chair?
Ⓑ Yes, I had it written down somewhere.
Ⓒ HR explained the new policy details.
✓ What specifically bothers you about it?

specifically[spisífikəli] 구체적으로   bother[bɑ́:ðər] 불편하게 하다

해석 저는 이 새 정책이 마음에 들지 않아요.
Ⓐ 다른 의자를 사용해 보시겠어요?
Ⓑ 네, 제가 어딘가에 적어두었어요.
Ⓒ 인사팀이 새로운 정책의 세부 사항을 설명했어요.
✓ 구체적으로 정책의 어떤 점이 불편한가요?

해설 새로운 정책이 마음에 들지 않다는 의견을 전달하는 말에 구체적으로 어떤 점이 불편한지 추가 정보를 요청하는 ⓓ가 정답입니다.

## 03 감정 표현 평서문  🔊 미국

I'm thrilled about getting the promotion.
Ⓐ Thrilling experiences create memories.
Ⓑ I can get you a recommendation letter.
✓ Congratulations, you deserve it!
Ⓓ Promotions require hard work.

thrilling[θrílɪŋ] 짜릿한   experience[ikspíəriəns] 경험
deserve[dizɚ́:rv] ~할 자격이 있다   require[rikwáiər] 필요하다

해석 승진하게 되어 아주 신나요.
Ⓐ 짜릿한 경험은 추억을 만들어 줘요.
Ⓑ 제가 추천서를 드릴 수 있어요.
✓ 축하해요, 당신은 그럴 자격이 있어요!
Ⓓ 승진은 많은 노력이 필요해요.

해설 승진하게 되어 아주 신난다는 감정을 표현하는 말에 축하와 인정하는 말을 전하는 ⓒ가 정답입니다.

## 04 의견 전달 평서문  🔊 영국

I assume you've already reviewed the contract.
Ⓐ I made the same assumption.
Ⓑ I reviewed the proposal yesterday.
✓ Actually, I haven't had a chance yet.
Ⓓ Under the terms and conditions.

assume[əsú:m] 생각하다, 가정하다   proposal[prəpóuzəl] 제안서
yet[jet] 아직   terms and conditions 이용 약관

해석 이미 계약서를 검토하셨을 것이라 생각합니다.
Ⓐ 저도 같은 추측을 했어요.
Ⓑ 저는 어제 그 제안서를 검토했어요.
✓ 사실, 아직 그럴 시간이 없었어요.
Ⓓ 이용 약관에 따라서요.

해설 이미 계약서를 검토했을 것이라고 생각한다는 의견을 전달하는 말에 사실 아직 시간이 없었다며 추측이 틀렸음을 정정하는 ⓒ가 정답입니다.

## 05 정보 제공 평서문  🔊 호주

The new restaurant downtown has excellent reviews.
✓ We should try it this weekend.
Ⓑ Is excellent the highest rating?
Ⓒ I got a review from my boss.
Ⓓ A table for two at seven, please.

excellent[éksələnt] 훌륭한

해석 도심의 새 식당은 후기 평이 아주 좋아요.
✓ 이번 주말에 가 보죠.
Ⓑ 훌륭하다는 것이 가장 높은 평점인가요?
Ⓒ 상사로부터 평가를 받았어요.
Ⓓ 7시에 2명 자리로 부탁해요.

해설 도심의 새 식당의 후기가 아주 좋다는 정보를 제공하는 말에 방문해볼 것을 제안하는 ⓐ가 정답입니다.

## 06 의견 전달 평서문  🔊 영국

I wonder if we should postpone the outdoor event.
Ⓐ I'll have them set up the tent.
Ⓑ I postponed my vacation last month.
✓ What's the weather forecast looking like?
Ⓓ No wonder vendors opened their booths early.

outdoor[áutdɔ̀:r] 야외의

해석 야외 행사를 연기해야 할지 고민이네요.
ⓐ 텐트를 설치하라고 할게요.
ⓑ 저는 지난달 휴가를 미뤘어요.
ⓒ 일기예보가 어떻게 나오나요?
ⓓ 어쩐지 공급업체들은 부스를 일찍 열었네요.

해설 야외 행사를 연기해야 할지 고민이라는 의견을 전달하는 말에 연기 여부를 결정하기 위해 날씨 상황을 묻는 ⓒ가 정답입니다.

## 07 감정 표현 평서문  [미국]

I can't believe how expensive everything has become.
ⓐ The cost of living dropped significantly.
ⓑ I became a manager last year.
ⓒ Expensive items need careful consideration.
ⓓ I'm not happy about prices either.

careful [kέərfəl] 신중한   consideration [kənsìdəréiʃən] 고려

해석 모든 것이 얼마나 비싸졌는지 믿기 어려워요.
ⓐ 생활비가 크게 하락했어요.
ⓑ 저는 작년에 매니저가 되었어요.
ⓒ 비싼 물건은 신중한 고려가 필요해요.
ⓓ 저도 물가가 마음에 들지 않아요.

해설 모든 것이 너무 비싸졌다는 놀람과 불만의 감정을 표현하는 말에 동의하며 공감하는 ⓓ가 정답입니다.

## 08 의견 전달 평서문  [뉴질랜드]

The team performed really well this quarter.
ⓐ There's always next quarter, anyway.
ⓑ My computer needs an upgrade.
ⓒ I performed in a play once.
ⓓ Tell them to keep up the good work.

perform [pərfɔ́:rm] 성과를 내다, 공연하다   quarter [kwɔ́:rtər] 분기

해석 팀이 이번 분기에 정말 성과를 잘 냈어요.
ⓐ 어쨌든 다음 분기는 항상 있으니까요.
ⓑ 제 컴퓨터는 업그레이드가 필요해요.
ⓒ 저는 예전에 연극에서 공연했어요.
ⓓ 그들에게 계속 열심히 하라고 전해 주세요.

해설 팀이 이번 분기에 정말 잘했다는 의견을 전달하는 말에 열심히 하라는 격려를 전하는 ⓓ가 정답입니다.

## 09 정보 제공 평서문  [영국]

The client wants to change the design completely.
ⓐ That's going to be challenging.
ⓑ Sure, I changed my schedule recently.
ⓒ Designs should be creative.
ⓓ I didn't have time to change.

completely [kəmplí:tli] 완전히   challenging [tʃǽlindʒiŋ] 도전적인

해석 고객이 디자인을 완전히 바꾸길 원해요.
ⓐ 그건 쉽지 않겠네요.
ⓑ 물론이죠, 저는 최근에 제 일정을 바꿨어요.
ⓒ 디자인은 창의적이어야 해요.
ⓓ 저는 바꿀 시간이 없었어요.

해설 고객이 디자인을 완전히 바꾸길 원한다는 정보를 제공하는 말에 변화의 난이도를 지적하는 ⓐ가 정답입니다.

## 10 감정 표현 평서문  [호주]

I'm worried about meeting the deadline.
ⓐ Let me try to help you.
ⓑ I met with the client this afternoon.
ⓒ We can meet somewhere else.
ⓓ OK, I'll set a firm date.

firm [fə:rm] 확실한

해석 마감을 맞출 수 있을지 걱정돼요.
ⓐ 제가 도와드릴게요.
ⓑ 저는 오늘 오후에 고객을 만났어요.
ⓒ 다른 곳에서 만날 수 있어요.
ⓓ 알겠어요, 확실한 날짜를 정할게요.

해설 마감을 맞출 수 있을지 걱정된다는 감정을 표현하는 말에 도움을 제안하는 ⓐ가 정답입니다.

## 11 감정 표현 평서문  [미국]

I'm surprised by the positive feedback.
ⓐ Feedback sessions are held monthly.
ⓑ You should be proud of your work.
ⓒ I'm surprised by the news.
ⓓ I'll submit my report by Friday.

be proud 자부심을 가지다

해석 긍정적인 피드백에 놀랐어요.
ⓐ 피드백 세션은 매달 열려요.
ⓑ 당신은 당신의 일에 자부심을 가져도 돼요.
ⓒ 그 뉴스에 저는 놀랐어요.
ⓓ 저는 금요일까지 보고서를 제출할게요.

해설 긍정적인 피드백에 놀랐다는 감정을 표현하는 말에 자부심을 가져도 된다고 격려하는 ⓑ가 정답입니다.

## 12 정보 제공 평서문  [영국]

The conference room booking system is down.
ⓐ You should make plans to attend.
ⓑ It's on the next floor up, actually.
ⓒ I'm down with the flu today.
ⓓ Let's use the backup room instead.

booking [búkiŋ] 예약   down [daun] (작동이) 중지된
backup room 예비 회의실   instead [instéd] 대신에

해석 회의실 예약 시스템이 다운되었어요.
  Ⓐ 참석할 계획을 세워야 해요.
  Ⓑ 사실은 위층에 있어요.
  Ⓒ 저는 오늘 독감에 걸렸어요.
  ☑ 대신 예비 회의실을 쓰죠.

해설 회의실 예약 시스템이 다운되었다는 정보를 제공하는 말에 예비 회의실을 사용하자는 대안을 제시하는 Ⓓ가 정답입니다.

## 13 의견 전달 평서문   미국

I believe we should reconsider this decision.
☑ What are your main concerns?
Ⓑ I'll get you that information.
Ⓒ It's considered normal in some places.
Ⓓ Everyone deserves a second chance.

reconsider[rìkənsídər] 재고하다   decision[disíʒən] 결정
concern[kənsə́ːrn] 우려

해석 저는 우리가 이 결정을 재고해야 한다고 생각해요.
  ☑ 당신의 주요 우려 사항이 무엇인가요?
  Ⓑ 제가 그 정보를 알려드리겠습니다.
  Ⓒ 어떤 곳에서는 그것이 정상적인 것으로 여겨집니다.
  Ⓓ 모두가 두 번째 기회를 가질 자격이 있습니다.

해설 이 결정을 재고해야 한다고 생각한다는 의견을 전달하는 말에 재고 사유를 파악하기 위해 주요 우려 사항을 묻는 Ⓐ가 정답입니다.

## 14 정보 제공 평서문   뉴질랜드

My computer keeps freezing during video calls.
Ⓐ Video games are very popular.
Ⓑ I froze the leftovers yesterday.
☑ Try restarting it first.
Ⓓ Computers are essential for work.

freeze[friːz] 멈추다, 얼리다   video call 화상통화
leftover[léftouvər] 남은 음식   restart[riːstáːrt] 재시작하다
essential[isénʃəl] 필수적인

해석 제 컴퓨터가 화상통화 중에 계속 멈춰요.
  Ⓐ 비디오 게임은 매우 인기가 있어요.
  Ⓑ 저는 어제 남은 음식을 얼렸어요.
  ☑ 먼저 재시작해 보세요.
  Ⓓ 컴퓨터는 업무에 필수적이에요.

해설 컴퓨터가 화상통화 중에 계속 멈춘다는 정보를 제공하는 말에 해결책을 제시하는 Ⓒ가 정답입니다.

## 15 의견 전달 평서문   영국

I think we need more staff for this project.
☑ You're probably right about that.
Ⓑ Yes, I need to finish my tasks.
Ⓒ Staff meetings are held weekly.
Ⓓ Projects require careful planning.

staff[stæf] 인력   probably[prɑ́ːbəbli] 아마   task[tæsk] 업무
weekly[wíːkli] 매주

해석 이 프로젝트에 인력이 더 필요하다고 생각해요.
  ☑ 그 말이 아마 맞을 거예요.
  Ⓑ 네, 저는 제 업무를 끝내야 해요.
  Ⓒ 직원회의는 매주 열려요.
  Ⓓ 프로젝트는 세심한 계획이 필요해요.

해설 이 프로젝트에 더 많은 인력이 필요하다는 의견을 전달하는 말에 아마도 맞을 것이라며 동의하는 Ⓐ가 정답입니다.

## 16 의견 전달 평서문   미국

I think our current marketing strategy isn't effective.
Ⓐ The project was completed on time.
☑ What changes would you suggest?
Ⓒ The campaign starts next month.
Ⓓ Our competitor launched a new product.

competitor[kəmpétətər] 경쟁사

해석 현재의 마케팅 전략이 효과적이지 않다고 생각합니다.
  Ⓐ 프로젝트는 제시간에 완료되었습니다.
  ☑ 어떤 변화를 제안하시겠습니까?
  Ⓒ 캠페인이 다음 달에 시작됩니다.
  Ⓓ 경쟁사에서 신제품을 출시했습니다.

해설 현재의 마케팅 전략이 효과적이지 않다고 생각한다는 의견을 전달하는 말에 어떤 변화를 제안하겠냐고 되묻는 Ⓑ가 정답입니다.

## 17 정보 제공 평서문   뉴질랜드

My lab partner dropped out of chemistry.
Ⓐ My lab report is due tomorrow.
☑ Do you need a new partner?
Ⓒ I dropped my phone yesterday.
Ⓓ Chemistry labs meet twice weekly.

lab partner 실험 파트너   drop[drɑːp] 수강을 취소하다
chemistry[kéməstri] 화학

해석 제 실험 파트너가 화학 과목을 수강 취소했어요.
  Ⓐ 제 실험 보고서는 내일 마감이에요.
  ☑ 새 파트너가 필요하신가요?
  Ⓒ 저는 어제 휴대폰을 떨어뜨렸어요.
  Ⓓ 화학 실험은 일주일에 두 번 모여요.

해설 실험 파트너가 화학 과목을 수강 취소했다는 정보를 제공하는 말에 새 파트너가 필요한지를 묻는 Ⓑ가 정답입니다.

## 18 정보 제공 평서문   영국

The deadline for this project keeps changing.
Ⓐ I changed my password a long time ago.

Ⓑ Deadlines help us stay focused.
Ⓒ The project budget was approved.
✓Ⓓ That must be frustrating.

budget[bʌ́dʒit] 예산  approve[əprúːv] 승인하다
frustrating[frʌ́streitiŋ] 답답한

해석  이 프로젝트의 마감이 계속 바뀌어요.
Ⓐ 저는 오래전에 비밀번호를 바꿨어요.
Ⓑ 마감은 집중하는 데 도움을 줘요.
Ⓒ 프로젝트 예산이 승인됐어요.
✓Ⓓ 정말 답답하시겠어요.

해설  프로젝트의 마감이 계속 바뀐다는 정보를 제공하는 말에 답답하겠다며 공감을 표하는 Ⓓ가 정답입니다.

## 19  의견 전달 평서문    호주

I believe the cafeteria needs more vegetarian options.
Ⓐ The cafeteria might be open until 9 P.M.
Ⓑ Vegetarian restaurants are popular now.
Ⓒ The menu features two fish entrées.
✓Ⓓ I agree—the selection is pretty limited.

vegetarian[vèdʒətéəriən] 채식의; 채식주의자
entrée[ɑ́ːntrei] 요리  limited[límitid] 제한적인

해석  카페테리아에 채식 메뉴가 더 필요하다고 생각해요.
Ⓐ 카페테리아는 오후 9시까지는 문을 열 거예요.
Ⓑ 채식 레스토랑이 요즘 인기가 많아요.
Ⓒ 메뉴에는 생선 요리 두 가지가 있어요.
✓Ⓓ 동감해요, 선택의 폭이 꽤 제한적이에요.

해설  카페테리아에 채식 메뉴가 더 필요하다는 의견을 제시하는 말에 동의하며 현재 상황의 문제점을 언급하는 Ⓓ가 정답입니다.

## 20  정보 제공 평서문    미국

The company picnic has been postponed until next month.
Ⓐ I already requested time off work.
Ⓑ Company events are usually fun.
Ⓒ The weather forecast looks good.
✓Ⓓ What was the reason for the delay?

weather forecast 일기예보  delay[diléi] 지연

해석  회사 야유회가 다음 달까지 연기되었어요.
Ⓐ 저는 이미 휴가를 신청했어요.
Ⓑ 회사 행사는 보통 재미있어요.
Ⓒ 일기 예보가 좋아 보여요.
✓Ⓓ 연기된 이유가 무엇이었나요?

해설  회사 야유회가 다음 달까지 연기되었다는 정보를 제공하는 말에 연기된 이유를 되묻는 Ⓓ가 정답입니다.

## 21  정보 제공 평서문    영국

I've been waiting for the delivery truck for two hours.
Ⓐ The truck has excellent fuel efficiency.
✓Ⓑ You should call the shipping company.
Ⓒ I work two hours every morning.
Ⓓ Delivery trucks are painted yellow.

fuel efficiency 연비  shipping company 운송 회사

해석  배송 트럭을 두 시간 동안 기다렸어요.
Ⓐ 그 트럭은 연비가 아주 좋아요.
✓Ⓑ 운송 회사에 전화해 보세요.
Ⓒ 저는 매일 아침 두 시간 일해요.
Ⓓ 배송 트럭은 노란색으로 칠해져 있어요.

해설  배송 트럭을 두 시간 동안 기다렸다는 정보를 제공하는 말에 문제 해결을 위한 조치를 제안하는 Ⓑ가 정답입니다.

## 22  정보 제공 평서문    호주

Lisa canceled her vacation plans.
Ⓐ Vacation time is limited this year.
✓Ⓑ I wonder what happened.
Ⓒ I canceled my subscription too.
Ⓓ Her plans included visiting museums.

subscription[səbskrípʃən] 구독

해석  Lisa가 휴가 계획을 취소했어요.
Ⓐ 올해는 휴가 시간이 제한적이에요.
✓Ⓑ 무슨 일이 있었는지 궁금하네요.
Ⓒ 저도 구독을 취소했어요.
Ⓓ 그녀의 계획에는 박물관 방문이 포함되었어요.

해설  Lisa가 휴가 계획을 취소했다는 정보를 제공하는 말에 이유를 궁금해하는 Ⓑ가 정답입니다.

## 23  정보 제공 평서문    뉴질랜드

Carter's presentation impressed the clients.
Ⓐ Clients are demanding these days.
✓Ⓑ He worked really hard on it.
Ⓒ Where are the presentation slides?
Ⓓ I was impressed by the building.

impress[imprés] 깊은 인상을 주다
demanding[dimǽndiŋ] 요구가 많은

해석  Carter의 발표가 고객들에게 깊은 인상을 주었어요.
Ⓐ 요즘 고객들은 요구가 많아요.
✓Ⓑ 그가 그것을 정말 열심히 준비했어요.
Ⓒ 발표 슬라이드는 어디 있나요?
Ⓓ 저는 그 건물에 감명받았어요.

해설  Carter의 발표가 고객들에게 깊은 인상을 주었다는 정보를 제공하는 말에 그의 노력을 언급하며 인정하는 Ⓑ가 정답입니다.

## 24 의견 전달 평서문  🔊 미국

You might want to save your work frequently.
(A) Frequent breaks are necessary.
(B) You're absolutely right. ✓
(C) I saved money last month.
(D) Work schedules are flexible.

frequently [frí:kwəntli] 자주   absolutely [ǽbsəlú:tli] 전적으로
flexible [fléksəbl] 유연한

해석 작업물을 자주 저장하는 게 좋겠어요.
(A) 잦은 휴식은 필요해요.
(B) 전적으로 맞는 말이에요. ✓
(C) 저는 지난달 돈을 저축했어요.
(D) 근무 일정은 유연해요.

해설 작업물을 자주 저장하라는 의견을 전달하는 말에 그 조언에 전적으로 맞다며 동의하는 (B)가 정답입니다.

## 25 의견 전달 평서문  🔊 미국

Let's schedule the meeting for next Tuesday.
(A) Scheduling software is user-friendly.
(B) That works perfectly for me. ✓
(C) It seems it's your turn to make it.
(D) Everything you need is online.

user-friendly [jù:zərfréndli] 사용자 친화적인   work [wə:rk] 잘 맞다

해석 회의를 다음 화요일로 잡읍시다.
(A) 스케줄링 소프트웨어는 사용자 친화적이에요.
(B) 저는 그때가 아주 잘 맞아요. ✓
(C) 이제 당신이 참석할 차례인 것 같아요.
(D) 당신이 필요한 모든 것이 온라인에 있어요.

해설 회의를 다음 화요일로 잡자는 의견을 전달하는 말에 일정이 잘 맞는다고 수락하는 (B)가 정답입니다.

## 26 정보 제공 평서문  🔊 영국

I heard they're planning to renovate the lobby.
(A) I see you've made some improvements.
(B) I left my keys at the lobby desk.
(C) It definitely needs remodeling. ✓
(D) I heard music playing earlier.

definitely [défənitli] 확실히

해석 그들이 로비를 보수할 계획이라고 들었어요.
(A) 몇 가지 개선을 하셨네요.
(B) 제 키를 로비 데스크에 놓고 왔어요.
(C) 그곳은 확실히 리모델링이 필요하죠. ✓
(D) 저는 아까 음악이 나오는 걸 들었어요.

해설 로비를 보수할 계획이라고 들었다는 정보를 제공하는 말에 리모델링의 필요성에 동의하는 (C)가 정답입니다.

## 27 의견 전달 평서문  🔊 호주

Let's meet at the coffee shop.
(A) Which coffee shop do you mean? ✓
(B) Coffee shops serve tea too.
(C) I met him last week.
(D) Yes, I enjoyed it.

enjoy [indʒɔ́i] 즐기다

해석 커피숍에서 만나죠.
(A) 어떤 커피숍을 말씀하시는 거죠? ✓
(B) 커피숍은 차도 팔아요.
(C) 저는 지난주에 그를 만났어요.
(D) 네, 즐거웠어요.

해설 커피숍에서 만나자는 의견을 전달하는 말에 어떤 커피숍인지 되묻는 (A)가 정답입니다.

## 28 의견 전달 평서문  🔊 영국

Please send me your notes from yesterday's lecture.
(A) I'll email them right now. ✓
(B) The lecture hall is full.
(C) My professor is out this week.
(D) I downloaded the syllabus already.

syllabus [síləbəs] 강의 계획서

해석 어제 강의 노트를 저에게 보내 주세요.
(A) 지금 바로 이메일로 보내 드릴게요. ✓
(B) 강의실이 가득 찼어요.
(C) 우리 교수님은 이번 주에 안 계세요.
(D) 저는 이미 강의 계획서를 다운로드했어요.

해설 어제 강의 노트를 보내 달라는 말에 즉시 보내겠다고 수락하는 (A)가 정답입니다.

## 29 정보 제공 평서문  🔊 미국

The train was delayed for two hours this morning.
(A) I trained for the marathon last month.
(B) Two hours is a long movie.
(C) Did you miss anything important? ✓
(D) Morning exercises are beneficial.

beneficial [bènəfíʃəl] 유익한

해석 오늘 아침 기차가 두 시간 연착되었어요.
(A) 저는 지난달에 마라톤 훈련을 했어요.
(B) 두 시간은 긴 영화예요.
(C) 중요한 것을 놓치셨나요? ✓
(D) 아침 운동은 유익해요.

해설 기차가 두 시간 연착되었다는 정보를 제공하는 말에 연착으로 인한 문제점을 확인하는 (C)가 정답입니다.

## 30 감정 표현 평서문 🎧 미국

I'm overwhelmed with all these tasks this week.
ⓐ Tasks are assigned every week.
ⓑ It's scheduled for next month.
ⓒ I just finished my lunch break.
✓ Can I help you prioritize anything?

be overwhelmed 벅차다  task[tæsk] 업무
assign[əsáin] 배정하다  prioritize[praió:rətàiz] 우선순위를 정하다

해석 이번 주에 이 모든 업무들로 벅차요.
ⓐ 업무는 매주 배정돼요.
ⓑ 그건 다음 달로 예정돼 있어요.
ⓒ 방금 점심 휴식 시간을 마쳤어요.
✓ 제가 우선순위 정하는 데 도와드릴까요?

해설 이번 주에 업무들로 벅차다는 감정을 표현하는 말에 우선순위 설정을 도와주겠다고 제안하는 ⓓ가 정답입니다.

## 31 정보 제공 평서문 🎧 영국

The campus bookstore is offering student discounts.
ⓐ They've accepted my offer.
✓ How much of a discount is it?
ⓒ This is the way to the bookstore.
ⓓ I'm offering tutoring services.

discount[diskáunt] 할인

해석 교내 서점이 학생 할인을 제공하고 있어요.
ⓐ 그들은 제 제안을 수락했어요.
✓ 할인 폭이 얼마나 되나요?
ⓒ 이쪽이 서점으로 가는 길이에요.
ⓓ 저는 과외 서비스를 제공하고 있어요.

해설 교내 서점이 학생 할인을 하고 있다는 정보를 제공하는 말에 할인 폭이 얼마인지 추가 정보를 요청하는 ⓑ가 정답입니다.

## 32 감정 표현 평서문 🎧 뉴질랜드

I'm really excited about my spring break trip.
ⓐ Spring is about three months long.
✓ Where are you planning to go?
ⓒ Be careful not to break it.
ⓓ I packed it in your suitcase.

spring break 봄방학

해석 봄방학 여행이 정말 기대돼요.
ⓐ 봄은 약 3개월 정도예요.
✓ 어디로 갈 계획이에요?
ⓒ 그것을 깨뜨리지 않도록 조심하세요.
ⓓ 제가 당신의 여행 가방에 그걸 넣어뒀어요.

해설 봄방학 여행이 정말 기대된다는 감정을 표현하는 말에 어디로 가는지 되묻는 ⓑ가 정답입니다.

## Day 08 Task Test

p.102

| 01 ⓒ | 02 ⓑ | 03 ⓓ | 04 ⓑ | 05 ⓒ | 06 ⓑ |
| 07 ⓒ | 08 ⓓ | 09 ⓑ | 10 ⓒ | 11 ⓓ | 12 ⓑ |
| 13 ⓒ | 14 ⓑ | 15 ⓓ | 16 ⓒ | 17 ⓓ | 18 ⓑ |
| 19 ⓓ | 20 ⓑ | 21 ⓓ | 22 ⓑ | 23 ⓓ | 24 ⓓ |
| 25 ⓐ | 26 ⓑ | 27 ⓓ | 28 ⓐ | | |

## 01 Who 의문문 🎧 미국

Who will be presenting the quarterly results?
ⓐ The results look promising.
ⓑ Quarterly reports are due Friday.
✓ Nicole from the finance team.
ⓓ I presented my proposal yesterday.

present[prizént] 발표하다  quarterly[kwɔ́:rtərli] 분기별의
result[rizÁlt] 결과  promising[prá:misiŋ] 유망한
finance[fáinæns] 재무  proposal[prəpóuzəl] 제안서

해석 누가 분기별 결과를 발표할 예정인가요?
ⓐ 결과가 유망해 보여요.
ⓑ 분기별 보고서 마감이 금요일이에요.
✓ 재무팀의 Nicole이에요.
ⓓ 저는 어제 제 제안서를 발표했어요.

해설 누가 발표할 것인지 묻는 질문에 발표자의 이름을 제시하는 ⓒ가 정답입니다.

## 02 조동사 의문문  호주

Does your manager approve overtime requests quickly?
ⓐ I worked late last night.
✓ Usually within 24 hours.
ⓒ The project deadline is next week.
ⓓ Overtime pay is calculated monthly.

approve[əprú:v] 승인하다  overtime[óuvərtaim] 야근
request[rikwést] 신청  within[wiðín] 이내에
pay[pei] 수당, 급여  calculate[kǽlkjulèit] 계산하다

해석 당신의 매니저가 야근 신청을 빨리 승인하나요?
ⓐ 저는 어젯밤에 늦게 일했어요.
✓ 보통 24시간 내에요.
ⓒ 프로젝트 마감일이 다음 주예요.
ⓓ 야근 수당은 매월 계산돼요.

해설 승인 속도를 묻는 질문에 구체적인 시간을 제시하는 ⓑ가 정답입니다.

## 03 감정 표현 평서문 🎧 영국

I'm disappointed that the conference got canceled.
Ⓐ Conference rooms need advance booking.
Ⓑ Cancellation policies vary by venue.
Ⓒ Disappointed customers should contact management.
Ⓓ I know you were really looking forward to it.

disappointed[dìsəpɔ́intid] 실망한   cancel[kǽnsəl] 취소하다
advance booking 사전 예약   cancellation[kæ̀nsəléiʃən] 취소
policy[pá:ləsi] 정책   vary[véəri] 다르다   venue[vénju:] 장소
contact[ká:ntækt] 연락하다   look forward to 기대하다

해석   컨퍼런스가 취소되어서 실망이에요.
　　　Ⓐ 컨퍼런스 룸은 사전 예약이 필요해요.
　　　Ⓑ 취소 정책은 장소마다 달라요.
　　　Ⓒ 실망한 고객들은 관리부에 연락해야 해요.
　　　Ⓓ 당신이 정말 기대하고 있었다는 걸 알아요.

해설   상대방이 실망했다는 감정을 표현하는 말에 공감을 표하는 Ⓓ가 정답입니다.

## 04 When 의문문 🎧 미국

When does the new policy take effect?
Ⓐ All employees are affected.
Ⓑ Starting next Monday.
Ⓒ The policy manual is online.
Ⓓ HR reviewed all the policies.

take effect 시행되다, 적용되다   employee[implɔ́i:] 직원
affect[əfékt] 영향을 미치다

해석   새 정책이 언제 시행되나요?
　　　Ⓐ 모든 직원들이 영향을 받아요.
　　　Ⓑ 다음 주 월요일부터 시작돼요.
　　　Ⓒ 정책 매뉴얼이 온라인에 있어요.
　　　Ⓓ 인사팀이 모든 정책을 검토했어요.

해설   언제 시행되는지 묻는 질문에 구체적인 시작 날짜를 제시하는 Ⓑ가 정답입니다.

## 05 조동사 의문문 🎧 미국

Don't you have a meeting with the client today?
Ⓐ Let's meet in five minutes.
Ⓑ The documents are on my desk.
Ⓒ It was rescheduled for tomorrow morning.
Ⓓ They'll be with you shortly.

document[dá:kjumənt] 서류
reschedule[rì:skédʒu:l] 일정을 변경하다

해석   오늘 고객과 회의가 있지 않나요?
　　　Ⓐ 5분 후에 만납시다.
　　　Ⓑ 서류들이 제 책상 위에 있어요.
　　　Ⓒ 내일 아침으로 일정이 변경되었어요.
　　　Ⓓ 곧 당신에게 오실 거예요.

해설   오늘 고객과 회의가 있는지 확인하는 질문에 회의 일정이 변경되었다고 답하는 Ⓒ가 정답입니다.

## 06 Where 의문문 🎧 뉴질랜드

Where should we hold the team meeting?
Ⓐ The team leader will send invitations.
Ⓑ The conference room is available.
Ⓒ The agenda is ready.
Ⓓ We meet every Tuesday.

hold[hould] (회의를) 하다, 열다   invitation[ìnvitéiʃən] 초대장
available[əvéiləbl] 이용 가능한   agenda[ədʒéndə] 안건

해석   우리가 팀 회의를 어디서 해야 할까요?
　　　Ⓐ 팀 리더가 초대장을 보낼 거예요.
　　　Ⓑ 회의실이 이용 가능해요.
　　　Ⓒ 안건이 준비되었어요.
　　　Ⓓ 우리는 매주 화요일에 만나요.

해설   장소를 묻는 질문에 구체적인 장소 옵션을 제시하는 Ⓑ가 정답입니다.

## 07 조동사 의문문 🎧 호주

Does this restaurant accept credit cards?
Ⓐ The food here is excellent.
Ⓑ I made a reservation for 7 P.M.
Ⓒ Yes, all major cards are accepted.
Ⓓ The service charge is included.

accept[əksépt] 받다   credit card 신용카드
excellent[éksələnt] 훌륭한   reservation[rèzərvéiʃən] 예약
major[méidʒər] 주요한   service charge 서비스 요금
include[inklú:d] 포함하다

해석   이 레스토랑이 신용카드를 받나요?
　　　Ⓐ 여기 음식이 훌륭해요.
　　　Ⓑ 저는 오후 7시에 예약했어요.
　　　Ⓒ 네, 모든 주요 카드를 받아요.
　　　Ⓓ 서비스 요금이 포함되어 있어요.

해설   신용카드 사용 가능 여부를 묻는 질문에 그렇다고 한 뒤 모든 주요 카드를 받는다고 부연 설명을 하는 Ⓒ가 정답입니다.

## 08 정보 제공 평서문 🎧 영국

The parking lot will have new payment machines installed.
Ⓐ Payment options have become limited.
Ⓑ Parking spaces are hard to find.
Ⓒ I need to renew my driver's license soon.
Ⓓ When will the installation be complete?

install[instɔ́:l] 설치하다   payment[péimənt] 결제

option[á:pʃən] 옵션  limit[límit] 제한하다
parking space 주차 공간  installation[ìnstəléiʃən] 설치
complete[kəmplí:t] 완료하다

해석  주차장에 새로운 결제 기계가 설치될 예정이에요.
ⓐ 결제 옵션이 제한적이게 되었어요.
ⓑ 주차 공간을 찾기가 어려워요.
ⓒ 저는 곧 운전면허를 갱신해야 해요.
✓ⓓ 설치가 언제 완료될까요?

해설  주차장에 새로운 결제 기계가 설치될 예정이라는 정보를 제공하는 말에 완료 시기를 묻는 ⓓ가 정답입니다.

## 09  Who 의문문  🎧 미국

Who can help me with the new software setup?
ⓐ Software updates are important.
✓ⓑ The IT support team can assist you.
ⓒ I installed new shelves yesterday.
ⓓ Kevin upgraded his personal laptop.

support[səpɔ́:rt] 지원  assist[əsíst] 도와주다  shelf[ʃelf] 선반
laptop[lǽptàp] 노트북

해석  누가 새 소프트웨어 설치를 도와줄 수 있나요?
ⓐ 소프트웨어 업데이트는 중요해요.
✓ⓑ IT 지원팀이 도와드릴 수 있어요.
ⓒ 저는 어제 새 선반을 설치했어요.
ⓓ Kevin은 개인 노트북을 업그레이드했어요.

해설  누가 새 소프트웨어 설치를 도와줄 수 있는지 묻는 질문에 구체적인 부서명을 제시하는 ⓑ가 정답입니다.

## 10  How 의문문  🎧 호주

How many people are coming to the dinner?
ⓐ It's at the Korean restaurant downtown.
ⓑ Should I make a reservation?
✓ⓒ About fifteen, I think.
ⓓ The menu looks great.

reservation[rèzərvéiʃən] 예약

해석  저녁 식사에 몇 명이 올 예정인가요?
ⓐ 시내에 있는 한국 레스토랑에서예요.
ⓑ 예약을 해야 할까요?
✓ⓒ 약 15명 정도요, 제 생각에는요.
ⓓ 메뉴가 좋아 보여요.

해설  인원수를 묻는 질문에 구체적인 숫자로 답하는 ⓒ가 정답입니다.

## 11  제안 의문문  🎧 영국

Would you like to attend the workshop next Friday?
ⓐ It was very educational.
ⓑ Friday is the end of the week.
ⓒ The workshop room is booked.
✓ⓓ I'll check my schedule.

attend[əténd] 참석하다  workshop[wɔ́:rkʃàp] 워크숍
educational[èdʒukéiʃənl] 교육적인  book[buk] 예약하다
schedule[skédʒu:l] 일정

해석  다음 주 금요일 워크숍에 참석하시겠어요?
ⓐ 매우 교육적이었어요.
ⓑ 금요일은 한 주의 마지막이에요.
ⓒ 워크숍 룸이 예약되어 있어요.
✓ⓓ 제 일정을 확인해 볼게요.

해설  워크숍 참석을 제안하는 말에 자신의 일정을 확인해 보겠다는 ⓓ가 정답입니다.

## 12  Why 의문문  🎧 미국

Why did you miss the psychology lecture yesterday?
ⓐ I took some notes.
✓ⓑ I had a dentist appointment.
ⓒ Psychology is my major.
ⓓ Yes, she teaches that class.

miss[mis] 놓치다  psychology[saikάːlədʒi] 심리학
lecture[léktʃər] 강의  dentist[déntist] 치과의사
appointment[əpɔ́intmənt] 예약  major[méidʒər] 전공

해석  어제 심리학 강의를 왜 놓쳤나요?
ⓐ 메모를 좀 했어요.
✓ⓑ 치과 예약이 있었어요.
ⓒ 심리학은 제 전공입니다.
ⓓ 네, 그녀가 그 수업을 가르쳐요.

해설  강의를 놓친 이유를 묻는 질문에 구체적인 이유를 제시하는 ⓑ가 정답입니다.

## 13  조동사 의문문  🎧 영국

Do you remember where we parked the car?
ⓐ Yes, you can leave the car here.
ⓑ My phone battery died during the movie.
✓ⓒ I should have taken a photo of the spot.
ⓓ I couldn't recall her name.

recall[rikɔ́:l] 기억하다

해석  우리가 어디에 차를 주차했는지 기억하나요?
ⓐ 네, 여기에 차를 두고 가셔도 돼요.
ⓑ 영화 보는 동안 제 휴대폰 배터리가 다 됐어요.
✓ⓒ 그 자리 사진을 찍었어야 했는데요.
ⓓ 저는 그녀의 이름을 기억할 수 없었어요.

해설  주차한 자리를 기억하는지 확인하는 질문에 기억하지 못한다는 뜻으로 사진을 찍었어야 했다며 후회하는 ⓒ가 정답입니다.

## 14 의견 전달 평서문  🔊 뉴질랜드

I feel the cafeteria food has gotten much worse this semester.
(A) The cafeteria hours changed last month.
(B) Let's talk to the food service manager.
(C) I usually eat lunch around noon.
(D) The new tables look really modern.

semester [siméstər] 학기   modern [mɑ́:dərn] 현대적인

해석 이번 학기에 구내식당 음식이 훨씬 나빠진 것 같아요.
(A) 구내식당 운영시간이 지난달에 바뀌었어요.
(B) 음식 서비스 관리자와 얘기해 봅시다.
(C) 저는 보통 정오쯤에 점심을 먹어요.
(D) 새 테이블들이 정말 현대적으로 보여요.

해설 구내식당 음식이 나빠졌다는 의견을 전달하는 말에 문제 해결을 위한 구체적 행동을 제안하는 (B)가 정답입니다.

## 15 When 의문문  🔊 미국

When is the deadline for the quarterly report?
(A) The report covers three months of data.
(B) Everyone needs to submit their section.
(C) No, the finance team is reviewing it now.
(D) I'll have to get back to you on that.

deadline [dédlàin] 마감일   cover [kʌ́vər] 다루다
submit [səbmít] 제출하다   review [rivjú:] 검토하다
get back to (~에게) 다시 연락하다

해석 분기별 보고서 마감일이 언제인가요?
(A) 보고서는 3개월간의 데이터를 다뤄요.
(B) 모든 사람이 자신의 부분을 제출해야 해요.
(C) 아니요, 재무팀이 지금 검토하고 있어요.
(D) 그것에 대해 다시 연락드릴게요.

해설 마감일이 언제인지 묻는 질문에 확인 후 다시 연락하겠다며 잘 모른다는 의미를 간접적으로 전달하는 (D)가 정답입니다.

## 16 부가 의문문  🔊 뉴질랜드

The restaurant is closed on Mondays, isn't it?
(A) It's quite far from here.
(B) I've tried everything on the menu.
(C) Actually, they're open every day now.
(D) The Monday specials are popular.

actually [ǽktʃuəli] 사실은   special [spéʃəl] 특별 메뉴

해석 그 레스토랑이 월요일에 문을 닫죠, 그렇지 않나요?
(A) 여기서 꽤 멀어요.
(B) 저는 메뉴에 있는 모든 것을 먹어봤어요.
(C) 사실, 그곳은 이제 매일 문을 열어요.
(D) 월요일 특별 메뉴가 인기가 많아요.

해설 레스토랑이 월요일에 문을 닫는지 확인하는 질문에 현재는 매일 열고 있다며 정정하는 (C)가 정답입니다.

## 17 정보 제공 평서문  🔊 미국

Our quarterly sales increased by 15 percent.
(A) Sales training starts next Monday.
(B) I need the percentage calculations.
(C) Fifteen minutes is enough time.
(D) That's excellent news for the company.

quarterly [kwɔ́:rtərli] 분기별의   minute [mínit] 분
excellent [éksələnt] 훌륭한

해석 우리의 분기별 매출이 15퍼센트 증가했어요.
(A) 영업 교육이 다음 주 월요일에 시작해요.
(B) 저는 퍼센트 계산이 필요해요.
(C) 15분이면 충분한 시간이에요.
(D) 그것은 회사에 훌륭한 소식이네요.

해설 분기별 매출이 15퍼센트 증가했다는 말에 좋은 소식이라며 긍정적으로 반응하는 (D)가 정답입니다.

## 18 Where 의문문  🔊 영국

Where's the nearest copy center?
(A) I haven't counted the pages.
(B) I'm not familiar with this area.
(C) The copies should be double-sided.
(D) No problem.

familiar [fəmíliər] 익숙한   area [éəriə] 지역
double-sided [dʌ̀blsáidid] 양면의

해석 가장 가까운 복사 센터가 어디에 있나요?
(A) 저는 페이지 수를 세어보지 않았어요.
(B) 저는 이 지역을 잘 몰라요.
(C) 복사본은 양면으로 되어야 해요.
(D) 문제없어요.

해설 가까운 복사 센터가 어디 있는지 묻는 질문에 대해 자신은 이 지역을 잘 모른다는 말로 위치를 모른다는 것을 간접적으로 전달하는 (B)가 정답입니다.

## 19 제공 의문문  🔊 미국

Can I get you something to eat from the cafeteria?
(A) I don't have any change.
(B) The salad bar looks fresh.
(C) I usually eat at my desk.
(D) Maybe just a sandwich if they have one.

cafeteria [kæ̀fətíəriə] 구내식당

해석 구내식당에서 먹을 것을 좀 사다 줄까요?
(A) 저는 잔돈이 하나도 없어요.
(B) 샐러드 바가 신선해 보여요.
(C) 저는 보통 제 책상에서 먹어요.

있으면 샌드위치 하나만 부탁해요.

해설 구내식당에서 먹을 것을 좀 사다 줄지 묻는 질문에 대해 조건부로 수락하는 ⓓ가 정답입니다.

## 20 How 의문문  호주

How was your business trip to Tokyo?
ⓐ I need to book my flight soon.
ⓑ I prefer traveling by train.
✓ Very productive, thanks for asking.
ⓓ My passport expires next year.

business trip 출장  book[buk] 예약하다
productive[prədʌ́ktiv] 생산적인  expire[ikspáiər] 만료되다

해설 도쿄 출장은 어땠나요?
ⓐ 곧 비행기를 예약해야 해요.
ⓑ 저는 기차로 여행 가는 걸 더 선호해요.
✓ 매우 생산적이었어요, 물어봐 주셔서 감사해요.
ⓓ 제 여권은 내년에 만료돼요.

해설 출장 경험에 대한 결과를 묻는 질문에 긍정적 평가와 감사 표현으로 답하는 ⓒ가 정답입니다.

## 21 선택 의문문  미국

Are you paying with cash or a credit card?
ⓐ It's around $20 each.
ⓑ I forgot to leave a tip.
ⓒ The total amount is reasonable.
✓ I'll use my mobile payment app.

reasonable[ríːzənəbl] 합리적인  mobile payment 모바일 결제

해설 현금으로 결제하시나요 아니면 신용카드로 하시나요?
ⓐ 개당 약 20달러예요.
ⓑ 팁을 남기는 걸 깜빡했어요.
ⓒ 총금액이 합리적이에요.
✓ 모바일 결제 앱을 사용할게요.

해설 현금 또는 신용카드 중 하나를 선택하라는 질문에 대해 아무것도 선택하지 않고 제3의 결제 방법을 선택하는 ⓓ가 정답입니다.

## 22 Why 의문문  뉴질랜드

Why isn't Hannah joining the project team?
ⓐ The project starts next month.
✓ She requested to be excluded.
ⓒ She has excellent qualifications.
ⓓ The team needs five more members.

join[dʒɔin] 합류하다  exclude[iksklúːd] 제외하다
excellent[éksələnt] 뛰어난  qualification[kwɑ̀ːləfikéiʃən] 자격

해설 Hannah가 왜 프로젝트팀에 합류하지 않나요?
ⓐ 프로젝트가 다음 달에 시작돼요.
✓ 그녀는 제외되기를 요청했어요.
ⓒ 그녀는 뛰어난 자격을 갖고 있어요.
ⓓ 팀은 5명의 멤버가 더 필요해요.

해설 Hannah가 프로젝트팀에 합류하지 않는 이유를 묻는 질문에 대해 구체적인 이유를 제시하는 ⓑ가 정답입니다.

## 23 조동사 의문문  영국

Did you submit your timesheet on Friday?
ⓐ I haven't seen it yet.
ⓑ The management has all the forms.
✓ Was I supposed to?
ⓓ You can change your hours.

submit[səbmít] 제출하다  timesheet[táimʃiːt] 근무 시간표
management[mǽnidʒmənt] 경영진
be supposed to ~하기로 되어 있다

해설 금요일에 근무 시간표를 제출했나요?
ⓐ 저는 아직 그것을 보지 못했어요.
ⓑ 경영진은 모든 양식들을 가지고 있어요.
✓ 제가 그렇게 하기로 되어 있었나요?
ⓓ 당신의 시간을 변경할 수 있어요.

해설 근무 시간표 제출 여부를 묻는 질문에 그렇게 하기로 되어 있었는지 되묻는 ⓒ가 정답입니다.

## 24 정보 제공 평서문  미국

I have to cancel our lunch meeting today.
ⓐ Lunch meetings are more casual.
ⓑ Today's restaurant reservations are full.
ⓒ I cancelled my membership last month.
✓ No problem at all.

casual[kǽʒuəl] 캐주얼한  reservation[rèzərvéiʃən] 예약

해설 오늘 우리의 점심 회의를 취소해야 해요.
ⓐ 점심 회의는 더 캐주얼해요.
ⓑ 오늘 레스토랑 예약이 다 찼어요.
ⓒ 저는 지난달에 제 멤버십을 취소했어요.
✓ 전혀 문제없어요.

해설 오늘 점심 회의를 취소해야 한다는 정보를 전달하는 말에 전혀 문제없다며 괜찮다는 뜻을 표현하는 ⓓ가 정답입니다.

## 25 What 의문문  영국

What time does the presentation begin?
✓ At 2 P.M. in the main auditorium.
ⓑ It covers our quarterly results.
ⓒ The presenter is very experienced.
ⓓ How long will it last?

auditorium[ɔ̀ːditɔ́ːriəm] 강당  quarterly[kwɔ́ːrtərli] 분기별의
experienced[ikspíəriənst] 경험이 풍부한

해석 발표가 몇 시에 시작하나요?
ⓐ 오후 2시에 메인 강당에서요.
ⓑ 우리의 분기별 결과를 다뤄요.
ⓒ 발표자는 매우 경험이 풍부해요.
ⓓ 얼마나 오래 걸릴까요?

해설 발표의 시작 시간을 묻는 질문에 구체적인 시간과 장소를 제시하는 ⓐ가 정답입니다.

## 26 Be 동사 의문문 🎧 영국

Are you sure about the meeting time?
ⓐ The meeting room is reserved.
ⓑ Let me double-check my calendar.
ⓒ It'll be different this time.
ⓓ Meeting agendas are helpful.

sure [ʃuər] 확실한  double-check [dʌ̀bltʃék] 다시 확인하다
calendar [kǽləndər] 달력  helpful [hélpfəl] 도움이 되는

해석 회의 시간에 대해 확실하세요?
ⓐ 회의실이 예약되어 있어요.
ⓑ 제 달력을 다시 확인해 볼게요.
ⓒ 이번에는 다를 거예요.
ⓓ 회의 안건이 도움이 돼요.

해설 회의 시간이 확실한지 확인하는 질문에 확실하지 않다는 뜻으로 다시 확인하겠다고 답하는 ⓑ가 정답입니다.

## 27 Be 동사 의문문 🎧 미국

Wasn't Dr. Rodriguez teaching that class?
ⓐ The classroom has been changed.
ⓑ I registered for it last week.
ⓒ No, his research is very interesting.
ⓓ He's on sabbatical this semester.

register [rédʒistər] 등록하다  research [ríːsəːrtʃ] 연구
sabbatical [səbǽtikəl] 안식년

해석 Rodriguez 박사님이 그 수업을 가르치고 있지 않았나요?
ⓐ 교실이 바뀌었어요.
ⓑ 저는 지난주에 등록했어요.
ⓒ 아니요, 그분의 연구가 매우 흥미로워요.
ⓓ 그분이 이번 학기에 안식년이에요.

해설 Rodriguez 박사님이 수업을 가르치고 있지 않았는지 확인하는 질문에 대해 그렇지 않은 이유를 설명하는 ⓓ가 정답입니다.

## 28 요청 의문문 🎧 미국

Would you mind turning down the music a little?
ⓐ Of course not.
ⓑ The speakers are in the corner.
ⓒ This song is very popular, too.
ⓓ My roommate set up the sound system.

turn down 볼륨을 줄이다  corner [kɔ́ːrnər] 구석

해석 음악 소리를 조금 줄여주시겠어요?
ⓐ 물론이죠.
ⓑ 스피커가 구석에 있어요.
ⓒ 이 노래도 매우 인기가 많아요.
ⓓ 제 룸메이트가 음향 시스템을 설치했어요.

해설 소리를 줄여줄 수 있냐는 정중한 요청에 대해 흔쾌히 수락하는 ⓐ가 정답입니다.

# TASK 2 대화 듣고 문제 풀기 Listen to a Conversation

## Day 09 중심 내용을 파악하는 문제

**Daily Check-up** ......................................... p.116

01 Ⓐ  02 Ⓑ  03 Ⓑ  04 Ⓑ

### 01
🔊 영국 → 미국

W ⁰¹Did you hear that ① the library is extending its hours during finals week? It'll be open until 2 A.M. starting on Monday.
M That's great news! I've been struggling to ② find quiet study space in my dorm. Do you know if it's still using that seat reservation system?
W Yes. You can ③ reserve spots online up to 48 hours in advance. I already booked a table on the third floor for Tuesday night.
M Perfect. I'll check its website right after this class and secure a spot for Wednesday.

extend[iksténd] 연장하다
struggle[strʌ́gl] 어려움을 겪다, 분투하다  in advance 전에, 미리
book[buk] 예약하다

해석 W 도서관이 기말고사 주간에 운영 시간을 연장한다는 소식 들었어요? 월요일부터 새벽 2시까지 문을 연대요.
M 좋은 소식이네요! 저는 기숙사에서 조용한 공부 공간을 찾는 데 어려움을 겪고 있었어요. 좌석 예약 시스템을 아직도 사용하는지 알아요?
W 네. 최대 48시간 전에 온라인으로 자리를 예약할 수 있어요. 저는 이미 화요일 밤에 3층 테이블을 예약했어요.
M 완벽하네요. 저는 이 수업이 끝나자마자 웹사이트를 확인해서 수요일 자리를 확보할 거예요.

Q 주제 문제
해설 대화 초반에 도서관 운영 시간 연장과 구체적 시간을 언급하고, 이어서 예약 방식에 대한 대화가 계속됩니다. 따라서 Ⓐ가 정답입니다.

### 02
🔊 미국 → 영국

W I saw your flyer about ① the Environmental Action Club. I'm really interested in joining since I care about sustainability issues.
M That's wonderful! ⁰²We're planning ② a campus cleanup event next month, and we need volunteers to help organize it.
W I'd love to participate. What kind of preparation is involved?
M We need people to ③ coordinate with facilities management, create volunteer schedules, and distribute supplies like gloves and trash bags.

flyer[fláiər] 전단지  sustainability[səstèinəbíləti] 지속 가능성
volunteer[vὰːləntíər] 자원봉사자
organize[ɔ́ːrɡənàiz] 준비하다, 정리하다
participate[pɑːrtísəpèit] 참여하다
distribute[distríbjuːt] 배포하다

해석 W 환경 행동 동아리에 대한 전단지를 봤어요. 저는 지속가능성 문제에 관심이 있어서 가입하고 싶어요.
M 정말 좋네요! 우리는 다음 달 캠퍼스 청소 행사를 계획 중인데, 준비하는 것을 도와줄 자원봉사자가 필요해요.
W 참여하고 싶어요. 어떤 준비가 필요하죠?
M 시설 관리팀과 조율하고, 자원봉사자 일정표를 만들고, 장갑과 쓰레기봉투 같은 물품을 배포할 사람들이 필요해요.

Q 주제 문제
해설 환경 행동 동아리에 가입하려는 여자에게 캠퍼스 청소 행사를 소개하며 대화를 이어가고 있습니다. 따라서 Ⓑ가 정답입니다.

### 03
🔊 뉴질랜드 → 호주

W ① ⁰³The Photography Club is organizing an exhibit next month. Are you planning to ② submit any of your work?
M I've been considering it, but I'm not sure my photos are ③ good enough for public display.
W Don't underestimate yourself! Your landscape series from last semester is absolutely stunning. You should definitely enter some of those.
M You really think so? Maybe I'll select ④ three or four of my best shots and see how they look framed.

submit[səbmít] 제출하다
underestimate[ʌ̀ndəréstəmeit] 과소평가하다
absolutely[æ̀bsəlúːtli] 정말로  stunning[stʌ́niŋ] 놀라운, 충격적인

해석 W 사진 동아리가 다음 달 전시회를 개최할 예정이에요. 작품을 출품할 계획이 있나요?
M 생각해 보긴 했는데, 제 사진들이 공개 전시에 내기엔 충분히 좋은지 잘 모르겠어요.
W 자신을 과소평가하지 마세요! 지난 학기 당신의 풍경 시리즈는 정말 놀라워요. 꼭 그 작품들 중 몇 점은 출품해야 해요.
M 정말 그렇게 생각하세요? 그럼 가장 잘 나온 사진 서너 장을 골라 액자에 넣어서 어떻게 보이는지 볼게요.

Q 주제 문제
해설 화자들이 논의하는 행사는 무엇인가?

Ⓐ 사진 워크샵
Ⓑ 학생 미술 전시회
Ⓒ 동아리 회원 모집 행사

해설 첫 문장에서 사진 동아리가 전시회를 개최한다고 했고, 이후에도 출품, 액자 등 전시 관련 내용이 이어집니다. 따라서 학생 미술 전시회라는 Ⓑ가 정답입니다.

어휘 workshop[wə́:rkʃə̀:p] 워크숍  membership[mémbərʃip] 회원

## 04

뉴질랜드 → 영국

M Professor Allen, I'm sorry to bother you, but I ① have a situation related to the research paper that's due tomorrow.
W What's the problem, Robert?
M My grandmother was hospitalized over the weekend, and I had to travel home to help my family. 04 I've completed most of the research, but ② I need a few more days to finish writing.
W I understand that ③ family emergencies happen. You can have until Friday, but make sure to email me the ④ documentation from the hospital.

bother[bá:ðər] 방해하다  be hospitalized 입원하다
documentation[dà:kjumentéiʃən] 증빙(증거) 서류

해설 M Allen 교수님, 방해해서 죄송하지만 내일 마감인 연구 보고서와 관련해 문제가 생겨서요.
W 무슨 문제죠, Robert?
M 주말에 할머니께서 입원하셔서 가족을 도우러 집에 다녀와야 했어요. 연구는 대부분 끝났지만, 글을 마무리하려면 며칠이 더 필요해요.
W 가족 응급 상황이 생길 수 있다는 걸 이해합니다. 금요일까지 제출해도 되는데, 대신 병원에서 발급된 증빙 서류를 이메일로 저에게 보내주세요.

Q 목적 문제
해설 학생은 왜 교수를 찾아가는가?
Ⓐ 최근 수업 결석에 대해 설명하기 위해
Ⓑ 과제 마감 연장을 요청하기 위해
Ⓒ 글쓰기 도움을 요청하기 위해

해설 학생은 교수님을 찾아가 가족 응급 상황으로 인해 내일 마감인 연구 보고서를 작성하는 데 며칠이 더 필요하다고 했습니다. 따라서 과제 마감 연장을 요청하기 위해라는 Ⓑ가 정답입니다.

어휘 explain[ikspléin] 설명하다  absence[ǽbsəns] 결석
extension[iksténʃən] 연장  assignment[əsáinmənt] 과제

## Daily Test
p.118

| 01 Ⓑ | 02 Ⓒ | 03 Ⓐ | 04 Ⓒ | 05 Ⓑ | 06 Ⓓ |
| 07 Ⓐ | 08 Ⓒ | 09 Ⓑ | 10 Ⓓ | 11 Ⓒ | 12 Ⓓ |

## 01

호주 → 미국

Listen to a conversation.

W Justin, 01 we need to finalize the details for next Friday's bake sale fundraiser. Have you confirmed the location in the Student Union Building's lobby?
M Yes, everything's set up. We have three tables reserved from 11 A.M. to 3 P.M. I'm a bit concerned about having enough variety though.
W Don't worry. I've already contacted the 12 students who volunteered to contribute baked goods. We should have cookies, muffins, brownies, and even some gluten-free options.
M That sounds perfect. I'll set up donation boxes for people who want to contribute extra to the scholarship fund.

finalize[fáinəlàiz] 확정하다, 마무리하다
confirm[kənfə́:rm] 확인하다  contact[ká:ntækt] 연락하다
contribute[kəntríbju:t] 제공하다, 기여하다
scholarship fund 장학 기금

해설 대화를 들으시오.
W Justin, 우리는 다음 금요일 빵 판매 모금 행사 세부 사항을 확정해야 해요. 학생회관 로비 안의 위치는 확인하였나요?
M 네, 모든 것이 준비됐어요. 오전 11시부터 오후 3시까지 테이블 세 개를 예약했어요. 다만 품목 다양성이 충분할지 조금 걱정돼요.
W 걱정하지 마세요. 제과 제품을 제공하겠다고 자원한 학생 12명에게 이미 연락했어요. 쿠키, 머핀, 브라우니, 글루텐 프리 옵션까지 있을 거예요.
M 완벽하네요. 저는 장학 기금에 추가로 기부하고 싶은 사람들을 위해 기부 상자를 설치할게요.

Q 주제 문제
해설 화자들은 어떤 행사를 계획하고 있는가?
Ⓐ 장학금 수여식
Ⓑ 기금 모금 빵 판매
Ⓒ 학생 오리엔테이션
Ⓓ 요리 경연 대회

해설 대화 초반에 빵 판매 모금 행사를 언급한 뒤 행사 준비 사항에 대한 대화가 이어집니다. 따라서 기금 모금 빵 판매라는 Ⓑ가 정답입니다.

어휘 fundraising[fʌ́ndrèisiŋ] 기금
orientation[ɔ̀:riəntéiʃən] 오리엔테이션
competition[kà:mpətíʃən] 경연 대회

## 02

미국 → 영국

**Listen to a conversation.**

M: ⁰²Have you tried using the library's new online booking system for study rooms?
W: Not yet. Is it complicated? The old system was pretty straightforward.
M: It's actually much better. You can see real-time availability and book rooms up to a week in advance. Plus, you get confirmation emails.
W: That sounds convenient. I have a group project due next week, so I'll need to reserve a room.

complicated[kɑ́:mpləkèitid] 복잡한  pretty[príti] 꽤
straightforward[strèitfɔ́:rwərd] 간단한, 솔직한
availability[əvèiləbíləti] 이용 가능 여부
convenient[kənví:njənt] 편리한

해석  대화를 들으시오.
  M: 도서관의 새로운 온라인 스터디룸 예약 시스템을 사용해 봤나요?
  W: 아직요. 복잡한가요? 예전 시스템은 꽤 간단했어요.
  M: 사실 훨씬 더 좋아요. 실시간 이용 가능 여부를 볼 수 있고, 최대 일주일 전에 예약할 수 있어요. 게다가 확정 이메일도 받아요.
  W: 편리한 것 같네요. 다음 주 마감인 조별 과제가 있어서, 방을 예약해야 할 것 같아요.

Q  주제 문제
해석  화자들은 주로 무엇을 논의하고 있는가?
  ⓐ 도서관 정책 변경
  ⓑ 스터디 그룹 구성
  ✓ⓒ 새로운 예약 시스템
  ⓓ 스터디룸 이용 가능 여부 문제

해설  대화 초반에 도서관의 새로운 온라인 예약 시스템을 언급하고, 이후 새로운 기능과 장점에 대한 설명이 이어집니다. 따라서 새로운 예약 시스템이라는 ⓒ가 정답입니다.

어휘  policy[pɑ́:ləsi] 정책  formation[fɔ:rméiʃən] 구성
  reservation[rèzərvéiʃən] 예약

## 03

영국 → 미국

**Listen to a conversation.**

M: ⁰³I saw the posting about the student newspaper looking for new writers. ⁰³Are you still accepting applications?
W: Yes, we are! We're particularly looking for writers to cover campus events and sports. Do you have any writing experience?
M: I wrote for my high school paper for two years, mostly covering local events and student activities. I'm really interested in continuing that here.
W: That's perfect! Can you come in for a brief interview this Thursday afternoon? We can discuss your experience and go over the available assignments.

application[æpləkéiʃən] 지원서  look for 찾다
cover[kʌ́vər] ~의 기사를 담당하다  go over 살피다, 검토하다

해석  대화를 들으시오.
  M: 학생 신문이 새로운 기자를 찾는다는 공고를 봤어요. 아직 지원서를 받고 있나요?
  W: 네, 받고 있어요! 특히 교내 행사와 스포츠를 담당할 기자를 찾고 있어요. 글쓰기 경험이 있나요?
  M: 고등학교 신문에서 2년 동안 글을 썼고, 주로 지역 행사와 학생 활동을 다뤘어요. 여기서도 계속하는 것에 정말 관심이 있어요.
  W: 완벽하네요! 이번 주 목요일 오후에 간단한 면접을 위해 올 수 있나요? 저희는 당신의 경험에 대해 논의하고 가능한 과제를 살펴볼 수 있겠어요.

Q  주제 문제
해석  화자들은 주로 무엇을 논의하고 있는가?
  ✓ⓐ 캠퍼스 신문 지원서
  ⓑ 저널리즘 인턴십 기회
  ⓒ 다가오는 스포츠 행사 보도
  ⓓ 학생 신문 발행 일정

해설  대화 초반에 학생 신문의 기자 모집 공고를 언급한 뒤, 지원 자격, 경험 소개, 면접 일정 등 신문 기자 지원 과정에 대한 대화가 이어집니다. 따라서 캠퍼스 신문 지원서라는 ⓐ가 정답입니다.

어휘  journalism[dʒə́:rnəlizm] 저널리즘
  internship[íntə:rnʃip] 인턴십  opportunity[à:pərtjú:nəti] 기회
  coverage[kʌ́vəridʒ] 보도  publication[pʌ̀bləkéiʃən] 발행

## 04

뉴질랜드 → 영국

**Listen to a conversation.**

W: Hi, James. I heard you take excellent notes. I missed Tuesday's lecture in Professor Walker's economics class due to a doctor's appointment.
M: Yeah, we covered a lot of important material about market structures. It's going to be on the midterm for sure.
W: ⁰⁴Would it be possible for me to borrow your notes? I can make a copy and return them to you right away.
M: Of course! I'll bring them to class on Thursday.

economics[èkəná:miks] 경제학
appointment[əpɔ́intmənt] 예약  midterm[mìdtə́:rm] 중간고사
borrow[bɑ́:rou] 빌리다

해석  대화를 들으시오.
  W: 안녕하세요, James. 당신이 필기를 아주 잘 한다고 들었어요. 제가 의사 예약 때문에 Walker 교수님 경제학 수업의 화요일 강의를 못 들었거든요.
  M: 네, 시장 구조에 관한 중요한 내용을 많이 다뤘어요. 중간고사에 확실히 나올 거예요.

W 제가 필기를 좀 빌릴 수 있을까요? 복사해서 바로 돌려 드릴게요.
M 물론이죠! 목요일 수업에 가져올게요.

**Q 목적 문제**

해석 여자가 남자에게 말을 거는 이유는 무엇인가?
Ⓐ 곧 있을 중간고사에 대해 묻기 위해
Ⓑ 교수님의 수업 방식에 대해 논의하기 위해
Ⓒ 남자의 수업 노트를 빌리기 위해 ✓
Ⓓ 스터디 그룹을 만들기 위해

해설 여자가 남자에게 노트 필기를 잘 한다고 들었다고 언급한 뒤, 수업 노트를 빌릴 수 있는지 물어보는 대화가 이어집니다. 따라서 남자의 수업 노트를 빌리기 위해라는 Ⓒ가 정답입니다.

어휘 upcoming [ʌ́pkʌ̀miŋ] 곧 있을

## 05

미국 → 호주

**Listen to a conversation.**

W Mike, 05what did the mechanic say about your car's engine noise?
M 05It's the timing belt, and it needs to be replaced soon. The repair will cost around 400 dollars.
W That's expensive, but timing belts are crucial. If it breaks while you're driving, you could have major engine damage.
M You're right. I'll schedule the repair for next week when I get my paycheck.

mechanic [məkǽnik] 정비사   replace [ripléis] 교체하다
crucial [krúːʃəl] 중요한   repair [ripéər] 수리하다
paycheck [péitʃèk] 월급

해석 대화를 들으시오.
W Mike, 정비사가 차 엔진 소음에 대해 뭐라고 했어요?
M 타이밍 벨트 문제라서, 곧 교체해야 한다고 하네요. 수리비는 약 400달러 정도에요.
W 비싸지만, 타이밍 벨트는 중요해요. 운전 중에 끊어지면, 엔진에 큰 손상이 생길 수 있거든요.
M 맞아요. 월급을 받으면 다음 주로 수리를 예약할 거예요.

**Q 주제 문제**

해석 화자들은 주로 무엇을 논의하고 있는가?
Ⓐ 보험 청구
Ⓑ 고장 난 자동차 부품 ✓
Ⓒ 교통 혼잡 문제
Ⓓ 주차 가능성 문제

해설 대화 초반에 여자가 차 엔진 소음에 대해 언급한 뒤, 타이밍 벨트 수리가 필요하다는 내용의 대화가 이어집니다. 따라서 고장 난 자동차 부품이라는 Ⓑ가 정답입니다.

어휘 insurance [inʃúərəns] 보험   claim [kleim] 청구
malfunctioning [mælfʌ́ŋkʃəniŋ] 고장 난
component [kəmpóunənt] 부품   traffic [trǽfik] 교통

congestion [kəndʒéstʃən] 혼잡
availability [əvèiləbíləti] 가능성

## 06

미국 → 뉴질랜드

**Listen to a conversation.**

W 06My roommate has been playing loud music late at night, and it's affecting my sleep.
M That's really inconsiderate. Have you spoken to her about it directly?
W I tried, but she just brushed it off. I'm thinking about contacting the residence advisor.
M That might be your best option. They're trained to handle these kinds of roommate conflicts diplomatically.

affect [əfékt] 영향을 주다
inconsiderate [ìnkənsídərət] 배려가 없는, 사려깊지 못한
brush somebody off ~를 무시하다
diplomatically [dìpləmǽtikəli] 외교적으로

해석 대화를 들으시오.
W 제 룸메이트가 늦은 밤에 큰 소리로 음악을 틀어서, 제 수면에 영향을 주고 있어요.
M 정말 배려가 없네요. 그녀에게 그것에 대해 직접 말해봤나요?
W 시도해 봤지만, 그냥 무시해 버렸어요. 사감 선생님에게 연락하는 것을 생각하고 있어요.
M 그것이 최선의 방법일 수도 있어요. 사감 선생님들은 이런 종류의 룸메이트 갈등을 외교적으로 처리하도록 훈련받으셨거든요.

**Q 주제 문제**

해석 화자들은 주로 무엇을 논의하고 있는가?
Ⓐ 기숙사의 고장 난 음향 시스템
Ⓑ 기숙사의 부족한 학습 공간
Ⓒ 불공정한 방 배정 정책
Ⓓ 룸메이트의 과도한 소음 ✓

해설 대화 초반에 여자가 늦은 밤 룸메이트의 큰 음악 소리로 인한 수면 방해를 호소하였고, 사감에게 연락하라고 조언하는 대화가 이어집니다. 따라서 룸메이트의 과도한 소음이라는 Ⓓ가 정답입니다.

어휘 dormitory [dɔ́ːrmətɔ̀ːri] 기숙사
inadequate [inǽdikwət] 부족한   residence hall 기숙사
unfair [ʌ̀nféər] 불공정한   assignment [əsáinmənt] 배정
excessive [iksésiv] 과도한

## 07

미국 → 뉴질랜드

**Listen to a conversation.**

M 07I need to reschedule my annual physical exam. The appointment conflicts with an important client meeting.
W No problem. Dr. Young has openings next Tuesday and Wednesday morning. Which day works better for you?

M　Wednesday would be ideal. What time slots are available?
W　She has 9 A.M. and 10:30 A.M. open. Which time would work best for you?
M　Nine in the morning is fine.

annual[ǽnjuəl] 연례의, 매년의　time slot 시간대

해석　대화를 들으시오.
　　M　저는 연례 건강검진 일정을 변경해야 해요. 그 예약이 중요한 고객 회의와 겹쳐서요.
　　W　문제없어요. Young 박사님이 다음 주 화요일이나 수요일 오전에 시간이 있어요. 어느 날이 더 좋으세요?
　　M　수요일이 좋겠어요. 어떤 시간대가 가능한가요?
　　W　오전 9시와 10시 30분이 비어 있어요. 몇 시가 가장 편하신가요?
　　M　아침 9시가 좋아요.

Q　목적 문제
해석　남자가 여자와 이야기하는 이유는 무엇인가?
　　Ⓐ 예약 변경을 요청하기 위해 ✓
　　Ⓑ 보험 적용 옵션에 대해 문의하기 위해
　　Ⓒ 최근 검사 결과를 논의하기 위해
　　Ⓓ 전문의와의 상담을 예약하기 위해

해설　대화 초반에 남자가 연례 건강검진 일정 변경을 요청하였고, 예약 변경과 관련된 대화가 이어집니다. 따라서 예약 변경을 요청하기 위해라는 Ⓐ가 정답입니다.

어휘　insurance[inʃúərəns] 보험　consultation[kὰːnsəltéiʃən] 상담
specialist[spéʃəlist] 전문의

## 08

Listen to a conversation.

W　⁰⁸I lost my student ID card yesterday. How can I get a replacement?
M　No problem. We can issue a new card right here. There's a $15 replacement fee, and I'll need a piece of photo ID for verification.
W　I have my driver's license. How long will it take?
M　The new card will be ready tomorrow. In the meantime, I can print a temporary ID card.
W　Yes, that would be helpful.
M　Here's your temporary ID. It's valid for 24 hours and provides access to all facilities except for the gym.

replacement[ripléismənt] 재발급, 대체품
verification[vèrəfikéiʃən] 확인　temporary[témpərèri] 임시의
valid[vǽlid] 유효한

해석　대화를 들으시오.
　　W　어제 학생증을 분실했어요. 어떻게 재발급받을 수 있나요?
　　M　문제없어요. 바로 여기서 새 카드를 발급해 드릴 수 있어요. 재발급 수수료 15달러가 필요하고, 신분 확인을 위해 사진이 있는 신분증 한 장이 필요해요.
　　W　운전면허증이 있어요. 얼마나 걸릴까요?
　　M　새 카드는 내일 준비될 거예요. 그 기간 동안 임시 신분증을 출력해 드릴 수 있어요.
　　W　네, 그러면 도움이 될 것 같아요.
　　M　여기 임시 신분증입니다. 이것은 24시간 유효하고, 체육관을 제외한 모든 시설의 이용 권한이 제공됩니다.

Q　주제 문제
해석　화자들은 주로 무엇을 논의하고 있는가?
　　Ⓐ 다가오는 캠퍼스 행사
　　Ⓑ 학교 정책 변경
　　Ⓒ 학생증 재발급 ✓
　　Ⓓ 결제 분쟁

해설　대화 초반에 여자가 분실한 학생증 재발급을 요청했고, 재발급 절차와 임시 신분증 발급에 대해 설명하는 대화가 이어집니다. 따라서 학생증 재발급이라는 Ⓒ가 정답입니다.

어휘　payment[péimənt] 결제　dispute[dispjúːt] 분쟁

## 09

Listen to a conversation.

M　⁰⁹I need training on the electron microscope. When are the next sessions available?
W　We offer training workshops every two weeks. The next one is on Thursday at 2 P.M., but it's already full.
M　When would be the session after that?
W　Two weeks from Thursday, at the same time. However, if it's urgent, Professor Chen sometimes does individual training sessions.
M　I prefer a group session. How do I register?
W　I can put you on the list right now.

electron microscope 전자 현미경　urgent[ə́ːrdʒənt] 급한

해석　대화를 들으시오.
　　M　저는 전자 현미경에 대한 교육이 필요해요. 다음 세션은 언제 가능한가요?
　　W　저희는 2주마다 교육 워크숍을 제공해요. 다음 세션은 목요일 오후 2시인데, 이미 꽉 찼어요.
　　M　그 다음 세션은 언제인가요?
　　W　목요일로부터 2주 후, 같은 시간이에요. 하지만 급하시면 Chen 교수님이 때때로 개별 교육을 해주시기도 해요.
　　M　저는 그룹 세션을 선호해요. 어떻게 등록하나요?
　　W　지금 바로 명단에 올려드릴 수 있어요.

Q　주제 문제
해석　화자들은 주로 무엇을 논의하고 있는가?
　　Ⓐ 과제 마감일
　　Ⓑ 교육 일정 ✓
　　Ⓒ 안전 점검
　　Ⓓ 연구 제안서

해설 대화 초반에 남자가 전자 현미경 교육 일정을 물었고, 교육 일정과 등록 방법을 설명하는 대화가 이어집니다. 따라서 교육 일정이라는 ⓑ가 정답입니다.

어휘 assignment[əsáinmənt] 과제 deadline[dédlàin] 마감일
inspection[inspékʃən] 점검 proposal[prəpóuzəl] 제안서

## 10

🔊 뉴질랜드 → 미국

**Listen to a conversation.**

> M ¹⁰I'm looking for a smartwatch that can track my fitness activities and handle phone calls. What would you recommend?
> W Based on your needs, I recommend either the SportMax Pro or the TechFit Elite. Both have excellent fitness-tracking and calling features.
> M What's the main difference between them?
> W The SportMax Pro has better battery life–up to five days–while the TechFit Elite includes more health-monitoring sensors but needs daily charging.
> M Battery life is important to me since I travel frequently.
> W Then the SportMax Pro would be ideal. Plus, we're offering a 20 percent discount on all SportMax products this week.

track[træk] 추적하다 recommend[rèkəménd] 추천하다
frequently[frí:kwəntli] 자주 offer[ɔ́:fər] 제공하다

해석 대화를 들으시오.
M 피트니스 활동을 추적하고 전화도 받을 수 있는 스마트워치를 찾고 있어요. 무엇을 추천하시나요?
W 고객님의 필요에 기반했을 때, SportMax Pro나 TechFit Elite를 추천해 드려요. 둘 다 우수한 피트니스 추적과 통화 기능이 있어요.
M 두 제품 간의 주요 차이점은 무엇인가요?
W SportMax Pro는 배터리 수명이 더 좋아서 최대 5일이고, TechFit Elite는 더 많은 건강 모니터링 센서를 포함하고 있지만 매일 충전이 필요해요.
M 저는 자주 여행을 하기 때문에 배터리 수명이 중요해요.
W 그럼 SportMax Pro가 이상적이겠네요. 게다가 이번 주에 모든 SportMax 제품에 20퍼센트 할인을 제공하고 있어요.

Q 주제 문제
해설 화자들은 주로 무엇을 논의하고 있는가?
ⓐ 피트니스 프로그램 등록
ⓑ 휴대폰 수리 서비스
ⓒ 여행 장비 대여
✓ 스마트워치 구매

해설 대화 초반에 남자가 자신의 필요에 맞는 스마트워치를 찾고 있다며 제품 추천을 요청하였고, 제품 비교와 할인 정보에 대한 대화가 이어집니다. 따라서 스마트워치 구매라는 ⓓ가 정답입니다.

어휘 enrollment[enróulmənt] 등록

equipment[ikwípmənt] 장비 purchase[pə́:rtʃəs] 구매

## 11

🔊 영국 → 미국

**Listen to a conversation.**

> W ¹¹Hi. I'm having trouble accessing my company email account. It keeps asking for password verification.
> M When did you last successfully log in?
> W Yesterday morning, but this afternoon it started having problems.
> M Our security system was updated last night. You'll need to reset your password using the company portal.
> W Could you send me the portal link? I don't have it bookmarked.
> M I'll send a reset link by text message. Resetting your password takes about five minutes.

successfully[səksésfəli] 성공적으로
bookmark[búkmà:rk] 북마크하다

해석 대화를 들으시오.
W 안녕하세요, 회사 이메일 계정에 접속하는 데 문제가 있어요. 계속 비밀번호 확인을 요구해요.
M 마지막으로 로그인에 성공하신 게 언제였나요?
W 어제 아침이었는데, 오늘 오후부터 문제가 시작됐어요.
M 저희 보안 시스템이 어젯밤에 업데이트되었어요. 회사 포털을 사용해서 비밀번호를 재설정하셔야 해요.
W 포털 링크를 보내주실 수 있나요? 북마크해두지 않았거든요.
M 문자 메시지로 재설정 링크를 보내드릴게요. 비밀번호를 재설정하는 것은 약 5분 정도 걸려요.

Q 주제 문제
해설 화자들은 주로 무엇을 논의하고 있는가?
ⓐ 소프트웨어 설치 가이드
ⓑ 네트워크 보안 프로그램
✓ 이메일 접속 문제
ⓓ 컴퓨터 하드웨어 수리

해설 대화 초반에 여자가 회사 이메일 접속에 문제가 있다고 문제를 호소하였고, 해당 문제의 원인과 비밀번호 재설정 방법을 설명하는 대화가 이어집니다. 따라서 이메일 접속 문제라는 ⓒ가 정답입니다.

어휘 installation[ìnstəléiʃən] 설치 security[sikjúərəti] 보안
repair[ripéər] 수리

## 12

🔊 영국 → 미국

**Listen to a conversation.**

> M ¹²I noticed you just moved into the apartment next door. ¹²Welcome to the building! I'm Luke from 3B.

W Thank you so much! I'm Jennifer. Everyone seems really friendly here. Are there any building activities I should know about?
M We have monthly potluck dinners and a book club that meets every other Wednesday. We also organize seasonal events.
W That sounds wonderful. I'd love to participate. When's the next potluck dinner scheduled?
M It's next Saturday at 6 P.M. in the community lounge. I can write the details down for you.

potluck dinner 포트럭 디너(각자가 음식을 지참하는 저녁 식사 모임)
write down 적다

해석 대화를 들으시오.
M 옆집 아파트로 막 이사 오신 것을 봤어요. 저희 아파트에 오신 것을 환영해요! 저는 3B호에 사는 Luke예요.
W 정말 감사해요! 저는 Jennifer예요. 여기 모든 분들이 정말 친절해 보여요. 제가 알아야 할 아파트 활동이 있나요?
M 매월 각자 음식을 가져와서 함께 먹는 포트럭 디너와 격주 수요일마다 모이는 독서 모임이 있어요. 저희는 또 계절별 행사도 준비해요.
W 멋진 것 같네요. 참여하고 싶어요. 다음 포트럭 디너는 언제로 예정되어 있나요?
M 다음 주 토요일 저녁 6시에 커뮤니티 라운지에서 열려요. 자세한 내용은 제가 적어드릴게요.

Q 목적 문제
해석 남자가 여자와 이야기하는 이유는 무엇인가?
Ⓐ 건물 유지보수 문제를 논의하기 위해
Ⓑ 그녀를 저녁 식사에 초대하기 위해
Ⓒ 소음 수준에 대해 불평하기 위해
Ⓓ 그녀가 그 건물에 온 것을 환영하기 위해

해설 대화 초반에 남자가 이사 온 여자에게 동네에 온 것을 환영한다고 한 뒤, 커뮤니티 활동을 소개하는 대화가 이어집니다. 따라서 그녀가 그 건물에 온 것을 환영하기 위해라는 Ⓓ가 정답입니다.

어휘 invite[inváit] 초대하다   complain[kəmpléin] 불평하다

# Day 10 세부 내용을 파악하는 문제

## Daily Check-up ......... p.126

01 Ⓑ   02 Ⓒ   03 Ⓒ   04 Ⓐ

## 01

🎧 호주 → 영국

W ⁰¹I've been trying to ① reserve a group study room at the library so we can prepare for our economics exam, but ② they're all booked until next week.

M That's unfortunate timing. What about the study area on the third floor? It's usually quieter there.
W I considered that, but we need somewhere we can ③ discuss concepts out loud without disturbing others.
M Fair point. Maybe we could ④ meet at my apartment instead? I have a large dining table we could use.

reserve[rizə́ːrv] 예약하다   prepare[pripéər] 준비하다
book[buk] 예약하다   disturb[distə́ːrb] 방해하다

해석 W 경제학 시험 준비할 수 있게 도서관에서 그룹 스터디룸을 예약하려고 하고 있는데, 다음 주까지 모두 예약이 차 있어요.
M 타이밍이 안 좋네요. 3층의 학습 공간은 어때요? 그곳은 보통 조용해요.
W 그곳도 고려해 봤는데, 다른 사람들을 방해하지 않고 개념들을 큰 소리로 토론할 수 있는 곳이 필요해요.
M 타당한 지적이에요. 대신 제 아파트에서 만나는 게 어때요? 사용할 수 있는 큰 식탁이 있어요.

Q 문제점 문제
해설 대화 첫 부분에서 여자가 스터디룸 예약이 불가능한 상황을 직접적으로 언급하였고, 그 후에 다른 장소를 찾아보기 위한 대화가 이어집니다. 따라서 스터디룸을 사용할 수 없다는 Ⓑ가 정답입니다.

## 02

🎧 영국 → 뉴질랜드

W Professor Hendricks, I'm ① applying for a merit scholarship, and the deadline is next Friday. Would you be willing to ② write a recommendation letter?
M Of course, Sarah. You've been an outstanding student in my courses. However, I'll need at least a week to write a thorough letter.
W That's cutting it close with the deadline. Should I ask someone else, or could you ③ possibly submit it earlier?
M Let me see what I can do. ⁰²If you ④ email me your personal statement and transcript today, I can prioritize your letter.

apply for 지원하다   outstanding[àutstǽndiŋ] 뛰어난
thorough[θə́ːrou] 면밀한, 철저한
possibly[pɑ́səbli] 어떻게든지, 가능한 대로
transcript[trǽnskript] 성적표, 성적 증명서
prioritize[praiɔ́ːrətàiz] 우선적으로 처리하다

해석 W Hendricks 교수님, 저는 성적 장학금에 지원하고 있는데 마감일이 다음 주 금요일이에요. 혹시 추천서를 써주실 수 있으신가요?
M 물론이지, Sarah. 너는 내 수업에서 뛰어난 학생이었어. 하지만 면밀한 추천서를 쓰려면 적어도 일주일은 필요하단다.
W 그럼 마감일이 너무 빠듯하네요. 제가 다른 분께 부탁드려야 할까요, 아니면 더 일찍 제출해 주시는 게 가능할까요?

M 어떻게 할 수 있는지 알아보마. 오늘 너의 개인진술서와 성적표를 나에게 이메일로 보내주면, 네 추천서를 우선으로 처리해 줄 수 있어.

**Q** 사실 정보 파악 문제

해설 마지막 부분에서 교수가 오늘 개인진술서와 성적표를 이메일로 보내주면 추천서를 우선으로 처리해줄 수 있다고 했습니다. 따라서 오늘 필요한 서류들을 보내라는 ⓒ가 정답입니다.

## 03
호주 → 미국

W David, are you ① signed up for the CPR certification class this Thursday? It's ② mandatory for nursing majors.
M I forgot about that! Is it too late to register? I've been so busy with midterm preparations.
W The deadline was yesterday, but I heard ③ they might accept walk-ins if there's space. It starts at 2 P.M. in the science building.
M ④ ⁰³I'll try to show up early then. Thanks for reminding me.

sign up 등록하다   mandatory[mǽndətɔ̀ːri] 필수적인
midterm[mìdtə́ːrm] 중간고사   preparation[prèpəréiʃən] 준비

해석 W David, 이번 목요일 심폐소생술 수업에 등록했어요? 간호학 전공자들은 필수예요.
M 그걸 깜빡했어요! 지금 등록하기엔 너무 늦었나요? 중간고사 준비로 너무 바빴거든요.
W 마감은 어제였는데, 자리가 있으면 당일 참가도 받아줄 수도 있다고 들었어요. 과학관에서 오후 2시에 시작해요.
M 그럼 일찍 가볼게요. 알려줘서 고마워요.

**Q** 다음에 할 일 문제

해설 남자가 다음에 무엇을 할 것 같은가?
Ⓐ 자격증 요건을 온라인으로 확인한다.
Ⓑ 대안 날짜를 요청한다.
☑ⓒ 자리를 확보하기 위해 일찍 도착한다.

해설 남자가 대화 마지막에서 일찍 가보겠다고 말했습니다. 따라서 자리를 확보하기 위해 일찍 도착한다는 ⓒ가 정답입니다.

어휘 certification[sə̀ːrtəfikéiʃən] 자격증
requirement[rikwáiərmənt] 요건
alternative[ɔːltə́ːrnətiv] 대안의   secure[sikjúər] 확보하다

## 04
미국 → 영국

M Emma, are you free this Saturday morning? There's a ① farmers market downtown that I've been wanting to check out.
W I know the one you mean. I've heard they have excellent ② organic produce and local honey. What time does it start?
M ⁰⁴It ③ opens at 8 A.M. and runs until 2 P.M. I was thinking we could go around 9 to avoid the early morning rush but still get the best selection.
W Perfect. I'll bring some reusable bags. ④ Should we grab breakfast there too? I heard several vendors sell fresh pastries and coffee.

check out 가보다, 확인하다   selection[silékʃən] 선택권
vendor[véndər] 상인

해석 M Emma, 이번 토요일 오전에 시간 있어요? 시내에 파머스 마켓이 있는데 한번 가보고 싶었거든요.
W 어떤 거 말하는지 알아요. 그곳에 유기농 농산물과 현지 꿀이 훌륭하다고 들었어요. 몇 시에 시작해요?
M 오전 8시에 열어서 오후 2시까지 해요. 이른 아침 러시는 피하면서도 좋은 선택권은 가질 수 있도록 9시쯤 가는 게 어떨까요?
W 좋아요. 재사용 가방을 몇 개 가져갈게요. 거기서 아침도 먹을까요? 몇몇 상인들이 갓 구운 페이스트리와 커피를 판다고 들었어요.

**Q** 사실 정보 파악 문제

해설 이벤트는 언제 시작될 것인가?
☑Ⓐ 오전 8시
Ⓑ 오전 9시
ⓒ 오후 2시

해설 남자가 파머스 마켓이 오전 8시에 열어서 오후 2시까지 한다고 했습니다. 따라서 이벤트의 시작 시간은 오전 8시이므로 Ⓐ가 정답입니다.

## Daily Test
p.128

| 01 Ⓓ | 02 Ⓓ | 03 Ⓓ | 04 Ⓑ | 05 ⓒ | 06 Ⓐ |
| 07 Ⓐ | 08 Ⓓ | 09 Ⓑ | 10 Ⓐ | 11 Ⓑ | 12 Ⓐ |
| 13 ⓒ | 14 Ⓓ | 15 Ⓓ | 16 Ⓑ | | |

### [01-02]
호주 → 뉴질랜드

Listen to a conversation.

M The main printer in our office stopped working again. It's making that grinding noise and won't print anything.
W This is the third time this month! ⁰¹I think we need to call TechFix instead of trying to repair it ourselves.
M You're right. ⁰²Can you contact them while I inform the team to use the printer on the second floor?
W Sure. I'll call them right now. Hopefully they can send someone out this afternoon.

grinding[gráindiŋ] 삐걱거리는   contact[kɑ́ntækt] 연락하다
send out ~를 보내다

해석 대화를 들으시오.
M 우리 사무실의 메인 프린터가 또 작동을 멈췄어요. 삐걱거리는 소리를 내면서 아무것도 인쇄하지 않아요.
W 이번 달에 벌써 세 번째예요! 제 생각에는 저희가 직접 수리하려고 하지 말고 TechFix에 전화해야 할 것 같아요.
M 맞아요. 제가 팀에게 2층에 있는 프린터를 사용하라고 알리는 동안 당신이 그들에게 연락해 주실 수 있나요?
W 물론이죠. 지금 바로 그쪽에 전화할게요. 오늘 오후에 누군가를 보내줄 수 있으면 좋겠네요.

## 01 제안/제공 문제
해석 여자는 그들이 무엇을 하라고 제안하는가?
Ⓐ 즉시 새 프린터를 산다.
Ⓑ 프린터를 다른 층으로 옮긴다.
Ⓒ 내일까지 기다려서 고친다.
✓Ⓓ 수리 서비스에 연락한다.

해설 여자가 대화 중에 우리가 직접 수리하려고 하지 말고 TechFix에 전화해야 할 것 같다고 수리업체를 부르자고 제안했습니다. 따라서 수리 서비스에 연락한다는 Ⓓ가 정답입니다.

어휘 immediately[imíːdiətli] 즉시

## 02 다음에 할 일 문제
해석 남자는 무엇을 할 것인가?
Ⓐ 수리 회사에 전화한다.
Ⓑ 프린터를 직접 고친다.
Ⓒ 온라인으로 교체 부품을 주문한다.
✓Ⓓ 동료들에게 지침을 준다.

해설 남자가 자신의 팀에게 2층에 있는 프린터를 사용하라고 알리겠다고 말했습니다. 따라서 동료들에게 지침을 준다는 Ⓓ가 정답입니다.

어휘 replacement[ripléismənt] 교체
coworker[kóuwəːrkər] 동료  instruction[instrʌ́kʃən] 지침

## [03-04]
영국 → 미국
Listen to a conversation.

M I'm thinking about renewing my gym membership, but I'm not sure if I'm getting the most out of it. I barely used it last month.
W 03What's been holding you back? Is the gym too far from your house?
M No. It's only a 10-minute walk. 03The issue is that I get discouraged when I can't see quick results.
W 04Have you considered trying group fitness classes? They're included in your membership, and having scheduled classes might help you be consistent. Plus, the instructor can help you set realistic goals.

renew[rinjúː] 갱신하다  barely[béərli] 거의 ~하지 않다
hold back 방해하다, 저지하다

consistent[kənsístənt] 꾸준한, 일관된
realistic[rìːəlístik] 현실적인

해석 대화를 들으시오.
M 헬스장 회원권을 갱신하는 것을 생각 중인데, 제가 그것을 최대한 활용하고 있는지 확신이 서지 않아요. 지난달에는 거의 사용하지 않았어요.
W 무엇이 당신을 방해하고 있나요? 헬스장이 집에서 너무 먼가요?
M 아니요. 걸어서 10분밖에 안 걸려요. 문제는 빠른 결과를 볼 수 없을 때 낙담하게 된다는 거예요.
W 그룹 피트니스 수업을 받는 것을 고려해 본 적 있으세요? 회원권에 포함되어 있고, 정해진 수업이 있으면 꾸준히 운동하는 데 도움이 될 수 있어요. 게다가, 강사가 현실적인 목표를 세우는 데 도움을 줄 수도 있어요.

## 03 이유 문제
해석 남자는 왜 헬스장에 거의 가지 않는가?
Ⓐ 일로 너무 바쁘다.
Ⓑ 시설이 마음에 들지 않는다.
Ⓒ 거리가 불편하다.
✓Ⓓ 결과가 너무 오래 걸린다.

해설 여자가 남자에게 체육관에 가는 것을 방해하는 요소를 묻자, 남자가 문제는 빠른 결과를 볼 수 없을 때 낙담하게 된다는 것이라고 했습니다. 따라서 결과가 너무 오래 걸린다는 Ⓓ가 정답입니다.

어휘 facility[fəsíləti] 시설  distance[dístəns] 거리
inconvenient[ìnkənvíːnjənt] 불편한

## 04 제안/제공 문제
해석 여자는 남자에게 무엇을 하라고 제안하는가?
Ⓐ 집에서 더 가까운 헬스장을 찾는다.
✓Ⓑ 조직적인 운동 프로그램에 참여한다.
Ⓒ 개인 트레이너와 운동한다.
Ⓓ 즉시 회원권을 취소한다.

해설 여자가 그룹 피트니스 수업을 받는 것을 고려해 본 적 있냐고 제안한 뒤 그것의 장점을 설명했습니다. 따라서 조직적인 운동 프로그램에 참여하라는 Ⓑ가 정답입니다.

어휘 organized[ɔ́ːrɡənàizd] 조직적인  workout[wɔ́ːrkàut] 운동
personal trainer 개인 트레이너  cancel[kǽnsəl] 취소하다
immediately[imíːdiətli] 즉시

## [05-06]
영국 → 미국
Listen to a conversation.

M Ashley, our professor mentioned that we can work in pairs for the final research paper. 05Would you be interested in collaborating?
W I'd love to! I was dreading doing it alone. What topic were you thinking about?
M I was considering environmental sustainability in urban planning. It is related to both our majors.

W Perfect! ⁰⁶I can handle the data analysis portion while you focus on the policy research. When should we start?
M How about we meet this Friday after class? That gives us plenty of time before the deadline.

collaborate[kəlǽbərèit] 함께 작업하다, 협력하다
dread[dred] 두려워하다   portion[pɔ́ːrʃən] 부분

해석 대화를 들으시오.
M Ashley, 교수님께서 기말 연구 논문을 위해 짝을 지어 작업할 수 있다고 말씀하셨어요. 함께 작업하는 것에 관심이 있으세요?
W 좋아요! 혼자 하는 것이 두려웠거든요. 어떤 주제를 생각하고 계세요?
M 도시 계획에서의 환경 지속가능성을 고려하고 있었어요. 우리 둘의 전공과 다 관련되어 있어요.
W 완벽해요! 당신이 정책 연구에 집중하는 동안 제가 데이터 분석 부분을 담당할 수 있어요. 언제 시작해야 할까요?
M 이번 주 금요일에 수업 끝나고 만나는 건 어때요? 그러면 마감일까지 시간 넉넉하네요.

## 05 목적 문제

해석 남자가 여자에게 말하는 이유는 무엇인가?
Ⓐ 몇몇 연구 방법을 설명하기 위해
Ⓑ 교수의 요구사항을 논의하기 위해
Ⓒ 과제를 함께 작업하자고 제안하기 위해 ✓
Ⓓ 마감일에 대한 정보를 공유하기 위해

해설 남자가 함께 작업하는 것에 관심이 있냐고 물으며 기말 연구 논문을 함께 작업할 것을 제안했습니다. 따라서 과제를 함께 작업하자고 제안하는 Ⓒ가 정답입니다.

어휘 explain[ikspléin] 설명하다   method[méθəd] 방법
discuss[diskʌ́s] 논의하다
requirement[rikwáiərmənt] 요구사항
assignment[əsáinmənt] 과제
information[ìnfərméiʃən] 정보

## 06 제안/제공 문제

해석 여자는 무엇을 하겠다고 제안하는가?
Ⓐ 분석 작업을 관리한다. ✓
Ⓑ 교수님에게 연락한다.
Ⓒ 추가 출처를 찾는다.
Ⓓ 연구 주제를 선택한다.

해설 여자가 데이터 분석 부분을 담당할 수 있다고 제안했습니다. 따라서 분석 작업을 관리한다는 Ⓐ가 정답입니다.

어휘 manage[mǽnidʒ] 관리하다   analytical[ænəlítikəl] 분석의
additional[ədíʃənəl] 추가의   source[sɔːrs] 출처

## [07-08]

Listen to a conversation.   뉴질랜드 → 영국

W Professor Chen, ⁰⁷I'm having trouble narrowing down my essay topic. I'm interested in environmental science, but the field is so broad.
M What specific aspects of environmental science fascinate you most? Climate change? Pollution? Conservation?
W I'm particularly drawn to renewable energy solutions, especially solar power applications in urban environments.
M Excellent. ⁰⁸Have you considered examining case studies from cities that have successfully implemented solar programs? That could provide concrete data for analysis.

narrow down 좁히다, 줄이다   broad[brɔːd] 광범위한
fascinate[fǽsənèit] 매혹시키다
implement[ímpləmènt] 실행하다   concrete[kɑ́nkriːt] 구체적인

해석 대화를 들으시오.
W Chen 교수님, 제 에세이 주제를 좁히는 데 어려움을 겪고 있어요. 환경 과학에 관심이 있지만, 그 분야가 너무 광범위해요.
M 환경 과학의 어떤 구체적인 측면이 가장 매혹적인 것 같나요? 기후 변화? 오염? 보존?
W 저는 그중에서도 재생 가능한 에너지 해결책, 특히 도시 환경에서의 태양광 발전 응용에 끌려요.
M 훌륭하군요. 태양광 프로그램을 성공적으로 실행한 도시들의 사례 연구를 검토하는 것을 고려해 보았나요? 그게 분석에 필요한 구체적인 데이터를 제공할 수 있어요.

## 07 목적 문제

해석 여자는 왜 교수와 이야기하고 있는가?
Ⓐ 주제 선택에 대한 지도를 받기 위해 ✓
Ⓑ 연구 방법론을 논의하기 위해
Ⓒ 현재 작업의 진행 상황을 보고하기 위해
Ⓓ 프로젝트의 기한 연장을 요청하기 위해

해설 여자가 대화 초반에 에세이 주제를 좁히는 데 어려움을 겪고 있다고 말하며 교수에게 도움을 요청했습니다. 따라서 주제 선택에 대한 지도를 받기 위해라는 Ⓐ가 정답입니다.

어휘 guidance[gáidns] 지도   selection[silékʃən] 선택
methodology[mèθədɑ́lədʒi] 방법론
assignment[əsáinmənt] 작업

## 08 사실 정보 파악 문제

해석 교수는 어떤 연구 접근법을 추천하는가?
Ⓐ 실험실 실험을 수행하는 것
Ⓑ 지역 주민들의 의견을 조사하는 것
Ⓒ 다른 에너지원들을 비교하는 것
Ⓓ 성공적인 지방 자치 단체 프로그램을 분석하는 것 ✓

해설 교수가 태양광 프로그램을 성공적으로 실행한 도시들의 사례 연구 검토를 고려해보라고 제안했습니다. 따라서 성공적인 지방 자치 단체 프로그램을 분석한다는 Ⓓ가 정답입니다.

어휘 conduct[kəndʌ́kt] 수행하다   laboratory[lǽbərətɔ̀ːri] 실험실
experiment[ikspérəmənt] 실험   resident[rézədənt] 주민
analyze[ǽnəlàiz] 분석하다
municipal[mjuːnísəpəl] 지방 자치 단체의

## [09-10]

🎧 미국 → 호주

**Listen to a conversation.**

W I'm interested in becoming a campus tour guide. How can I apply?
M Great! ⁰⁹We're actually looking for more volunteers. You will need to fill out an application form and attend a training session.
W When does the training session take place?
M Next Wednesday at 2 P.M. in the Student Center.
W That works for me. Is there anything I should prepare beforehand?
M ¹⁰Just bring your enthusiasm and comfortable walking shoes. We'll provide all the materials you need.

look for 찾다  fill out 작성하다  take place 열리다
beforehand[bifɔ́:rhænd] 미리  enthusiasm[inθú:ziæzm] 열정

해석 대화를 들으시오.
W 캠퍼스 투어 가이드가 되는 데 관심이 있어요. 어떻게 지원할 수 있나요?
M 좋네요! 저희는 사실 더 많은 자원봉사자를 찾고 있어요. 신청서를 작성하시고 교육 세션에 참여하셔야 해요.
W 교육 세션은 언제 열리나요?
M 다음 주 수요일 오후 2시에 학생회관에서 열려요.
W 제 일정은 괜찮네요. 미리 준비해야 할 것이 있나요?
M 열정과 편안한 운동화만 가져오세요. 필요한 모든 자료는 저희가 제공할게요.

### 09 사실 정보 파악 문제

해석 남자는 투어 가이드에 대해 무엇을 말하는가?
Ⓐ 그들은 학점을 받는다.
Ⓑ 추가 자원봉사자들이 필요하다. ✓
Ⓒ 그들은 이전 경험이 있어야 한다.
Ⓓ 지원자들에게 교육은 선택사항이다.

해설 남자가 사실 더 많은 자원봉사자를 찾고 있다고 언급했습니다. 따라서 추가 자원봉사자가 필요하다는 Ⓑ가 정답입니다.

어휘 academic credit 학점  additional[ədíʃənl] 추가의
previous[prí:viəs] 이전의  applicant[ǽplikənt] 지원자

### 10 제안/제공 문제

해석 남자는 여자에게 무엇을 가져오라고 제안하는가?
Ⓐ 적절한 신발 ✓
Ⓑ 캠퍼스 지도와 브로셔
Ⓒ 개인 신분증 서류
Ⓓ 추천서

해설 남자가 열정과 편안한 운동화만 가져오라고 했습니다. 따라서 적절한 신발이라는 Ⓐ가 정답입니다.

어휘 appropriate[əpróupriət] 적절한  footwear[fútwèər] 신발
brochure[brouʃúər] 브로셔
identification[aidèntəfikéiʃən] 신분증

letter of recommendation 추천서

## [11-12]

🎧 영국 → 뉴질랜드

**Listen to a conversation.**

W Hi. ¹¹I'd like to schedule a haircut appointment. When's your earliest opening?
M I have a slot available tomorrow at 3 P.M., or Thursday morning at 10 A.M. if you prefer.
W ¹¹Thursday morning sounds great. ¹²I'm thinking about trying something completely different with my hair.
M Wonderful! Are you considering a particular length or style?
W I'm not sure yet. Maybe we could discuss my options when I come in?
M Absolutely. I'll block out extra time so we can chat about what would work best for your face shape.

appointment[əpɔ́intmənt] 예약
block out 확보하다, 대강의 계획을 세우다

해석 대화를 들으시오.
W 안녕하세요. 헤어컷 예약을 하고 싶어요. 가장 빠른 비어 있는 시간이 언제인가요?
M 내일 오후 3시에 한 자리가 있고, 또는 원하시면 목요일 오전 10시에 있어요.
W 목요일 아침이 좋을 것 같아요. 제 머리 스타일을 완전히 다른 것으로 시도해 보려고 생각하고 있어요.
M 좋네요! 특별한 길이나 스타일을 고려하고 계세요?
W 아직 확실하지 않아요. 제가 방문했을 때 선택 사항들을 논의할 수 있을까요?
M 물론이죠. 고객님의 얼굴형에 가장 잘 어울리는 것이 무엇인지에 대해 이야기할 수 있도록 추가 시간을 확보해 둘게요.

### 11 사실 정보 파악 문제

해석 여자의 예약은 언제일 것인가?
Ⓐ 내일 오후
Ⓑ 목요일 아침 ✓
Ⓒ 금요일 저녁
Ⓓ 다음 월요일

해설 여자가 헤어컷 예약을 문의하였고, 비어있는 날짜 중 목요일 아침이 좋을 것 같다고 했습니다. 따라서 목요일 아침이라는 Ⓑ가 정답입니다.

### 12 화자의 태도 문제

해석 헤어스타일 변경에 대한 여자의 태도는 무엇인가?
Ⓐ 새로운 것을 시도하고 싶어 한다. ✓
Ⓑ 현재 유행하는 패션 트렌드를 따르고 있다.
Ⓒ 현재 스타일을 유지하는 것을 선호한다.
Ⓓ 작은 조정만을 원한다.

해설 여자가 머리 스타일을 완전히 다른 것으로 시도해 보려고 생각하고

있다고 말했습니다. 따라서 새로운 것을 시도하고 싶어 한다는 Ⓐ가 정답입니다.

어휘 current[kə́:rənt] 현재의 maintain[meintéin] 유지하다
adjustment[ədʒʌ́stmənt] 조정

## [13-14]
미국 → 영국
Listen to a conversation.

M Excuse me, ¹³I need to request an official transcript for a job application. How long does that usually take?
W For official transcripts, it typically takes three to five business days. However, if you need it urgently, we offer same-day service for an additional fee.
M The application deadline is Monday, so I think the regular service should be fine.
W Perfect. ¹⁴Just fill out this form and show me your student ID. You'll receive an email notification when it's ready for pickup.
M Thanks. Can I pay with a credit card?
W Yes, we accept credit cards, cash, and student account charges.

transcript[trǽnskript] 성적표 urgently[ə́:rdʒəntli] 급히
additional fee 수수료, 추가 금액 fill out 채우다

해석 대화를 들으시오.
M 실례합니다, 입사 지원을 위해 공식 성적표를 요청해야 하는데요. 보통 얼마나 걸리나요?
W 공식 성적표의 경우, 일반적으로 3-5 영업일이 걸려요. 하지만 급히 필요하신 경우, 추가 수수료를 내시면 당일 서비스를 제공해 드려요.
M 지원 마감일이 월요일이니까, 일반 서비스로도 괜찮을 것 같아요.
W 좋네요. 이 양식을 작성하시고 학생증을 가져오세요. 수령 준비가 되면 확인 이메일을 받으실 거예요.
M 감사해요. 신용카드로 결제할 수 있나요?
W 네, 신용카드, 현금, 그리고 학생 계좌 결제를 받아요.

**13** 사실 정보 파악 문제
해석 남자가 무엇을 위해 성적표를 필요로 하는가?
Ⓐ 대학원 입학
Ⓑ 대학 편입 요청
☑ⓒ 입사 지원
Ⓓ 장학금 승인

해설 남자가 대화 초반에 입사 지원을 위해 공식 성적표가 필요하다고 했습니다. 따라서 입사 지원이라는 ⓒ가 정답입니다.

어휘 graduate school 대학원 admission[ədmíʃən] 입학
employment application 입사 지원

**14** 다음에 할 일 문제
해석 남자는 다음에 무엇을 할 것 같은가?

Ⓐ 신속 처리 서비스 옵션을 선택한다.
Ⓑ 상담사와 약속을 잡는다.
ⓒ 추가 지원 서류를 제출한다.
☑Ⓓ 필요한 서류 작업을 완료한다.

해설 여자가 남자에게 양식을 작성하고 학생증을 가져오라고 지시했습니다. 따라서 필요한 서류 작업을 완료한다는 Ⓓ가 정답입니다.

어휘 expedited[ékspədàitid] 신속의
appointment[əpɔ́intmənt] 약속 advisor[ædváizər] 상담사
paperwork[péipərwə̀:rk] 서류 작업

## [15-16]
영국 → 호주
Listen to a conversation.

M I'm having an issue with my assigned parking spot. ¹⁵Someone keeps parking there even though it's clearly marked with my unit number.
W I'm sorry to hear about that. ¹⁶Have you tried leaving a note on the vehicle?
M ¹⁶Yes, but it didn't help. This has happened three times this week already.
W In that case, we will have the car towed at the owner's expense. I'll also send a building-wide reminder about parking regulations.
M That would be great. Is there anything else you can do to prevent this?
W We're installing security cameras in the garage next month, which should deter future violations.

tow[tou] 견인하다 regulation[règjuléiʃən] 규정
install[instɔ́:l] 설치하다 deter[ditə́:r] 막다
violation[vàiəléiʃən] 위반

해석 대화를 들으시오.
M 제가 배정받은 주차 공간에 문제가 있어요. 제 유닛 번호가 명확히 표시되어 있는데도 누군가가 계속 그곳에 주차해요.
W 그런 일이 있어서 안타깝네요. 차량에 메모를 남겨보셨나요?
M 네, 하지만 도움이 되지 않았어요. 이번 주에만 벌써 세 번 일어났어요.
W 그 경우에는, 소유자 부담으로 차를 견인할게요. 주차 규정에 대한 건물 전체 공지도 보내드리겠습니다.
M 좋겠네요. 이것을 방지하기 위해 해주실 수 있는 다른 일이 있나요?
W 다음 달에 차고에 보안 카메라를 설치할 예정인데, 이것이 앞으로의 위반을 막을 것으로 예상됩니다.

**15** 문제점 문제
해석 남자가 경험하고 있는 문제는 무엇인가?
Ⓐ 주차비가 인상되었다.
Ⓑ 그의 주차 공간이 너무 작다.
ⓒ 차고에서 그의 차가 손상되었다.
☑Ⓓ 누군가가 그의 지정된 자리를 사용하고 있다.

해설 남자가 누군가가 자신의 유닛 번호로 명확히 표시된 주차 자리에 계속 주차한다고 문제를 설명했습니다. 따라서 누군가가 그의 지정된 자리를 사용한다는 ⓓ가 정답입니다.

어휘 parking fee 주차비  damage[dǽmidʒ] 손상을 주다
designated[dézignèitid] 지정된

## 16 사실 정보 파악 문제

해석 남자가 이미 시도해본 것은 무엇인가?
ⓐ 건물 보안에 연락하기
✓ⓑ 서면 메시지 남기기
ⓒ 다른 운전자와 직접 대화하기
ⓓ 다른 곳에 주차하기

해설 여자가 차량에 메모를 남겨본 적이 있냐고 묻자 남자가 그렇게 했지만 도움이 되지 않았다고 답했습니다. 따라서 서면 메시지를 남겼다는 ⓑ가 정답입니다.

어휘 contact[kάːntækt] 연락하다

## Day 11  대화의 맥락으로 추론하는 문제

### Daily Check-up ............................................. p.136

01 ⓒ    02 ⓒ    03 ⓒ    04 ⓑ

## 01
🔊 호주 → 영국

M Did you check out ① that new bakery on Victoria Street? I stopped by yesterday morning.
W No, not yet. How was it? I've been curious about their croissants.
M The atmosphere is really nice, but honestly, ② I was a bit disappointed. The coffee was lukewarm, and the service was pretty slow.
W That's too bad. ⁰¹Maybe ③ they're still working out the kinks since they just opened. I might ④ give them another few weeks before trying it myself.

stop by 들리다   curious[kjúəriəs] 궁금한
atmosphere[ǽtməsfiər] 분위기
lukewarm[lùːkwɔ́ːrm] 미지근한   work out 해결하다

해석 M Victoria가의 새 빵집을 확인해 보셨나요? 저는 어제 아침에 들렀어요.
W 아니요, 아직이요. 어땠나요? 전 거기 크루아상이 궁금했어요.
M 분위기는 정말 좋지만, 솔직히 조금 실망했어요. 커피는 미지근했고 서비스는 꽤 느렸어요.
W 아쉽네요. 아마도 막 개업했으니까 아직 문제들을 해결하는 중일 거예요. 저는 직접 도전해 보기 전에 몇 주 더 시간을 줄 것 같아요.

### Q 의도 파악 문제

해설 여자가 새 빵집에 대해 "아마도 막 개업했으니까 아직 문제를 해결하는 중일 거예요"라고 말했습니다. 따라서 초기에는 문제가 있는 경우가 많다는 ⓒ가 정답입니다.

## 02
🔊 영국 → 미국

W Michael, I just got word that ① tomorrow's meeting has been moved from our office to our client's headquarters downtown.
M Downtown? ⁰²I'm worried ② we might get stuck in traffic and be late for the presentation.
W Don't worry. We can leave an hour early. That way ③ we'll have plenty of time even if traffic is heavy.
M That's a relief. ④ ⁰²I hate feeling rushed before important presentations.

headquarters[hédkwɔ̀ːrtərz] 본사
downtown[dàuntáun] 시내   traffic[trǽfik] 교통 체증
presentation[prìːzentéiʃən] 발표   rush[rʌʃ] 서두르다

해석 W Michael, 내일 회의가 우리 사무실에서 시내에 있는 고객 본사로 옮겨졌다는 소식을 방금 들었어요.
M 시내요? 교통 체증 때문에 발표에 늦을까 봐 걱정되네요.
W 걱정하지 마세요, 한 시간 더 일찍 출발하면 돼요. 그렇게 하면 교통 체증이 심하더라도 시간이 충분할 거예요.
M 다행이네요. 저는 중요한 발표 전에 서두르는 게 싫어요.

### Q 추론 문제

해설 남자가 교통 체증 때문에 발표에 늦을까봐 걱정된다고 한 후 "저는 중요한 발표 전에 서두르는 게 싫어요"라고 말했습니다. 따라서 빡빡한 일정 때문에 압박 받는 것을 싫어한다는 ⓒ가 정답입니다.

## 03
🔊 미국 → 호주

M Our photography club needs ① additional funding for the annual exhibit. The current budget doesn't cover printing costs.
W How much extra funding are you requesting? The Student Activities Committee ② has limited resources this semester.
M We need about $300 more. ③ I know it's a stretch, but ⁰³we've been planning this for months. ⁰³I don't want to let everyone down.
W I appreciate your enthusiasm. ④ Submit a detailed budget breakdown, and we'll review it at next week's meeting.

photography[fətάːgrəfi] 사진   additional[ədíʃənl] 추가적인
annual[ǽnjuəl] 연례의   budget[bʌ́dʒit] 예산
appreciate[əpríːʃièit] 감사하다   enthusiasm[inθúːziæzm] 열정
submit[səbmít] 제출하다

해석 M 저희 사진 동아리는 연례 전시회를 위한 추가 자금이 필요해요.

현재 예산으로는 인쇄비를 충당할 수 없어요.
W 얼마나 많은 추가 자금을 요청하시는 건가요? 학생 활동 위원회는 이번 학기에 제한된 자원을 가지고 있어요.
M 저희는 약 300달러가 더 필요해요. 힘든 일이라는 건 알지만 몇 달 동안 계획을 세워왔습니다. 모두를 실망시키고 싶지 않아요.
W 당신의 열정을 감사하게 생각해요. 자세한 예산 분석표를 제출해 주시면, 저희가 다음 주 회의에서 검토할게요.

**Q** 의도 파악 문제

해석 남자가 "몇 달 동안 계획을 세워왔습니다"라고 말하는 이유는 무엇인가?
Ⓐ 마감일 연장에 대해 설명하기 위해
Ⓑ 프로젝트의 높은 비용을 정당화하기 위해
Ⓒ 행사의 중요성을 강조하기 위해

해설 남자는 "몇 달 동안 계획을 세워왔습니다"라고 한 뒤 모두를 실망시키지 않고 싶다고 한 것을 통해 행사의 중요성을 강조하기 위해 말했음을 추론할 수 있습니다. 따라서 Ⓒ가 정답입니다.

어휘 extension [ikstén ʃən] 연장   justify [dʒʌ́stəfài] 정당화하다
importance [impɔ́ːrtəns] 중요성

## 04
🔊 호주 → 영국

W Doctor Kim, I'm here for ① my annual physical exam results. How did everything look?
M Overall, your health is excellent. However, ② your cholesterol levels are slightly elevated, which we should monitor.
W Really? ⁰⁴I've been ③ trying to eat healthier lately.
M It's nothing alarming, but I'd recommend reducing red meat consumption and ④ increasing the amount of exercise you get.

monitor [mά:nətər] 모니터링하다, 감독하다
recommend [rèkəménd] 추천하다
consumption [kənsʌ́mpʃən] 섭취, 소비

해석 W Kim 박사님, 연례 건강검진 결과를 받으러 왔어요. 모든 것이 어떻게 나왔나요?
M 전반적으로, 당신의 건강은 훌륭해요. 하지만 콜레스테롤 수치가 약간 높아져서, 모니터링해야 해요.
W 정말요? 최근에 더 건강하게 먹으려고 노력하고 있었는데요.
M 경고할 만한 것은 아니지만, 적색육류 섭취를 줄이고 하는 운동의 양을 늘리는 것을 추천해요.

**Q** 화자의 태도 문제

해석 여성의 건강에 대한 태도는 어떠한가?
Ⓐ 그녀는 치료 비용을 걱정하고 있다.
Ⓑ 그녀는 이미 긍정적인 변화를 일으키고 있다.
Ⓒ 그녀는 잠재적인 문제들에 대해 불안해하고 있다.

해설 여자는 최근에 더 건강하게 먹으려고 노력하고 있었다고 말했습니다. 따라서 그녀는 이미 긍정적인 변화를 일으키고 있다는 Ⓑ가 정답입니다.

어휘 anxious [ǽŋkʃəs] 불안해하는   potential [pəténʃəl] 잠재적인

## Daily Test
p.138

| 01 Ⓒ | 02 Ⓓ | 03 Ⓐ | 04 Ⓑ | 05 Ⓒ | 06 Ⓓ |
| 07 Ⓑ | 08 Ⓒ | 09 Ⓓ | 10 Ⓐ | 11 Ⓑ | 12 Ⓒ |
| 13 Ⓓ | 14 Ⓐ | 15 Ⓑ | 16 Ⓒ |

### [01-02]
🔊 미국 → 호주

Listen to a conversation.

W Kevin, ⁰¹have you filled out the dining hall survey yet? They're asking for student feedback on possible menu improvements.
M Not yet. I keep meaning to, but honestly, I'm not very optimistic about changes being made. They've been serving the same basic options for years.
W ⁰²I understand your skepticism, but the university has hired a new food service director who seems committed to providing a variety of healthy choices.
M Really? In that case, I'll definitely complete the survey. Maybe we'll finally get some international cuisine options.

fill out 작성하다   improvement [imprúːvmənt] 개선
optimistic [ὰ:ptəmístik] 낙관적인
skepticism [sképtəsìzm] 회의적 태도, 회의론   cuisine [kwizíːn] 음식

해석 대화를 들으시오.
W Kevin, 식당 설문조사를 이미 작성했나요? 그들이 가능한 메뉴 개선에 관한 학생 피드백을 요청하고 있던데요.
M 아직이요. 계속하려고 했지만, 솔직히 변화가 이루어질 것에 대해 그렇게 낙관적이지는 않아요. 몇 년째 기본적인 옵션들만 제공해 오고 있거든요.
W 회의적인 태도는 이해하지만, 대학교가 건강한 옵션의 다양성을 제공하는 것에 전념하는 것처럼 보이는 새로운 급식 담당자를 고용했다고 하더라고요.
M 정말요? 그렇다면, 설문조사를 꼭 완료해야겠네요. 아마도 우리가 마침내 몇 가지 세계 음식 옵션을 얻게 될 수도 있겠네요.

**01** 주제 문제

해석 화자들이 주로 논의하고 있는 것은 무엇인가?
Ⓐ 식당 경영의 변화
Ⓑ 세계 음식 축제
Ⓒ 학교 시설에 대한 설문조사
Ⓓ 건강한 식습관 계획

해설 대화 초반에 여자가 식당 설문조사를 작성했냐고 물어본 뒤 메뉴 개선에 대한 학생들의 의견을 요청했다는 대화가 이어지고 있습니다. 따라서 학교 시설에 대한 설문조사라는 Ⓒ가 정답입니다.

어휘 management[mǽnidʒmənt] 경영  initiative[iníʃiətiv] 계획

## 02 의도 파악 문제
해석 여자는 왜 새로운 담당자를 언급하는가?
  Ⓐ 최근 가격 인상을 설명하기 위해
  Ⓑ 식당 직원들이 고용되도록 제안하기 위해
  Ⓒ 새로운 서비스가 이용 가능한 점을 확인하기 위해
  ✓ 메뉴의 변화가 이루어질 것을 암시하기 위해

해설 여자는 남자의 회의적인 태도에 대해 건강한 옵션의 다양성을 제공하는 것에 전념하는 새로운 급식 담당자를 고용했다는 정보를 제공하면서, 이번에는 메뉴가 개선될 것임을 암시하고 있습니다. 따라서 메뉴의 변화가 이루어질 것을 암시한다는 Ⓓ가 정답입니다.

어휘 increase[ínkri:s] 인상

## [03-04]
영국 → 뉴질랜드

Listen to a conversation.

W  We're organizing our company's annual holiday party–about 150 employees in December. Can you cater an event that large?
M  Definitely! December is our busiest month with holiday events. What date were you thinking? We tend to book up fast during that time.
W  We're hoping for December 15. I know it's peak season, but ⁰³that's when our CEO and board members can attend. We've already put deposits down with other vendors.
M  Got it. ⁰⁴Let me check our schedule and see what we can work out for you.

organize[ɔ́:rgənàiz] 준비하다  tend to ~하는 경향이 있다
deposit[dipá:zit] 계약금  vendor[véndər] 업체, 판매자

해석 대화를 들으시오.
  W 회사 연례 연말 파티를 준비하고 있는데, 12월에 직원 약 150명이 참석합니다. 그렇게 큰 행사에 케이터링 서비스를 제공해주실 수 있나요?
  M 물론입니다! 12월은 연말 행사가 가장 바쁜 달입니다. 어떤 날짜를 생각하고 계셨나요? 그 시기에는 예약이 빨리 마감되는 경향이 있습니다.
  W 12월 15일로 희망하고 있습니다. 성수기인 건 알지만, 그때가 CEO와 이사회 임원들이 참석할 수 있는 날짜입니다. 이미 다른 업체들에도 계약금을 넣었고요.
  M 알겠습니다. 일정을 확인해 보고 어떻게 할 수 있는지 알아보겠습니다.

## 03 의도 파악 문제
해석 여자가 "이미 다른 업체에 계약금을 넣었고요"라고 말할 때 무엇을 암시하는가?
  ✓ 행사 날짜를 변경할 수 없다.
  Ⓑ 케이터링 예산이 제한되어 있다.
  Ⓒ 여러 케이터링 서비스를 비교하고 있다.
  Ⓓ 행사 준비에 너무 많은 돈을 썼다.

해설 여자가 그때가 CEO와 임원들이 참석할 수 있는 날짜라고 한 뒤 이미 다른 업체들에 보증금을 지불했다고 말한 것은 행사 날짜가 확정되었고, 다른 준비도 되어있음을 의미합니다. 따라서 행사 날짜가 변경될 수 없다는 Ⓐ가 정답입니다.

어휘 compare[kəmpéər] 비교하다  preparation[prèpəréiʃən] 준비

## 04 다음에 할 일 문제
해석 남자가 다음에 무엇을 할 것 같은가?
  Ⓐ 자세한 가격 견적을 제공한다.
  ✓ 예약 일정을 검토하여 예약 가능 여부를 확인한다.
  Ⓒ 여성과 메뉴 옵션에 대해 논의한다.
  Ⓓ 행사장 현장 방문 일정을 잡는다.

해설 남자가 저희 일정을 확인해 보고 어떻게 해드릴 수 있을지 알아보겠다고 했습니다. 따라서 가능 여부를 위해 그의 예약 일정을 검토한다는 Ⓑ가 정답입니다.

어휘 estimate[éstəmət] 견적  venue[vénju:] 행사장

## [05-06]
뉴질랜드 → 미국

Listen to a conversation.

W  ⁰⁵I reserved the microscope for 2 P.M. today.
M  ⁰⁵Really? I have it booked for my chemistry lab.
W  Let me double-check the reservation system.
M  ⁰⁶It shows both our reservations for the 2 to 4 P.M. time slot.
W  ⁰⁶That's really odd.
M  Should we contact Professor Williams about this?
W  Good idea. She manages the lab schedule.
M  I'll call her office right now.

reserve[rizə́:rv] 예약하다  microscope[máikrəskòup] 현미경
book[buk] 예약하다  odd[ɑːd] 이상한

해석 대화를 들으시오.
  W 저는 오늘 오후 2시에 현미경을 예약했어요.
  M 정말요? 제가 그것을 화학 실험실을 위해 예약했는데요.
  W 예약 시스템을 다시 확인해 볼게요.
  M 오후 2시부터 4시까지 저희 예약이 둘 다 보여요.
  W 정말 이상하네요.
  M 이것에 대해 Williams 교수님께 연락해야 할까요?
  W 좋은 생각이에요. 그분이 실험실 일정을 관리하세요.
  M 지금 바로 교수님 사무실로 전화할게요.

## 05 문제점 문제
해석 화자들이 논의하고 있는 문제는 무엇인가?
  Ⓐ 고장 난 실험실 기구
  Ⓑ 누락된 실험실 재료
  ✓ 충돌하는 장비 예약
  Ⓓ 잘못된 실험 절차

해설 두 사람은 현미경 예약을 같은 시간대에 했다고 말하고 있습니다.

따라서 충돌하는 장비 예약이라는 ⓒ가 정답입니다.

어휘 laboratory[lǽbərətɔ̀ːri] 실험실 instrument[ínstrəmənt] 기구
conflict[kənflíkt] 충돌하다 reservation[rèzərvéiʃən] 예약
incorrect[ìnkərékt] 잘못된
experimental[ikspèrəméntl] 실험의
procedure[prəsíːdʒər] 절차

## 06 추론 문제

해석 화자들은 예약 시스템에 대해 무엇을 암시하는가?
ⓐ 그것은 예약 상태를 실시간으로 업데이트한다.
ⓑ 그것은 특정 과목들을 우선시한다.
ⓒ 그것은 사용을 특정 시간으로 제한한다.
☑ⓓ 그것은 기술적 오작동이 있었다.

해설 오후 2시부터 4시까지 같은 시간에 두 사람의 예약이 모두 보인다며 이상하다고 했습니다. 따라서 예약 시스템에 기술적 오작동이 있었다는 ⓓ가 정답입니다.

어휘 status[stéitəs] 상태 real-time[ríːəltàim] 실시간으로
prioritize[praiɔ́rətàiz] 우선시하다 specific[spisífik] 특정한
malfunction[mælfʌ́ŋkʃən] 오작동

## [07-08]

🎧 영국 → 미국

**Listen to a conversation.**

M The yearbook committee scheduled the senior portrait sessions for next week. Did you sign up for a time slot?
W Not yet, but I should do it soon. ⁰⁷I hear they fill up quickly, especially in the afternoon.
M I chose 10 A.M. on Tuesday. ⁰⁸They recommend wearing solid colors and avoiding busy patterns for the best results.
W ⁰⁸I was planning to wear a striped shirt, but I'll choose something simpler instead.

committee[kəmíti] 위원회 sign up 신청하다
recommend[rèkəménd] 추천하다 solid color 단색
striped[straipt] 줄무늬 있는

해석 대화를 들으시오.
M 졸업 앨범 위원회가 다음 주에 졸업사진 촬영을 계획했어요. 시간대를 신청했나요?
W 아직 안 했는데, 곧 해야 해요. 빨리 예약이 찬다고 들었어요, 특히 오후 예약이요.
M 저는 화요일 오전 10시를 선택했어요. 그들은 최고의 결과를 위해 단색을 입고 복잡한 무늬는 피할 것을 추천해요.
W 저는 줄무늬 셔츠를 입으려고 계획하고 있었는데, 대신 더 단순한 것으로 고를게요.

## 07 추론 문제

해석 여자는 오후 사진 촬영 시간대에 대해 무엇을 암시하는가?
ⓐ 그것들은 특정 전공들에만 열린다.
☑ⓑ 그것들은 학생들에게 더 인기가 있다.
ⓒ 그것들은 오전 세션보다 더 비싸다.
ⓓ 그것들은 특정 날들에만 이용 가능하다.

해설 여자가 특히 오후 예약들이 빨리 찬다고 들었다고 말했습니다. 따라서 오후 사진 촬영 예약이 학생들에게 더 인기가 있다는 ⓑ가 정답입니다.

어휘 certain[sə́ːrtn] 특정한

## 08 추론 문제

해석 여자의 원래 옷 선택에 대해 암시되는 것은?
ⓐ 인물 사진에 너무 격식적이었다.
ⓑ 졸업앨범 사진에 잘못된 색깔이었다.
☑ⓒ 사진이 잘 나오지 않을 수 있는 무늬가 있었다.
ⓓ 그 행사에 너무 캐주얼했다.

해설 남자는 최고의 결과를 위해 단색을 입고 복잡한 무늬는 피해야 한다고 했고, 여자는 줄무늬 셔츠를 입으려고 계획하고 있었는데, 더 단순한 것으로 고르겠다고 했습니다. 따라서 여자의 원래 옷 선택에는 사진이 잘 나오지 않을 수 있는 무늬가 있었다는 ⓒ가 정답입니다.

어휘 formal[fɔ́ːrməl] 격식적인 occasion[əkéiʒən] 행사

## [09-10]

🎧 미국 → 영국

**Listen to a conversation.**

M ⁰⁹The student council charity auction is next Friday. Have you decided what to donate yet?
W ¹⁰I'm thinking about contributing some handmade jewelry, but I'm not sure if there will be enough interest.
M That sounds unique! ¹⁰Last year, creative items like that were really popular with bidders.
W Great! I'll prepare a few pieces this weekend. Should I bring them to the student center on Thursday?

charity[tʃǽrəti] 자선 auction[ɔ́ːkʃən] 경매
contribute[kəntríbjuːt] 기부하다
handmade[hǽndméid] 수제의, 손으로 만든
unique[juːníːk] 독특한 piece[piːs] 작품

해석 대화를 들으시오.
M 학생회 자선 경매가 다음 주 금요일이에요. 무엇을 기부할지 결정했나요?
W 수제 보석을 기부하는 것을 생각하고 있는데, 충분한 관심이 있을지 잘 모르겠어요.
M 그것은 독특하네요! 작년에는, 그것처럼 창의적인 물품들이 입찰자들에게 인기가 정말 많았어요.
W 좋아요! 이번 주말에 몇 작품을 준비할게요. 목요일에 학생회관으로 가져가야 하나요?

## 09 주제 문제

해석 화자들은 주로 무엇에 대해 이야기하고 있는가?
ⓐ 보석 제작 워크숍
ⓑ 학생회 선거
ⓒ 캠퍼스 미술 전시회
☑ⓓ 자선 기금 모금 행사

해설 대화 초반에 남자가 학생회 자선 경매가 다음 주 금요일이라고 했습니다. 따라서 자선 기금 모금 행사라는 ⓓ가 정답입니다.

어휘 student council 학생회   election[ilékʃən] 선거
exhibition[èksəbíʃən] 전시회   charity[tʃǽrəti] 기금
fundraiser[fʌ́ndrèizər] 모금 행사

## 10 의도 파악 문제

해석 남자는 왜 작년 행사를 언급하는가?
ⓐ 선택을 지지하기 위해 ✓
ⓑ 적절한 장소를 제안하기 위해
ⓒ 등록 과정을 설명하기 위해
ⓓ 참여에 대한 관심을 보이기 위해

해설 남자가 작년에는, 그것처럼 창의적인 물품들이 입찰자들에게 인기가 많았다고 하면서 여자가 수제 보석을 기부하는 것을 지지했습니다. 따라서 선택을 지지하기 위해라는 ⓐ가 정답입니다.

어휘 selection[silékʃən] 선택

## [11-12]

🔊 미국 → 뉴질랜드

Listen to a conversation.

W ¹¹Thanks for coming in for the interview. Tell me, why are you interested in working at our cafeteria?
M I'm looking for a flexible part-time job that fits with my class schedule, and I enjoy interacting with people.
W That's great to hear. Most of our shifts are during the lunch and dinner rushes. Are you comfortable working in a fast-paced environment?
M Absolutely. I've worked in restaurants before, so I'm used to busy periods.
W Excellent. When would you be available to start if we offer you the position?
M ¹²I could start as early as next week after my midterm exams are finished.

flexible[fléksəbl] 유연한   interact with 교류하다
shift[ʃift] 교대 근무   comfortable[kʌ́mfərtəbl] 편안한

해석 대화를 들으시오.
W 면접에 와주셔서 감사해요. 말씀해주세요, 우리 카페테리아에서 일하는 것에 왜 관심이 있나요?
M 저는 제 수업 일정에 맞는 유연한 파트타임 일자리를 찾고 있고, 사람들과 교류하는 것을 즐겨요.
W 좋네요. 저희의 교대 근무는 대부분 점심과 저녁의 바쁜 시간대에 이뤄져요. 빠른 속도의 환경에서 일하는 것이 편안신가요?
M 물론이죠. 저는 이전에 레스토랑에서 일한 적이 있어서, 바쁜 시간대에 익숙해요.
W 훌륭하네요. 저희가 당신에게 그 자리를 제안한다면 언제부터 시작할 수 있나요?
M 중간고사가 끝나고 빠르면 다음 주부터 시작할 수 있어요.

## 11 목적 문제

해석 남자는 왜 여자에게 이야기하고 있는가?
ⓐ 음식 품질에 대해 불평하기 위해
ⓑ 아르바이트에 지원하기 위해 ✓
ⓒ 식사 계획 변경을 요청하기 위해
ⓓ 케이터링 서비스에 대해 문의하기 위해

해설 여자가 면접에 와주셔서 감사하다고 하고, 카페테리아에서 일하는 데 관심이 있는 이유를 물었습니다. 따라서 아르바이트에 지원하기 위해라는 ⓑ가 정답입니다.

어휘 complain[kəmpléin] 불평하다   inquire[inkwáiər] 문의하다

## 12 추론 문제

해석 남자는 대화의 마지막에서 무엇을 암시하는가?
ⓐ 그는 캠퍼스 밖에서 산다.
ⓑ 그는 1학년 학생이다.
ⓒ 그는 이번 주에 매우 바쁘다. ✓
ⓓ 그는 시험을 다시 봐야 한다.

해설 남자는 중간고사가 끝나고 빠르면 다음 주부터 일을 시작할 수 있다고 했으므로 이번 주는 중간고사로 바쁘다는 것을 추론할 수 있습니다. 따라서 이번 주에 매우 바쁘다는 ⓒ가 정답입니다.

## [13-14]

🔊 영국 → 미국

Listen to a conversation.

W ¹³Tom, we need to brainstorm ideas for the spring marketing campaign. The deadline is approaching fast.
M Right. ¹⁴I've been researching current social media trends. Interactive content seems to be popular lately.
W Excellent point. We should incorporate user-generated content and maybe some live streaming elements too.
M I'll draft a proposal by Thursday. Should we schedule a team meeting to review everything?

approach[əpróutʃ] 다가오다   interactive[intəræktiv] 상호작용의
incorporate[inkɔ́:rpərèit] 포함하다   draft[dræft] 초안을 작성하다

해석 대화를 들으시오.
W Tom, 우리는 봄 마케팅 캠페인을 위한 아이디어를 브레인스토밍해야 해요. 마감일이 빠르게 다가오고 있어요.
M 맞아요. 저는 현재 소셜 미디어 트렌드를 조사해 왔어요. 상호작용 콘텐츠가 최근에 인기가 많은 것 같아요.
W 훌륭한 지적이에요. 우리는 사용자 생성 콘텐츠와 아마도 몇 가지 라이브 스트리밍 요소들도 포함해야 해요.
M 제가 목요일까지 제안서 초안을 작성할게요. 모든 것을 검토하기 위해 팀 회의를 계획해야 할까요?

## 13 주제 문제

해석 화자들은 주로 무엇에 대해 이야기하고 있는가?
ⓐ 소셜 미디어 훈련

Ⓑ 예산 배정
Ⓒ 직원 채용
✓Ⓓ 봄 마케팅 캠페인

해설 대화 초반에 여자가 봄 마케팅 캠페인을 위한 아이디어를 브레인스토밍해야 한다고 한 뒤 마케팅 캠페인에 관한 내용을 논의하고 있습니다. 따라서 봄 마케팅 캠페인이라는 Ⓓ가 정답입니다.

어휘 budget[bʌ́dʒit] 예산 allocation[æ̀ləkéiʃən] 배정
recruitment[rikrúːtmənt] 채용

### 14 의도 파악 문제

해설 남자가 소셜 미디어 트렌드를 언급하는 이유는 무엇인가?
✓Ⓐ 가능한 전략을 제안하기 위해
Ⓑ 최근 변화를 설명하기 위해
Ⓒ 현재 접근법을 비판하기 위해
Ⓓ 훈련 세션을 제안하기 위해

해설 남자가 현재 소셜 미디어 트렌드를 조사해 왔고, 상호작용 콘텐츠가 최근에 인기가 많은 것 같다고 언급하면서, 봄 마케팅 캠페인에 적용할 수 있는 전략을 제안하고 있습니다. 따라서 전략을 제안하기 위해라는 Ⓐ가 정답입니다.

어휘 criticize[krítəsàiz] 비판하다 approach[əpróutʃ] 접근법
propose[prəpóuz] 제안하다

## [15-16]

🎧 뉴질랜드 → 영국

**Listen to a conversation.**

W ¹⁵Professor Johnson announced a new research project on renewable energy systems. Are you interested in applying?
M Absolutely! I've been looking for hands-on research experience. What are the application requirements?
W You need to submit a research proposal and two faculty recommendations. The deadline is next Friday.
M ¹⁶That's tight, but manageable. ¹⁶I'll start working on my proposal tonight and contact professors tomorrow.

announce[ənáuns] 발표하다 renewable[rinjúːəbl] 재생의
hands-on[hǽndzɑ̀n] 실무적인, 직접 해 보는
recommendation[rèkəmendéiʃən] 추천서
manageable[mǽnidʒəbl] 할 만한, 처리할 만한

해설 대화를 들으시오.
W Johnson 교수님이 재생 에너지 시스템에 대한 새로운 연구 프로젝트를 발표하셨어요. 지원에 관심이 있나요?
M 물론이죠! 저는 실무적인 연구 경험을 찾고 있었어요. 지원 요건이 무엇인가요?
W 연구 제안서와 두 개의 교수 추천서를 제출해야 해요. 마감일은 다음 주 금요일이에요.
M 빠듯하지만, 할 만해요. 오늘 밤 제안서 작성을 시작하고 내일 교수님께 연락드릴게요.

### 15 주제 문제

해설 화자들은 주로 무엇에 대해 이야기하고 있는가?
Ⓐ 수강 신청 절차
✓Ⓑ 연구 기회
Ⓒ 교수 추천서
Ⓓ 졸업 요건

해설 여자가 Johnson 교수님의 재생 에너지 시스템에 관한 새로운 연구 프로젝트에 대해 언급했고, 남자는 이 연구에 지원하는 방법에 대해 물어봅니다. 따라서 연구 기회라는 Ⓑ가 정답입니다.

어휘 procedure[prəsíːdʒər] 절차

### 16 의도 파악 문제

해설 남자가 마감일이 "빠듯하지만 할 만하다"고 말할 때 무슨 뜻인가?
Ⓐ 그는 모든 것을 제시간에 완성할 수 없다고 생각한다.
Ⓑ 그는 이와 비슷하게 촉박한 마감일을 경험한 적이 있다.
✓Ⓒ 그는 양질의 지원서를 준비할 충분한 시간이 있다.
Ⓓ 그는 압박감 속에서 일하는 것을 선호한다.

해설 남자는 빠듯하지만 할 만하다고 한 뒤 오늘 밤 제안서 작성을 시작하고 내일 교수님께 연락드리겠다며 마감일까지 할 일을 계획하고 있습니다. 따라서 그는 양질의 지원서를 준비할 충분한 시간이 있다는 Ⓒ가 정답입니다.

어휘 quality[kwɑ́ːləti] 양질의 pressure[préʃər] 압박감

---

## Day 12 Task Test

p.142

| 01 Ⓓ | 02 Ⓒ | 03 Ⓑ | 04 Ⓒ | 05 Ⓓ | 06 Ⓐ |
| 07 Ⓑ | 08 Ⓒ | 09 Ⓐ | 10 Ⓐ | 11 Ⓑ | 12 Ⓒ |
| 13 Ⓓ | 14 Ⓐ | 15 Ⓒ | 16 Ⓒ | 17 Ⓓ | 18 Ⓓ |
| 19 Ⓑ | 20 Ⓒ | 21 Ⓑ | 22 Ⓐ | 23 Ⓑ | 24 Ⓒ |

## [01-02]

🎧 영국 → 미국

**Listen to a conversation.**

W I need to return this sweater I bought here last week. ⁰¹It doesn't fit properly, and the color looks different than it did in the store lighting.
M I can help you with that. Do you have your receipt and the original tags?
W Yes, I kept everything. How long do returns usually take to process? I don't want this sitting on my credit card forever.
M ⁰²Since you brought everything with you, I can process this return immediately. Your refund should appear on your credit card within three to five business days.

fit[fit] 맞다 properly[prɑ́pərli] 제대로 receipt[risíːt] 영수증
process[prɑ́ses] 처리하다 business days 영업일

해석 대화를 들으시오.
W 지난주에 여기서 산 스웨터를 환불해야 해요. 제대로 맞지 않고 색깔도 매장 조명에서 봤을 때와 달라요.
M 제가 도와드릴게요. 영수증과 원래 택은 가지고 계세요?
W 네, 다 보관했어요. 환불 처리는 보통 얼마나 걸리나요? 신용카드에 이 금액이 계속 결제된 상태로 있는 건 싫거든요.
M 모든 것을 가져오셨으니 지금 당장 환불 처리해 드릴 수 있어요. 환불은 3~5 영업일 이내에 신용카드에 반영될 예정입니다.

## 01 문제점 문제
해석 여자가 구매한 제품에 무슨 문제가 있는가?
Ⓐ 그녀는 그 스타일에 대해 생각을 바꿨다.
Ⓑ 그녀가 실수로 잘못된 물품을 주문했다.
Ⓒ 스웨터가 예상보다 비쌌다.
**Ⓓ 사이즈와 외형이 기대에 부합하지 않는다.**

해설 여자가 구입한 스웨터가 제대로 맞지 않고 색깔도 매장 조명에서 봤을 때와 다르다고 했습니다. 따라서 사이즈와 외형이 기대와 부합하지 않는다는 Ⓓ가 정답입니다.

어휘 order[ɔ́ːrdər] 주문하다  wrong[rɔːŋ] 잘못된
mistake[mistéik] 실수  appearance[əpíərəns] 외형
expectation[èkspektéiʃən] 기대

## 02 제공/제안 문제
해석 담당자는 무엇을 해 줄 수 있다고 하는가?
Ⓐ 제품 할인을 제공한다.
Ⓑ 금액을 신속하게 확인한다.
**Ⓒ 즉시 반품을 처리한다.**
Ⓓ 대체 품목을 찾는다.

해설 남자가 여자에게 모든 것을 가져왔으니 지금 당장 환불 처리해 드릴 수 있다고 했습니다. 따라서 즉시 반품을 처리한다는 Ⓒ가 정답입니다.

어휘 discount[dískaunt] 할인  confirm[kənfə́ːrm] 확인하다
replacement[ripléismənt] 대체

## [03-04]

미국 → 호주

**Listen to a conversation.**

W Brandon, I know the article about campus sustainability is due Friday, but I'm having trouble reaching the facilities manager for an interview.
M Have you tried emailing his assistant? She usually responds quickly and can help schedule something.
W Good thinking. ⁰³I'll try that right after lunch. If that doesn't work, should I focus on interviewing students instead?
M ⁰⁴That could work as a backup plan, but the administration's perspective would really strengthen your piece. Give the assistant until Wednesday to respond.

article[áːrtikl] 기사  sustainability[səstèinəbíləti] 지속 가능성
reach[riːtʃ] 연락하다  assistant[əsístənt] 조수
backup[bǽkʌ̀p] 예비  administration[ədmìnistréiʃən] 행정실
perspective[pərspéktiv] 관점
strengthen[stréŋkθən] 강화하다

해석 대화를 들으시오.
W Brandon, 캠퍼스 지속 가능성에 대한 기사 마감일이 금요일까지인 것은 알지만, 저는 인터뷰를 위해 시설 관리자에게 연락하는 데 어려움을 겪고 있어요.
M 혹시 그의 조수에게 이메일을 보내봤나요? 그녀는 보통 빠르게 응답하고 일정을 잡는 데 도움을 줄 수 있어요.
W 좋은 생각이네요. 점심 식사 직후에 그것을 시도해 볼게요. 그것이 안 되면, 대신 학생들을 인터뷰하는 데 집중해야 할까요?
M 그것도 예비 계획으로는 괜찮지만, 행정실의 관점이 당신의 글을 더 강화할 거예요. 수요일까지 조수가 응답할 시간을 주세요.

## 03 다음에 할 일 문제
해석 여자는 점심 후에 무엇을 할 것 같은가?
Ⓐ 기사를 쓴다.
**Ⓑ 이메일을 보낸다.**
Ⓒ 학생들과 만난다.
Ⓓ 시설 사무실을 방문한다.

해설 여자가 점심 식사 직후에 비서에게 이메일을 보내 보겠다고 했습니다. 따라서 이메일을 보낸다는 Ⓑ가 정답입니다.

## 04 의도 파악 문제
해석 남자는 왜 행정실의 관점을 언급하는가?
Ⓐ 마감일이 왜 중요한지 설명하기 위해
Ⓑ 대안적인 인터뷰 대상을 제안하기 위해
**Ⓒ 그 관점을 얻는 것의 가치를 강조하기 위해**
Ⓓ 잠재적 문제들에 대해 경고하기 위해

해설 남자가 행정실의 관점이 여자의 글을 더 강화할 것이라고 말하며 그 관점의 중요성을 강조했습니다. 따라서 그 관점을 얻는 것의 가치를 강조하기 위해라는 Ⓒ가 정답입니다.

어휘 deadline[dédlàin] 마감일  alternative[ɔːltə́ːrnətiv] 대안적인
emphasize[émfəsàiz] 강조하다  viewpoint[vjúːpɔint] 관점
potential[pəténʃəl] 잠재적인

## [05-06]

미국 → 호주

**Listen to a conversation.**

M How's your progress on the website redesign project? We're supposed to present the mockups next week.
W We're slightly behind schedule. The graphic designer needs two more days to finalize the layouts.
M That puts us in a tight spot. ⁰⁵Could you see if our client has a problem with us doing the presentation on Wednesday instead of Monday?

W I'll do that immediately. If they agree, that should give us enough time.
M Great. Also, ⁰⁶let's schedule a team review for Tuesday morning to deal with any last-minute issues.

redesign[ri:dizáin] 재디자인   present[prizént] 발표하다
mockup[mákʌp] 시안   finalize[fáinəlàiz] 완성하다
client[kláiənt] 고객   deal with 처리하다
last-minute[lǽstmìnit] 막판의

해석 대화를 들으시오.
M 웹사이트 재디자인 프로젝트는 어떻게 진행되고 있나요? 우리는 다음 주에 디자인 시안을 발표하기로 되어 있어요.
W 일정보다 약간 늦어지고 있어요. 그래픽 디자이너가 레이아웃을 완성하는 데 이틀이 더 필요해요.
M 그것은 우리를 곤란한 상황에 빠뜨리네요. 우리가 월요일 대신 수요일에 발표를 진행하는 것이 고객에게 문제가 되는지 확인해 줄 수 있나요?
W 바로 그렇게 할게요. 그들이 동의한다면, 그것은 우리에게 충분한 시간을 줄 거예요.
M 좋아요. 또한 막판 문제들을 처리하기 위해 화요일 아침에 팀 검토를 잡읍시다.

### 05 제안/제공 문제
해석 남자는 여자에게 무엇을 하라고 제안하는가?
Ⓐ 추가 디자이너를 고용한다.
Ⓑ 프로젝트 마감일을 확인한다.
Ⓒ 주말 내내 일한다.
✓ 일정 조정에 대해 고객에게 연락한다.

해설 남자가 여자에게 발표 일정을 바꾸는 것을 고객에게 확인해달라고 했습니다. 따라서 일정 조정에 대해 고객에게 연락한다는 Ⓓ가 정답입니다.

어휘 additional[ədíʃənl] 추가의
rescheduling[rì:skédʒu:liŋ] 일정 조정

### 06 다음에 할 일 문제
해석 남자는 화요일 아침에 무엇을 할 것인가?
✓ 팀과 만난다.
Ⓑ 고객과 만난다.
Ⓒ 최종 모형을 발표한다.
Ⓓ 예산 조정을 논의한다.

해설 남자가 화요일 아침에 막판 문제들을 처리하기 위해 팀 검토를 잡자고 말했습니다. 따라서 팀과 만난다는 Ⓐ가 정답입니다.

어휘 budget[bʌ́dʒit] 예산   adjustment[ədʒʌ́stmənt] 조정

## [07-08]
뉴질랜드 → 영국
**Listen to a conversation.**

W ⁰⁷The customer satisfaction survey results from last quarter show some concerning trends in our response times.
M I noticed that too. The average resolution time increased by 30 percent compared to the previous quarter.
W We need to implement changes quickly. What if we add two more support agents to the evening shift?
M That could help, but ⁰⁸we should also consider upgrading our online support system. The current one is outdated.
W Good point. Let's present both options to management in tomorrow's meeting.

satisfaction[sæ̀tisfǽkʃən] 만족   average[ǽvəridʒ] 평균의
resolution[rèzəlú:ʃən] 해결   quarter[kwɔ́:rtər] 분기
implement[ímpləmènt] 구현하다   current[kə́:rənt] 현재의
outdated[àutdéitid] 구식인   management[mǽnidʒmənt] 경영진

해석 대화를 들으시오.
W 지난 분기 고객 만족도 설문조사 결과는 우리 응대 시간에서 몇 가지 우려되는 추세를 보여줍니다.
M 저도 그것을 알아챘어요. 평균 해결 시간이 이전 분기에 비해 30퍼센트 증가했어요.
W 우리는 빠르게 변화를 구현해야 해요. 만약 저녁 근무에 지원 담당자를 두 명 더 추가하면 어떨까요?
M 그것도 도움이 될 수 있지만, 온라인 지원 시스템을 업그레이드하는 것도 고려해야 해요. 현재 것은 구식이에요.
W 좋은 지적이에요. 내일 회의에서 경영진에게 두 옵션 모두 제시합시다.

### 07 주제 문제
해석 화자들은 주로 무엇에 대해 이야기하고 있는가?
Ⓐ 새로운 직원 고용
✓ 고객 서비스 개선
Ⓒ 분기별 예산 검토
Ⓓ 기술 업그레이드

해설 화자들이 고객 만족도 설문조사 결과가 낮은 것에 대해 논의하며 개선 방안을 찾고 있습니다. 따라서 고객 서비스 개선이라는 Ⓑ가 정답입니다.

어휘 employee[implɔ́ii:] 직원   improvement[imprú:vmənt] 개선
quarterly[kwɔ́:rtərli] 분기별의

### 08 제안/제공 문제
해석 남자는 여자에게 무엇을 하라고 제안하는가?
Ⓐ 더 많은 지원 직원을 고용한다.
Ⓑ 운영 시간을 연장한다.
✓ 소프트웨어 시스템을 업데이트한다.
Ⓓ 응답 기준을 낮춘다.

해설 남자가 온라인 지원 시스템이 구식이라 업그레이드하는 것도 고려해야 한다고 했습니다. 따라서 소프트웨어 시스템을 업데이트한다는 Ⓒ가 정답입니다.

어휘 operating hours 운영 시간   standard[stǽndərd] 기준

## [09-10]

미국 → 뉴질랜드

Listen to a conversation.

W  ⁰⁹I'm interested in participating in the study abroad program next fall. Do you know what the application deadline is?
M  You're cutting it close. Applications are due next Friday, and you'll need to provide transcripts, recommendation letters, and a personal statement.
W  That's really tight. I have my transcripts ready, but I haven't asked anyone for recommendations yet.
M  ¹⁰Professor Lewis from your international relations class would be perfect. ¹⁰She helped me with my application last year.
W  Great suggestion. I'll email her this afternoon and explain the urgent timeline.

abroad[əbrɔ́:d] 해외로  application[æ̀pləkéiʃən] 지원
transcript[trǽnskript] 성적증명서
recommendation letter 추천서
personal statement 자기소개서  timeline[táimlàin] 일정

해석 대화를 들으시오.
W 다음 가을 해외 유학 프로그램에 참여하는 데 관심이 있어요. 지원 마감일이 언제인지 아세요?
M 시간이 촉박하네요. 지원서는 다음 주 금요일까지이고, 성적증명서, 추천서, 그리고 자기소개서를 제출해야 해요.
W 정말 빠듯하네요. 성적증명서는 준비되어 있지만, 아직 아무에게도 추천서를 부탁하지 않았어요.
M 당신이 수강한 국제관계학 수업의 Lewis 교수님이 완벽할 거예요. 그분이 작년에 제 지원서를 도와주셨어요.
W 좋은 제안이에요. 오늘 오후에 그녀에게 이메일을 보내서 급한 일정을 설명할게요.

### 09 사실 정보 파악 문제

해석 여자는 무엇을 하려고 하는가?
Ⓐ 해외 유학 프로그램에 지원한다. ✓
Ⓑ 다른 대학으로 편입한다.
Ⓒ 국제관계 동아리에 가입한다.
Ⓓ 일정 변경을 요청한다.

해설 여자가 다음 가을 해외 유학 프로그램에 참여하는 데 관심이 있다고 말하며 지원 마감일을 묻고 있습니다. 따라서 해외 유학 프로그램에 지원한다는 Ⓐ가 정답입니다.

어휘 transfer[trænsfə́:r] 편입하다

### 10 의도 파악 문제

해석 남자는 왜 Lewis 교수님을 언급하는가?
Ⓐ 추천서를 제공할 누군가를 제안하기 위해 ✓
Ⓑ 국제관계 수업을 추천하기 위해
Ⓒ 학술 동아리의 리더를 확인하기 위해
Ⓓ 지원 요건을 설명하기 위해

해설 추천서는 아직 아무에게도 부탁하지 않았다는 여자의 말에 남자가 Lewis 교수님을 언급하며 작년에 자신의 지원서를 도와주셨다고 했습니다. 따라서 추천서를 제공할 누군가를 제안하기 위해라는 Ⓐ가 정답입니다.

어휘 reference[réfərəns] 추천서  identify[aidéntəfài] 확인하다
requirement[rikwáiərmənt] 요건

## [11-12]

미국 → 영국

Listen to a conversation.

W  My cat has been sleeping more than usual and eating less. I'm worried something might be wrong.
M  How long has this been going on?
W  About a week now. ¹¹She's normally very active and has a healthy appetite.
M  Those symptoms could indicate several things. ¹²You should schedule a comprehensive examination as soon as possible.
W  Can we do it tomorrow afternoon? I'm available tomorrow after 2.
M  I have an opening at 2:30 tomorrow. Please bring her vaccination records if you have them.

normally[nɔ́:rməli] 보통  active[ǽktiv] 활동적인
appetite[ǽpətàit] 식욕  symptom[símptəm] 증상
indicate[índikèit] 나타내다
comprehensive[kɑ̀:mprihénsiv] 종합의
examination[igzæ̀mənéiʃən] 검사
vaccination[væ̀ksənéiʃən] 예방접종

해석 대화를 들으시오.
W 제 고양이가 평소보다 더 많이 자고 적게 먹고 있어요. 뭔가 잘못된 것 같아 걱정돼요.
M 이것이 얼마나 오래 지속되었나요?
W 지금까지 약 일주일이에요. 제 고양이는 보통 매우 활동적이고 건강한 식욕을 가지고 있어요.
M 그런 증상들은 여러 가지를 나타낼 수 있어요. 가능한 한 빨리 종합 검사를 예약해야 해요.
W 내일 오후에 할 수 있나요? 내일 2시 이후에는 시간이 있어요.
M 내일 2시 30분에 비어 있어요. 혹시 가지고 계신다면 고양이의 예방접종 기록을 가져오세요.

### 11 사실 정보 파악 문제

해석 여자는 고양이의 평상시 행동에 대해 무엇을 말하는가?
Ⓐ 낮에 자주 잔다.
Ⓑ 활발하고 잘 먹는다. ✓
Ⓒ 음식을 가려서 먹는다.
Ⓓ 실내에 있는 것을 선호한다.

해설 여자가 고양이가 보통 매우 활동적이고 건강한 식욕을 가지고 있다고 말했습니다. 따라서 활발하고 잘 먹는다는 Ⓑ가 정답입니다.

어휘 frequently[frí:kwəntli] 자주  energetic[èṇərdʒétik] 활발한
picky[píki] (음식을) 가리는, 까다로운

## 12 제안/제공 문제

해석 남자는 여자에게 무엇을 하라고 제안하는가?
ⓐ 증상이 개선되는지 일주일 더 기다린다.
ⓑ 고양이의 식단을 즉시 바꾼다.
ⓒ 철저한 의학 검사를 예약한다.
ⓓ 고양이의 활동 수준을 모니터링한다.

해설 남자가 여자에게 가능한 한 빨리 종합 검사를 예약해야 한다고 말했습니다. 따라서 철저한 의학 검사를 예약한다는 ⓒ가 정답입니다.

어휘 thorough [θə́:rou] 철저한  monitor [mɑ́:nətər] 모니터링하다

## [13-14]
🎧 뉴질랜드 → 미국

**Listen to a conversation.**

M ¹³The new customer relationship management system goes live next month. All sales staff need to complete the training beforehand.
W How long is the training program?
M It's a full-day intensive session covering the data entry, report generation, and client communication features.
W I can do it next Thursday or the following Tuesday. Are there sessions on those days I can attend?
M ¹⁴Tuesday still has several spots open, but Thursday is full. I recommend booking Tuesday.

relationship [riléiʃənʃip] 관계  complete [kəmplíːt] 완료하다
beforehand [bifɔ́ːrhænd] 사전에  intensive [inténsiv] 집중의
entry [éntri] 입력  generation [dʒènəréiʃən] 생성

해석 대화를 들으시오.
M 새로운 고객 관계 관리 시스템이 다음 달에 가동돼요. 모든 영업 직원은 사전에 교육을 완료해야 해요.
W 교육 프로그램은 얼마나 걸리나요?
M 데이터 입력, 보고서 생성, 그리고 고객 소통 기능을 다루는 하루 종일 집중 세션이에요.
W 다음 주 목요일이나 그다음 화요일에 할 수 있어요. 그 날짜에 제가 참여할 수 있는 세션이 있나요?
M 화요일은 아직 몇 자리가 남아있지만, 목요일은 다 찼어요. 화요일 예약을 추천해요.

## 13 주제 문제

해석 화자들은 무엇에 대해 이야기하고 있는가?
ⓐ 영업 성과 검토
ⓑ 고객 소통 전략
ⓒ 데이터베이스 유지보수 절차
ⓓ 새로운 교육 프로그램

해설 남자가 새로운 고객 관계 관리 시스템이 다음 달에 가동된다고 한 뒤 이를 사용하기 위한 교육 프로그램에 대해 논의하고 있습니다. 따라서 새로운 교육 프로그램이라는 ⓓ가 정답입니다.

어휘 performance [pərfɔ́ːrməns] 성과  strategy [strǽtədʒi] 전략
procedure [prəsíːdʒər] 절차

## 14 추론 문제

해석 목요일 세션에 대해 암시되는 것은?
ⓐ 남은 자리가 없다.
ⓑ 더 고급 주제를 다룬다.
ⓒ 더 좋은 시간으로 예정되어 있다.
ⓓ 무기한 연기되었다.

해설 남자가 목요일은 다 찼다고 말했습니다. 따라서 남은 자리가 없다는 ⓐ가 정답입니다.

어휘 remaining [riméiniŋ] 남은  postpone [poustpóun] 연기하다
indefinitely [indéfənitli] 무기한

## [15-16]
🎧 호주 → 영국

**Listen to a conversation.**

W I'm dreading packing up this entire apartment. ¹⁵I've accumulated so much stuff over five years.
M Why don't you hire a professional moving company that offers a packing service? ¹⁶My sister used one last month and said it was worth every penny.
W How much did it cost her?
M Around eight hundred dollars for a two-bedroom apartment, but they packed everything in one day.
W That's not too bad considering the time I'd save. Do you have their contact information?

accumulate [əkjúːmjulèit] 쌓다  professional [prəféʃənl] 전문의
moving company 이사 업체
worth every penny 돈값을 하다, 정말 가치 있다

해석 대화를 들으시오.
W 이 아파트 전체를 이삿짐 정리하는 것이 너무 두려워요. 5년 동안 너무 많은 짐을 쌓아 놓았어요.
M 포장 서비스를 제공하는 전문 이사 업체를 고용하는 것이 어때요? 제 누나가 지난달에 이용했는데 돈값을 했다고 했어요.
W 누나는 비용이 얼마나 들었나요?
M 침실 두 개짜리 아파트에 약 800달러였지만, 하루 만에 모든 것을 포장했어요.
W 제가 절약할 시간을 고려하면 그렇게 나쁘지 않네요. 그들의 연락처 정보를 가지고 계신가요?

## 15 추론 문제

해석 여자에 대해 암시되는 것은?
ⓐ 그녀는 더 큰 집으로 이사하고 있다.
ⓑ 그녀는 이사 경험이 풍부하다.
ⓒ 그녀는 이전에 포장 서비스를 이용한 적이 있다.
ⓓ 그녀는 현재 장소에서 수년간 살았다.

해설 여자가 5년 동안 너무 많은 짐을 쌓아 놓았다고 말했습니다. 따라

서 그녀가 현재 장소에서 수년간 살았다는 ⓓ가 정답입니다.

어휘 relocating[rilóukeitiŋ] 이사 current[kə́:rənt] 현재의

## 16 의도 파악 문제

해석 남자는 왜 자신의 누나를 언급하는가?
ⓐ 여자가 짐 싸는 데 도움을 주기 위해
ⓑ 이사 경험을 비교하기 위해
☑ⓒ 업체를 추천하기 위해
ⓓ 비용을 줄일 방법을 제안하기 위해

해설 남자의 누나가 지난 달 전문 포장 서비스를 이용했고 돈값을 했다며 전문 서비스를 추천했습니다. 따라서 업체를 추천하기 위해라는 ⓒ가 정답입니다.

어휘 recommend[rèkəménd] 추천하다 reduce[ridjú:s] 줄이다

## [17-18]

영국 → 미국

**Listen to a conversation.**

W ¹⁷The landlord said we can do a final walkthrough before we move in tomorrow.
M Great. ¹⁷We should check that everything from our list was fixed. Did she repair the leaky faucet in the kitchen?
W She said she did, but I want to test it myself. ¹⁸Also, we need to verify the air conditioning works properly.
M That makes sense. I'll bring a checklist so we don't miss anything important.

landlord[lǽndlɔ̀:rd] 집주인 walkthrough[wɔ́:kθrù:] 점검, 리허설
leaky[líːki] 새는 faucet[fɔ́:sit] 수도꼭지
properly[prɑ́:pərli] 제대로

해석 대화를 들으시오.
W 집주인이 말하길 우리가 내일 이사 들어가기 전에 최종 점검을 할 수 있다고 했어요.
M 좋네요. 우리 목록에 있는 모든 것이 고쳐졌는지 확인해야 해요. 부엌의 새는 수도꼭지를 수리했나요?
W 했다고는 했지만, 제가 직접 테스트해 보고 싶어요. 또한, 에어컨이 제대로 작동하는지도 확인해야 해요.
M 그게 좋겠네요. 중요한 것을 놓치지 않도록 체크리스트를 가져갈게요.

## 17 사실 정보 파악 문제

해석 화자들은 왜 오늘 아파트를 방문하고 싶어 하는가?
ⓐ 가구를 위해 방을 측정하기 위해
ⓑ 열쇠를 받기 위해
ⓒ 보증금을 지불하기 위해
☑ⓓ 수리가 완료되었음을 확인하기 위해

해설 여자가 내일 이사 들어가기 전에 최종 점검을 하자고 제안했고 남자는 모든 것이 고쳐졌는지 확인해야 한다고 말했습니다. 따라서 수리가 완료되었음을 확인하기 위해라는 ⓓ가 정답입니다.

어휘 measure[méʒər] 측정하다 furniture[fə́:rnitʃər] 가구 security

deposit 보증금 confirm[kənfə́:rm] 확인하다

## 18 사실 정보 파악 문제

해석 화자들은 무슨 가전제품에 대해 우려하는가?
ⓐ 식기세척기
ⓑ 냉장고
ⓒ 세탁기
☑ⓓ 에어컨

해설 여자가 에어컨이 제대로 작동하는지도 확인해야 한다고 말했습니다. 따라서 ⓓ가 정답입니다.

어휘 dishwasher[díʃwɑ̀:ʃər] 식기세척기
refrigerator[rifrídʒərèitər] 냉장고

## [19-20]

미국 → 뉴질랜드

**Listen to a conversation.**

M I need to rent a graduation gown for next month's ceremony. ¹⁹Do you know where the rental office is?
W ¹⁹It's in the student services building, second floor. But you might want to hurry - they tend to run out of popular sizes.
M How early should I place the order to make sure my size is available?
W I ordered mine six weeks in advance and everything was ready on time. ²⁰Oh, they also rent caps and tassels separately.

graduation[grædʒuéiʃən] 졸업 rental[réntl] 대여
popular[pɑ́:pjulər] 인기 있는 tassel[tǽsəl] 술
separately[sépərətli] 따로

해석 대화를 들으시오.
M 다음 달 졸업식을 위해 졸업 가운을 빌려야 해요. 대여 사무실이 어디에 있는지 아세요?
W 학생 서비스 건물 2층에 있어요. 하지만 서두르는 것이 좋을 거예요 - 인기 있는 사이즈는 떨어지는 경향이 있어요.
M 제 사이즈를 확보하려면 얼마나 일찍 주문해야 하나요?
W 저는 6주 전에 주문했는데, 모든 것이 제때 준비되었어요. 아, 그들은 모자와 술도 따로 대여해요.

## 19 사실 정보 파악 문제

해석 남자는 대여 사무실을 어디에서 찾을 수 있는가?
ⓐ 행정 건물에서
☑ⓑ 학생 서비스 건물 2층에서
ⓒ 캠퍼스 서점에서
ⓓ 캠퍼스 보안 사무실 근처에서

해설 남자가 졸업 가운 대여 사무소가 어디 있는지 묻자, 여자가 학생 서비스 건물 2층에 있다고 말했습니다. 따라서 학생 서비스 건물 2층에서라는 ⓑ가 정답입니다.

어휘 administration[ədmìnistréiʃən] 행정

## 20 사실 정보 파악 문제

해석 여자는 모자와 술에 대해 언급하는 것은 무엇인가?
ⓐ 가운 대여와 함께 무료로 제공된다.
ⓑ 한 가지 색상으로만 제공된다.
ⓒ 따로 대여해야 한다. ✓
ⓓ 기념품으로 구매할 수 있다.

해설 여자가 모자와 술도 따로 대여한다고 말했습니다. 따라서 따로 대여해야 한다는 ⓒ가 정답입니다.

어휘 souvenir[sùːvəníər] 기념품

## [21-22]

영국 → 미국

**Listen to a conversation.**

M  My phone screen is completely cracked. How much would it cost to replace it here?
W  For your model, it's $180 for parts and labor. ²¹The repair usually takes about two hours.
M  ²²That's more expensive than I expected. Is there a warranty on the replacement screen?
W  Yes. We offer a six-month warranty on all screen repairs. Would you like to schedule an appointment for today?

crack[kræk] 깨지다   replace[ripléis] 교체하다
warranty[wɔ́ːrənti] 보증   appointment[əpɔ́intmənt] 예약

해석 대화를 들으시오.
M  제 휴대폰 화면이 완전히 깨졌어요. 여기서 교체하는 데 얼마나 들까요?
W  당신 모델의 경우, 부품과 인건비 포함해서 180달러예요. 수리는 보통 약 2시간 걸려요.
M  제가 예상했던 것보다 더 비싸네요. 교체 화면에 보증이 있나요?
W  네, 모든 화면 수리에 6개월 보증을 제공해요. 오늘 예약을 잡으시겠어요?

## 21 사실 정보 파악 문제

해석 화면 수리는 얼마나 걸리는가?
ⓐ 1시간
ⓑ 2시간 ✓
ⓒ 반나절
ⓓ 24시간

해설 여자가 수리는 보통 약 2시간 걸린다고 했습니다. 따라서 ⓑ가 정답입니다.

어휘 half[hæf] 반, 절반

## 22 화자의 태도 문제

해석 수리 비용에 대한 남자의 태도는 무엇인가?
ⓐ 그는 예상보다 높다고 생각한다. ✓
ⓑ 그는 합리적이라고 생각한다.
ⓒ 그는 다른 가게의 가격과 비교하고 싶어 한다.
ⓓ 그는 할인에 만족한다.

해설 남자가 가격이 예상했던 것보다 더 비싸다고 말했습니다. 따라서 그는 예상보다 높다고 생각한다는 ⓐ가 정답입니다.

어휘 anticipate[æntísəpèit] 예상하다
reasonable[ríːzənəbl] 합리적인   compare[kəmpɛ́ər] 비교하다

## [23-24]

영국 → 호주

**Listen to a conversation.**

W  ²³I'm tired of feeding coins into parking meters every day. Is there a monthly parking pass available for students?
M  ²⁴We offer a semester pass for $120, which works out to about $8 per week.
W  That would definitely save me money in the long run. Where can I purchase one?
M  You can buy it online through the campus portal or visit the parking services office in the administration building.

parking meters 주차 미터기   semester[siméstər] 학기
definitely[défənitli] 확실히   purchase[pə́ːrtʃəs] 구매하다
administration[ədmìnistréiʃən] 행정

해석 대화를 들으시오.
W  매일 주차 미터기에 동전을 넣는 데 지쳤어요. 학생들을 위한 월 주차권이 있나요?
M  학기 패스를 120달러에 제공하는데, 주당 약 8달러 정도예요.
W  그것은 확실히 장기적으로 돈을 절약해 주겠네요. 그건 어디서 구매할 수 있나요?
M  캠퍼스 포털을 통해 온라인으로 구매하거나 행정 건물의 주차 서비스 사무실을 방문하시면 돼요.

## 23 이유 문제

해석 여자는 왜 주차권을 원하는가?
ⓐ 그녀가 최근에 새 차를 샀다.
ⓑ 주차비를 내는 것이 불편하다. ✓
ⓒ 주차 미터기가 자주 고장 난다.
ⓓ 그녀가 주차 위반 딱지를 받았다.

해설 여자가 매일 주차 미터기에 동전을 넣는 데 지쳤다고 말했습니다. 따라서 주차비를 내는 것이 불편하다는 ⓑ가 정답입니다.

어휘 inconvenient[ìnkənvíːnjənt] 불편한

## 24 사실 정보 파악 문제

해석 패스는 얼마인가?
ⓐ 100달러
ⓑ 110달러
ⓒ 120달러 ✓
ⓓ 130달러

해설 남자가 학기 패스를 120달러에 제공한다고 말했습니다. 따라서 ⓒ가 정답입니다.

# TASK 3 공지 듣고 문제 풀기 Listen to an Announcement

## Day 13  중심 내용을 파악하는 문제

### Daily Check-up .................... p.156

01 ⓑ    02 ⓒ    03 ⓒ    04 ⓐ

### 01
미국

Hello, new students! Welcome to campus. ① ⁰¹Our New Student Orientation will take place this coming Tuesday from 9 A.M. to 12 P.M. in the gymnasium. You'll receive your student ID cards, ② meet your academic advisors, and learn about campus resources. Please ③ bring your admission letter and a photo ID. We're excited to have you join our university community!

orientation[ɔ̀ːriəntéiʃən] 오리엔테이션
gymnasium[dʒimnéiziəm] 체육관   resource[rísɔːrs] 자원
admission letter 입학 허가서

해석  안녕하세요, 신입생 여러분! 캠퍼스에 오신 것을 환영합니다. 신입생 오리엔테이션은 이번 화요일 오전 9시부터 오후 12시까지 체육관에서 진행될 예정입니다. 여러분은 학생증을 받고, 지도교수님들을 만나며, 캠퍼스 시설에 대해 알아보게 될 것입니다. 입학 허가서와 사진이 부착된 신분증을 반드시 지참해 주세요. 여러분이 우리 대학 커뮤니티의 일원이 되어 매우 기쁩니다!

Q  주제 문제

해설  공지에서 신입생 오리엔테이션이 진행될 예정이라고 한 뒤 준비물을 설명하고 있습니다. 따라서 신입생 오리엔테이션이라는 ⓑ가 정답입니다.

### 02
영국

Attention all students and faculty. ⁰²The library's ① computer system will undergo a major upgrade this weekend from Friday evening until Monday morning. During this period, ② online catalog searches and digital resource access will be unavailable. However, the building will ③ remain open for studying, and staff will assist with manual book searches if needed.

faculty[fǽkəlti] 교직원   undergo[ʌ̀ndərgóu] 진행되다
unavailable[ʌ̀nəvéiləbl] 불가능한   assist[əsíst] 돕다

해석  학생과 교직원 여러분께 안내해 드립니다. 이번 주말 금요일 저녁부터 월요일 아침까지 도서관의 컴퓨터 시스템에 대한 대대적인 업그레이드가 진행됩니다. 이 기간 동안 온라인 카탈로그 검색과 디지털 자료 접근이 불가능합니다. 하지만 건물은 공부를 위해 계속 개방되며, 필요한 경우 직원들이 수동으로 도서 검색을 도와드릴 것입니다.

Q  주제 문제

해설  공지에서 도서관의 컴퓨터 시스템이 대대적인 업그레이드를 진행한다고 한 뒤, 그 기간 동안 어떤 변동 사항이 있는지 안내하고 있습니다. 따라서 컴퓨터 시스템 업그레이드라는 ⓒ가 정답입니다.

### 03
호주

Good morning students. ⁰³The campus health center ① is organizing a blood drive this Wednesday from 10 A.M. to 4 P.M. in the Student Union. All donors will ② receive a free health check. Your contribution could save lives, so ③ please consider participating!

donor[dóunər] 헌혈자   contribution[kɑ̀ntrəbjúːʃən] 공헌
consider[kənsídər] 고려하다   participate[pɑːrtísəpèit] 참여하다

해석  안녕하세요 학생 여러분. 캠퍼스 건강 센터는 이번 수요일 오전 10시부터 오후 4시까지 학생회관에서 헌혈 행사를 개최합니다. 모든 헌혈자는 무료 건강 검진을 받게 됩니다. 여러분의 공헌이 생명을 구할 수 있으니, 참여를 고려해주시기 부탁드립니다!

Q  주제 문제

해설  공지의 주요 주제는 무엇인가?
Ⓐ 건강 센터 이전
Ⓑ 의학 연구 조사
✓ 헌혈 행사

해설  공지에서 캠퍼스 건강 센터가 헌혈 행사를 개최한다고 한 뒤, 참여를 독려하고 있습니다. 따라서 헌혈 행사라는 ⓒ가 정답입니다.

어휘  relocation[rìːloukéiʃən] 이전   research[ríːsəːrtʃ] 연구
donation[dounéiʃən] 헌혈, 기부

### 04
미국

Fellow students, ⁰⁴it's time for ① our annual Student Government elections! ② Candidate registration opens tomorrow and closes next Friday at 5 P.M. Elections will be held the following Tuesday through online voting. ③ All current students are eligible to vote using their student ID numbers. Campaign materials can be posted in designated areas starting Monday. ④ Let your voice be heard!

annual[ǽnjuəl] 연례의   election[ilékʃən] 선거

candidate[kǽndidèit] 후보자
registration[rèdʒistréiʃən] 등록  eligible[élidʒəbl] 자격이 있는
designated[dézignèitid] 지정된

**해석** 학생 여러분, 우리의 연례 학생회 선거 시간입니다! 후보자 등록은 내일 열리고 다음 주 금요일 오후 5시에 마감됩니다. 선거는 그 다음 화요일에 온라인 투표를 통해 진행될 예정입니다. 모든 재학생은 학생증 번호를 사용하여 투표할 자격이 있습니다. 선거 홍보물은 월요일부터 지정된 구역에 게시할 수 있습니다. 여러분의 목소리를 들려주세요!

**Q 목적 문제**

해석 공지의 주요 목적은 무엇인가?
Ⓐ 선거 정보를 제공하기 위해 ✓
Ⓑ 선거 결과를 발표하기 위해
Ⓒ 캠페인 규칙을 설명하기 위해

해설 공지 초반에 연례 학생회 선거 시간이라고 한 뒤, 선거에 대한 정보를 전하고 있습니다. 따라서 선거 정보를 제공하기 위해라는 Ⓐ가 정답입니다.

어휘 announce[ənáuns] 발표하다

## Daily Test   p.158

| 01 Ⓓ | 02 Ⓐ | 03 Ⓐ | 04 Ⓒ | 05 Ⓑ | 06 Ⓑ |
| 07 Ⓒ | 08 Ⓓ | 09 Ⓐ | 10 Ⓑ | 11 Ⓒ | 12 Ⓑ |

### 01

영국

**Listen to an announcement in a class.**

⁰¹All students enrolled in laboratory courses must complete the online safety training module by next Wednesday. The training covers proper equipment handling, emergency procedures, and chemical safety protocols. You can access the module through the student portal using your login credentials. Certificates of completion must be printed and submitted to your lab instructor before entering any laboratory facility.

enroll[inróul] 등록하다  laboratory[lǽbərətɔ̀ːri] 실험
complete[kəmplíːt] 완료하다  cover[kʌ́vər] 다루다
equipment[ikwípmənt] 장비  emergency[imə́ːrdʒənsi] 응급
procedure[prəsíːdʒər] 절차  chemical[kémikəl] 화학물질
protocol[próutəkɔ̀ːl] 안전 규정  credential[kridénʃəl] 정보
certificate[sərtífikət] 증명서  submit[səbmít] 제출하다
instructor[instrʌ́ktər] 교수  facility[fəsíləti] 시설

해석 수업의 공지를 들으시오.

실험 과목에 등록된 모든 학생들은 다음 주 수요일까지 온라인 안전 교육 모듈을 완료해야 합니다. 이 교육은 적절한 장비 취급법, 응급 절차, 그리고 화학물질 안전 규정을 다룹니다. 학생 포털에서 로그인 정보를 사용하여 모듈에 접속할 수 있습니다. 완료 증명서는 반드시 출력하여 실험실 시설에 입장하기 전에 실험 담당 교수에게 제출해야 합니다.

**Q 주제 문제**

해석 공지의 주요 주제는 무엇인가?
Ⓐ 새로운 실험실 장비 설치
Ⓑ 실험실 일정 변경
Ⓒ 화학물질 재고 업데이트
Ⓓ 의무적인 안전 교육 요구사항 ✓

해설 공지 초반에 실험 과목에 등록된 모든 학생들은 온라인 안전 교육 모듈을 완료해야 한다고 한 뒤, 관련 세부 내용을 전하고 있습니다. 따라서 의무적인 안전 교육 요구사항이라는 Ⓓ가 정답입니다.

어휘 installation[ìnstəléiʃən] 설치  inventory[ínvəntɔ̀ːri] 재고
mandatory[mǽndətɔ̀ːri] 의무적인
requirement[rikwáiərmənt] 요구사항

### 02

뉴질랜드

**Listen to an announcement at a university club meeting.**

Attention Computer Club members! ⁰²Our weekend hackathon is coming up in two weeks at the Tech Center. Teams of three to five people will have 48 hours to develop innovative software solutions. Pizza and energy drinks will be provided throughout the event. Prizes include tablets, programming books, and internship opportunities with local tech companies. Form your teams and register at our website by Monday.

attention[əténʃən] 주목하다  innovative[ínəvèitiv] 혁신적인
throughout[θruːáut] ~ 내내  opportunity[ɑ̀ːpərtjúːnəti] 기회
register[rédʒistər] 등록하다

해석 대학 동아리 모임의 공지를 들으시오.

컴퓨터 동아리 회원 여러분, 주목해 주세요! 우리의 주말 해커톤이 2주 후 Tech 센터에서 열립니다. 3명에서 5명으로 구성된 팀들이 48시간 동안 혁신적인 소프트웨어 솔루션을 개발하게 됩니다. 행사 기간 내내 피자와 에너지 드링크가 제공될 예정입니다. 상품으로는 태블릿, 프로그래밍 서적, 그리고 지역 기술 회사들과의 인턴십 기회가 있습니다. 팀을 구성하고 월요일까지 우리 웹사이트에서 등록하세요.

**Q 주제 문제**

해석 공지의 주요 주제는 무엇인가?
Ⓐ 소프트웨어 개발 대회 ✓
Ⓑ 프로그래밍 과정 등록
Ⓒ 기술 일자리 박람회
Ⓓ 컴퓨터 장비 판매

해설 공지 초반에 주말 해커톤이 2주 후 Tech 센터에서 열리고 3명에서 5명으로 구성된 팀들이 48시간 동안 혁신적인 소프트웨어 솔루션을 개발하게 된다고 했습니다. 따라서 소프트웨어 개발 대회라는 Ⓐ가 정답입니다.

어휘 development[divéləpmənt] 개발

competition[kàːmpətíʃən] 대회
registration[rèdʒistréiʃən] 등록

## 03

🎧 미국

Listen to an announcement at a university club meeting.

> Runners and fitness enthusiasts, mark your calendars! ⁰³Our annual Campus Marathon takes place next Sunday starting at 7 A.M. from the Athletic Center. Choose from 5K, 10K, or half-marathon distances. Free health screenings and fitness consultations will be available before the race. All participants receive a commemorative T-shirt and medal. Registration fee is $25, with proceeds supporting campus wellness programs.

enthusiast[inθúːziæst] 애호가  distance[dístəns] 거리
health screening 건강 검진  consultation[kàːnsəltéiʃən] 상담
participant[pɑːrtísəpənt] 참가자
commemorative[kəmémərèitiv] 기념의
wellness[wélnis] 건강

해석  대학 동아리 모임의 공지를 들으시오.

러너들과 피트니스 애호가 여러분, 달력에 표시해 두세요! 연례 캠퍼스 마라톤이 다음 주 일요일 오전 7시에 체육관에서 시작됩니다. 5K, 10K, 또는 하프 마라톤 거리 중에서 선택할 수 있습니다. 경기 전에 무료 건강 검진과 피트니스 상담이 제공됩니다. 모든 참가자들은 기념품 티셔츠와 메달을 받게 됩니다. 등록비는 25달러이며, 수익금은 캠퍼스 건강 프로그램을 지원하는 데 사용됩니다.

Q  주제 문제

해석  공지는 무엇에 관한 것인가?
ⓐ 캠퍼스 달리기 행사 ✓
ⓑ 피트니스 수업 일정
ⓒ 새로운 체육 시설 개관
ⓓ 건강 검진 프로그램

해설  공지 초반에 연례 캠퍼스 마라톤이 다음 주 일요일 오전 7시에 체육관에서 시작된다고 한 후, 이어서 마라톤 행사 관련 세부 내용을 전하고 있습니다. 따라서 캠퍼스 달리기 행사라는 ⓐ가 정답입니다.

## 04

🎧 호주

Listen to an announcement in a classroom.

> Students in Environmental Science 301, Professor Johnson will be on sabbatical next semester for research in Antarctica. ⁰⁴Dr. Taylor will take over the course with some modifications to the curriculum. The class will now include virtual field trips and online lab simulations instead of traditional field work. Course requirements and grading remain the same. Please check your email for the updated syllabus.

environmental[invàiərənméntl] 환경의
sabbatical[səbǽtikəl] 안식년  Antarctica[æntáːrktikə] 남극
modification[màːdəfikéiʃən] 수정
curriculum[kəríkjuləm] 교육과정  virtual[və́ːrtʃuəl] 가상의
field trip 현장 학습  requirement[rikwáiərmənt] 요구사항
syllabus[síləbəs] 강의계획서

해석  수업의 공지를 들으시오.

환경 과학 301 강의 수강생 여러분, Johnson 교수님께서 남극 연구를 위해 다음 학기에 안식년을 가지시게 됩니다. Taylor박사님께서 교육과정을 일부 수정하여 강의를 담당하시게 됩니다. 이제 수업에는 전통적인 현장 실습 대신 가상 현장 학습과 온라인 실험 시뮬레이션이 포함됩니다. 과목 요구사항과 성적 평가는 동일하게 유지됩니다. 업데이트된 강의계획서는 이메일을 확인해 주세요.

Q  주제 문제

해석  공지의 주요 주제는 무엇인가?
ⓐ 새로운 환경 연구 프로젝트
ⓑ 현장학습 취소 정책
ⓒ 강의 진행 방식의 변경 ✓
ⓓ 온라인 학습 플랫폼 업데이트

해설  공지 중간에 Taylor 박사님께서 교육과정을 일부 수정하여 강의를 담당하시게 된다고 했습니다. 따라서 강의 진행 방식의 변경이라는 ⓒ가 정답입니다.

어휘  cancellation[kænsəléiʃən] 취소  policy[páːləsi] 정책

## 05

🎧 영국

Listen to an announcement on the campus radio station.

> Current students and recent graduates, join us for the Alumni Networking Night this Friday from 5 to 8 P.M. in the Business School atrium. ⁰⁵Connect with successful graduates working in various industries, learn about career opportunities, and gain valuable professional insights. Light appetizers and refreshments will be served. Professional attire is recommended. RSVP through the Career Services website by Thursday noon.

graduate[grǽdʒuət] 졸업생  alumni[əlʌ́mnai] 동문
various[véəriəs] 다양한  career[kəríər] 취업의
valuable[vǽljuəbl] 귀중한  professional[prəféʃənl] 전문적인
insight[ínsàit] 통찰  appetizer[ǽpitàizər] 애피타이저, 전채
refreshment[rifréʃmənt] 다과  professional attire 정장 착용
RSVP[áːrèsviːpíː] 회답하다

해석  대학 라디오 방송국의 공지를 들으시오.

재학생과 최근 졸업생 여러분, 이번 주 금요일 오후 5시부터 8시까지 경영대학 아트리움에서 열리는 동문 네트워킹의 밤 행사에 참여해 주세요. 다양한 산업 분야에서 활동하는 성공한 졸업생들과 교류하고, 취업 기회에 대해 알아보며, 귀중한 전문적 통찰을 얻으세요. 가벼운 애피타이저와 다과가 제공됩니다. 정장 착용을 권장합니다. 목요일 정오까지 진로 서비스 웹사이트를 통해 참석 의사를 밝혀 주세요.

**Q 목적 문제**

해석 행사의 목적은 무엇인가?
ⓐ 최근 졸업을 축하하기 위해
ⓑ 직업적인 네트워킹을 촉진하기 위해 ✓
ⓒ 학생 프로그램을 위한 기금을 모으기 위해
ⓓ 평생교육을 홍보하기 위해

해설 공지 중반에 다양한 산업 분야에서 활동하는 성공한 졸업생들과 교류하고, 취업 기회에 대해 알아보며, 귀중한 전문적 통찰을 얻으라고 했습니다. 따라서 직업적인 네트워킹을 촉진하기 위해서라는 ⓑ가 정답입니다.

어휘 celebrate [séləbrèit] 축하하다
graduation [græ̀dʒuéiʃən] 졸업  facilitate [fəsílətèit] 촉진하다
promote [prəmóut] 홍보하다

## 06
🔊 영국

Listen to an announcement in a student lounge.

Hello, everyone! ⁰⁶This Friday marks our university's 75th anniversary, and we're celebrating with a special founder's day festival from 11 A.M. to 5 P.M. in the central quad. We'll have historical displays, alumni speakers sharing their success stories, traditional games, and a time capsule ceremony at 3 P.M. Don't forget to bring your student ID for free commemorative gifts!

anniversary [æ̀nəvə́ːrsəri] 기념일
commemorative [kəmémərèitiv] 기념의

해석 학생 라운지의 공지를 들으시오.
안녕하세요, 여러분! 이번 주 금요일은 우리 대학교 75주년 기념일이고, 저희는 오전 11시부터 오후 5시까지 중앙 쿼드에서 특별한 창립 기념 축제로 기념할 예정입니다. 역사 전시, 동문 연사의 성공 사례 공유, 전통 게임, 그리고 오후 3시에 타임캡슐 행사가 있을 예정입니다. 무료 기념품을 받으시려면 학생증을 꼭 지참해 주세요!

**Q 주제 문제**

해석 공지의 주요 주제는 무엇인가?
ⓐ 졸업식
ⓑ 기념일 축하 행사 ✓
ⓒ 장학금 프로그램
ⓓ 캠퍼스 리모델링 프로젝트

해설 공지 초반에 이번 주 금요일이 대학교 75주년 기념일이고, 오전 11시부터 오후 5시까지 중앙 쿼드에서 특별한 창립 기념 축제로 기념할 예정이라고 했습니다. 따라서 기념일 축하 행사라는 ⓑ가 정답입니다.

어휘 graduation ceremony 졸업식

## 07
🔊 미국

Listen to an announcement at a university club meeting.

Attention debate club members! ⁰⁷We've been invited to participate in the regional collegiate debate tournament next month. The competition will focus on current social issues, and ⁰⁷we need to form teams of three. Practice sessions start this Tuesday at 7 P.M. in conference room B. Please confirm your availability by tomorrow evening so we can organize the groups effectively.

debate [dibéit] 토론  regional [ríːdʒənl] 지역의
collegiate [kəlíːdʒiət] 대학의  tournament [túərnəmənt] 대회
competition [kɑ̀ːmpətíʃən] 대회  conference room 회의실
effectively [iféktivli] 효과적으로

해석 대학 동아리 모임의 공지를 들으시오.
토론 동아리 회원 여러분 주목해 주세요! 저희가 다음 달에 있을 지역 대학 토론 대회에 참가하도록 초청받았습니다. 대회는 현재의 사회 이슈에 초점을 맞출 예정이며, 저희는 3명으로 구성된 팀을 만들어야 합니다. 연습 세션은 이번 주 화요일 오후 7시 회의실 B에서 시작됩니다. 팀을 효과적으로 구성할 수 있도록 내일 저녁까지 참가 가능 여부를 확인해 주시기 바랍니다.

**Q 목적 문제**

해석 공지의 목적은 무엇인가?
ⓐ 정기 모임의 일정을 잡기 위해
ⓑ 새로운 회원을 초대하기 위해
ⓒ 대회 참가를 준비하기 위해 ✓
ⓓ 대회 결과를 발표하기 위해

해설 공지 초반에 다음 달에 있을 지역 대학 토론 대회에 참가하도록 초청받았다고 했고, 이어서 3명으로 구성된 팀을 만들어야 한다고 했습니다. 따라서 대회 참가를 준비하기 위해서라는 ⓒ가 정답입니다.

어휘 schedule [skédʒuːl] 일정을 잡다  organize [ɔ́ːrgənàiz] 준비하다
participation [pɑːrtìsəpéiʃən] 참가

## 08
🔊 뉴질랜드

Listen to an announcement in a student lounge.

Physics department students, ⁰⁸the advanced physics lab will be temporarily unavailable next week while new equipment is installed. Scheduled experiments for Physics 101 and 102 will be postponed until the following Monday. Alternative assignments will be distributed via the course management system. We appreciate your patience during this upgrade process.

physics [fíziks] 물리학  department [dipɑ́ːrtmənt] 과, 부서
advanced [ədvǽnst] 고급의  temporarily [tèmpərérəli] 일시적으로
unavailable [ʌ̀nəvéiləbl] 사용 불가능한
equipment [ikwípmənt] 장비  install [instɔ́ːl] 설치하다

experiment[ikspérəmənt] 실험
postpone[poustpóun] 연기하다
alternative[ɔːltɚ́ːrnətiv] 대체의  assignment[əsáinmənt] 과제
distribute[distríbjuːt] 배포하다  via[víːə] ~을 통해
management[mǽnidʒmənt] 관리  patience[péiʃəns] 인내심

해석 학생 라운지의 공지를 들으시오.
물리학과 학생 여러분, 새로운 장비 설치로 인해 고급 물리학 실험실이 다음 주에 일시적으로 사용 불가능할 것입니다. 물리학 101 강의와 102 강의의 예정된 실험들은 다음 주 월요일까지 연기됩니다. 대체 과제는 강의 관리 시스템을 통해 배포될 예정입니다. 이번 업그레이드 과정 동안 양해해 주셔서 감사합니다.

Q 목적 문제

해석 공지의 목적은 무엇인가?
ⓐ 새로운 실험의 일정을 잡기 위해
ⓑ 새로운 장비 기능을 소개하기 위해
ⓒ 과목 변경사항을 알리기 위해
✓ⓓ 실험실 임시 폐쇄를 알리기 위해

해설 공지 초반에 화자는 새로운 장비 설치로 인해 고급 물리학 실험실이 다음 주에 일시적으로 사용 불가능할 것임을 전하고 있습니다. 따라서 실험실 임시 폐쇄를 알리기 위해서라는 ⓓ가 정답입니다.

어휘 temporary[témpərèri] 임시의  closure[klóuʒər] 폐쇄

## 09

미국

Listen to an announcement at a university club meeting.

Hello everyone. ⁰⁹I'm excited to announce our first-ever Entrepreneurship Competition next Thursday from 2 to 6 P.M. in the business building. ⁰⁹Students will present their startup ideas to local investors and industry professionals. Registration closes tomorrow at midnight, and winners will receive funding opportunities. This is a fantastic chance to turn your ideas into reality!

entrepreneurship[àːntrəprənɚ́ːrʃip] 창업 정신, 기업가 정신
present[prizént] 발표하다  investor[invéstər] 투자자
industry[índəstri] 업계  professional[prəféʃənl] 전문가
registration[rèdʒistréiʃən] 등록  fantastic[fæntǽstik] 환상적인

해석 대학 동아리 모임의 공지를 들으시오.
안녕하세요 여러분. 다음 주 목요일 오후 2시부터 6시까지 경영 대학 건물에서 열리는 사상 첫 창업 경진 대회를 발표하게 되어 기쁩니다. 학생들은 지역 투자자들과 업계 전문가들에게 자신들의 창업 아이디어를 발표할 예정입니다. 등록은 내일 자정에 마감되며, 우승자들은 자금 지원 기회를 받게 될 것입니다. 이것은 여러분의 아이디어를 현실로 만들 환상적인 기회입니다!

Q 주제 문제

해석 공지는 무엇에 관한 것인가?
✓ⓐ 창업 경진 대회
ⓑ 비즈니스 네트워킹 행사
ⓒ 진로 개발 워크숍
ⓓ 자금 지원 신청 마감일

해설 공지 초반에 사상 첫 창업 경진 대회를 발표하게 되어 기쁘다고 한 뒤, 학생들이 지역 투자자들과 업계 전문가들에게 자신들의 창업 아이디어를 발표할 예정이라고 했습니다. 따라서 창업 경진 대회라는 ⓐ가 정답입니다.

어휘 application[æ̀pləkéiʃən] 지원  deadline[dédlàin] 마감일

## 10

영국

Listen to an announcement on the campus radio station.

¹⁰Just a reminder that this Friday, the Art Department is hosting a pop-up printmaking showcase from 12 to 3 P.M. in the Student Center Plaza. Watch live printmaking demonstrations and try a quick stamping station yourself. Free mini prints will be handed out while supplies last. No tickets are needed—just stop by between classes.

printmaking[príntmèikiŋ] 판화  hand out 배포하다
stop by 들르다

해석 대학 라디오 방송국의 공지를 들으시오.
이번 금요일, 미술학과에서 정오 12시부터 오후 3시까지 학생 회관에서 팝업 판화 쇼케이스를 개최하는 것을 상기시켜 드립니다. 실시간 판화 시연도 감상하시고, 즉석 스탬핑 스테이션도 직접 체험해 보세요. 무료 미니 판화가 제품이 소진될 때까지 배포됩니다. 티켓은 필요 없습니다—그냥 수업 사이에 들러주세요.

Q 주제 문제

해석 공지의 주요 주제는 무엇인가?
ⓐ 도자기 워크숍
✓ⓑ 팝업 판화 쇼케이스
ⓒ 미술사 강의
ⓓ 갤러리 오프닝 리셉션

해설 공지 초반에 이번 금요일 팝업 판화 쇼케이스가 개최된다고 한 뒤, 쇼케이스의 세부 내용을 전하고 있습니다. 따라서 팝업 판화 쇼케이스라는 ⓑ가 정답입니다.

어휘 ceramics[sərǽmiks] 도자기

## 11

영국

Listen to an announcement at a university event.

¹¹Join us for International Friendship Day this Friday from 11 A.M. to 3 P.M. on the quad! International students will host interactive booths featuring traditional games, crafts, and snacks from their home countries. It's a perfect chance to learn about different cultures and make new friends. Participation certificates will be awarded to students who visit at least five different booths.

craft[kræft] 공예품  participation[pɑːrtìsəpéiʃən] 참가
certificate[sərtífikət] 인증서  award[əwɔ́ːrd] 수여하다

해석  대학 행사의 공지를 들으시오.
이번 주 금요일 오전 11시부터 오후 3시까지 안뜰에서 열리는 국제 우정의 날 행사에 참여해 주세요! 유학생들이 고국의 전통 게임, 공예품, 간식을 소개하는 체험 부스를 운영할 예정입니다. 다양한 문화에 대해 배우고 새로운 친구를 사귈 완벽한 기회입니다. 최소 5개의 다른 부스를 방문한 학생들에게는 참가 인증서가 수여될 것입니다.

Q  주제 문제
해석  공지는 무엇에 관한 것인가?
Ⓐ 유학생 오리엔테이션
Ⓑ 전통 공예 워크숍
Ⓒ 문화 교류 활동 ✓
Ⓓ 외국어 수업

해설  공지 초반에 이번 주 금요일 오전 11시부터 오후 3시까지 안뜰에서 열리는 국제 우정의 날 행사에 참여해 달라고 한 뒤, 행사 세부 내용을 전하고 있습니다. 따라서 문화 교류 활동이라는 Ⓒ가 정답입니다.

어휘  exchange[ikstʃéindʒ] 교류  foreign language 외국어

## 12  🎧 호주

**Listen to an announcement at a university club meeting.**

Astronomy club members and stargazing enthusiasts, ¹²don't miss the Perseid meteor shower viewing party this Saturday night! We'll meet at 9 P.M. at the observatory on the hill behind the physics building. Telescopes will be provided, and feel free to bring blankets and warm clothes. Hot chocolate and snacks will be available throughout the night. Clear skies are forecasted!

astronomy[əstrɑ́nəmi] 천문학  stargazing[stɑ́ːrgèiziŋ] 별 관측
enthusiast[inθúːziæst] 애호가  meteor shower 유성우
observatory[əbzə́ːrvətɔ̀ːri] 천문대
telescope[téləskòup] 망원경  blanket[blǽŋkit] 담요
forecast[fɔ́ːrkæst] 예보하다

해석  대학 동아리 모임의 공지를 들으시오.
천문학 동아리 회원들과 별 관측 애호가 여러분, 이번 주 토요일 밤 페르세우스 유성우 관측 파티를 놓치지 마세요! 저희는 물리학 건물 뒤편 언덕의 천문대에서 오후 9시에 만날 것입니다. 망원경은 제공될 예정이고, 담요와 따뜻한 옷을 가져와도 좋습니다. 밤새 핫초콜릿과 간식이 제공될 것입니다. 맑은 하늘이 예보되어 있습니다.

Q  주제 문제
해석  공지의 주요 주제는 무엇인가?
Ⓐ 망원경 시연
Ⓑ 유성우 관측 행사 ✓

Ⓒ 천문학 강의 시리즈
Ⓓ 천문대 시설 개관

해설  공지 초반에 이번 주 토요일 밤 페르세우스 유성우 관측 파티를 놓치지 말라고 한 뒤, 관련 세부 내용을 전하고 있습니다. 따라서 유성우 관측 행사라는 Ⓑ가 정답입니다.

어휘  demonstration[dèmənstréiʃən] 시연

# Day 14  세부 내용을 파악하는 문제

## Daily Check-up  p.166

01 Ⓑ   02 Ⓐ   03 Ⓑ   04 Ⓒ

### 01  🎧 미국

Creative writing club members, ① our annual poetry evening is scheduled for Friday, April 12th at 7 P.M. in the campus coffee house. We're inviting members ② to share their original poems and short stories in a relaxed, supportive environment. ③ ⁰¹Sign up to read your work by Wednesday, and remember, ④ this is about celebrating creativity, not competition. Light refreshments will be provided.

creative[kriéitiv] 창작의  annual[ǽnjuəl] 연례의
poetry[póuitri] 시  relaxed[rilǽkst] 편안한
supportive[səpɔ́ːrtiv] 격려받는
environment[inváiərənmənt] 환경  sign up 신청하다
celebrate[séləbrèit] 축하하다  creativity[krìːeitívəti] 창의성
competition[kɑ̀ːmpətíʃən] 경쟁  refreshment[rifréʃmənt] 다과

해석  창작 글쓰기 동아리 회원 여러분, 우리의 연례 시 낭독의 밤이 4월 12일 금요일 오후 7시에 교내 커피하우스에서 열릴 예정입니다. 저희는 회원들에게 편안하고 격려받는 환경에서 자신의 창작 시와 단편 이야기를 공유하도록 초대합니다. 여러분의 작품을 낭독할 수 있도록 수요일까지 신청해 주시고, 이것은 경쟁이 아닌 창의성을 축하하는 자리임을 기억해 주세요. 간단한 다과가 제공될 예정입니다.

Q  요청/권고 문제
해설  공지 중간에 여러분의 작품을 낭독할 수 있도록 수요일까지 신청하라고 했습니다. 따라서 원고를 읽기 위해 등록한다는 Ⓑ가 정답입니다.

### 02  🎧 뉴질랜드

Theater club members, don't forget about ① our production meeting tomorrow at 7 P.M. in room 301. We'll be discussing costumes, set design, and ② final rehearsal schedules for our December performance of *A Winter's Tale*. If you're involved in any aspect of the production, ③ your attendance is crucial. ⁰²Please ④ bring your script and any costume ideas you might have.

**theater**[θí:ətər] 연극  **production**[prədʌ́kʃən] 제작
**costume**[kástju:m] 의상  **rehearsal**[rihə́:rsəl] 리허설
**performance**[pərfɔ́:rməns] 공연  **aspect**[ǽspekt] 부분
**attendance**[əténdəns] 참석  **crucial**[krú:ʃəl] 중요한

해석 연극 동아리 회원 여러분, 내일 오후 7시 301호실에서 있을 제작 회의를 잊지 마세요. 우리는 의상, 무대 디자인, 그리고 12월에 있을 겨울 동화 공연의 최종 리허설 일정에 대해 논의할 예정입니다. 공연의 어떤 부분에 관여하고 계시든, 여러분의 참석은 매우 중요합니다. 부디 대본과 여러분이 가지고 있는 의상 아이디어들을 가져와 주세요.

**Q** 사실 정보 파악 문제
해설 공지 후반에 대본과 여러분이 가지고 있는 의상 아이디어들을 가져와 달라고 했습니다. 따라서 대본과 의상 아이디어라는 ⓐ가 정답입니다.

## 03
🎧 호주

Computer lab users, ⁰³please note that ① all workstations will receive software updates this weekend. The lab will reopen Monday with the latest versions of design and programming applications. Some file formats may change, so ② save your projects in multiple formats before Friday. ③ Technical support will be available Monday morning to assist with any compatibility issues.

**reopen**[rióupən] 재개장하다  **format**[fɔ́:rmæt] 형식
**technical**[téknikəl] 기술의  **compatibility**[kəmpætəbíləti] 호환성

해석 컴퓨터 랩 이용자 여러분, 이번 주말에 모든 워크스테이션이 소프트웨어 업데이트를 받을 예정입니다. 랩은 월요일에 디자인 및 프로그래밍 응용 프로그램의 최신 버전으로 재개장할 것입니다. 일부 파일 형식이 변경될 수 있으므로, 금요일 전에 프로젝트를 여러 형식으로 저장해 두세요. 기술 지원팀이 월요일 아침에 어떤 호환성 문제라도 돕기 위해 대기할 것입니다.

**Q** 이유 문제
해설 주말 휴관의 이유는 무엇인가?
ⓐ 보안 시스템 업그레이드
ⓑ 소프트웨어 설치 과정 ✓
ⓒ 장비 검사

해설 공지 초반에 이번 주말에 모든 워크스테이션이 소프트웨어 업데이트를 받을 예정이라고 한 뒤 월요일에 재개장할 것이라고 했습니다. 따라서 주말 휴관의 이유는 소프트웨어 설치 과정이라는 ⓑ가 정답입니다.

어휘 **security**[sikjúərəti] 보안  **installation**[ìnstəléiʃən] 설치
**inspection**[inspékʃən] 검사

## 04
🎧 영국

Music lovers, mark your calendars! ① The annual Harmony Festival will take place next Saturday from 6 to 9 P.M. in the main auditorium. ⁰⁴We'll feature ② performances by various campus choirs and a solo vocal competition with cash prizes. ③ Entry forms for the vocal contest are available at the music department office until Wednesday. Come celebrate the power of music with us!

**auditorium**[ɔ̀:ditɔ́:riəm] 강당  **performance**[pərfɔ́:rməns] 공연
**choir**[kwaiər] 합창단  **department**[dipá:rtmənt] 학과, 부서

해석 음악 애호가 여러분, 달력에 표시해 두세요! 연례 하모니 페스티벌이 다음 주 토요일 저녁 6시부터 9시까지 메인 강당에서 열릴 예정입니다. 우리는 다양한 캠퍼스 합창단의 공연과 현금 상금이 걸린 솔로 보컬 경연을 선보일 것입니다. 보컬 경연 참가 신청서는 수요일까지 음악학과 사무실에서 받을 수 있습니다. 우리와 함께 음악의 힘을 축하하러 오세요!

**Q** 사실 정보 파악 문제
해설 보컬 경연에서 참가자들이 얻을 수 있는 것은 무엇인가?
ⓐ 음악 장비
ⓑ 공연 기회
ⓒ 현금 상금 ✓

해설 공지 중간에 다양한 캠퍼스 합창단의 공연과 현금 상금이 걸린 솔로 보컬 경연을 선보일 것이라고 했습니다. 따라서 현금 상금이라는 ⓒ가 정답입니다.

## Daily Test
p.168

| 01 ⓒ | 02 ⓑ | 03 ⓐ | 04 ⓑ | 05 ⓐ | 06 ⓑ |
| 07 ⓒ | 08 ⓒ | 09 ⓑ | 10 ⓐ | 11 ⓒ | 12 ⓑ |
| 13 ⓒ | 14 ⓓ | 15 ⓑ | 16 ⓓ | | |

## [01-02]
🎧 영국

**Listen to an announcement on the campus radio station.**

Good morning students! ⁰²We warmly welcome you to attend our International Cultural Festival this Saturday from noon to 6 P.M. at the central plaza. Student organizations from over twenty countries will be presenting traditional performances, artwork, and cuisine from their respective cultures. Additionally, ⁰¹there will be language workshops available for visitors to learn basic phrases from different languages. ⁰²We look forward to seeing you there!

**cultural**[kʌ́ltʃərəl] 문화의  **organization**[ɔ̀:rgənizéiʃən] 단체

cuisine[kwizíːn] 음식  respective[rispéktiv] 각자의
phrase[freiz] 표현

해석  대학 라디오 방송국의 공지를 들으시오.
안녕하세요 학생 여러분! 이번 주 토요일 정오부터 오후 6시까지 중앙 광장에서 열리는 국제 문화 행사에 참석하시는 것을 진심으로 환영합니다. 20개국 이상의 학생 단체들이 각자의 문화에서 온 전통 공연, 예술 작품, 그리고 요리를 선보일 예정입니다. 또한 방문객들이 다양한 언어의 기본 표현을 배울 수 있는 언어 워크숍도 제공됩니다. 여러분을 그곳에서 뵙기를 기대합니다!

### 01 사실 정보 파악 문제

해석  언어 워크숍의 의도된 청중은 누구인가?
Ⓐ 국제 학생들
Ⓑ 언어학 교수들
☑ 축제에 오는 사람들
Ⓓ 학생 단체 회원들

해설  공지 후반에 방문객들이 다양한 언어의 기본 표현을 배울 수 있는 언어 워크숍도 제공된다고 했습니다. 따라서 축제에 오는 사람들이라는 ⓒ가 정답입니다.

### 02 요청/권고 문제

해석  화자는 청자들에게 무엇을 하라고 권고하는가?
Ⓐ 학생 단체에 가입한다.
☑ 축제에 방문한다.
Ⓒ 새로운 언어를 배운다.
Ⓓ 국제 요리를 준비한다.

해설  공지 초반에 화자는 국제 문화 행사에 참석하는 것을 진심으로 환영한다고 했고, 공지 후반에 그곳에서 만나기를 기대한다고 했습니다. 따라서 축제에 방문한다는 Ⓑ가 정답입니다.

## [03-04]  🔊 미국

Listen to an announcement on the campus radio station.

> Attention everyone! ⁰³The graduation rehearsal scheduled for Thursday afternoon has been moved from Marshall Hall to Wilson Auditorium due to renovation work. The time remains the same–2 P.M. sharp. We apologize for this last-minute change. Before coming to rehearsal, ⁰⁴please check the campus website for your updated seating arrangement and entrance instructions.

auditorium[ɔ̀ːditɔ́ːriəm] 강당  renovation[rènəvéiʃən] 보수
apologize[əpɑ́lədʒàiz] 사과하다
last-minute[lǽstmínit] 마지막 순간의
arrangement[əréindʒmənt] 배치  entrance[éntrəns] 입장
instruction[instrʌ́kʃən] 안내

해석  대학 라디오 방송국의 공지를 들으시오.
모든 분들께 알려드립니다! 목요일 오후로 예정되었던 졸업식 리허설이 보수 공사로 인해 Marshall 회관에서 Wilson 강당으로 변경되었습니다. 시간은 동일하게 오후 2시 정각입니다. 이렇게 마지막 순간의 변경에 대해 사과드립니다. 리허설에 참석하기 전에 대학 웹사이트에서 갱신된 좌석 배치와 입장 안내를 확인해 주시기 바랍니다.

### 03 목적 문제

해석  공지의 주요 목적은 무엇인가?
☑ 학생들에게 장소 변경을 알리기 위해
Ⓑ 새로운 졸업 요건을 발표하기 위해
Ⓒ 학생들에게 일정 지연을 통지하기 위해
Ⓓ 정시 출석을 권장하기 위해

해설  공지 초반에 목요일 오후로 예정되었던 졸업식 리허설이 보수 공사로 인해 Marshall 회관에서 Wilson 강당으로 변경되었다고 했습니다. 따라서 학생들에게 장소 변경을 알리기 위해서라는 Ⓐ가 정답입니다.

어휘  inform[infɔ́ːrm] 알리다  announce[ənáuns] 발표하다
notify[nóutəfài] 통지하다

### 04 요청/권고 문제

해석  학생들이 리허설 전에 무엇을 해야 하는가?
Ⓐ 보수 현장에 방문한다.
☑ 온라인 정보를 확인한다.
Ⓒ 학업 지도교수와 연락한다.
Ⓓ 졸업 양식을 작성한다.

해설  공지 후반에 리허설에 참석하기 전에 대학 웹사이트에서 갱신된 좌석 배치와 입장 안내를 확인하길 바란다고 했습니다. 따라서 온라인 정보를 확인한다는 Ⓑ가 정답입니다.

어휘  site[sait] 현장

## [05-06]  🔊 미국

Listen to an announcement in a classroom.

> Before we begin today's lecture, I want to remind everyone about next week's guest speaker. Dr. Sarah Chen from the Environmental Studies Department at State University will be presenting her research on sustainable campus initiatives. ⁰⁵The presentation will be held here next Tuesday at 3 P.M. instead of at our regular class time. Dr. Chen is a leading expert in her field, and ⁰⁶I'd like you to prepare thoughtful questions in advance so our discussion will be more productive.

lecture[léktʃər] 강의  remind[rimáind] 상기시키다
guest speaker 초청 연사
environmental[invàiərənméntl] 환경의
sustainable[səstéinəbl] 지속 가능한  thoughtful[θɔ́ːtfəl] 깊이 있는

해석  수업의 공지를 들으시오.
오늘 강의를 시작하기 전에, 다음 주 초청 연사에 대해 모든 분들께 상기시켜 드리고 싶습니다. 주립 대학 환경학과의 Sarah Chen 박

사님께서 지속 가능한 캠퍼스 계획에 관한 연구를 발표하실 예정입니다. 발표는 정규 수업 시간 대신 다음 주 화요일 오후 3시에 여기서 열릴 예정입니다. 첸 박사님은 해당 분야의 권위자이시니, 우리의 토론이 보다 더 생산적일 수 있도록 미리 깊이 있는 질문들을 준비해 주시기 바랍니다.

## 05 사실 정보 파악 문제

해석 다음 주에 대해 발표된 변경사항은 무엇인가?
ⓐ 이 수업이 다른 시간에 모일 것이다. ✓
ⓑ 강의실이 달라질 것이다.
ⓒ 정규 교수님이 불참할 것이다.
ⓓ 학생들이 질문을 서면으로 제출해야 한다.

해설 공지 중간에 발표는 정규 수업 시간 대신 다음 주 화요일 오후 3시에 열릴 예정이라고 했습니다. 따라서 수업이 다른 시간에 모일 것이라는 ⓐ가 정답입니다.

어휘 absent[ǽbsənt] 불참하는

## 06 이유 문제

해석 교수는 왜 학생들에게 질문을 준비하도록 권장하는가?
ⓐ 연구를 더 잘 이해하도록 돕기 위해
ⓑ 의미 있는 질문을 하도록 보장하기 위해 ✓
ⓒ 성적이 매겨지는 토론에 참여하기 위해
ⓓ 다양한 연구 방법을 비교하기 위해

해설 공지 후반에 토론이 더 생산적일 수 있도록 깊이 있는 질문들을 준비하라고 했습니다. 따라서 의미 있는 질문을 하도록 보장하기 위해서라는 ⓑ가 정답입니다.

어휘 meaningful[míːniŋfəl] 의미 있는   method[méθəd] 방법

## [07-08]

🎧 뉴질랜드

Listen to an announcement in a student lounge.

> Attention students! ⁰⁷The main dining hall will be serving limited menu options tomorrow due to kitchen equipment repairs. Only sandwiches, salads, and beverages will be available from 11 A.M. to 3 P.M. ⁰⁸We recommend visiting the food court in the student center for full meal options. Thank you for your patience.
>
> equipment[ikwípmənt] 장비   repair[ripέər] 수리
> beverage[bévəridʒ] 음료수   meal[miːl] 식사

해석 학생 라운지의 공지를 들으시오.
학생 여러분께 알려드립니다! 주방 장비 수리로 인해 내일 주식당에서는 제한된 메뉴만 제공됩니다. 오전 11시부터 오후 3시까지 샌드위치, 샐러드, 음료수만 제공됩니다. 제대로 된 식사 옵션을 원하시면 학생회관의 푸드코트를 방문하시기를 권합니다. 양해해 주셔서 감사합니다.

## 07 목적 문제

해석 공지의 주요 목적은 무엇인가?

ⓐ 새로운 메뉴 항목을 광고하기 위해
ⓑ 연장된 식당 운영시간을 발표하기 위해
ⓒ 학생들에게 제한된 식사 서비스를 알리기 위해 ✓
ⓓ 학생회관 푸드코트를 홍보하기 위해

해설 공지 초반에 주방 장비 수리로 인해 내일 주식당에서는 제한된 메뉴만 제공된다고 했습니다. 따라서 학생들에게 제한된 식사 서비스를 알리기 위해서는 ⓒ가 정답입니다.

어휘 advertise[ǽdvərtàiz] 광고하다   promote[prəmóut] 홍보하다

## 08 요청/권고 문제

해석 화자가 학생들에게 내일 하라고 권고하는 것은 무엇인가?
ⓐ 집에서 점심을 가져온다.
ⓑ 오후 3시 이후까지 기다렸다가 식사한다.
ⓒ 제대로 된 식사를 위해 푸드코트를 방문한다. ✓
ⓓ 주방 장비 수리를 돕는다.

해설 공지 후반에 화자는 제대로 된 식사 옵션을 원하면 학생회관의 푸드코트 방문을 권한다고 했습니다. 따라서 제대로 된 식사를 위해 푸드코트를 방문한다는 ⓒ가 정답입니다.

## [09-10]

🎧 영국

Listen to an announcement in a student lounge.

> Attention all students taking final exams next week. ¹⁰Due to construction noise in the main building, ⁰⁹exams originally scheduled in rooms 101 through 120 will be relocated to the quiet study halls in the library basement. Additionally, to accommodate the room changes, each exam period will be extended by 15 minutes. Check the updated room assignments posted online.
>
> final exam 기말고사   construction[kənstrʌ́kʃən] 공사
> noise[nɔiz] 소음   originally[ərídʒənəli] 원래
> basement[béismənt] 지하   extend[iksténd] 연장하다
> assignment[əsáinmənt] 배정   post[poust] 게시하다

해석 학생 라운지의 공지를 들으시오.
다음 주 기말고사를 보는 모든 학생들께 알려드립니다. 본관의 공사 소음으로 인해 원래 101호부터 120호에서 예정되었던 시험들이 도서관 지하의 조용한 학습실로 이전될 것입니다. 또한 교실 변경에 따라 각 시험 시간이 15분씩 연장될 것입니다. 온라인에 게시된 갱신된 교실 배정을 확인해 주세요.

## 09 목적 문제

해석 공지의 주요 목적은 무엇인가?
ⓐ 공사 지연을 설명하기 위해
ⓑ 시험 장소 이전을 알리기 위해 ✓
ⓒ 학습 기간을 연장하기 위해
ⓓ 성적 변경을 발표하기 위해

해설 공지 초반에 원래 101호부터 120호에서 예정되었던 시험들이 도서관 지하의 조용한 학습실로 이전된다고 했습니다. 따라서 시험 장소 이전을 알리기 위해서라는 ⓑ가 정답입니다.

어휘 delay[diléi] 지연 period[píəriəd] 기간

## 10 이유 문제
해석 공지에서 설명된 변경의 이유는 무엇인가?
Ⓐ 공사 소음 방해 ✓
Ⓑ 교실 수용 인원 제한
Ⓒ 장비 설치
Ⓓ 보안 우려

해설 공지 초반에 본관의 공사 소음으로 인해 시험 장소가 변경된다고 했습니다. 따라서 공사 소음 방해라는 Ⓐ가 정답입니다.

어휘 disruption[disrʌ́pʃən] 방해 capacity[kəpǽsəti] 수용 인원
limitation[lìmitéiʃən] 제한 installation[ìnstəléiʃən] 설치
security[sikjúərəti] 보안 concern[kənsə́ːrn] 우려

## [11-12] 🔊 호주
Listen to an announcement on the campus radio station.

> Important notice for all students and faculty. ¹¹The main gymnasium will be closed for floor replacement from Monday, October 15th through Friday, October 19th. ¹²During this period, please use the recreation center or outdoor courts for physical activities. Intramural games scheduled for that week will be moved to alternative locations. We apologize for the inconvenience.
>
> faculty[fǽkəlti] 교직원 gymnasium[dʒimnéiziəm] 체육관
> replacement[ripléismənt] 교체 physical[fízikəl] 육체의
> intramural[ìntrəmjúrəl] 교내의 alternative[ɔːltə́ːrnətiv] 대체의
> inconvenience[ìnkənvíːnjəns] 불편

해석 대학 라디오 방송국의 공지를 들으시오.
모든 학생과 교직원에게 중요한 공지입니다. 메인 체육관이 바닥 교체를 위해 10월 15일 월요일부터 10월 19일 금요일까지 폐쇄될 것입니다. 이 기간 동안 체육 활동을 위해서는 레크리에이션 센터나 야외 코트를 이용해 주시기 바랍니다. 그 주에 예정된 교내 경기들은 대체 장소로 이전될 것입니다. 불편을 끼쳐드려 죄송합니다.

## 11 목적 문제
해석 공지의 목적은 무엇인가?
Ⓐ 공사 지연에 대해 사과하기 위해
Ⓑ 대체 운동 옵션을 홍보하기 위해
Ⓒ 시설 폐쇄를 알리기 위해 ✓
Ⓓ 리노베이션 절차를 설명하기 위해

해설 공지 초반에 메인 체육관이 바닥 교체를 위해 10월 15일부터 19일까지 폐쇄된다고 한 후, 이어서 관련 세부 내용을 전하고 있습니다. 따라서 시설 폐쇄를 알리기 위해서라는 Ⓒ가 정답입니다.

어휘 procedure[prəsíːdʒər] 절차

## 12 요청/권고 문제
해석 학생들은 폐쇄 기간 동안 무엇을 해야 하는가?

Ⓐ 모든 체육 활동을 취소한다.
Ⓑ 대체 운동 시설을 이용한다. ✓
Ⓒ 체육관이 재개방될 때까지 기다린다.
Ⓓ 레크리에이션 부서에 연락한다.

해설 공지 중간에 이 기간 동안 체육 활동을 위해서는 레크리에이션 센터나 야외 코트를 이용해 달라고 했습니다. 따라서 대체 운동 시설을 이용한다는 Ⓑ가 정답입니다.

어휘 reopen[rióupən] 재개방하다 department[dipáːrtmənt] 부서

## [13-14] 🔊 영국
Listen to an announcement at a university event.

> Green Week is coming up from March 20th to 24th! ¹⁴Join us for various environmental awareness activities including tree planting, recycling workshops, and sustainable living seminars. ¹³The week kicks off Monday with a campus cleanup at 9 A.M. near the student parking lot. Let's work together to make our campus greener and more sustainable!
>
> environmental[invàiərənméntl] 환경의
> awareness[əwéərnis] 인식 planting[plǽntiŋ] (나무) 심기
> recycling[rìːsáikliŋ] 재활용
> sustainable[səstéinəbl] 지속 가능한 kick off 시작하다

해석 대학 행사의 공지를 들으시오.
환경 주간이 3월 20일부터 24일까지로 임박해 오고 있습니다! 나무 심기, 재활용 워크숍, 지속 가능한 생활 세미나를 포함한 다양한 환경 인식 활동에 참여해 주세요. 이 주간은 월요일 오전 9시 학생 주차장 근처에서 캠퍼스 청소로 시작됩니다. 우리 캠퍼스를 더 친환경적이고 지속 가능하게 만들기 위해 함께 노력합시다!

## 13 사실 정보 파악 문제
해석 월요일 아침에 무엇이 일어날 예정인가?
Ⓐ 나무 심기 행사
Ⓑ 재활용 워크숍 세션
Ⓒ 캠퍼스 청소 활동 ✓
Ⓓ 지속 가능한 생활 세미나

해설 공지 중간에 환경 주간은 월요일 오전 9시 학생 주차장 근처에서 캠퍼스 청소로 시작된다고 했습니다. 따라서 캠퍼스 청소 활동이라는 Ⓒ가 정답입니다.

## 14 요청/권고 문제
해석 화자는 학생들이 무엇을 하기를 바라는가?
Ⓐ 환경 운동에 기부한다.
Ⓑ 지속 가능성 주제를 연구한다.
Ⓒ 청소 위원회를 조직한다.
Ⓓ 환경 주간 활동에 참여한다. ✓

해설 공지 초반에 화자는 나무 심기, 재활용 워크숍, 지속 가능한 생활 세미나를 포함한 다양한 환경 인식 활동에 참여해 달라고 했습니다. 따라서 환경 주간 활동에 참여한다는 Ⓓ가 정답입니다.

어휘 sustainability[səstèinəbíləti] 지속 가능성
committee[kəmíti] 위원회

## [15-16] 미국

Listen to an announcement on the campus radio station.

> Attention all students. Starting next Monday, we'll be using a new online learning platform called EduConnect for submitting assignments and accessing course materials. Training videos will be posted online beginning at 2 P.M. this afternoon. [15]Your login credentials will be emailed to you by Thursday. [16]Please watch the video to familiarize yourself with the system.

submit[səbmít] 제출하다   assignment[əsáinmənt] 과제
access[ǽkses] 접근하다   familiarize[fəmíljəràiz] 익숙해지다

해석 대학 라디오 방송국의 공지를 들으시오.
모든 학생들께 알려드립니다. 다음 주 월요일부터 과제 제출과 강의 자료 접근을 위해 EduConnect라는 새로운 온라인 학습 플랫폼을 사용하게 됩니다. 오늘 오후 2시부터 교육 비디오가 온라인에 게시됩니다. 로그인 정보는 목요일까지 이메일로 보내드릴 예정입니다. 시스템에 익숙해지기 위해 영상을 시청해 주시기 바랍니다.

### 15 사실 정보 파악 문제
해석 학생들이 언제 로그인 정보를 받게 되는가?
Ⓐ 교육 세션 중에
✓ 목요일까지
Ⓒ 다음 주 월요일 아침에
Ⓓ 등록을 완료한 후에

해설 공지 후반에 로그인 정보는 목요일까지 이메일로 보낼 예정이라고 했습니다. 따라서 목요일까지라는 Ⓑ가 정답입니다.

어휘 registration[rèdʒistréiʃən] 등록

### 16 요청/권고 문제
해석 학생들은 무엇을 하도록 권고받는가?
Ⓐ 이메일 주소를 갱신한다.
Ⓑ 강의 자료를 다운로드한다.
Ⓒ 미제출 과제를 제출한다.
✓ 교육 영상을 시청한다.

해설 공지 후반에 시스템에 익숙해지기 위해 영상을 시청하기를 바란다고 했습니다. 따라서 교육 영상을 시청한다는 Ⓓ가 정답입니다.

어휘 pending[péndiŋ] 미제출의, 미완의

## Day 15 공지의 맥락으로 추론하는 문제

### Daily Check-up ......... p.176

01 Ⓑ    02 Ⓐ    03 Ⓑ    04 Ⓑ

### 01 뉴질랜드

> Environmental club members, we've ② organized a beach cleanup this Sunday starting at 9 A.M. The city transportation department is ② providing a free bus service from the campus at 8:30 A.M. We'll work until 2 P.M., and lunch will be provided. ③ Please wear sun protection and bring work gloves if you have them. [01]This activity counts toward your community service hours.

environmental[invàiərənméntl] 환경의
organize[ɔ́:rgənàiz] 준비하다, 조직하다
transportation[trænspərtéiʃən] 교통
department[dipá:rtmənt] 국, 부서   sun protection 자외선 차단제
community[kəmjú:nəti] 지역 사회

해석 환경 동아리 회원 여러분, 저희는 이번 일요일 오전 9시부터 시작하는 해변 청소를 준비했습니다. 시 교통국에서 오전 8시 30분에 캠퍼스에서 출발하는 무료 버스 서비스를 제공합니다. 저희는 오후 2시까지 작업할 예정이며, 점심 식사가 제공될 것입니다. 자외선 차단제를 바르시고 작업용 장갑이 있다면 가져오세요. 이 활동은 여러분의 지역사회 봉사 시간으로 인정됩니다.

Q 언급 의도 문제

해설 공지 후반에 이 활동은 여러분의 지역사회 봉사 시간으로 인정된다고 했습니다. 따라서 회원들에게 참여에 대한 혜택을 알려 참여를 장려하려는 목적이므로 회원 참여를 독려하기 위해라는 Ⓑ가 정답입니다.

### 02 미국

> Book club members, we're launching ① our 48-hour reading marathon this Friday evening. ② Participants will read continuously in shifts, and [02]we'll be tracking our collective progress toward the 10,000-page goal. Comfortable seating, snacks, and beverages will be provided throughout the event. ③ Sign up today if you want to be part of this literary challenge and ④ help us break last year's record.

launch[lɔ:ntʃ] 개최하다   participant[pɑ:rtísəpənt] 참가자
continuously[kəntínjuəsli] 계속해서
collective[kəléktiv] 공통의   progress[prá:gres] 진행 상황
comfortable[kʌ́mfərtəbl] 편안한   beverage[bévəridʒ] 음료
sign up 등록하다   literary[lítərèri] 문학적인
challenge[tʃǽlindʒ] 도전

해석 독서 동아리 회원 여러분, 저희는 이번 금요일 저녁에 48시간 독서 마라톤을 개최합니다. 참가자들은 교대로 계속해서 책을 읽을 것이며, 저희는 10,000페이지라는 목표를 향한 우리 공통의 진행 상황을 추적할 것입니다. 행사 내내 편안한 좌석, 간식, 그리고 음료가 제공될 것입니다. 이 문학적 도전에 참여하고 작년 기록을 깨는 데 도움을 주고 싶으시다면 오늘 등록하세요.

**Q 추론 문제**

해설 공지 초반에 참가자들은 교대로 계속해서 책을 읽을 것이며, 저희는 10,000페이지라는 목표를 향한 우리 공통의 진행 상황을 추적할 것이라고 했습니다. 따라서 여러 참가자가 공통의 목표를 달성하는 협력적인 노력이 필요하다는 Ⓐ가 정답입니다.

## 03  영국

Good morning, students! I want to remind you about ① our annual career fair happening next Thursday from 11 A.M. to 4 P.M. in the gymnasium. ② ⁰³Over 50 companies will be present, representing various industries from technology to healthcare. ③ Bring multiple copies of your resumé and dress professionally. This is an excellent opportunity to ④ explore internship possibilities and full-time positions.

annual[ǽnjuəl] 연례의  career[kəríər] 취업  fair[fɛər] 박람회
gymnasium[dʒimnéiziəm] 체육관
represent[rèprizént] 대표하다
professionally[prəféʃənəli] 전문적으로

해석 안녕하세요, 학생 여러분! 다음 주 목요일 오전 11시부터 오후 4시까지 체육관에서 열리는 연례 취업 박람회에 대해 상기시켜 드리고 싶습니다. 기술 분야부터 의료 분야까지 다양한 산업을 대표하는 50개 이상의 기업이 참가할 예정입니다. 이력서를 여러 부 지참하시고 전문적인 복장을 착용하세요. 이는 인턴십 가능성과 정규직 자리를 탐색할 좋은 기회입니다.

**Q 추론 문제**

해설 참가하는 기업들에 대해 암시되는 것은?
Ⓐ 그들은 인턴십에만 집중한다.
Ⓑ 그들은 다양한 직업을 대표한다.
Ⓒ 그들은 모두 지역 기업이다.

해설 공지 중간에 기술 분야부터 의료 분야까지 다양한 산업을 대표하는 50개 이상의 기업이 참가할 예정이라고 했습니다. 따라서 박람회에 참가하는 기업들이 여러 다른 산업 분야에서 온다는 점에서 그들은 다양한 직업을 대표한다는 Ⓑ가 정답입니다.

어휘 exclusively[iksklú:sivli] (오직) ~만  diverse[dáivə:rs] 다양한
profession[prəféʃən] 직업

## 04  영국

Hello, photography club members. ① Our monthly outdoor workshop is scheduled for this Saturday at sunrise, around 6:30 A.M. We'll meet at the campus entrance and ② walk to the botanical gardens together. Please bring your cameras, extra batteries, and ③ wear comfortable walking shoes. ⁰⁴This is a perfect opportunity to ④ practice the landscape photography techniques we discussed last week.

photography[fətɑ́:grəfi] 사진  sunrise[sʌ́nraiz] 일출
entrance[éntrəns] 입구  botanical[bətǽnikəl] 식물의
comfortable[kʌ́mfərtəbl] 편안한
opportunity[à:pərtjú:nəti] 기회  practice[prǽktis] 연습하다
landscape[lǽndskèip] 풍경

해석 안녕하세요, 사진 동아리 회원 여러분. 저희 월간 야외 워크숍이 이번 토요일 일출 시각인 오전 6시 30분경으로 예정되어 있습니다. 우리는 캠퍼스 입구에서 만나 함께 식물원까지 걸어갈 것입니다. 카메라, 여분의 배터리를 가져오시고 편안한 워킹화를 신어주세요. 이것은 우리가 지난주에 논의했던 풍경 사진 촬영 기법을 연습할 완벽한 기회입니다.

**Q 언급 의도 문제**

해설 화자는 왜 지난주를 언급하는가?
Ⓐ 다양한 사진 스타일을 비교하기 위해
Ⓑ 이전 워크숍 내용을 참조하기 위해
Ⓒ 일정 변경을 알리기 위해

해설 공지 후반에 이것은 지난주에 논의했던 풍경 사진 촬영 기법을 연습할 수 있는 완벽한 기회라고 했습니다. 따라서 화자가 이전에 논의했던 내용을 현장에서 실습할 기회임을 알리기 위해 지난주 수업 내용을 참조한 것이므로 이전 워크숍 내용을 참조하기 위해라는 Ⓑ가 정답입니다.

어휘 reference[réfərəns] 참조하다  announce[ənáuns] 알리다

## Daily Test  p.178

| 01 Ⓐ | 02 Ⓑ | 03 Ⓐ | 04 Ⓑ | 05 Ⓒ | 06 Ⓓ |
| 07 Ⓓ | 08 Ⓐ | 09 Ⓒ | 10 Ⓑ | 11 Ⓔ | 12 Ⓐ |
| 13 Ⓒ | 14 Ⓑ | 15 Ⓓ | 16 Ⓑ | | |

## [01-02]  미국

Listen to an announcement in a classroom.

Hello everyone. ⁰¹The Student Council is launching our semiannual Book Exchange Program next Monday in the Student Union lobby from 9 A.M. to 4 P.M. Students can bring used textbooks and exchange them for ones they need this semester. We need volunteers to help organize the books by subject area. Please make sure any books you bring are in good condition with no missing pages or damaged covers, ⁰²as we want to ensure everyone receives materials they can actually use for their courses.

---

student council 학생회  semiannual[sèmiǽnjuəl] 반기별의
exchange[ikstʃéindʒ] 교환; 교환하다  semester[siméstər] 학기
condition[kəndíʃən] 상태  damaged[dǽmidʒd] 손상된
ensure[inʃúr] 보장하다  material[mətíəriəl] 자료

해석 수업의 공지를 들으시오.
안녕하세요 여러분. 학생회에서 다음 주 월요일 오전 9시부터 오후 4시까지 학생회관 로비에서 반기별 도서 교환 프로그램을 시작합니다. 학생들은 사용했던 교재를 가져와서 이번 학기에 필요한 책들과 교환할 수 있습니다. 책들을 과목별로 정리하는 데 도움을 줄 자원봉사자가 필요합니다. 가져오시는 책들이 페이지가 빠지지 않고 표지가 손상되지 않은 양호한 상태인지 확인해 주시기 바라는데, 이는 모든 분들이 실제로 수업에서 사용할 수 있는 자료를 받을 수 있도록 보장하기 위함입니다.

## 01 주제 문제

해석 공지는 무엇에 관한 것인가?
Ⓐ 교재 교환 프로그램 ✓
Ⓑ 자원봉사자 모집 활동
Ⓒ 학생회 회의
Ⓓ 도서 기부 캠페인

해설 공지 초반에 학생회에서 다음 주 월요일 반기별 도서 교환 프로그램을 시작한다고 한 뒤, 관련 세부 사항을 설명하고 있습니다. 따라서 교재 교환 프로그램이라는 Ⓐ가 정답입니다.

어휘 recruitment[rikrú:tmənt] 모집

## 02 언급 의도 문제

해석 화자는 왜 책의 상태를 언급하는가?
Ⓐ 학생들이 구판을 가져오는 것을 방지하기 위해
Ⓑ 교환된 교재의 실용적 유용성을 보장하기 위해 ✓
Ⓒ 자원봉사자들이 책을 더 쉽게 정리하도록 돕기 위해
Ⓓ 프로그램에 대한 학생 참여를 늘리기 위해

해설 공지 후반에 화자는 책의 상태를 확인하는 것은 모든 사람이 실제로 수업에서 사용할 수 있는 자료를 받을 수 있도록 보장하기 위함이라고 했습니다. 따라서 교환된 교재의 실용적 유용성을 보장하기 위해서라는 Ⓑ가 정답입니다.

어휘 edition[idíʃən] 판  practical[prǽktikəl] 실용적인
usefulness[jú:sfəlnis] 유용성

## [03-04]  🎧 호주

**Listen to an announcement in a campus administration office.**

Attention all students and staff. ⁰³Due to ongoing construction work on Main Avenue, the campus shuttle service will follow an alternate route until further notice. Buses will now stop at the North Entrance instead of the Student Center. The schedule remains unchanged, but please allow an extra five minutes for travel. ⁰⁴Check the university website for a map of the new route.

---

construction[kənstrʌ́kʃən] 공사  alternate[ɔ́ltərnət] 대체
unchanged[əntʃéindʒd] 변경되지 않은

해석 대학 행정 사무실의 공지를 들으시오.
모든 학생과 교직원께 알려드립니다. Main가의 지속적인 공사 작업으로 인해 캠퍼스 셔틀 서비스는 추후 공지가 있을 때까지 대체 경로를 따라 운행될 것입니다. 버스는 이제 학생회관 대신 북쪽 입구에서 정차할 것입니다. 시간표는 변경되지 않았지만, 이동에 추가로 5분 정도 여유를 두시기 바랍니다. 대학교 웹사이트에서 새로운 경로의 지도를 확인하세요.

## 03 이유 문제

해석 공지에 설명된 변경의 이유는 무엇인가?
Ⓐ 도로 공사 ✓
Ⓑ 새로운 셔틀 시간표
Ⓒ 학생들의 요청
Ⓓ 버스 정비 문제

해설 공지 초반에 Main가의 지속적인 공사 작업으로 인해 셔틀 서비스가 대체 경로를 따라 운행된다고 했습니다. 따라서 도로 공사라는 Ⓐ가 정답입니다.

어휘 maintenance[méintənəns] 정비

## 04 언급 의도 문제

해석 화자는 왜 대학교 웹사이트를 언급하는가?
Ⓐ 사람들을 셔틀 일정 정보로 안내하기 위해
Ⓑ 사람들이 수정된 경로를 볼 수 있도록 돕기 위해 ✓
Ⓒ 웹사이트 업데이트를 발표하기 위해
Ⓓ 셔틀 서비스에 대한 피드백을 권장하기 위해

해설 공지 후반에 화자는 대학교 웹사이트에서 새로운 경로의 지도를 확인하라고 했습니다. 따라서 사람들이 수정된 경로를 볼 수 있도록 돕기 위해서라는 Ⓑ가 정답입니다.

어휘 modified[má:dəfàid] 수정된  encourage[inkɔ́:ridʒ] 권장하다

## [05-06]  🎧 뉴질랜드

**Listen to an announcement in a student lounge.**

Get ready for our International Food Festival this Saturday from 11 A.M. to 6 P.M. on the campus green! Local restaurants and student cooking clubs will offer dishes from around the world. Admission is free, ⁰⁵but food purchases support student scholarships. Live cooking demonstrations will happen every hour, and ⁰⁶there's a special kids' area for families. Bring your appetite and discover new flavors!

---

admission[ədmíʃən] 입장료  purchase[pə́:rtʃəs] 구매
scholarship[ská:lərʃip] 장학금
demonstration[dèmənstréiʃən] 시연
appetite[ǽpətàit] 식욕, 시장기  flavor[fléivər] 맛

해석 학생 라운지의 공지를 들으시오.
이번 주 토요일 오전 11시부터 오후 6시까지 캠퍼스 잔디밭에서 열리는 국제 음식 행사에 참여할 준비를 하세요! 지역 식당과 학생 요리 동아리들이 전 세계의 요리를 제공할 예정입니다. 입장료는 무료이지만, 음식 구매비는 학생 장학금 조성에 도움이 됩니다. 매시간 라이브 요리 시연이 있을 예정이며, 가족들을 위한 특별 어린이 구역도 있습니다. 식욕을 돋우고 새로운 맛을 발견해 보세요.

## 05 사실 정보 파악 문제

해석 음식 구매는 어떤 지원에 쓰이는가?
Ⓐ 캠퍼스 시설 개선
Ⓑ 지역 자선 단체
✓ 학생 장학금
Ⓓ 새로운 식당 장비

해설 공지 중간에 음식 구매비는 학생 장학금 조성에 도움이 된다고 했습니다. 따라서 학생 장학금이라는 Ⓒ가 정답입니다.

어휘 improvement[imprúːvmənt] 개선  charity[tʃǽrəti] 자선

## 06 추론 문제

해석 이 행사에 대해 암시되는 것은?
Ⓐ 입장을 위해 입장료를 받는다.
Ⓑ 전통 요리에만 초점을 맞춘다.
Ⓒ 사전 예약이 필요하다.
✓ 자녀를 둔 가족들을 환영한다.

해설 공지에서 가족들을 위한 특별 어린이 구역도 있다고 했습니다. 따라서 자녀를 둔 가족들을 환영한다는 Ⓓ가 정답입니다.

어휘 cuisine[kwizíːn] 요리

## [07-08]

Listen to an announcement at a university club meeting. 🎧 미국

Yoga Club members, ⁰⁷our weekly sessions continue this Wednesday at 6 P.M. in Studio B of the Recreation Center. ⁰⁸This week focuses on stress relief techniques perfect for midterm season. Bring your own yoga mat or rent one for $2 at the front desk. First-time visitors can attend for free, and regular members pay $5 per session. Join us for relaxation and mindfulness practice!

midterm[mídtəːrm] 중간고사  visitor[vízitər] 방문자
relaxation[riːlækséiʃən] 휴식
mindfulness[máindfəlnis] 마음 챙김

해석 대학 동아리 모임의 공지를 들으시오.
요가 동아리 회원 여러분, 저희의 주간 수업이 이번 주 수요일 오후 6시에 레크리에이션 센터의 B연습실에서 이어집니다. 이번 주는 중간고사 기간에 완벽한 스트레스 완화 기법에 초점을 맞춥니다. 본인의 요가 매트를 가져오시거나 프런트 데스크에서 2달러에 대여하세요. 처음 방문하시는 분들은 무료로 참석할 수 있으며, 정규 회원들은 수업당 5달러를 지불합니다. 휴식과 마음 챙김 연습을 위해 저희와 함께하세요!

## 07 목적 문제

해석 공지의 주요 목적은 무엇인가?
Ⓐ 요가 장비 판매를 광고하기 위해
Ⓑ 새로운 동아리 임원을 모집하기 위해
Ⓒ 피트니스 센터 회원권을 홍보하기 위해
✓ 주간 수업의 세부 사항을 발표하기 위해

해설 공지 초반에 요가 동아리의 주간 수업이 수요일 오후 6시에 열린다고 한 뒤, 세부 내용을 전하고 있습니다. 따라서 주간 수업의 세부 사항을 발표하기 위해서라는 Ⓓ가 정답입니다.

어휘 advertise[ǽdvərtàiz] 광고하다  recruit[rikrúːt] 모집하다

## 08 언급 의도 문제

해석 화자는 왜 중간고사 기간을 언급하는가?
✓ 활동의 장점을 강조하기 위해
Ⓑ 몇몇 수업 시간을 설명하기 위해
Ⓒ 수업 요금 인상을 정당화하기 위해
Ⓓ 학업 준비를 권장하기 위해

해설 공지 중간에 화자가 이번 주는 중간고사 기간에 완벽한 스트레스 완화 기법에 초점을 맞춘다고 했습니다. 따라서 활동의 장점을 강조하기 위해서라는 Ⓐ가 정답입니다.

어휘 academic[ækədémik] 학업의
preparation[prèpəréiʃən] 준비

## [09-10]

Listen to an announcement at a university event. 🎧 영국

Good afternoon, everyone! ¹⁰Don't miss our homecoming football game this Saturday at 2 P.M. at Miller Stadium. Tickets are free for students with valid ID. ⁰⁹The first 100 students will receive commemorative T-shirts and free refreshments. ¹⁰Join us in cheering on our Eagles as they take on State University. Let's show our school spirit!

homecoming[hóumkəmiŋ] 동창회  stadium[stéidiəm] 경기장
valid[vǽlid] 유효한  commemorative[kəmémərèitiv] 기념의
refreshment[rifréʃmənt] 다과  spirit[spírit] 정신

해석 대학 행사의 공지를 들으시오.
안녕하세요, 여러분! 이번 주 토요일 오후 2시 Miller 경기장에서 열리는 동창회 축구 경기를 놓치지 마세요. 유효한 학생증을 가진 학생들에게는 티켓이 무료입니다. 선착순 100명의 학생들은 기념 티셔츠와 무료 다과를 받을 것입니다. 주립 대학과 맞서는 우리 Eagles를 응원하는 데 함께 해주세요. 우리의 학교 정신을 보여줍시다!

## 09 언급 의도 문제

해석 화자는 왜 일찍 도착하라고 언급하는가?
Ⓐ 좋은 좌석을 찾기 위해

    ⓑ 선수들을 만나기 위해
    ✓ⓒ 특별한 물품을 받기 위해
    ⓓ 주차 문제를 피하기 위해

해설 공지 중간에 화자는 선착순 100명의 학생들이 기념 티셔츠와 무료 다과를 받을 것이라고 했습니다. 따라서 특별한 물품을 받기 위해서라는 ⓒ가 정답입니다.

어휘 seating[síːtiŋ] 좌석

## 10 요청/권고 문제

해설 공지에 따르면 학생들은 무엇을 해야 하는가?
    ⓐ 시즌 티켓을 구매한다.
    ✓ⓑ 축구 경기에 참석한다.
    ⓒ 축구팀에 가입한다.
    ⓓ 안내원으로 자원봉사 한다.

해설 공지 초반에 이번 주 토요일 오후 2시 Miller 경기장에서 열리는 동창회 축구 경기를 놓치지 말라고 했고, 공지 후반에 주립 대학과 맞서는 우리 Eagles를 응원하는 데 함께 해 달라고 했습니다. 따라서 축구 경기에 참석한다는 ⓑ가 정답입니다.

어휘 usher[ʌ́ʃər] 안내원

## [11-12]

🔊 호주

**Listen to an announcement at a university club meeting.**

> Attention dance enthusiasts! ¹¹Our dance club is holding auditions for new members this Saturday at 10 A.M. in the gymnasium. We're looking for dancers of all skill levels who are passionate about contemporary and hip-hop styles. Please wear comfortable clothing and bring a water bottle. ¹²No prior experience is necessary, just enthusiasm and dedication!
>
> enthusiast[inθúːziæst] 애호가  audition[ɔːdíʃən] 오디션
> gymnasium[dʒimnéiziəm] 체육관
> passionate[pǽʃənət] 열정을 가진
> contemporary[kəntémpərèri] 현대의
> comfortable[kʌ́mfərtəbl] 편안한
> enthusiasm[inθúːziæzm] 열정  dedication[dèdikéiʃən] 헌신

해설 대학 동아리 모임의 공지를 들으시오.
    댄스 애호가 여러분, 주목하세요! 저희 댄스 동아리가 이번 주 토요일 오전 10시 체육관에서 신입 회원 오디션을 진행합니다. 현대 스타일과 힙합 스타일에 열정을 가진 모든 실력 수준의 댄서들을 찾고 있습니다. 편안한 옷을 입고 물병을 가져와 주세요. 사전 경험은 필요하지 않으며, 열정과 헌신만 있으면 됩니다!

## 11 목적 문제

해설 공지의 주요 목적은 무엇인가?
    ⓐ 연습 시간을 예약하기 위해
    ✓ⓑ 새로운 댄스 회원을 모집하기 위해
    ⓒ 공연 날짜를 발표하기 위해
    ⓓ 댄스 강사를 소개하기 위해

해설 공지 초반에 댄스 동아리가 이번 주 토요일 오전 10시 체육관에서 신입 회원 오디션을 진행한다고 했습니다. 따라서 새로운 댄스 회원을 모집하기 위해서라는 ⓑ가 정답입니다.

어휘 performance[pərfɔ́ːrməns] 공연
    instructor[instrʌ́ktər] 강사

## 12 언급 의도 문제

해설 화자는 왜 열정과 헌신을 언급하는가?
    ✓ⓐ 선발 기준을 설명하기 위해
    ⓑ 동아리의 분위기를 묘사하기 위해
    ⓒ 다양한 댄스 스타일을 비교하기 위해
    ⓓ 정기적인 참석을 권장하기 위해

해설 공지 후반에 화자는 사전 경험은 필요하지 않으며, 열정과 헌신만 있으면 된다고 했습니다. 따라서 선발 기준을 설명하기 위해서라는 ⓐ가 정답입니다.

어휘 criteria[kraitíriə] 기준  atmosphere[ǽtməsfìər] 분위기
    attendance[əténdəns] 참석

## [13-14]

🔊 영국

**Listen to an announcement at a university event.**

> Attention engineering students! ¹³Our first annual Robotics Competition will be held next Wednesday from 1 to 5 P.M. in the engineering building lobby. Teams will demonstrate their autonomous robots in various challenges including maze navigation and object sorting. ¹⁴Spectators are welcome to watch the demonstrations, and winning teams will receive scholarship funding for future projects. Registration ends tomorrow evening!

demonstrate[démənstrèit] 시연하다
autonomous[ɔːtáːnəməs] 자율의  sorting[sɔ́ːrtiŋ] 분류
spectator[spékteitər] 관람객  scholarship[skáːlərʃip] 장학금
registration[rèdʒistréiʃən] 등록

해설 대학 행사의 공지를 들으시오.
    공학과 학생 여러분께 알려드립니다! 저희의 첫 번째 연례 로봇 경진대회가 다음 주 수요일 오후 1시부터 5시까지 공학관 로비에서 열릴 예정입니다. 팀들은 미로 탐색과 물체 분류를 포함한 다양한 도전 과제에서 자율 로봇을 시연할 것입니다. 관람객들도 시연을 구경하시는 것을 환영하며, 우승 팀들은 향후 프로젝트를 위한 장학금을 받을 것입니다. 등록은 내일 저녁에 마감됩니다!

## 13 주제 문제

해설 공지는 무엇에 관한 것인가?
    ⓐ 공학 장학금 프로그램
    ⓑ 기술 총회
    ✓ⓒ 로봇 경진대회
    ⓓ 미로 설계 대회

해설 공지 초반에 첫 번째 연례 로봇 경진대회가 다음 주 수요일 공학관

로비에서 열릴 예정이라고 했습니다. 따라서 로봇 경진 대회라는 ⓒ가 정답입니다.

어휘  maze[meiz] 미로

## 14 추론 문제

해석 화자는 이 행사에 대해 무엇을 암시하는가?
Ⓐ 고급 프로그래밍 기술이 필요하다.
☑ 참가자와 관람객 모두 환영한다.
Ⓒ 산업 응용에만 초점을 맞춘다.
Ⓓ 팀들이 경진대회 중에 로봇을 제작해야 한다.

해설 공지 후반에 관람객들도 시연을 구경하시는 것을 환영하며, 우승팀들은 향후 프로젝트를 위한 장학금을 받게 된다고 했습니다. 따라서 참가자와 관람객 모두 환영한다는 ⓑ가 정답입니다.

어휘  observer[əbzə́ːrvər] 관람객  industrial[indʌ́striəl] 산업의
application[æ̀pləkéiʃən] 응용

## [15-16]

🔊 미국

Listen to an announcement at a university event.

Culinary club members, get ready for an amazing opportunity! ¹⁵Professional chef Maria Rodriguez will conduct a pasta-making masterclass next Saturday from 2 to 5 P.M. in the home economics kitchen. She'll teach traditional Italian techniques and family recipes. ¹⁶Class size is limited to twenty participants, so please confirm your attendance by Wednesday. Bring an apron and enthusiasm!

culinary[kjúːlənèri] 요리의  home economics 가정학과
recipe[résəpi] 레시피, 요리법  confirm[kənfə́ːrm] 확정하다
apron[éiprən] 앞치마  enthusiasm[inθúːziæzm] 열정

해설 대학 행사의 공지를 들으시오.
요리 동아리 회원 여러분, 놀라운 기회를 준비하세요! 전문 요리사인 Maria Rodriguez가 다음 주 토요일 오후 2시부터 5시까지 가정학과 주방에서 파스타 만들기 마스터 클래스를 진행할 예정입니다. 그녀는 전통적인 이탈리아 기법과 가정용 레시피를 가르칠 것입니다. 수업 인원이 20명으로 제한되어 있으므로, 수요일까지 참석을 확정해 주시기 바랍니다. 앞치마와 열정을 가져오세요!

## 15 목적 문제

해석 공지의 주요 목적은 무엇인가?
Ⓐ 객원 교수를 소개하기 위해
Ⓑ 이탈리아 요리를 홍보하기 위해
Ⓒ 요리 동아리 회원을 모집하기 위해
☑ 요리 수업을 공지하기 위해

해설 공지 초반에 전문 요리사 Maria Rodriguez가 파스타 만들기 마스터 클래스를 진행할 예정이라고 했습니다. 따라서 요리 수업을 공지하기 위해서라는 ⓓ가 정답입니다.

어휘  cuisine[kwizíːn] 요리

## 16 언급 의도 문제

해석 화자는 왜 인원 제한을 언급하는가?
Ⓐ 개별적인 관심을 보장하기 위해
☑ 조기 등록을 권장하기 위해
Ⓒ 주방 안전을 유지하기 위해
Ⓓ 재료비를 통제하기 위해

해설 공지 후반에 화자는 수업 인원이 20명으로 제한되어 있으므로, 수요일까지 참석을 확정해 달라고 했습니다. 따라서 조기 등록을 권장하기 위해서라는 ⓑ가 정답입니다.

어휘  ensure[inʃúər] 보장하다  ingredient[ingríːdiənt] 재료

## Day 16  Task Test

p.182

| 01 Ⓑ | 02 Ⓐ | 03 Ⓐ | 04 Ⓒ | 05 Ⓓ | 06 Ⓐ |
| 07 Ⓑ | 08 Ⓐ | 09 Ⓓ | 10 Ⓒ | 11 Ⓐ | 12 Ⓒ |
| 13 Ⓓ | 14 Ⓒ | 15 Ⓑ | 16 Ⓒ | 17 Ⓑ | 18 Ⓓ |
| 19 Ⓓ | 20 Ⓐ | 21 Ⓑ | 22 Ⓐ | 23 Ⓐ | 24 Ⓒ |

## [01-02]

🔊 미국

Listen to an announcement in a student lounge.

Attention students! ⁰¹The cafeteria will be closed this Friday from 10 A.M. to 12 P.M. for a scheduled health inspection. We apologize for any inconvenience. ⁰²During this time, you can visit the campus food truck located outside the main building or use the vending machines in the student center. Normal cafeteria service will resume at noon.

cafeteria[kæ̀fətíəriə] 구내식당  inspection[inspékʃən] 검사
inconvenience[ìnkənvíːnjəns] 불편  vending machine 자판기
normal[nɔ́ːrməl] 정상적인  resume[rizúːm] 재개하다

해설 학생 라운지의 공지를 들으시오.
학생 여러분께 알려드립니다! 예정된 보건 검사로 인해 이번 주 금요일 오전 10시부터 오후 12시까지 구내식당이 폐쇄됩니다. 불편을 끼쳐드려 죄송합니다. 이 시간 동안에는, 본관 밖에 위치한 구내 푸드트럭을 방문하시거나 학생회관의 자판기를 이용하실 수 있습니다. 정상적인 구내식당 서비스는 정오에 재개될 것입니다.

## 01 목적 문제

해석 공지의 주요 목적은 무엇인가?
Ⓐ 새로운 구내식당 운영시간을 발표하기 위해
☑ 학생들에게 임시 폐쇄를 알리기 위해
Ⓒ 새로운 음식 업체를 소개하기 위해
Ⓓ 구내 푸드트럭을 홍보하기 위해

해설 공지 초반에 예정된 보건 검사로 인해 이번 주 금요일 오전 10시부

터 오후 12시까지 구내식당이 폐쇄된다고 했습니다. 따라서 학생들에게 임시 폐쇄를 알리기 위해서라는 ⓑ가 정답입니다.

어휘 temporary[témpərèri] 임시의

## 02 요청/권고 문제

해석 폐쇄 기간 동안 학생들은 무엇을 하라고 권고받는가?
ⓐ 다른 식사 선택지를 이용한다. ✓
ⓑ 할인된 식사를 이용한다.
ⓒ 무료 음료를 요청한다.
ⓓ 연장된 저녁 시간을 기다린다.

해석 공지 중간에 폐쇄 시간 동안에는 본관 밖에 위치한 구내 푸드트럭을 방문하거나 학생회관의 자판기를 이용할 수 있다고 했습니다. 따라서 다른 식사 선택지를 이용한다는 ⓐ가 정답입니다.

어휘 discounted[dískauntid] 할인된  extended[iksténdid] 연장된

## [03-04]

🎧 뉴질랜드

Listen to an announcement in a classroom.

Good afternoon everyone. ⁰³I'm happy to announce that registration for the Basketball Tournament is now open and will close next Friday at 5 P.M. All teams must have between six and ten players, and at least two must be from different departments. The tournament will begin on October 15th with games every Tuesday and Thursday evening in the Recreation Center. ⁰⁴Due to high demand from previous years, we recommend submitting your team roster early to secure your spot.

registration[rèdʒistréiʃən] 등록  department[dipɑ́ːrtmənt] 학과
tournament[túərnəmənt] 대회  demand[dimǽnd] 수요
roster[rɑ́ːstər] 명단  secure[sikjúər] 확보하다

해석 수업의 공지를 들으시오.
안녕하세요 여러분. 농구 대회 등록이 현재 진행 중이며 다음 주 금요일 오후 5시에 마감된다는 것을 알려드리게 되어 기쁩니다. 모든 팀은 6명에서 10명 사이의 선수를 보유해야 하며, 최소 2명은 다른 학과 출신이어야 합니다. 대회는 10월 15일에 시작하여 매주 화요일과 목요일 저녁 레크리에이션 센터에서 경기가 열릴 예정입니다. 지난 몇 년간의 높은 수요로 인해, 자리를 확보하시려면 여러분의 팀 명단을 일찍 제출하실 것을 권해드립니다.

## 03 주제 문제

해석 공지는 무엇에 관한 것인가?
ⓐ 농구 대회 등록 ✓
ⓑ 레크리에이션 센터 운영시간 변경
ⓒ 학과 회의 일정
ⓓ 새로운 스포츠 장비 정책

해설 공지 초반에 농구 대회 등록이 현재 진행 중이며 다음 주 금요일 오후 5시에 마감된다고 한 뒤, 대회의 세부 내용을 전하고 있습니다. 따라서 ⓐ가 정답입니다.

어휘 equipment[ikwípmənt] 장비

## 04 언급 의도 문제

해석 화자는 왜 지난 몇 년간의 높은 수요를 언급하는가?
ⓐ 참가자들이 더 많은 선수를 초대하도록 권장하기 위해
ⓑ 올해 행사를 과거 행사와 비교하기 위해
ⓒ 조기 등록이 권장되는 이유를 설명하기 위해 ✓
ⓓ 선수 자격 요건을 정당화하기 위해

해설 공지 후반에 화자는 지난 몇 년간의 높은 수요로 인해 자리를 확보하려면 팀 명단을 일찍 제출하기를 권한다고 했습니다. 따라서 조기 등록이 권장되는 이유를 설명하기 위해서라는 ⓒ가 정답입니다.

어휘 compare[kəmpɛ́ər] 비교하다  justify[dʒʌ́stəfài] 정당화하다

## [05-06]

🎧 호주

Listen to an announcement on the campus radio station.

Hello everyone. ⁰⁵The university art department will host its annual student exhibition beginning this Friday at the campus gallery. The exhibition will showcase paintings, sculptures, and photography by current students. Admission is free, and ⁰⁶we encourage everyone to come support our talented artists!

exhibition[èksəbíʃən] 전시회  showcase[ʃóukeis] 선보이다
sculpture[skʌ́lptʃər] 조각  admission[ədmíʃən] 입장료
talented[tǽləntid] 재능 있는  artist[ɑ́ːrtist] 예술가

해석 대학 라디오 방송국의 공지를 들으시오.
안녕하세요 여러분. 대학교 미술과에서 이번 주 금요일부터 캠퍼스 미술관에서 연례 학생 전시회를 개최할 것입니다. 이 전시회는 재학생들의 회화, 조각, 사진 작품을 선보일 것입니다. 입장료는 무료이며, 모든 분들이 오셔서 우리의 재능 있는 예술가들을 응원해 주시기를 권합니다!

## 05 주제 문제

해석 공지의 주요 주제는 무엇인가?
ⓐ 새로운 미술 과목
ⓑ 교수진 발표
ⓒ 미술관 보수
ⓓ 학생 미술 전시 ✓

해설 공지 초반에 대학교 미술과에서 연례 학생 전시회를 개최한다고 한 후, 전시회에 대한 세부 내용을 전하고 있습니다. 따라서 학생 미술 전시라는 ⓓ가 정답입니다.

어휘 faculty[fǽkəlti] 교수진  renovation[rènəvéiʃən] 보수

## 06 요청/권고 문제

해석 화자는 청자들이 무엇을 하기를 바라는가?
ⓐ 캠퍼스 행사에 방문한다. ✓
ⓑ 예술 작품을 제출한다.
ⓒ 미술과에 입학한다.
ⓓ 최고의 작품에 투표한다.

해설 공지 후반에 화자는 전시회에 참석하여 우리의 재능 있는 예술가들을 응원해 주기를 권한다고 했습니다. 따라서 캠퍼스 행사에 방문한다는 ⓐ가 정답입니다.

어휘 artwork[á:rtwə̀rk] 예술 작품  vote[vout] 투표하다

## [07-08]

영국

Listen to an announcement on the campus radio station.

Good morning, everyone. ⁰⁷This is a reminder that ⁰⁸our Health and Wellness Fair will be held this Friday from 11 A.M. to 3 P.M. in the Recreation Center to encourage student wellness and healthy living. There will be free health screenings, fitness demonstrations, and nutrition counseling booths throughout the event. ⁰⁸From 2 to 3 P.M., wellness experts will also provide personal health consultations for students. We encourage everyone to come and learn about staying healthy!

health screening 건강검진
demonstration[dèmənstréiʃən] 시연
nutrition[nju:tríʃən] 영양  counseling[káunsəliŋ] 상담
personal[pə́:rsənl] 개인의  consultation[kɑ̀:nsəltéiʃən] 상담

해설 대학 라디오 방송국의 공지를 들으시오.

안녕하세요, 여러분. 이번 금요일 오전 11시부터 오후 3시까지 레크리에이션 센터에서 학생들의 행복과 건강한 생활을 장려하기 위한 보건 및 건강 박람회가 열린다는 것을 알려드립니다. 행사 기간 내내 무료 건강검진, 피트니스 시연, 영양 상담 부스가 운영될 예정입니다. 오후 2시부터 3시까지는 건강 전문가들이 학생들에게 개인 건강 상담도 제공할 것입니다. 모든 분들이 오셔서 건강 유지에 대해 배우시기를 권합니다!

### 07 목적 문제

해설 행사의 목적은 무엇인가?
Ⓐ 새로운 의료진을 모집하기 위해
Ⓑ 건강한 생활 방식을 홍보하기 위해 ✓
Ⓒ 학업 성취를 축하하기 위해
Ⓓ 연구를 위한 기금을 모으기 위해

해설 공지 초반에 이번 금요일 레크리에이션 센터에서 학생들의 행복과 건강한 생활을 장려하기 위한 보건 및 건강 박람회가 열린다고 했습니다. 따라서 건강한 생활 방식을 홍보하기 위해서라는 Ⓑ가 정답입니다.

어휘 recruit[rikrú:t] 모집하다  celebrate[séləbrèit] 축하하다
academic achievement 학업 성취  fund[fʌnd] 기금

### 08 사실 정보 파악 문제

해설 학생들이 행사 마지막 시간에 할 수 있는 것은 무엇인가?
Ⓐ 건강 상담사와 만난다. ✓
Ⓑ 운동 수업에 등록한다.
Ⓒ 건강보험을 구매한다.
Ⓓ 후속 약속을 잡는다.

해설 공지 초반에 행사는 오전 11시부터 오후 3시까지 열린다고 했고, 공지 후반에 오후 2시부터 3시까지 건강 전문가들이 학생들에게 개인 건강 상담을 제공할 것이라고 했습니다. 따라서 건강 상담사와 만난다는 Ⓐ가 정답입니다.

어휘 advisor[ædváizər] 상담사  register[rédʒistər] 등록하다
insurance[inʃúərəns] 보험  follow-up[fá:louʌ̀p] 후속의
appointment[əpɔ́intmənt] 약속

## [09-10]

영국

Listen to an announcement in a student lounge.

Good afternoon, students! ⁰⁹The main library will have limited hours this weekend due to system maintenance. We'll be open Saturday from 10 A.M. to 4 P.M. only, and will be closed all day Sunday. Please plan your study schedule accordingly and ¹⁰consider using the 24-hour computer lab in the basement during these restricted hours.

due to ~으로 인해  maintenance[méintənəns] 유지보수
accordingly[əkɔ́:rdiŋli] 그에 맞게  computer lab 컴퓨터실
basement[béismənt] 지하  restricted[ristríktid] 제한된

해설 학생 라운지의 공지를 들으시오.

안녕하세요, 학생 여러분! 시스템 유지보수로 인해 이번 주말 메인 도서관의 운영시간이 제한됩니다. 토요일은 오전 10시부터 오후 4시까지만 개방하며, 일요일은 하루 종일 휴관될 예정입니다. 학습 일정을 그에 맞게 계획하시고, 제한된 시간 동안에는 지하에 있는 24시간 컴퓨터실 이용을 고려해 주세요.

### 09 목적 문제

해설 공지의 주요 목적은 무엇인가?
Ⓐ 새로운 도서관 서비스를 홍보하기 위해
Ⓑ 연장된 주말 운영시간을 발표하기 위해
Ⓒ 서비스에 대한 학생 피드백을 요청하기 위해
Ⓓ 학생들에게 일정 변경을 알리기 위해 ✓

해설 공지 초반에 시스템 유지보수로 인해 이번 주말 메인 도서관의 운영시간이 제한됨을 알리고 있습니다. 따라서 학생들에게 일정 변경을 알리기 위해서라는 Ⓓ가 정답입니다.

어휘 promote[prəmóut] 홍보하다

### 10 요청/권고 문제

해설 학생들은 무엇을 하도록 권고받는가?
Ⓐ 월요일까지 기다려서 도서관 서비스를 이용한다.
Ⓑ 도움을 요청하기 위해 도서관 직원에게 연락한다.
Ⓒ 지하의 컴퓨터실을 이용한다. ✓
Ⓓ 캠퍼스 대신 집에서 공부한다.

해설 공지 후반에 제한된 시간 동안에는 지하에 있는 24시간 컴퓨터실 이용을 고려하라고 했습니다. 따라서 지하의 컴퓨터실을 이용한다는 Ⓒ가 정답입니다.

어휘 assistance[əsístəns] 도움

## [11-12]

🔊 미국

**Listen to an announcement at a university event.**

> Good afternoon everyone. ¹¹We are delighted to announce that the university's photography exhibition will open this Thursday at 4 P.M. in the art gallery. Students and faculty can display their work throughout the month. ¹²Please submit your photos by Tuesday to be included in the showcase.

**delighted**[diláitid] 기쁜 **exhibition**[èksəbíʃən] 전시회
**faculty**[fǽkəlti] 교직원

해석 대학 행사의 공지를 들으시오.
안녕하세요 여러분. 대학교 사진 전시회가 이번 주 목요일 오후 4시에 미술관에서 열린다는 것을 발표하게 되어 기쁩니다. 학생과 교직원들이 한 달 동안 자신들의 작품을 전시할 수 있습니다. 진열에 포함되기 위해서는 화요일까지 사진을 제출해 주시기 바랍니다.

### 11 주제 문제

해석 공지의 주요 주제는 무엇인가?
  Ⓐ 다가오는 사진 전시회 ✓
  Ⓑ 새로운 미술관 개관
  Ⓒ 사진 워크숍
  Ⓓ 월간 경진대회

해설 공지 초반에 대학교 사진 전시회가 이번 주 목요일 오후 4시에 미술관에서 열린다고 한 뒤, 관련된 세부 내용을 전하고 있습니다. 따라서 다가오는 사진 전시회라는 Ⓐ가 정답입니다.

어휘 **upcoming**[ʌ́pkʌ̀miŋ] 다가오는

### 12 요청/권고 문제

해석 화자는 사람들에게 화요일까지 무엇을 하라고 요청하는가?
  Ⓐ 미술관에 방문한다.
  Ⓑ 사진 워크숍에 등록한다.
  Ⓒ 사진을 제출한다. ✓
  Ⓓ 개막식에 참석한다.

해설 공지 후반에 화자는 진열에 포함되려면 화요일까지 사진을 제출해 달라고 요청했습니다. 따라서 사진을 제출한다는 Ⓒ가 정답입니다.

어휘 **opening ceremony** 개막식

## [13-14]

🔊 미국

**Listen to an announcement at a university event.**

> Attention students. ¹³We are pleased to announce that the university's outdoor movie night will be held this Saturday at 8 P.M. on the main lawn. We will be showing a classic comedy film under the stars. Please bring blankets or chairs for comfortable seating. ¹⁴Free popcorn will also be provided.

**outdoor**[áutdɔ̀ːr] 야외의 **blanket**[blǽŋkit] 담요
**comfortable**[kʌ́mfərtəbl] 편안한

해석 대학 행사의 공지를 들으시오.
학생 여러분께 알려드립니다. 대학교 야외 영화의 밤이 이번 주 토요일 오후 8시에 메인 잔디밭에서 열린다는 것을 발표하게 되어 기쁩니다. 별빛 아래에서 고전 코미디 영화를 상영할 예정입니다. 편안한 좌석을 위해 담요나 의자를 가져와 주세요. 무료 팝콘도 제공될 것입니다.

### 13 주제 문제

해석 공지의 주요 주제는 무엇인가?
  Ⓐ 새로운 야외 시설
  Ⓑ 코미디 워크숍
  Ⓒ 기금 모금 활동
  Ⓓ 영화 상영 행사 ✓

해설 공지 초반에 대학교 야외 영화의 밤이 이번 주 토요일 오후 8시에 메인 잔디밭에서 열린다고 한 뒤, 행사 관련 세부 내용을 전하고 있습니다. 따라서 영화 상영 행사라는 Ⓓ가 정답입니다.

어휘 **facility**[fəsíləti] 시설 **fundraising**[fʌ́ndrèiziŋ] 모금
**film screening** 영화 상영

### 14 사실 정보 파악 문제

해석 무엇이 무료로 제공될 것인가?
  Ⓐ 담요와 의자
  Ⓑ 영화 티켓
  Ⓒ 팝콘 ✓
  Ⓓ 주차 공간

해설 공지 후반에 화자는 무료 팝콘이 제공될 것이라고 했습니다. 따라서 팝콘이라는 Ⓒ가 정답입니다.

## [15-16]

🔊 뉴질랜드

**Listen to an announcement at a university club meeting.**

> Hello everyone! Today ¹⁵we're excited to share details about our new peer mentoring program. We'll be pairing freshmen with experienced students to help them adjust to college life. The program starts next Tuesday and meetings will be held weekly in the student center. ¹⁶Please let us know if you'd like to become a mentor.

**detail**[ditéil] 세부 사항 **freshman**[fréʃmən] 신입생
**experienced**[ikspíəriənst] 경험이 있는

해석 대학 동아리 모임의 공지를 들으시오.
안녕하세요 여러분! 오늘 저희는 새로운 또래 멘토링 프로그램에 대한 세부사항을 공유하게 되어 기쁩니다. 신입생들을 경험이 있는 학생들과 짝을 이루어 그들이 대학 생활에 적응하도록 도울 예정입니다. 프로그램은 다음 주 화요일에 시작하며 매주 학생회관에서 모임이 열릴 것입니다. 멘토가 되고 싶으시면 저희에게 알려주시기 바랍니다.

## 15 주제 문제

해석 공지의 주요 주제는 무엇인가?
Ⓐ 학생들을 위한 과외 서비스
☑ 새로운 또래 멘토링 프로그램
Ⓒ 캠퍼스 시설 이용 지침
Ⓓ 신입생 오리엔테이션 활동

해설 공지 초반에 새로운 또래 멘토링 프로그램에 대한 세부 사항을 공유하게 되어 기쁘다고 한 후, 이어서 프로그램의 세부 내용을 전하고 있습니다. 따라서 새로운 또래 멘토링 프로그램이라는 Ⓑ가 정답입니다.

어휘 tutoring[tjúːtəriŋ] 과외  peer[piər] 또래의

## 16 요청/권고 문제

해석 학생들은 무엇을 하라고 권고받는가?
Ⓐ 신입생 오리엔테이션에 참석한다.
Ⓑ 학생회관에 정기적으로 방문한다.
☑ 멘토가 되기 위해 지원한다.
Ⓓ 주간 공부 모임에 들어간다.

해설 공지 후반에 화자는 멘토가 되고 싶으면 알려달라고 했습니다. 따라서 멘토가 되기 위해 지원한다는 Ⓒ가 정답입니다.

## [17-18]  🎧 영국

**Listen to an announcement in a class.**

> Attention everyone! ¹⁷Our midterm exam scheduled for tomorrow has been moved to room 204 due to a heating issue in this classroom. ¹⁸Please arrive 10 minutes early to locate the new room.
>
> midterm exam 중간고사  due to ~으로 인해
> locate[lóukeit] 찾다

해석 교실에서의 공지를 들으시오.
모든 분들께 알려드립니다! 내일로 예정된 중간고사가 이 교실의 난방 문제로 인해 204호로 장소가 변경되었습니다. 10분 일찍 도착하여 새로운 교실의 위치를 찾으시기 바랍니다.

## 17 목적 문제

해석 공지의 주요 목적은 무엇인가?
Ⓐ 중간고사를 연기하기 위해
☑ 학생들에게 교실 변경을 알리기 위해
Ⓒ 난방 문제를 설명하기 위해
Ⓓ 학생들에게 시험 시간을 상기시키기 위해

해설 공지 초반에 내일로 예정된 중간고사가 이 교실의 난방 문제로 인해 204호로 장소가 변경되었음을 전하고 있습니다. 따라서 학생들에게 교실 변경을 알리기 위해서라는 Ⓑ가 정답입니다.

어휘 postpone[poustpóun] 연기하다

## 18 요청/권고 문제

해석 학생들은 무엇을 하라고 권고받는가?
Ⓐ 시설관리 사무실에 연락한다.
Ⓑ 시험을 위한 추가 자료를 가져온다.
Ⓒ 난방 시스템을 확인한다.
☑ 새로운 교실을 찾기 위해 일찍 도착한다.

해설 공지 후반에 10분 일찍 도착하여 새로운 교실의 위치를 찾을 것을 권고하고 있습니다. 따라서 새로운 교실을 찾기 위해 일찍 도착한다는 Ⓓ가 정답입니다.

어휘 material[mətíəriəl] 자료

## [19-20]  🎧 미국

**Listen to an announcement at a university club meeting.**

> Welcome everyone! ¹⁹Today I'm excited to announce our new language exchange program is starting next month. We'll be asking English students to pair up with international students to practice conversation skills together. Sessions will be held twice weekly in the International Center. This is a great opportunity to make new friends and learn about different cultures. ²⁰Please sign up at our booth outside.
>
> language exchange 언어 교환  pair up 짝을 짓다
> culture[kʌ́ltʃər] 문화

해석 대학 동아리 모임의 공지를 들으시오.
모든 분들을 환영합니다! 저는 오늘 다음 달에 시작하는 새로운 언어 교환 프로그램을 발표하게 되어 기쁩니다. 저희는 영어를 사용하는 학생들에게 유학생들과 짝지어 함께 회화 기술을 연습하도록 요청할 예정입니다. 수업은 국제 회관에서 주 2회 열릴 예정입니다. 이것은 새로운 친구를 사귀고 다양한 문화에 대해 배울 좋은 기회입니다. 밖에 있는 저희 부스에서 등록해 주시기 바랍니다.

## 19 주제 문제

해석 공지의 주요 주제는 무엇인가?
Ⓐ 문화 축제
Ⓑ 유학생 오리엔테이션
Ⓒ 회화 기술 워크숍
☑ 새로운 언어 교환 프로그램

해설 공지 초반에 새로운 언어 교환 프로그램이 다음 달에 시작한다고 한 뒤, 프로그램 관련 세부 내용을 전하고 있습니다. 따라서 새로운 언어 교환 프로그램이라는 Ⓓ가 정답입니다.

어휘 cultural[kʌ́ltʃərəl] 문화의  conversation[kɑ̀nvərséiʃən] 회화

## 20 요청/권고 문제

해석 학생들은 무엇을 하라고 권고받는가?
☑ 프로그램에 등록한다.
Ⓑ 국제 회관에 방문한다.
Ⓒ 원어민과 연습한다.
Ⓓ 다른 문화에 대해 배운다.

해설 공지 후반에 화자는 새로운 친구를 사귀고 다양한 문화에 대해 배울 좋은 기회라면서 밖에 있는 부스에서 등록할 것을 권하고 있습니다. 따라서 프로그램에 등록한다는 ⓐ가 정답입니다.

어휘 sign up for ~에 등록하다  native speaker 원어민

## [21-22]   영국

**Listen to an announcement on the campus radio station.**

Good morning, students. ²¹/²²Just a friendly reminder that the Academic Success Center is hosting free study skills workshops this Tuesday from 2 to 5 P.M. in Room 302 of the Learning Center. We'll cover effective note-taking, time management, and test-preparation strategies through interactive sessions. ²²From 4:30 to 5 P.M., students can also schedule one-on-one consultations with our academic counselors. We encourage all students to attend and improve their academic performance!

management[mǽnidʒmənt] 관리  strategy[strǽtədʒi] 전략
interactive[intərǽktiv] 대화형의
consultation[kὰ:nsəltéiʃən] 상담  counselor[káunsələr] 상담사

해설 대학 라디오 방송국의 공지를 들으시오.

안녕하세요, 학생 여러분. 학업 성공 센터가 이번 주 화요일 오후 2시부터 5시까지 교육 센터302호에서 무료 공부 기술 워크숍을 개최하는 것을 상기시켜 드립니다. 대화형 수업을 통해 효과적인 노트 필기, 시간 관리, 시험 준비 전략을 다룰 것입니다. 오후 4시 30분부터 5시까지는 학생들이 저희 학업 상담사와의 일대일 상담을 예약할 수도 있습니다. 모든 학생들이 참석하여 학업 성과를 향상시키시기를 권합니다!

### 21 목적 문제

해설 행사의 목적은 무엇인가?
ⓐ 새로운 튜터를 모집하기 위해
☑ⓑ 학업 지원을 제공하기 위해
ⓒ 학업 성취를 축하하기 위해
ⓓ 새로운 과목을 소개하기 위해

해설 공지 초반에 무료 공부 기술 워크숍을 개최한다고 한 뒤, 워크숍 세부 내용을 설명하고 있습니다. 따라서 학업 지원을 제공하기 위해서라는 ⓑ가 정답입니다.

어휘 recruit[rikrú:t] 모집하다

### 22 사실 정보 파악 문제

해설 학생들은 행사의 마지막 30분 동안 무엇을 할 수 있는가?
☑ⓐ 상담사와 개별적으로 만난다.
ⓑ 모의고사를 치른다.
ⓒ 수업에 등록한다.
ⓓ 공부 모임에 들어간다.

해설 공지 초반에 무료 공부 기술 워크숍은 오후 2시부터 5시까지라고 했고, 공지 후반에 오후 4시 30분부터 5시까지는 학생들이 학업 상담사와의 일대일 상담을 예약할 수도 있다고 했습니다. 따라서 상담사와 개별적으로 만난다는 ⓐ가 정답입니다.

어휘 individually[ìndəvídʒuəli] 개별적으로

## [23-24]   미국

**Listen to an announcement at a university club meeting.**

Volunteer club members, we have an exciting opportunity to help at the local food bank this weekend. ²³We'll be sorting donations and preparing meal packages on Saturday from 10 A.M. to 2 P.M. Transportation will be provided from the student center at 9:30 A.M. ²⁴Please confirm your participation by Friday so we can organize groups and arrange carpools accordingly

volunteer[vὰ:ləntíər] 자원봉사  sort[sɔ:rt] 분류하다
donation[dounéiʃən] 기부품

해설 대학 동아리 모임의 공지를 들으시오.

자원봉사 동아리 회원 여러분, 이번 주말 지역 푸드뱅크에서 도움을 줄 수 있는 흥미로운 기회가 있습니다. 저희는 토요일 오전 10시부터 오후 2시까지 기부품을 분류하고 식사 꾸러미를 포장할 예정입니다. 오전 9시 30분에 학생회관에서 교통편이 제공될 것입니다. 그룹을 구성하고 그에 맞게 합승을 준비할 수 있도록 금요일까지 참석을 확정해 주시기 바랍니다.

### 23 사실 정보 파악 문제

해설 자원봉사자들은 푸드뱅크에서 무엇을 할 것인가?
☑ⓐ 기부품을 분류하고 포장을 준비한다.
ⓑ 가족들에게 식사를 배급한다.
ⓒ 지역사회를 위한 식사 요리한다.
ⓓ 지역 주민들을 인터뷰한다.

해설 공지 중간에 토요일 오전 10시부터 오후 2시까지 기부품을 분류하고 식사 포장을 준비할 예정이라고 했습니다. 따라서 기부품을 분류하고 포장을 준비한다는 ⓐ가 정답입니다.

어휘 distribute[distríbju:t] 배급하다, 나누어 주다
local[lóukəl] 지역의  resident[rézədənt] 주민

### 24 언급 의도 문제

해설 화자는 왜 합승을 언급하는가?
ⓐ 교통비를 줄이기 위해
ⓑ 회원 안전을 보장하기 위해
☑ⓒ 단체 참여를 준비하기 위해
ⓓ 환경 인식을 홍보하기 위해

해설 공지 후반에 화자는 그룹을 구성하고 그에 맞게 합승을 준비할 수 있도록 금요일까지 참석을 확정해 달라고 했습니다. 따라서 단체 참여를 준비하기 위해서라는 ⓒ가 정답입니다.

어휘 transportation[trænspərtéiʃən] 교통
ensure[inʃúər] 보장하다  awareness[əwéərnis] 인식

# TASK 4 강의 듣고 문제 풀기 Listen to an Academic Talk

## Day 17  중심 내용을 파악하는 문제

### Daily Check-up                                    p.196

01 ⓒ  02 ⓑ  03 ⓑ  04 ⓐ  05 ⓐ  06 ⓒ
07 ⓑ  08 ⓑ

## 01  [미국]

> ⁰¹So today, let's talk about ① why it might be possible for Mars to support life. Thanks to movies, TV, and countless science-fiction books, we've all heard about colonizing or settling on Mars. While futuristic cities under huge glass domes on the surface of Mars might seem real only in Hollywood, there are, um, ② some researchers who believe such a concept isn't so far-fetched.
>
> countless[káuntlis] 수많은
> science-fiction[sàiənsfíkʃən] 공상 과학
> colonize[kά:lənàiz] 식민지화하다    futuristic[fjù:tərístik] 미래의
> dome[doum] 돔    far-fetched[fὰ:rfétʃt] 억지스러운

해석  그래서 오늘은, 왜 화성이 생명체를 생존하게 하는 것이 가능할지도 모르는지에 관해 이야기해 봅시다. 영화, TV, 그리고 수많은 공상 과학 소설들 덕분에, 우리는 모두 화성을 식민지화하거나 화성에 이주하는 것에 대해 들어 본 적이 있을 거예요. 화성 표면에 있는 거대한 유리 돔 아래의 미래 도시들이 할리우드에서만 가능한 것처럼 보일지도 모르지만, 그러한 생각이 그렇게 억지스럽지 않다고 믿는 연구원들이 있어요.

Q 주제 문제

해설  "So today, let's talk about ~" 이하에서 강의의 주제가 화성에서 생명체의 생존이 가능할지도 모르는 이유에 관한 것임을 알 수 있습니다. 따라서 ⓒ가 정답입니다.

## 02  [영국]

> ⁰²Today we'll explore ① how children acquire language naturally. Language acquisition is a remarkable process that occurs during early childhood. Children ② progress through predictable stages, beginning with babbling around six months, then ③ producing their first words around the time they turn one.
>
> acquire[əkwáiər] 습득하다    naturally[nǽtʃərəli] 자연스럽게
> acquisition[ækwəzíʃən] 습득    remarkable[rimά:rkəbl] 놀라운
> predictable[pridíktəbl] 예측 가능한    babbling[bǽbliŋ] 옹알이

해석  오늘 우리는 아이들이 어떻게 자연스럽게 언어를 습득하는지 알아볼 것입니다. 언어 습득은 유아기에 일어나는 놀라운 과정입니다. 아이들은 예측 가능한 단계를 거치는데, 약 6개월경에 옹알이를 시작하고, 그 후 한 살이 될 때쯤에 첫 단어를 말하기 시작합니다.

Q 주제 문제

해설  "Today we'll explore ~" 이하에서 강의의 주제가 어린 시절 언어를 배우는 자연스러운 과정에 관한 것임을 알 수 있습니다. 따라서 ⓑ가 정답입니다.

## 03  [호주]

> ⁰³In today's class, ① we'll be focusing on the different types of muscle tissue—namely, red muscles and white muscles. Red muscle fibers contain large amounts of an oxygen-storing protein called myoglobin. ② These muscles are resistant to fatigue and are used primarily during activities that require endurance.
>
> muscle[mʌ́sl] 근육    tissue[tíʃu:] 조직
> namely[néimli] 다시 말해서    fiber[fáibər] 섬유
> protein[próuti:n] 단백질    resistant[rizístənt] 내성이 있는
> fatigue[fətí:g] 피로    primarily[praimérəli] 주로
> endurance[indjúərəns] 지구력

해석  오늘 수업에서는, 서로 다른 종류의 근육 조직, 다시 말해서, 적색 근육과 백색 근육에 초점을 맞추겠습니다. 적색 근섬유는 미오글로빈이라고 불리는 산소 저장 단백질을 다량 함유하고 있어요. 이 근육들은 피로에 내성이 있고 주로 지구력을 요하는 활동 중에 사용됩니다.

Q 주제 문제

해설  강의의 주요 주제는 무엇인가?
ⓐ 적색 근육의 다양한 특징
ⓑ 적색과 백색 근육의 차이점
ⓒ 근육의 성분

해설  "In today's class, we'll be focusing on ~" 이하에서 강의의 주제가 적색 근육과 백색 근육의 차이점임을 알 수 있습니다. 따라서 ⓑ가 정답입니다.

어휘  characteristic[kæ̀riktərístik] 특징
component[kəmpóunənt] 성분

## 04  [미국]

> Let's begin. Now, I am sure all of you are familiar with dams. I mean, they are pretty common. These can range from ① small barriers used to regulate

irrigation systems to massive construction projects such as Hoover Dam. ② ⁰⁴This dam is used to generate hydroelectric power, and this is what I want to talk about today.

familiar[fəmíliər] 잘 아는   common[kámən] 흔한
barrier[bǽriər] 방벽   regulate[régjuleit] 조절하다
irrigation[ìrəgéiʃən] 관개
hydroelectric[hàidrouiléktrik] 수력 발전의

해석   시작합시다. 자, 나는 여러분 모두가 댐에 대해 잘 알고 있다고 확신합니다. 제 말은, 그것들은 꽤 흔하잖아요. 댐은 관개 시설을 조절하는 데 사용되는 작은 방벽부터 후버댐과 같이 거대한 건설 프로젝트에 이르기까지 다양합니다. 이 댐은 수력 발전을 하기 위해 사용되는데, 이것이 바로 제가 오늘 이야기하고 싶은 것입니다.

Q **주제 문제**

해석   강의는 주로 무엇에 관한 것인가?
Ⓐ 후버댐의 기능
Ⓑ 후버댐의 건설
Ⓒ 댐의 주요 유형

해설   마지막 문장 "this is what I want to talk about today" 앞에 있는 내용이 주제가 됩니다. 후버댐이 수력발전을 하기 위해 사용된다는 점에 관해 이야기하고 싶다고 했으므로, 강의가 후버댐의 기능에 관한 것임을 알 수 있습니다. 따라서 Ⓐ가 정답입니다.

어휘   function[fáŋkʃən] 기능

## 05

🎧 영국

- 강의 주제   polar bear - many tech. to surv. Arc.
- 세부 설명   Arctic - inhosp.
  - ∵ sumr. - short, wint. - long, brutal, vege. X
    B/ many inhabit

⁰⁵Now, I want to look at the polar bear and the variety of techniques it uses to survive in the harsh Arctic environment. I am sure many of you would agree that the region around the Arctic Ocean is a pretty inhospitable environment. I mean, the summers are short, the winters are long and brutal, and there is very little vegetation. However, despite these conditions, many animals inhabit this region. Although some species, such as reindeer, migrate during the colder months, others stay year-round. The polar bear is one such species that remains in the Arctic throughout the year. Well, let's look at these survival techniques a bit more closely.

variety[vəráiəti] 다양성   harsh[ha:rʃ] 혹독한
Arctic[á:rktik] 북극의
inhospitable[ìnhá:spitəbl] 살기에 적합하지 않은

brutal[brú:tl] 혹독한   vegetation[vèdʒətéiʃən] 식물
inhabit[inhǽbit] 서식하다   species[spí:ʃi:z] 종
reindeer[réindiər] 순록   migrate[máigreit] 이주하다
remain[riméin] 머물다   throughout[θru:áut] ~ 내내
survival[sərváivəl] 생존

해석   자, 저는 북극곰과 혹독한 북극 환경에서 살아남기 위해 그들이 사용하는 다양한 기술들을 살펴보고 싶습니다. 여러분 중 대다수가 북극해 주변 지역이 꽤 살기에 적합하지 않은 환경이라는 데 동의할 거라고 확신합니다. 제 말은, 여름은 짧고, 겨울은 길고 혹독하며, 식물이 거의 없으니까요. 하지만, 이러한 조건에도 불구하고, 많은 동물이 이 지역에 살고 있습니다. 순록과 같은 몇몇 종들은 더 추운 달에 이주를 하기도 하지만, 다른 동물들은 일 년 내내 그곳에 머무릅니다. 북극곰은 그러한 종 중 하나로, 일 년 내내 북극에 머물러 있습니다. 자, 이제 이러한 생존 기술들을 좀 더 자세히 살펴보겠습니다.

Q **주제 문제**

해설   "Now, I want to look at ~" 이하에서 강의의 주제가 북극곰이 추위를 극복하기 위해 사용하는 다양한 방법에 관한 것임을 알 수 있습니다. 따라서 Ⓐ가 정답입니다.

## 06

🎧 뉴질랜드

- 강의 주제   features of bioclimatic build.
  - climate & env. → temp. inside comfortable
  - X elec. or mech. device

⁰⁶Today, I want to focus on the features of bioclimatic buildings. These are structures that utilize climatic and environmental factors to ensure the temperature inside remains comfortable. Unlike traditional buildings, these do not rely on electrical or mechanical devices like heaters or air conditioners to heat and cool their interiors.

bioclimatic[bàiouklaimǽtik] 생물 기후학적인
utilize[jú:təlaiz] 활용하다   factor[fǽktər] 요소
temperature[témpərətʃər] 기온   interior[intíəriər] 내부

해석   오늘은, 생물 기후학적인 건물의 특징에 초점을 맞추고 싶습니다. 이것들은 내부 기온을 쾌적하게 유지하기 위해서 기후와 환경적인 요소들을 활용하는 건축물입니다. 전통적인 건물과는 달리, 이것들은 내부를 따뜻하게 하거나 시원하게 하기 위해 난방기나 에어컨 같은 전기 또는 기계 장치에 의존하지 않습니다.

Q **목적 문제**

해설   "Today, I want to focus on ~" 이하에서 강의의 목적이 생물 기후학적인 건물의 특징을 설명하기 위한 것임을 알 수 있습니다. 따라서 Ⓒ가 정답입니다.

## 07  🎧 호주

```
강의 주제   - how octop. use color chg. abil.
배경지식   camouflage - imp. def. mecha.
           B/ larger species in coral reefs
           → hard ∵ coral color changes
           octop. overcome with spc. skin
```

⁰⁷**We're going to focus on how the octopus uses its remarkable color-changing ability.** As you know, camouflage is an important defensive mechanism for many species. This is particularly true for creatures that inhabit the ocean. Being able to conceal oneself on the ocean bottom or in the water provides a significant advantage. However, for larger species that inhabit coral reefs, this poses a bit of a problem. Because the colors of coral reefs change dramatically from section to section, it's hard for large species to hide themselves. The octopus overcomes this obstacle by utilizing specialized skin cells that enable it to change its colors, much like the ancient Greek god Proteus, who was capable of changing his form when he needed to.

**camouflage**[kǽməflɑ̀ːʒ] 위장　**defensive**[difénsiv] 방어의
**conceal**[kənsíːl] 숨기다　**dramatically**[drəmǽtikəli] 극적으로
**overcome**[òuvərkʌ́m] 극복하다　**obstacle**[ɑ́ːbstəkəl] 장애

해석　우리는 문어가 어떻게 색을 바꾸는 놀라운 능력을 이용하는지에 초점을 맞출 것입니다. 여러분도 알다시피, 위장은 많은 종에게 중요한 방어법입니다. 특히 해양에 서식하는 생물체들일 경우 더 그렇습니다. 바다 밑바닥이나 물속에서 스스로를 숨길 수 있는 것은 상당한 이점을 제공합니다. 그렇지만, 산호초에 서식하는 큰 동물들에게는 이것이 좀 문제가 되죠. 산호초의 색깔이 부분마다 극적으로 변화하기 때문에, 큰 종들은 스스로를 숨기기가 어렵습니다. 문어는 이러한 장애를 색을 변화시킬 수 있는 특수화된 피부 세포를 이용함으로써 극복하죠, 마치 필요할 때 자신의 형태를 바꿀 수 있었던, 고대 그리스 신인 프로테우스처럼요.

**Q 주제 문제**

해석　강의의 주요 주제는 무엇인가?
　　　Ⓐ 고대 그리스의 신
　　✓Ⓑ 문어의 위장
　　　Ⓒ 산호초의 종

해설　"We're going to focus ~" 이하에서 강의의 주제가 문어가 위장 능력을 어떻게 이용하는지에 관한 것임을 알 수 있습니다. 따라서 Ⓑ가 정답입니다.

## 08  🎧 뉴질랜드

```
강의 주제   Vik GRLND sett ↔ clim changes
           985 CE: warm → Norse settle
           13c: cool → ↓ grow, trade disrupted
           Overgrazing + soil damage
           Norse: stubborn Euro farming
           → colony failed 15c
```

⁰⁸**Today's lecture examines how Viking settlement in Greenland was affected by medieval climate changes.** During a warmer period, milder summers and less sea ice allowed Viking colonists to sail west around 985 CE, raise cattle, and export walrus ivory to Europe. However, their economy was climatically fragile. From the 13th century, cooling trends and expanding ice shortened growing seasons and disrupted trade routes. Soil damage from too much grazing made food problems worse. Meanwhile, Inuit hunters adapted with flexible hunting methods. The Viking response was stubborn, keeping European-style farming, even as conditions got worse. Climate made existing problems bigger, turning a struggling colony into one that failed by the early 15th century.

**settlement**[sétlmənt] 정착　**cattle**[kǽtl] 소
**walrus**[wɔ́ːlrəs] 바다코끼리　**ivory**[áivəri] 상아
**fragile**[frǽdʒəl] 취약한　**stubborn**[stʌ́bərn] 완고한
**colony**[kɑ́ːləni] 식민지

해석　오늘 강의는 중세 기후 변화가 그린란드의 바이킹 정착에 어떤 영향을 미쳤는지 살펴봅니다. 온난한 시기 동안 온화해진 여름과 줄어든 해빙 덕분에 바이킹 식민지들은 985년경 서쪽으로 항해할 수 있었고, 소를 기르며 바다코끼리 상아를 유럽으로 수출했습니다. 그러나 그들의 경제는 기후에 매우 취약했죠. 13세기부터 한랭화 경향과 확장되는 얼음이 작물 재배 기간을 단축시키고 교역로를 차단했습니다. 과도한 방목으로 인한 토양 손상이 식량 문제를 더욱 악화시켰습니다. 한편 이누이트 사냥꾼들은 유연한 사냥 방법으로 환경에 적응했습니다. 바이킹들의 대응은 완고했는데, 상황이 악화되는 중에도 유럽식 농업을 고집했습니다. 기후는 기존 문제들을 증폭시켜 어려움을 겪던 식민지를 15세기 초까지 완전히 실패한 식민지로 만들어버렸습니다.

**Q 주제 문제**

해석　강의의 주요 주제는 무엇인가?
　　　Ⓐ 이누이트 사냥과 사회 변화
　　✓Ⓑ 바이킹의 그린란드 정착과 기후 변화
　　　Ⓒ 그린란드의 유럽 농업 기술

해설　"Today's lecture examines ~" 이하에서 강의의 초점이 그린란드 바이킹 정착과 중세 기후 변화의 상호작용임이 명확합니다. 따라서 Ⓑ가 정답입니다.

## Daily Test

01 Ⓓ   02 Ⓑ   03 Ⓑ   04 Ⓑ   05 Ⓐ   06 Ⓑ

## 01

Listen to a talk in a linguistic class.

[영국]

⁰¹Today I want to discuss language endangerment, a critical issue facing linguistic diversity worldwide. Currently, approximately 7,000 languages exist globally, yet linguists predict that nearly half will disappear within the next century. Language death occurs when native speakers abandon their ancestral tongue in favor of dominant languages like English or Spanish. This shift typically happens gradually across generations as children stop learning heritage languages at home. Economic pressures accelerate this process, as speakers perceive dominant languages as offering better opportunities. The loss of a language eliminates unique cultural knowledge and traditional wisdom accumulated over centuries. ⁰¹Linguists now work urgently to document endangered languages through recordings and digital archives. Some communities have successfully revitalized their languages through immersion schools. The Hawaiian language exemplifies this success, recovering from near extinction through dedicated educational initiatives.

endangerment[indéindʒərmənt] 소멸 위기
linguistic[liŋgwístik] 언어의
approximately[əprá:ksəmətli] 약   linguist[líŋgwist] 언어학자
disappear[dìsəpíər] 사라지다   abandon[əbǽndən] 포기하다
ancestral[ænséstrəl] 조상의   tongue[tʌŋ] 언어
dominant[dá:mənənt] 주요한   gradually[grǽdʒuəli] 점진적으로
heritage[héritidʒ] 전통   economic[èkəná:mik] 경제적인
accelerate[æksélərèit] 가속화하다   perceive[pərsíːv] 인식하다
eliminate[ilímənèit] 없애다   wisdom[wízdəm] 지혜
accumulate[əkjúːmjulèit] 축적하다
urgently[ə́ːrdʒəntli] 긴급히   document[dá:kjumènt] 문서화하다
endangered[indéindʒərd] 소멸 위기의
revitalize[rìváitəlàiz] 부활시키다   immersion[imə́ːrʒən] 몰입
exemplify[igzémpləfài] 예시하다   recover[rikʌ́vər] 회복하다
extinction[ikstíŋkʃən] 소멸   dedicated[dédikèitid] 헌신적인
educational[èdʒukéiʃənl] 교육의   initiative[iníʃiətiv] 계획

해석 언어학 강의를 들으시오.

오늘, 저는 전 세계 언어 다양성이 직면한 중요한 문제인 언어 소멸에 대해 논의하고자 합니다. 현재, 전 세계적으로 약 7,000개의 언어가 존재하지만, 언어학자들은 다음 세기 내에 거의 절반이 사라질 것으로 예측하고 있습니다. 언어 사멸은 원어민들이 영어나 스페인어 같은 주요 언어를 선호하면서 조상들의 언어를 포기할 때 발생합니다. 이러한 변화는 아이들이 집에서 전통 언어를 배우지 않게 되면서 일반적으로 세대를 거쳐 점진적으로 일어납니다. 경제적 압박이 이 과정을 가속화하는데, 화자들이 주요 언어가 더 나은 기회를 제공하는 것으로 인식하기 때문입니다. 언어의 상실은 수 세기에 걸쳐 축적된 독특한 문화적 지식과 전통적 지혜를 없앱니다. 언어학자들은 이제 녹음과 디지털 아카이브를 통해 소멸 위기 언어들을 문서화하기 위해 긴급히 작업하고 있습니다. 일부 공동체는 몰입 학교를 통해 성공적으로 언어를 부활시켰습니다. 하와이어가 이러한 성공의 사례로, 헌신적인 교육 계획을 통해 거의 소멸 직전에서 회복되었습니다.

Q 주제 문제

해석 강의의 주요 주제는 무엇인가?
Ⓐ 여러 언어를 효과적으로 학습하는 방법
Ⓑ 의사소통 패턴의 문화적 차이점
Ⓒ 주요 언어를 사용하는 경제적 이익
Ⓓ 소멸 위기 언어들의 쇠퇴와 보존

해설 강의 초반에 전 세계 언어 다양성이 직면한 중요한 문제인 언어 소멸에 대해 논의하겠다고 한 후, 이어서 언어 소멸이 발생하는 과정, 원인, 그리고 언어학자들의 기록 및 보존 노력에 대해 설명하고 있으므로, 강의의 주제가 소멸 위기 언어들의 쇠퇴와 보존에 관한 것임을 알 수 있습니다. 따라서 Ⓓ가 정답입니다.

어휘 method[méθəd] 방법   effectively[iféktivli] 효과적으로
decline[dikláin] 쇠퇴   preservation[prèzərvéiʃən] 보존

## 02

Listen to a talk in an architecture class.

[미국]

⁰²Roman builders transformed architecture by combining the arch with durable concrete. The arch allows loads to be carried along curved paths, enabling wider spans than simple post-and-beam systems. When arches are repeated side by side, they form arcades and water channels, distributing weight efficiently. Concrete, mixed with volcanic ash, lime, and mixed materials, hardened even under water, making large-scale construction practical. ⁰²Together, these innovations produced vast interiors such as baths and arenas, as well as the dome, which can be seen as an arch rotated around its center. The Pantheon's paneled dome, for instance, reduces weight as it rises, while the central opening provides light and relieves stress at the crown. Designers also graded materials from heavier at the base to lighter toward the top, improving stability. The result was not only structural ingenuity but also a new sense of space, open and continuous. Next, we will compare how later architects adapted these principles in Renaissance and modern buildings to achieve both strength and elegance.

transform[trænsfɔ́:rm] 변화시키다
architecture[á:rkitèktʃər] 건축   combine[kəmbáin] 결합하다

arch[ɑːrtʃ] 아치　durable[djúərəbl] 내구력 있는　load[loud] 하중
curved[kəːrvd] 곡선의　enable[inéibl] 가능하게 하다
arcade[ɑːrkéid] 회랑　channel[tʃǽnl] 수로
distribute[distríbjuːt] 분산시키다　efficiently[ifíʃəntli] 효율적으로
volcanic[vɑːlkǽnik] 화산의　ash[æʃ] 재　lime[laim] 석회
harden[háːrdn] 굳어지다　practical[prǽktikəl] 실용적인
innovation[ìnəvéiʃən] 혁신　vast[væst] 광활한
interior[intíəriər] 내부 공간　arena[əríːnə] 경기장
rotate[róuteit] 회전하다　stability[stəbíləti] 안정성
structural[strʌ́ktʃərəl] 구조적인　ingenuity[ìndʒənjúːəti] 독창성
continuous[kəntínjuəs] 연속적인　architect[ɑ́ːrkətèkt] 건축가
adapt[ədǽpt] 적용시키다　principle[prínsəpl] 원칙
achieve[ətʃíːv] 달성하다　elegance[éligəns] 우아함

해석　건축학 강의를 들으시오.

로마 건축가들은 아치를 내구력 있는 콘크리트와 결합하여 건축을 변화시켰습니다. 아치는 하중이 곡선 경로를 따라 전달되도록 하여, 단순한 기둥-보 시스템보다 더 넓은 경간을 가능하게 합니다. 아치들이 나란히 반복되면 회랑과 수로를 형성하여 무게를 효율적으로 분산시킵니다. 화산재, 석회, 혼합재료와 섞인 콘크리트는 물속에서도 굳어져 대규모 건설을 실용적으로 만들었습니다. 종합하여, 이러한 혁신들이 목욕탕과 경기장 같은 광활한 내부 공간을 만들어냈을 뿐만 아니라, 아치가 중심 주위에서 회전되는 것으로 볼 수 있는 돔을 만들어 냈습니다. 예를 들어, Pantheon의 패널 돔은 올라갈수록 무게를 줄여 주며, 한편 중앙 개구부는 빛을 제공하고 꼭대기에서의 부담을 줄입니다. 설계자들은 또한 기저부에서는 더 무거운 재료에서 상부로 갈수록 더 가벼운 재료로 선별하여 안정성을 향상시켰습니다. 그 결과는 구조적 독창성뿐만 아니라 개방적이고 연속적인 새로운 공간감이었습니다. 이어서, 후대 건축가들이 르네상스와 현대 건물에서 이러한 원칙들을 어떻게 적용시켜 내구성과 우아함 모두를 달성했는지 비교해 보겠습니다.

**Q 주제 문제**

해석　강의의 주요 주제는 무엇인가?
Ⓐ 로마 건축가들의 전기
Ⓑ 로마의 건축 혁신 ✓
Ⓒ 콘크리트를 혼합하는 방법
Ⓓ 현대의 건설 기술

해설　강의 초반에 로마 건축가들은 아치를 내구력 있는 콘크리트와 결합하여 건축을 변화시켰다고 했고, 강의 중간에 이러한 혁신들이 목욕탕과 경기장 같은 광활한 내부 공간을 만들어 냈다고 설명하고 있으므로, 강의의 주제가 로마의 건축 혁신에 관한 것임을 알 수 있습니다. 따라서 Ⓑ가 정답입니다.

어휘　biography[baiɑ́ːgrəfi] 전기
architectural[ɑ̀ːrkətéktʃərəl] 건축의
innovation[ìnəvéiʃən] 혁신　method[méθəd] 방법
construction[kənstrʌ́kʃən] 건설

## 03

🔊 뉴질랜드

Listen to a talk in an environmental science class.

03Marine food webs are complex networks of feeding relationships that sustain ocean ecosystems. Unlike the simple linear food chains often depicted in textbooks, 03real marine ecosystems feature intricate webs where organisms occupy multiple feeding levels and energy flows in various directions. At the base of most marine food webs are phytoplankton, microscopic plant-like organisms that convert sunlight and nutrients into organic matter through photosynthesis. These primary producers support zooplankton, tiny floating animals that feed on phytoplankton and form the foundation for higher trophic levels. Small fish, such as anchovies and sardines, consume zooplankton and are themselves eaten by larger predatory fish, seabirds, and marine mammals. However, the system isn't simply hierarchical. Many marine animals are opportunistic feeders that change their diet based on seasonal availability and life stage. For example, some species of whales feed primarily on krill during certain seasons but may consume small fish at other times. Additionally, the marine environment includes important decomposers like bacteria that break down dead organic matter, recycling nutrients back into the ecosystem. Climate change and human activities are increasingly disrupting these delicate relationships. Ocean warming and acidification affect phytoplankton productivity, while overfishing removes key species from multiple trophic levels. Understanding these interconnected relationships is crucial for marine conservation efforts and sustainable fisheries management.

marine[məríːn] 해양의　feeding[fíːdiŋ] 섭식
relationship[riléiʃənʃip] 관계　sustain[səstéin] 유지시키다
ecosystem[ìːkousístəm] 생태계　linear[líniər] 선형의
food chain 먹이사슬　depict[dipíkt] 묘사하다
feature[fíːtʃər] 특징으로 하다　intricate[íntrikət] 복잡한
organism[ɔ́ːrɡənìzm] 생물
phytoplankton[fàitəplǽŋktən] 식물성 플랑크톤
microscopic[màikrəskɑ́ːpik] 미세한
plant-like[plǽntlaik] 식물 유사의　convert[kənvə́ːrt] 변환하다
nutrient[njúːtriənt] 영양소　organic matter 유기물
photosynthesis[fòutəsínθəsis] 광합성
primary producer 일차 생산자　support[səpɔ́ːrt] 유지시키다
zooplankton[zòuəplǽŋktən] 동물성 플랑크톤
floating[flóutiŋ] 부유하는　foundation[faundéiʃən] 기초
trophic[trɑ́ːfik] 영양의　anchovy[ǽntʃouvi] 멸치
sardine[sɑːrdíːn] 정어리　consume[kənsúːm] 먹다
predatory[prédətɔ̀ːri] 육식성의　mammal[mǽməl] 포유류
hierarchical[hàiərɑ́ːrkikəl] 계층적인
opportunistic[ɑ̀ːpərtjuːnístik] 기회주의적인
feeder[fíːdər] 섭식자　seasonal[síːzənl] 계절적인
availability[əvèiləbíləti] 가용성　life stage 생애 단계
decomposer[dìːkəmpóuzər] 분해자　break down 분해하다
recycle[riːsáikl] 순환시키다　increasingly[inkríːsiŋli] 점점 더
disrupt[disrʌ́pt] 붕괴시키다　delicate[délikət] 섬세한

**acidification** [əsìdəfikéiʃən] 산성화
**productivity** [prɑ̀ːdʌktívəti] 생산성
**overfishing** [òuvərfíʃiŋ] 남획
**interconnected** [ìntərkənéktid] 상호 연결된
**conservation** [kὰːnsərvéiʃən] 보전
**sustainable** [səstéinəbl] 지속 가능한  **fishery** [fíʃəri] 수산업

해석  환경과학 강의를 들으시오.

해양 먹이망은 해양 생태계를 지탱하는 복잡한 섭식 관계 네트워크입니다. 교과서에서 흔히 묘사되는 단순한 선형 먹이사슬과 달리, 실제 해양 생태계는 생물들이 여러 섭식 단계에 위치하고 에너지가 다양한 방향으로 흐르는 복잡한 망을 특징으로 합니다. 대부분의 해양 먹이망의 기저에는, 광합성을 통해 햇빛과 영양소를 유기물로 변환하는 미세한 식물 유사 생물인 식물성 플랑크톤이 있습니다. 이러한 일차 생산자들은 식물성 플랑크톤을 먹고 더 높은 영양 단계의 기초를 형성하는 작은 부유 동물인 동물성 플랑크톤을 유지시킵니다. 멸치와 정어리 같은 작은 물고기들은 동물성 플랑크톤을 먹으며, 이들 자체는 더 큰 육식성 물고기, 바닷새, 해양 포유류에 의해 먹힙니다. 그러나 이 시스템은 단순히 계층적이지 않습니다. 많은 해양 동물들은 계절적 가용성과 생애 단계에 따라 식이를 바꾸는 기회주의적 섭식자들입니다. 예를 들어, 일부 고래 종들은 특정 계절에는 주로 크릴을 먹지만 다른 시기에는 작은 물고기를 먹을 수 있습니다. 추가로, 해양 환경에는 죽은 유기물을 분해하여 영양소를 생태계로 다시 순환시키는 박테리아 같은 중요한 분해자들이 포함됩니다. 기후 변화와 인간 활동이 이러한 섬세한 관계들을 점점 더 붕괴시키고 있습니다. 해양 온난화와 산성화는 식물성 플랑크톤 생산성에 영향을 미치고, 한편 남획은 여러 영양 단계에서 핵심종들을 제거합니다. 이러한 상호 연결된 관계들을 이해하는 것은 해양 보전 노력과 지속 가능한 수산업 관리에 매우 중요합니다.

**Q 주제 문제**

해석  강의의 주요 주제는 무엇인가?
ⓐ 기후 변화가 해양 생태계에 미치는 영향
ⓑ 해양 환경에서의 섭식 관계
ⓒ 해양 생산성에서 식물성 플랑크톤의 중요성
ⓓ 인간 활동이 해양 생물에 미치는 영향

해설  강의 초반에 해양 먹이망은 해양 생태계를 유지시키는 복잡한 섭식 관계 네트워크라고 했고, 이어서 실제 해양 생태계는 생물들이 여러 섭식 단계에 위치하고 에너지가 다양한 방향으로 흐르는 복잡한 망을 특징으로 한다고 설명하고 있으므로, 강의의 주제가 해양 환경에서의 섭식 관계에 관한 것임을 알 수 있습니다. 따라서 ⓑ가 정답입니다.

## 04

영국

Listen to a talk in a business class.

⁰⁴Today, we're talking about digital transformation, focusing on how modern companies are changing the way they work by using new technology. But it's not just about installing new software. It's about rethinking how the whole business runs: from internal processes and company culture to how it connects with customers. To get it right, there are three key things companies need. First is strong leadership. Leaders need to fully support the transformation to ensure that all teams receive enough resources and clear guidance. Without that, digital changes often fail due to pushback. Second, employees need training. As their jobs shift, people have to learn new tools and get used to working with automation. Third, companies must keep customers in mind. Technology should make things easier for customers—not more confusing. Of course, the process isn't easy. Old systems can be hard to integrate, and digital growth brings more security risks. Plus, automating tasks can affect jobs. That's why the best digital transformations happen gradually—testing new ideas step by step to avoid disruption and keep improving along the way.

**transformation** [træ̀nsfərméiʃən] 전환  **install** [instɔ́ːl] 설치하다
**rethink** [riːθíŋk] 다시 생각하다  **internal** [intə́ːrnl] 내부의
**resource** [riːsɔ́ːrs] 자원  **guidance** [gáidns] 지침
**pushback** [púʃbæk] 저항  **employee** [implɔ́ii] 직원
**training** [tréiniŋ] 교육  **automation** [ɔ̀ːtəméiʃən] 자동화
**integrate** [íntəgrèit] 통합하다  **security** [sikjúərəti] 보안
**risk** [risk] 위험  **gradually** [grǽdʒuəli] 점진적으로
**disruption** [disrʌ́pʃən] 혼란

해석  경영학 강의를 들으시오.

오늘은 현대 기업들이 새로운 기술을 활용해 일하는 방식을 어떻게 바꾸고 있는지에 초점을 맞추면서, 디지털 전환에 대해 이야기하겠습니다. 하지만 이는 단순히 새로운 소프트웨어를 설치하는 것을 말하는 것이 아닙니다. 내부 프로세스와 기업 문화에서부터 회사가 고객과 연결되는 방식까지, 비즈니스 전체의 운영 방식을 다시 생각하는 것에 대한 일입니다. 이를 제대로 해내려면 기업에는 세 가지 핵심 요소가 필요합니다. 첫째는 강한 리더십입니다. 모든 팀이 충분한 자원과 명확한 지침을 받을 수 있도록, 경영진이 전환을 전폭적으로 지원해야 합니다. 이러한 지원이 없으면 내부 저항 때문에 디지털 변화가 종종 실패합니다. 둘째, 직원들은 교육을 필요로 합니다. 업무가 달라지면서 사람들은 새로운 도구를 익히고 자동화와 함께 일하는 데 익숙해져야 합니다. 셋째, 기업은 항상 고객을 염두에 두어야 합니다. 기술은 고객들을 위해 더 쉽게 만들어야지, 더 혼란스럽게 만들어서는 안 됩니다. 물론 이 과정은 쉽지 않습니다. 기존 시스템은 통합하기가 어려울 수 있고, 디지털 성장은 더 많은 보안 위험을 동반합니다. 게다가 업무 자동화는 일자리에 영향을 줄 수 있습니다. 그래서 최고의 디지털 전환은 점진적으로 이루어지는데, 혼란을 피하고 진행 과정에서 계속 개선할 수 있도록 새로운 아이디어를 한 단계씩 시험합니다.

**Q 주제 문제**

해석  강의의 주요 주제는 무엇인가?
ⓐ 새로운 소프트웨어 시스템을 구현하는 데 따르는 어려움
ⓑ 현대 기업들이 새로운 기술을 도입하기 위해 어떻게 변화하는지
ⓒ 직원 교육의 중요성
ⓓ 자동화를 통한 고객 서비스의 개선

해설 강의 초반에 현대 기업이 새로운 기술을 활용해 일하는 방식을 바꾸고 있는지에 초점을 맞춘다고 했으므로, 강의의 주제가 현대 기업들이 새로운 기술을 도입하기 위해 어떻게 변화하는지에 관한 것임을 알 수 있다. 따라서 ⓑ가 정답입니다.

어휘 challenge[tʃǽlindʒ] 어려움
implement[ímpləmənt] 구현하다
importance[impɔ́ːrtəns] 중요성
improvement[imprúːvmənt] 개선

## 05

Listen to a talk in a biology class. 〔호주〕

05Let's examine coral bleaching, a phenomenon that's becoming increasingly common and threatens marine ecosystems worldwide. Coral bleaching occurs when corals expel the colorful algae called zooxanthellae that live in their tissues. These algae have a symbiotic relationship with corals, meaning the algae make food for the coral through photosynthesis, and the coral gives the algae shelter and what they need to photosynthesize. When corals are stressed, particularly by rising water temperatures, they force out these algae, leaving behind the white calcium carbonate skeleton that gives bleaching its name. The primary cause of coral bleaching today is ocean warming due to climate change. Even a temperature increase of just 1-2 degrees Celsius above normal summer temperatures can trigger bleaching events. While corals can recover from mild bleaching if conditions improve quickly, severe or prolonged bleaching often leads to coral death. This has devastating consequences for marine biodiversity, as coral reefs support approximately 25% of all marine species despite covering less than 1% of the ocean floor. The economic impact is also significant. Coral reefs provide coastal protection, support fishing industries, and attract tourists, contributing billions of dollars to global economies.

examine[igzǽmin] 살펴보다  coral[kɔ́ːrəl] 산호
bleaching[blíːtʃiŋ] 백화, 표백  phenomenon[fináːmənàːn] 현상
ecosystem[ìːkousístəm] 생태계  occur[əkɔ́ːr] 발생하다
expel[ikspél] 배출하다  algae[ǽldʒiː] 조류
zooxanthellae[zòuəzænθélə] 황록공생조류  tissue[tíʃuː] 조직
symbiotic[sìmbiáːtik] 공생의
photosynthesis[fòutəsínθəsis] 광합성  shelter[ʃéltər] 피난처
photosynthesize[fòutousínθəsàiz] 광합성하다
force out 배출하다  calcium carbonate 탄산칼슘
skeleton[skélətn] 골격  primary[práiməri] 주요한
trigger[trígər] 유발하다  recover[rikʌ́vər] 회복하다
prolonged[prəlɔ́ːŋd] 장기간의
devastating[dévəstèitiŋ] 파멸적인
consequence[káːnsəkwèns] 결과

biodiversity[bàioudaivə́rsəti] 생물 다양성  reef[riːf] 암초
approximately[əpráːksəmətli] 약  species[spíːʃiːz] 생물종
cover[kʌ́vər] 차지하다  ocean floor 해저
economic[èkənáːmik] 경제적인  coastal[kóustəl] 연안의

해석 생물학 강의를 들으시오.
전 세계 해양 생태계를 위협하고 점점 더 흔해지고 있는 현상인 산호 백화 현상을 살펴보겠습니다. 산호 백화는 산호가 조직에 살고 있는 황록공생조류라고 불리는 색깔 있는 조류를 배출할 때 발생합니다. 이 조류들은 산호와 공생 관계를 갖는데, 이는 조류가 광합성을 통해 산호를 위한 음식을 만들고, 산호는 조류에게 피난처와 광합성에 필요한 것들을 제공한다는 의미입니다. 산호가 특히 수온 상승으로 스트레스를 받으면 이러한 조류를 배출하고, 백화라는 이름이 붙은 흰색 탄산칼슘 골격만 남게 됩니다. 오늘날 산호 백화의 주요 원인은 기후 변화로 인한 해양 온난화입니다. 정상적인 여름 온도보다 섭씨 1-2도만 증가해도 백화 현상을 유발할 수 있습니다. 산호는 환경이 빨리 개선되면 경미한 백화에서 회복할 수 있지만, 심각하거나 장기간의 백화는 종종 산호의 죽음으로 이어집니다. 이는 해양 생물 다양성에 파멸적인 결과를 가져오는데, 산호초는 해저 면적의 1퍼센트 미만을 차지함에도 불구하고 전체 해양 생물종의 약 25퍼센트를 유지시키기 때문입니다. 경제적 영향 또한 상당합니다. 산호초는 연안 보호, 어업 지원, 관광객 유치를 도와 세계 경제에 수십억 달러를 기여합니다.

Q 주제 문제

해석 강의의 주요 주제는 무엇인가?
 ⓐ 산호초 생태계를 위협하는 현상
 ⓑ 해양 생태계에서의 공생 관계
 ⓒ 산호초의 경제적 가치
 ⓓ 열대 해양의 생물 다양성

해설 강의 초반에 전 세계 해양 생태계를 위협하고 점점 더 흔해지고 있는 현상인 산호 백화 현상을 살펴보겠다고 했으므로, 강의의 주제가 산호초 생태계를 위협하는 현상에 관한 것임을 알 수 있습니다. 따라서 ⓐ가 정답입니다.

어휘 threaten[θrétn] 위협하다  value[vǽljuː] 가치

## 06

Listen to a talk in an art history class. 〔미국〕

06Pop Art emerged in the 1950s and 1960s as an art movement that celebrated and critiqued popular culture and mass media. Artists like Andy Warhol, Roy Lichtenstein, and Claes Oldenburg drew inspiration from advertising, comic books, consumer products, and celebrity culture. Rather than rejecting commercial imagery, Pop artists embraced it, transforming everyday objects and media images into high art. Warhol's famous Campbell's Soup cans and Marilyn Monroe portraits exemplified this approach, using repetition and commercial printing techniques to comment on mass production and celebrity worship. Lichtenstein recreated comic book panels using Ben-Day dots, the printing technique used in newspapers and comics, blurring the boundaries between fine art and popular media. Pop Art challenged the elitist notion that art should deal only with serious, elevated subjects. [06]By incorporating imagery from consumer culture, these artists forced viewers to reconsider the relationship between art and society. The movement also reflected the growing influence of television, advertising, and consumer capitalism in American life. Pop artists used bright colors, bold graphics, and familiar imagery to make art more accessible to general audiences. While some critics viewed Pop Art as superficial, supporters argued that it provided important social commentary about modern life and the power of mass media in shaping cultural values.

emerge[imə́:rdʒ] 등장하다　popular culture 대중문화
mass media 대중 매체　draw inspiration 영감을 얻다
consumer product 소비재　reject[ridʒékt] 거부하다
commercial[kəmə́:rʃəl] 상업적인　embrace[imbréis] 수용하다
transform[trænsfɔ́:rm] 바꾸다　portrait[pɔ́:rtrit] 초상화
exemplify[igzémpləfài] 전형이 되다　repetition[rèpətíʃən] 반복
worship[wə́:rʃip] 숭배　recreate[rì:kriéit] 재현해 내다
blur[blə:r] 흐리다　boundary[báundəri] 경계
fine art 순수 미술　notion[nóuʃən] 개념
elevated[éləvèitid] 고상한　incorporate[inkɔ́:rpərèit] 통합하다
reconsider[rì:kənsídər] 재고하다
capitalism[kǽpətəlìzm] 자본주의　bold[bould] 대담한
accessible[æksésəbl] 다가가기 쉬운　audience[ɔ́:diəns] 관중
critic[krítik] 비평가　superficial[sù:pərfíʃəl] 피상적인
argue[á:rgju:] 주장하다

해석　미술사 강의를 들으시오.

팝 아트는 1950년대와 1960년대에 대중문화와 대중 매체를 찬양하고 비판하는 미술 운동으로 등장했습니다. 앤디 워홀, 로이 리히텐슈타인, 클레스 올덴버그 같은 미술가들은 광고, 만화책, 소비재, 유명인 문화에서 영감을 얻었습니다. 상업적 이미지를 거부하기보다는, 팝 아트 미술가들은 그것을 수용하였고, 일상적인 물건들과 미디어 이미지들을 고급 미술로 바꾸었습니다. 워홀의 유명한 캠벨 수프 캔과 매릴린 먼로 초상화는 이러한 접근 방식의 전형이 되었으며, 대량 생산과 유명인 숭배에 대해 논평하기 위해 반복과 상업적 인쇄 기법을 사용했습니다. 리히텐슈타인은 신문과 만화에서 사용되는 인쇄 기법인 Ben-Day 점들을 사용하여 만화책 패널들을 재현해 내어, 순수 미술과 대중 매체 사이의 경계를 흐렸습니다. 팝 아트는 미술이 오직 진지하고 고상한 주제들만을 다루어야 한다는 엘리트주의적 개념에 도전했습니다. 소비자 문화의 이미지를 통합함으로써, 이러한 미술가들은 관람자들로 하여금 미술과 사회 사이의 관계를 재고하게 했습니다. 이 운동은 또한 미국 생활에서 텔레비전, 광고, 소비자 자본주의의 점점 늘어나는 영향을 반영했습니다. 팝 아트 미술가들은 밝은 색상, 대담한 그래픽, 친숙한 이미지를 사용하여 미술이 일반 관람들에게 더 다가가기 쉽게 만들었습니다. 일부 비평가들은 팝 아트를 피상적인 것으로 여겼지만, 지지자들은 그것이 현대 생활과 문화적 가치 형성에 있어서 대중 매체가 갖는 힘에 대한 중요한 사회적 논평을 제공했다고 주장했습니다.

Q 주제 문제

해석　강의는 주로 무엇에 관한 것인가?
Ⓐ 상업 인쇄와 광고에서 사용되는 기법들
Ⓑ 대중문화 이미지를 통합했던 미술 운동
Ⓒ 텔레비전과 미국 사회의 관계
Ⓓ 앤디 워홀의 경력과 작품들

해설　강의 초반에 팝 아트는 대중문화와 대중 매체를 찬양하고 비판하는 미술 운동이라고 했고, 강의 중간에 팝아트 미술가들이 소비자 문화의 이미지를 통합했다고 했으므로, 강의가 대중문화 이미지를 통합했던 미술 운동에 관한 것임을 알 수 있습니다. 따라서 Ⓑ가 정답입니다.

어휘　career[kəríər] 경력

## Day 18  세부 내용을 파악하는 문제

### Daily Check-up ········· p.206

01 Ⓑ　02 Ⓐ　03 Ⓒ　04 Ⓐ　05 Ⓒ　06 Ⓒ
07 Ⓑ　08 Ⓑ

### 01
영국

Now, there was another reason Modigliani was less popular than other painters of his time. Modigliani did portraits almost exclusively. So what was wrong with portraits? [01]Well, it was a genre ① that wasn't exactly in favor in the early 1900s. ② [01]Art traders considered the portrait unfashionable.

exclusively[iksklú:sivli] 오로지　art trader 미술상
unfashionable[ʌnfǽʃənəbl] 한물간, 유행에 뒤떨어진

해석　자, 모딜리아니가 동시대의 다른 화가들보다 인기가 없었던 또 다른 이유가 있습니다. 모딜리아니는 거의 오로지 초상화만 그렸습니다. 그렇다면 초상화의 무엇이 문제였을까요? 음, 그것은 엄밀하게 1900년대 초기에 인기 있던 장르는 아니었어요. 미술상들은 초상화가 한물갔다고 여겼죠.

Q 사실 정보 파악 문제

해설　교수는 "So what was wrong with portraits?"라고 질문을 던진 후, 그것이 모딜리아니가 당시 인기가 없었던 장르인 초상화를 그렸기 때문이라고 말합니다. 따라서 Ⓑ가 정답입니다.

## 02
뉴질랜드

Today, I'd like to talk about ① how Greek and Roman plays are different. The Romans and Greeks were talented, and they knew how to make the people laugh or cry. 02But ② the Romans just copied everything the Greeks did. People today think of the Romans as courageous people who were very loyal and just. However, on stage, ③ they were not creative and they had no imagination. Of course, this does not mean that the Romans never did anything creative in theater.

talented [tǽləntid] 재능이 있는
courageous [kəréidʒəs] 용기 있는  loyal [lɔ́iəl] 충성스러운
creative [kriéitiv] 창조적인  imagination [imædʒənéiʃən] 상상력

해석 오늘은, 그리스와 로마 연극이 어떻게 다른지 이야기할게요. 로마인들과 그리스인들은 재능이 있었고, 사람들을 울리고 웃게 만드는 방법을 알고 있었습니다. 그러나 로마인들은 단지 그리스인들이 했던 모든 것을 모방했을 뿐입니다. 오늘날 사람들은 로마인들이 매우 충성스럽고 정의로운 용기 있는 사람들이었다고 생각합니다. 그렇지만, 무대에서, 그들은 창조적이지 못하며 상상력이 없었죠. 물론, 이는 로마인들이 극장에서 그 어떤 창조적인 것도 하지 않았다는 것을 의미하지는 않습니다.

**Q 사실 정보 파악 문제**

해석 교수는 로마 연극에 관해 "the Romans just copied everything the Greeks did"에서 로마인들이 그리스인들을 모방했다고 했습니다. 따라서 ④가 정답입니다.

## 03
미국

Now when the blowpipe was invented around 30 BC, probably along the Eastern Mediterranean coast, it revolutionized glass production. It made ① glassmaking faster, cheaper, and easier. So, for the first time, ② 03glass became available to the common people, which, in fact, caused resentment in the rich, who avoided using glass cups because these cups were ③ now available to everyone. Glass was ④ no longer a rarity.

blowpipe [blóupàip] 취관  invent [invént] 발명하다
revolutionize [rèvəlúːʃənàiz] 혁명을 일으키다
glassmaking [glǽsmèikiŋ] 유리 제출  common people 서민
resentment [rizéntmənt] 분노  rarity [rɛ́ərəti] 진귀한 것

해석 취관이 기원전 30년경, 아마도 동쪽 지중해 해안에서 발명되었을 때, 그것은 유리 제조에 혁명을 일으켰습니다. 그것은 유리 제조술을 더 빠르고, 더 저렴하고, 더 쉽게 만들었죠. 그래서, 처음으로, 서민들도 유리를 사용할 수 있게 되었고, 이는 사실, 부자들의 분노를 불러일으켰습니다. 부자들은 이제 모든 사람이 유리컵을 사용할 수 있게 되자 그것의 사용을 꺼렸죠. 유리는 더는 진귀한 것이 아니게 된 것이죠.

**Q 사실 정보 파악 문제**

해석 교수에 따르면, 부자들은 왜 유리컵 사용을 중단하였는가?
Ⓐ 유리컵은 매우 깨지기 쉬웠다.
Ⓑ 질이 점점 나빠졌다.
Ⓒ 평범한 사람들이 그것들을 사용하기 시작했다.

해설 "glass became available ~" 이하에서 교수는 부자들이 유리컵 사용을 꺼리게 된 이유가 서민들도 유리컵을 사용할 수 있게 되었기 때문이라고 했습니다. 따라서 Ⓒ가 정답입니다.

어휘 brittle [brítl] 깨지기 쉬운  ordinary [ɔ́ːrdənèri] 평범한

## 04
영국

Beyond home and work, sociologist Ray Oldenburg described "third places"—① informal public settings where people gather regularly. Think cafes, barbershops, neighborhood libraries, or community gardens. 04These spaces are easy to enter, low-cost, and socially level: ② titles and job status recede, conversation flows, and regulars set a welcoming tone. Because encounters are unplanned, ③ people meet neighbors across age and background lines, building trust and local knowledge.

sociologist [sòusiɑ́ːlədʒist] 사회학자
describe [diskráib] 설명하다  gather [gǽðər] 모이다
barbershop [báːrbərʃɑ̀ːp] 이발소  level [lévəl] 동등한, 평등한
recede [risíːd] 사라지다  regular [régjulər] 단골손님
tone [toun] 분위기  encounter [inkáuntər] 만남
knowledge [nɑ́ːlidʒ] 지식

해석 사회학자 Ray Oldenburg는 집과 직장을 넘어서 "제3의 장소"라고 불리는 공간을 사람들이 정기적으로 모이는 비공식적인 공공 환경이라고 설명했습니다. 카페, 이발소, 동네 도서관, 또는 공동체 정원과 같은 곳들을 생각해 보세요. 이런 공간들은 들어가기 쉽고, 비용이 적게 들며, 사회적으로 동등합니다. 직함과 직업적 지위가 사라지고, 대화가 자연스럽게 흐르며, 단골손님들이 환영하는 분위기를 만들어냅니다. 만남이 계획되지 않기 때문에, 사람들은 나이와 배경을 초월하여 이웃들을 만나게 되어, 신뢰와 지역 지식을 쌓게 됩니다.

**Q 언급 내용 문제**

해석 화자가 제3의 장소의 특징으로 언급한 것은 무엇인가?
Ⓐ 들어가기 쉽고 지위에 초점을 두지 않는다.
Ⓑ 그들은 회원비와 엄격한 복장 규정을 요구한다.
Ⓒ 그들은 도시 중심부에만 존재한다.

해설 화자는 "These spaces are easy to enter, low-cost, and socially level"에서 제3의 장소가 들어가기 쉽고, 비용이 적게 들며, 사회적으로 평등하고, 직함과 직업적 지위가 사라진다고 했습니다. 따라서 Ⓐ가 정답입니다.

어휘 status-focused [stéitəsfòukəst] 지위에 초점을 둔
membership fee 회원비  dress code 복장 규정
exist [igzíst] 존재하다

## 05

- most com. - wire & chips → slow, lag, crash
- parallel computing
- optical computing - beam of light, fast

Most computers today use wires and chips. ⁰¹These components make computers operate very slowly. If you try to do two things at the same time on this type of computer, it will cause it to lag and sometimes even crash. This type of computing is called parallel computing. A recent technology known as optical computing uses a beam of light. Because light moves very fast, the computer does things very quickly.

component[kəmpóunənt] 부품  operate[άːpərèit] 작동하다
lag[læg] 느려지다  crash[kræʃ] 멈추다
computing[kəmpjúːtiŋ] 연산  parallel computing 병렬 연산
optical computing 광학 연산  beam[biːm] 광선

해석 오늘날 대부분의 컴퓨터는 전선과 반도체 칩을 사용합니다. 이 부품들은 컴퓨터를 매우 느리게 작동하도록 만들죠. 만약 여러분이 이러한 종류의 컴퓨터에서 두 가지 일을 동시에 시도한다면, 그건 컴퓨터를 느려지게 하거나 때로는 아예 멈추게도 할 겁니다. 이러한 종류의 연산을 병렬 연산이라고 부르죠. 광학 연산이라고 알려진 최근의 기술은 빛의 광선을 이용합니다. 빛이 매우 빠르게 움직이기 때문에, 컴퓨터는 일을 매우 빠르게 처리하죠.

Q 사실 정보 파악 문제

해석 교수는 "These components make computers operate very slowly."에서 이 부품들이 컴퓨터를 매우 느리게 작동하도록 만든다고 했습니다. 따라서 ⓒ가 정답입니다.

## 06

- colonial America - gold & silver coin
  British stopped G & S to US
  ∴ commodities - inconv. → paper $
  too much → worthless

The dollar, also known as the greenback, has a long and tumultuous history. In colonial America, early settlers used gold and silver coins. The British government stopped the importation of gold and silver to America, because they feared America would become an independent country. This made it difficult for the colonists to use gold and silver coins as currency. ⁰⁶People in America began using commodities such as beef, rice, peas, and pork as money. But it was very inconvenient to pay with goods, so banks in America began making paper money. But the banks circulated too much paper money. This caused paper money to become virtually worthless.

tumultuous[tjuːmʌ́ltʃuəs] 격동의  colonial[kəlóuniəl] 식민지의
settler[sétlər] 정착민  importation[ìmpɔːrtéiʃən] 수입
fear[fiər] 두려워하다  independent[ìndipéndənt] 독립한
colonist[kάːlənist] 식민지 개척자  currency[kə́ːrənsi] 통화
commodity[kəmάːdəti] 상품
inconvenient[ìnkənvíːnjənt] 불편한
circulate[sə́ːrkjəlèit] 유통하다  virtually[və́ːrtʃuəli] 실질적으로
worthless[wə́ːrθlis] 무가치한

해석 그린백이라고도 알려진 달러는, 오랜 격동의 역사를 가지고 있습니다. 식민지 미국에서, 초기 정착민들은 금화와 은화를 사용했어요. 영국 정부는 미국이 독립국이 되는 것을 두려워했기 때문에, 미국으로의 금과 은 수입을 중지시켰죠. 이는 식민지 개척자들이 금화와 은화를 통화로 사용하는 것을 어렵게 만들었습니다. 미국인들은 소고기, 쌀, 콩, 그리고 돼지고기 같은 상품들을 돈으로 사용하기 시작했습니다. 하지만 물건으로 값을 치르는 것은 매우 불편해서, 미국 은행들은 지폐를 만들기 시작했죠. 그런데 은행들은 너무 많은 지폐를 유통했습니다. 이는 실질적으로 지폐를 무가치하게 만들었고요.

Q 사실 정보 파악 문제

해석 교수는 "People in America began using commodities such as beef, rice, peas, and pork as money."에서 미국인들이 소고기, 쌀, 콩, 돼지고기 같은 다양한 종류의 음식을 돈처럼 썼다고 했습니다. 따라서 ⓒ가 정답입니다.

## 07

earth-fill dam
  - river valley, cost-effect.
  - lower cost/gal.
  - both behind dam & excav. portion
  - larger surface → ↑ evap. & poor qual.
dugout
  - fortification
  - only excav.

As a rule, earth-fill dams are built on river valleys. An earth-fill dam can provide a cost-effective method of storing larger volumes of water for livestock or irrigation. For such purposes, sometimes a dugout is used. This is simply a fortification of earth which is located underground. However, compared to a dugout, the construction costs for an earth-fill dam can be much lower for every gallon of water stored. ⁰⁷The reason it is more cost-efficient is that an earth-fill dam can store water both behind the dam as well as in the excavated portion of the reservoir where the earth-fill was obtained for its construction. With dugouts, all the water is stored in the excavation itself. On the other hand, the drawback of dams has to do with the much larger surface area, which results in higher evaporation losses than dugouts and poorer water quality.

---

earth-fill dam 흙댐
cost-effective [kɔ̀:stiféktiv] 비용 효율이 높은
method [méθəd] 방법  livestock [láivstɑːk] 가축
irrigation [ìrəɡéiʃən] 관개  dugout [dʌ́ɡaut] 방공호
fortification [fɔ̀:rtəfikéiʃən] 방어 시설  earth [əːrθ] 흙
underground [ʌ́ndərɡràund] 지하의
reservoir [rézərvwɑːr] 저수지  obtain [əbtéin] 얻다
excavation [èkskəvéiʃən] 구덩이  drawback [drɔ́:bæ̀k] 단점
evaporation [ivæ̀pəréiʃən] 증발

---

해석 대개, 흙댐은 강 계곡에 지어집니다. 흙댐은 가축이나 관개를 위해 많은 양의 물을 저장하는 데 비용 효율이 높은 방법을 제공할 수 있어요. 이러한 목적으로, 때때로 방공호가 사용되기도 합니다. 이것은 단순히 지하에 위치한 방어 시설이죠. 그렇지만, 방공호와 비교해서, 저장되는 물의 갤런당 흙댐의 건설 비용은 훨씬 더 낮을 수 있습니다. 비용 효율이 더 높은 이유는 흙댐의 건설을 위해 구덩이 파여 흙이 얻어지는 저수지 부분뿐만 아니라 댐의 후방에도 물을 저장할 수 있기 때문입니다. 방공호에서는, 모든 물이 구덩이 자체에만 저장돼요. 반면에, 댐의 단점은 훨씬 더 큰 표면적에 있는데, 그것은 방공호보다 더 높은 증발 손실과 더 낮은 수질을 초래합니다.

Q 사실 정보 파악 문제

해석 흙댐은 방공호보다 어떻게 더 비용 효율이 높은가?
ⓐ 흙댐이 방공호보다 더 오래 유지된다.
ⓑ 흙댐은 더 많은 물을 저장할 수 있다.
ⓒ 흙댐은 더 적은 건설을 필요로 한다.

해설 교수는 "The reason it is more cost-efficient ~" 이하에서 흙댐이 더 많은 물을 저장할 수 있으므로 비용 효율이 더 높다고 말합니다. 따라서 ⓑ가 정답입니다.

## 08
뉴질랜드

- SOFAR ch: sound bends to ctr via temp/press min
- Why: mid-depth tunnel → low loss travel
- Use: long-range comm; separate near/far signals
- Next: seasonal depth shifts; instrument adjust

In the ocean, sound can travel long distances by following a layer where it bends back toward the center, known as the SOFAR channel. This channel forms because sound speed varies with temperature and pressure, creating a minimum at mid-depths that guides waves like a natural tunnel. Signals sent into the channel spread with low loss, which has implications for undersea communication and monitoring. Marine mammals may exploit similar principles when calling across vast ranges, and researchers have used the channel to track distant sources or estimate ocean properties. Because sound speed changes gradually with depth, sound rays bend. As a result, choosing the right timing and frequency improves clarity and helps separate nearby noise from distant arrivals. [08]Next, we will discuss how ocean conditions shift the channel's depth and how instruments adjust for seasonal changes.

---

distance [dístəns] 거리  layer [léiər] 층  bend [bend] 굽어지다
vary [véəri] 달라지다  implication [ìmplikéiʃən] 의미
marine mammal 해양 포유류  exploit [iksplɔ́it] 활용하다
principle [prínsəpl] 원리  vast [væst] 광범위한
range [réindʒ] 범위, 거리  distant [dístənt] 먼 거리의
estimate [éstəmèit] 추정하다  property [prɑ́:pərti] 성질
depth [depθ] 수심  ray [rei] 음파
frequency [frí:kwənsi] 주파수  instrument [ínstrəmənt] 장비
adjust [ədʒʌ́st] 조정하다  seasonal [síːzənl] 계절적인

---

해석 바다에서는 소리가 중심부를 향해 다시 굽어지는 층을 따라 멀리까지 전파될 수 있는데, 이를 SOFAR 채널이라고 합니다. 이 채널은 소리 속도가 온도와 압력에 따라 달라지기 때문에 형성되며, 중간 수심에서 속도가 최소가 되는 구간이 생겨 파동을 자연스러운 터널처럼 안내합니다. 이 채널로 보낸 신호는 손실이 적게 퍼지기 때문에 해저 통신과 모니터링에 중요한 의미를 갖습니다. 해양 포유류도 광범위한 범위에서 의사소통할 때 이와 유사한 원리를 활용할 수 있고, 연구자들은 이 채널을 이용해 먼 거리의 음원을 추적하거나 해양의 성질을 추정해 왔습니다. 수심에 따라 소리의 속도가 점진적으로 변하기 때문에 음파는 휘어집니다. 그 결과, 적절한 타이밍과 주파수를 선택하는 것은 선명도를 향상시키고, 이는 주변의 국지적인 소음과 원거리에서 도착한 신호를 구분하는 데 도움이 됩니다. 다음으로, 해양 조건이 채널의 수심을 어떻게 바꾸는지, 그리고 계절적 변화에 따라 장비가 어떻게 조정되는지에 대해 논의하겠습니다.

Q 다음에 할 일 문제

해석 화자가 다음에 무엇에 대해 이야기할 것 같은가?
ⓐ 주파수와 흡수가 장거리 음향을 어떻게 바꾸는지
ⓑ 계절에 따른 채널 수심과 장비 설정
ⓒ 고래의 울음소리를 이용한 장거리 추적

해설 교수는 "Next, ~"이하에서 해양 조건이 채널의 수심을 어떻게 바꾸는지, 그리고 계절적 변화에 따라 장비가 어떻게 조정되는지에 대해 논의한다고 했습니다. 따라서 ⓑ가 정답입니다.

어휘 absorption [æbsɔ́:rpʃən] 흡수

## Daily Test

p.210

01 Ⓐ  02 Ⓓ  03 Ⓓ  04 Ⓑ  05 Ⓒ  06 Ⓒ
07 Ⓓ  08 Ⓓ

### [01-02]
🎧 미국

**Listen to a talk in a geology class.**

Plate tectonics explains much of Earth's surface, from mountain belts to ocean trenches. Most volcanoes form at plate boundaries where plates converge or diverge. However, some volcanic chains sit far from those boundaries. ⁰¹These are often linked to hotspots, regions where unusually hot mantle material rises and melts crust as a plate moves above it. The Hawaiian Islands are a classic chain, created as the Pacific Plate drifted over a relatively stationary hotspot, leaving a trail of progressively older volcanoes. By measuring ages along the chain, geologists can estimate plate motion. ⁰²Not all hotspots are identical. Some are powerful and long-lived, while others are weaker or short-lived. Hotspots can even occur under spreading centers, as in Iceland, intensifying volcanic activity. Understanding the interplay between boundary processes and hotspots helps us interpret geologic hazards and the growth of continents. It also provides a moving record of plate speeds and directions. Next, we will compare hotspot tracks on different plates to see how their orientations reveal shifting plate motions over time.

plate tectonics 판구조론  mountain belt 산지 분포 지대
ocean trench 해양 해구  volcano [vɑːlkéinou] 화산
boundary [báundəri] 경계  converge [kənvə́ːrdʒ] 수렴하다
diverge [daivə́ːrdʒ] 발산하다  volcanic chain 화산 사슬
hotspot [hɑ́ːtspɑːt] 열점  region [ríːdʒən] 지역
unusually [ʌnjúːʒuəli] 비정상적으로  crust [krʌst] 지각
drift [drift] 표류하다  relatively [rélətivli] 상대적으로
stationary [stéiʃənèri] 고정된  trail [treil] 흔적
progressively [prəgrésivli] 점진적으로
geologist [dʒiɑ́ːlədʒist] 지질학자  motion [móuʃən] 운동
intensify [inténsəfài] 강화시키다  interplay [íntərplèi] 상호 작용
interpret [intə́ːrprit] 해석하다  geologic [dʒìːəlɑ́ːdʒik] 지질학적인
hazard [hǽzərd] 위험  growth [grouθ] 발달
continent [kɑ́ːntinənt] 대륙  orientation [ɔ̀ːriəntéiʃən] 방향
reveal [rivíːl] 보여주다

해석 지질학 강의를 들으시오.

판구조론은 산지 분포 지대에서 해양 해구에 이르기까지 지구 표면의 많은 부분을 설명합니다. 대부분의 화산은 판이 수렴하거나 발산하는 판 경계에서 형성됩니다. 그러나 일부 화산 사슬은 그러한 경계에서 멀리 떨어져 있습니다. 이들은 종종 열점과 연결되는데, 그곳은 비정상적으로 뜨거운 맨틀 물질이 상승하고 판이 그 위로 이동하면서 지각을 녹이는 지역입니다. 하와이안 제도는 태평양판이 상대적으로 고정된 열점 위로 표류하면서 점진적으로 더 오래된 화산들의 흔적을 남기며 만들어진 전형적인 사슬입니다. 사슬을 따라 연대를 측정함으로써 지질학자들은 판의 운동을 추정할 수 있습니다. 모든 열점이 동일하지는 않습니다. 일부는 강력하고 오래 지속되는 반면, 다른 것들은 더 약하거나 짧은 기간 지속됩니다. 열점은 아이슬란드에서처럼 확산 중심 아래에서도 발생할 수 있어 화산 활동을 강화시킵니다. 경계에서 일어나는 과정과 열점 사이의 상호 작용을 이해하는 것은 지질학적 위험과 대륙의 발달을 해석하는 데 도움이 됩니다. 또한 판의 속도와 방향에 대한 이동 기록을 제공합니다. 이어서, 서로 다른 판에서의 열점 궤적을 비교하여 그것들의 방향이 시간에 따라 변화하는 판 운동을 어떻게 보여 주는지를 살펴보겠습니다.

### 01 주제 문제

해석 강의는 주로 무엇에 관한 것인가?
Ⓐ 화산 열점과 판 운동
Ⓑ 지진이 측정되는 방법
Ⓒ 대륙 덩어리의 성장과 진화
Ⓓ 해구와 산악 지대의 형성

해설 강의 초반에 판 경계에서 멀리 떨어진 화산 사슬이 종종 열점과 연결되는데, 그곳은 비정상적으로 뜨거운 맨틀 물질이 상승하고 판이 그 위로 이동하면서 지각을 녹이는 지역이라고 설명하고 있으므로, 강의가 화산 열점과 판 운동에 관한 것임을 알 수 있습니다. 따라서 Ⓐ가 정답입니다.

어휘 earthquake [ə́ːrθkweik] 지진  evolution [èvəlúːʃən] 진화
continental [kɑ̀ːntənéntl] 대륙의
formation [fɔːrméiʃən] 형성

### 02 사실 정보 파악 문제

해석 강의에 따르면, 열점의 중요한 특징은 무엇인가?
Ⓐ 판이 그 위를 이동하는 동안에도 고정 상태를 유지한다.
Ⓑ 주로 수렴하는 판의 경계에서 발생한다.
Ⓒ 태평양판과 함께 이동한다.
Ⓓ 강도와 수명에서 다양할 수 있다

해설 강의 중간에 모든 열점이 동일하지는 않으며, 일부는 강력하고 오래 지속되는 반면 다른 것들은 더 약하거나 짧은 기간 지속된다고 했습니다. 따라서 강도와 수명에서 다양할 수 있다는 Ⓓ가 정답입니다.

어휘 primarily [praimérəli] 주로
convergent [kənvə́ːrdʒənt] 수렴하는
intensity [inténsəti] 강도  lifespan [láifspæn] 수명

### [03-04]
🎧 영국

**Listen to a talk in an art history class.**

Ballet originated in the Italian Renaissance courts during the 15th century as a sophisticated form of entertainment for nobility, combining dance, music, poetry, and elaborate costumes. The art form was later refined and systematized in France under the patronage of Louis XIV, who established the first professional ballet school in 1661. Early ballet was quite different from what we see today, focusing more on grand spectacles and storytelling rather than the advanced technical skills that characterize modern performances. The development of ballet technique progressed gradually over centuries. ⁰³The five fundamental positions of the feet, which form the foundation of all ballet movement, were codified by French dancing master Pierre Beauchamp in the late 1600s. These positions created a systematic approach to dance instruction and provided the basis for more complex movements. During the Romantic period of the 19th century, ballet underwent significant transformation. This era introduced the iconic white tutus, pointe work where dancers perform on the tips of their toes, and dreamlike themes involving supernatural beings like sylphs and spirits. Famous ballets such as "La Sylphide" and "Giselle" exemplified this romantic aesthetic, emphasizing emotional expression and otherworldly beauty. The 20th century brought revolutionary changes to ballet through choreographers like Sergei Diaghilev and his Ballets Russes company, which collaborated with avant-garde artists and composers to create groundbreaking works. Modern ballet continues to evolve, incorporating contemporary movement styles while preserving classical traditions. ⁰⁴Next, we'll examine how different national schools of ballet developed their own distinctive styles and techniques.

originate [ərídʒənèit] 시작되다  court [kɔːrt] 궁정
sophisticated [səfístəkèitid] 교양 있는  nobility [noubíləti] 귀족
elaborate [ilǽbərət] 정교한  costume [káːstjuːm] 의상
refine [riːfáin] 다듬어지다
systematize [sístəmətàiz] 체계화되다
patronage [péitrənidʒ] 후원  spectacle [spéktəkl] 볼거리
characterize [kǽrəktəràiz] 특징을 나타내다
gradually [grǽdʒuəli] 점진적으로
fundamental [fʌ̀ndəméntl] 기본적인
codify [káːdəfài] 체계화하다  systematic [sìstəmǽtik] 체계적인
approach [əpróutʃ] 접근법  instruction [instrʌ́kʃən] 지도
period [píəriəd] 시대  undergo [ʌ̀ndərgóu] 겪다
significant [signífikənt] 상당한
transformation [trænsfərméiʃən] 변화  era [íərə] 시대
dreamlike [drímlàik] 몽환적인
supernatural [sùpərnǽtʃərəl] 초자연적인  sylph [silf] 요정
exemplify [igzémpləfài] 본보기가 되다  aesthetic [esθétik] 미학
emphasize [émfəsàiz] 강조하다
emotional [imóuʃənl] 감정적인
otherworldly [ʌ́ðərwə̀rldli] 초세속적인
revolutionary [rèvəlúːʃənèri] 혁명적인
choreographer [kɔ̀ːriáɡrəfər] 안무가
collaborate [kəlǽbərèit] 협력하다
avant-garde [əvɑ̀ːntɡɑ́ːrd] 전위  composer [kəmpóuzər] 작곡가

groundbreaking [ɡráundbrèikiŋ] 획기적인
evolve [ivɑ́lv] 발전하다  incorporate [inkɔ́ːrpərèit] 통합하다
contemporary [kəntémpərèri] 현대의
preserve [prizə́ːrv] 유지하다  examine [iɡzǽmin] 살펴보다

해석  예술사 강의를 들으시오.
발레는 15세기 이탈리아 르네상스 궁정에서 귀족을 위해 무용, 음악, 시, 정교한 의상을 아우르는 교양 있는 오락 형태로 시작되었습니다. 이 예술 형태는 나중에 1661년 첫 번째 전문 발레 학교를 설립한 루이 14세의 후원하에 프랑스에서 다듬어지고 체계화되었습니다. 초기 발레는 오늘날 우리가 보는 것과 상당히 달랐으며, 현대 공연의 특징을 나타내는 고도의 기술적 숙련도보다는 장대한 볼거리와 이야기 전개에 더 중점을 두었습니다. 발레 기법의 발전은 수 세기에 걸쳐 점진적으로 진행되었습니다. 모든 발레 동작의 기초가 되는 다섯 가지 기본적인 발 위치는 1600년대 후반 프랑스 무용 대가 피에르 보샹에 의해 체계화되었습니다. 이러한 위치들은 무용 지도에 대한 체계적 접근법을 만들어냈고 더 복잡한 동작들의 기초를 제공했습니다. 19세기 낭만주의 시대 동안 발레는 상당한 변화를 겪었습니다. 이 시대는 상징적인 흰 튀튀, 무용수들이 발끝으로 공연하는 포인트 워크, 그리고 요정과 정령 같은 초자연적 존재들을 포함하는 몽환적 주제들을 도입했습니다. 라 실피드와 지젤 같은 유명한 발레들이 이러한 낭만적 미학의 본보기가 되었으며, 감정적 표현과 초세속적 아름다움을 강조했습니다. 20세기는 세르게이 디아길레프와 그의 발레뤼스 발레단 같은 안무가들을 통해 발레에 혁명적인 변화를 가져왔는데, 이들은 전위 예술가들과 작곡가들과 협력하여 획기적인 작품들을 만들어냈습니다. 현대 발레는 고전적 전통을 유지하면서 현대의 동작 스타일을 통합하며 계속 발전하고 있습니다. 이어서, 서로 다른 국가의 발레 학파들이 어떻게 저마다의 독특한 스타일과 기법을 발전시켰는지 살펴보겠습니다.

## 03 언급 내용 문제

해석  화자는 피에르 보샹에 대해 무엇이라고 말하는가?
Ⓐ 그는 프랑스 최초의 전문 발레 단체를 설립했다.
Ⓑ 그는 20세기에 전위 예술가들과 협력했다.
Ⓒ 그는 낭만주의 시대에 포인트 워크를 도입했다.
Ⓓ 그는 발레 지도를 위한 체계적 기반을 만들었다.

해설  화자는 모든 발레 동작의 기초가 되는 다섯 가지 기본적인 발 위치는 1600년대 후반 프랑스 무용 대가 피에르 보샹에 의해 체계화되었고, 이러한 위치들은 무용 지도에 대한 체계적 접근법을 만들어냈다고 했습니다. 따라서 그가 발레 지도를 위한 체계적 기반을 만들었다는 Ⓓ가 정답입니다.

## 04 다음에 할 일

해석  화자가 이어서 무엇을 가장 논의할 것 같은가?
Ⓐ 현대 발레 수업에서 가르치는 특정 기법들
Ⓑ 서로 다른 나라들이 고유의 발레 전통을 발전시켰던 방법
Ⓒ 발레단이 지역 사회에 미치는 경제적 영향
Ⓓ 발레 훈련이 젊은 무용수들에게 주는 심리적 이점

해설  강의의 후반에 화자는 이어서 서로 다른 국가의 발레 학파들이 어떻게 저마다의 독특한 스타일과 기법을 발전시켰는지 살펴보겠다고 했습니다. 따라서 서로 다른 나라들이 고유의 발레 전통을 발전시켰던 방법이라는 Ⓑ가 정답입니다.

어휘 **specific**[spisífik] 특정한  **community**[kəmjú:nəti] 사회
**psychological**[sàikəlá:dʒikəl] 심리적인

## [05-06]
🎧 호주

**Listen to a talk in a film studies class.**

⁰⁵In early cinema, filmmakers discovered that meaning does not just live inside a single shot. ⁰⁵It emerges powerfully from the cuts between shots. This idea, known as montage, shows how the sequence of images can shape what viewers think and feel. For instance, if we see a person's neutral face followed by a bowl of soup, many people interpret the face as hungry. If that same face is instead followed by a child at play, the expression might seem tender. The actor's face does not change, yet the audience's interpretation does. ⁰⁶Editors use pacing, shot composition, and visual contrast to guide attention and build emotion. Pacing refers to the speed of cuts—rapid cutting during action sequences creates urgency, while slower pacing allows for reflection. Shot composition involves choosing close-ups for intimacy or wide shots for isolation. Visual contrast can juxtapose bright and dark scenes, or compare static and dynamic movements. Juxtaposition can also convey abstract ideas, like comparing machines to crowds to suggest dehumanization. Modern films still rely on these principles, even with today's digital tools. ⁰⁵The order and timing of shots remain central to storytelling by shaping character, mood, and theme.

**filmmaker**[fílmèikər] 영화 제작자  **emerge**[imə́:rdʒ] 나타나다
**montage**[mà:ntá:ʒ] 몽타주  **sequence**[sí:kwəns] 순서
**instance**[ínstəns] 예  **neutral**[njú:trəl] 중립적인
**interpret**[intə́:rprit] 해석하다  **tender**[téndər] 다정한
**audience**[ɔ́:diəns] 관객  **interpretation**[intə̀:rprətéiʃən] 해석
**editor**[édətər] 편집자  **composition**[kà:mpəzíʃən] 구성
**attention**[əténʃən] 주의  **emotion**[imóuʃən] 감정
**refer**[rifə́:r] 말하다  **urgency**[ə́:rdʒənsi] 긴박감
**reflection**[riflékʃən] 심사숙고  **involve**[invá:lv] 포함하다
**intimacy**[íntəməsi] 친밀감  **isolation**[àisəléiʃən] 고립감
**juxtapose**[dʒʌ́kstəpòuz] 병치하다  **static**[stǽtik] 정적인
**dynamic**[dainǽmik] 역동적인
**juxtaposition**[dʒʌ̀kstəpəzíʃən] 병치
**abstract**[ǽbstrækt] 추상적인
**dehumanization**[di:hjù:mənəzéiʃən] 비인간화
**rely**[rilái] 의존하다  **principle**[prínsəpl] 원칙

해석 영화학 강의를 들으시오.

초기 영화에서, 영화 제작자들은 의미가 하나의 장면 안에서만 존재하지 않는다는 것을 알게 되었습니다. 그것은 장면들 사이의 컷에서 강력하게 나타납니다. 몽타주로 알려진 이러한 생각은, 영상들의 순서가 관객들이 생각하고 느끼는 것을 어떻게 만들어낼 수 있는지를 보여줍니다. 예를 들어, 한 사람의 감정이 드러나지 않는 얼굴 다음에 수프 그릇을 보면, 많은 사람들이 그 얼굴을 배고픈 것으로 해석합니다. 만약 같은 얼굴 다음에 놀고 있는 아이가 나온다면, 그 표정이 다정해 보일 수 있습니다. 배우의 얼굴은 바뀌지 않지만, 관객의 해석은 바뀝니다. 편집자들은 페이싱, 장면 구성, 시각적 대비를 사용하여 주의를 이끌고 감정을 자아냅니다. 페이싱은 컷의 속도를 말합니다—액션 장면에서 빠른 커팅은 긴박감을 만들어내는 반면, 더 느린 페이싱은 심사숙고를 가능하게 합니다. 장면 구성은 친밀감을 위해 클로즈업을 선택하거나 고립감을 위해 와이드 샷을 선택하는 것을 포함합니다. 시각적 대비는 밝은 장면과 어두운 장면을 병치하거나 정적인 움직임과 역동적인 움직임을 대비시킬 수 있습니다. 병치는 또한 비인간화를 시사하기 위해 기계와 군중을 비교하는 것처럼 추상적인 아이디어를 전달할 수 있습니다. 현대 영화들은 오늘날의 디지털 도구들을 사용하지만, 여전히 이러한 원칙들에 의존합니다. 장면들의 순서와 타이밍은 캐릭터, 분위기, 주제를 형성함으로써 여전히 스토리텔링의 중심에 있습니다.

## 05 주제 문제

해석 강의의 주제는 무엇인가?
Ⓐ 영화 음악이 작곡되는 방법
Ⓑ 조명 장비가 발전했던 방법
☑Ⓒ 편집이 의미를 창조해 내는 방법
Ⓓ 배우들이 대사를 암기하는 방법

해설 강의 초반에, 초기 영화에서 영화 제작자들은 의미가 하나의 장면 안에만 존재하지 않고 장면들 사이의 컷에서 강력하게 나타난다는 것을 알게 되었다고 한 후, 이어서 영화 편집에 따라 관객의 해석과 감정을 어떻게 다르게 형성할 수 있는지를 자세히 설명하고 있으므로, 강의의 주제가 편집이 의미를 창조해 내는 방법에 관한 것임을 알 수 있습니다. 따라서 Ⓒ가 정답입니다.

어휘 **compose**[kəmpóuz] 작곡하다  **line**[lain] 대사

## 06 언급 내용 문제

해석 감정을 형성해 내기 위해 사용되는 도구로 언급되지 않은 것은 무엇인가?
Ⓐ 장면 구성
Ⓑ 커팅 속도
☑Ⓒ 음향 편집
Ⓓ 시각적 대비

해설 화자는 편집자들이 페이싱, 장면 구성, 시각적 대비를 사용하여 주의를 이끌고 감정을 자아낸다고 했고 페이싱은 컷의 속도를 말한다고 했습니다. 따라서 언급되지 않은 것은 음향 편집이라는 Ⓒ가 정답입니다.

어휘 **sound editing** 음향 편집

## [07-08]
🎧 뉴질랜드

**Listen to a talk in history class.**

The Phoenicians were remarkable seafaring people who dominated Mediterranean trade from approximately 1200 to 300 BCE. Originating from the coastal regions of modern-day Lebanon,

Syria, and northern Israel, they established a vast network of trading posts and colonies across the Mediterranean Sea. What made the Phoenicians exceptional was not just their maritime skills, but their role as cultural intermediaries between different civilizations. They are perhaps best known for developing one of the world's first alphabetic writing systems, which became the ancestor of many modern alphabets, including Greek and Latin scripts. [07]The Phoenician alphabet was revolutionary because it used only 22 symbols to represent consonant sounds, making literacy much more accessible than earlier systems that required hundreds of characters. Phoenician merchants were essentially cultural ambassadors, spreading ideas, technologies, and artistic styles as they traveled between ports. They introduced new crops like grapes and olives to various regions, established the production of purple dye from murex shells, and facilitated the exchange of luxury goods such as ivory, precious metals, and textiles. Their most famous colony was Carthage in North Africa, which eventually became a major power in its own right. [08]The Phoenicians' decentralized political structure, with independent city-states like Tyre, Sidon, and Byblos, allowed them to adapt quickly to local conditions and maintain trade relationships even during periods of political upheaval. Their legacy extends far beyond commerce, as they fundamentally shaped the cultural and intellectual development of the ancient Mediterranean world.

**seafaring** [síːfɛəriŋ] 해양의 **dominate** [dáːmənèit] 지배하다
**coastal** [kóustəl] 연안의 **region** [ríːdʒən] 지역
**colony** [káːləni] 식민지 **exceptional** [iksépʃənl] 특출난
**maritime** [mǽrətàim] 해상 **intermediary** [ìntərmíːdièri] 중개자
**civilization** [sìvəlaizéiʃən] 문명 **ancestor** [ǽnsestər] 조상
**revolutionary** [rèvəlúːʃənèri] 획기적인
**represent** [rèprizént] 나타내다 **consonant** [káːnsənənt] 자음
**literacy** [lítərəsi] 문해력 **accessible** [æksésəbl] 얻기 쉬운
**merchant** [máːrtʃənt] 상인 **essentially** [isénʃəli] 본질적으로
**ambassador** [æmbǽsədər] 대사 **crop** [krɑːp] 작물
**facilitate** [fəsílətèit] 촉진시키다 **precious metal** 귀금속
**textile** [tékstail] 직물 **decentralized** [diːséntrəlàizd] 분권화된
**political** [pəlítikəl] 정치의 **structure** [stráktʃər] 구조
**independent** [ìndipéndənt] 독립적인 **period** [píəriəd] 시기
**upheaval** [ʌphíːvəl] 격변 **legacy** [légəsi] 유산
**commerce** [káːməːrs] 상업
**fundamentally** [fÀndəméntəli] 근본적으로
**intellectual** [ìntəléktʃuəl] 지적인

해석 역사학 강의를 들으시오.

페니키아인들은 기원전 1200년경부터 300년경까지 지중해 무역을 지배한 뛰어난 해양 민족이었습니다. 현재의 레바논, 시리아, 북부 이스라엘 연안 지역 출신인 그들은 지중해 전역에 걸쳐 광대한 무역소와 식민지 네트워크를 구축했습니다. 페니키아인들을 특출나게 만든 것은 그들의 해상 기술뿐만 아니라 여러 문명들 사이에서의 문화 중개자로서의 역할이었습니다. 그들은 그리스어와 라틴 문자를 포함한 많은 현대 알파벳의 조상이 된 세계 최초의 알파벳 문자 체계 중 하나를 개발한 것으로 가장 잘 알려져 있을 겁니다. 페니키아 알파벳은 자음을 나타내기 위해 단지 22개의 기호만을 사용했기 때문에 획기적이었으며, 수백 개의 문자가 필요했던 이전 체계들보다 문해력을 훨씬 더 얻기 쉽게 만들었습니다. 페니키아 상인들은 본질적으로 문화 대사들이었으며, 항구들 사이를 다니면서 사상과 기술, 예술 양식을 전파했습니다. 그들은 포도와 올리브 같은 새로운 작물을 다양한 지역에 전했고, 뿔고둥 껍질에서 나오는 자주색 염료의 생산을 확립했으며, 상아, 귀금속, 직물 같은 사치품의 교환을 촉진시켰습니다. 그들의 가장 유명한 식민지는 북아프리카의 카르타고였으며, 그곳은 결국엔 자력으로 주요 세력이 되었습니다. 티레, 시돈, 비블로스 같은 독립적인 도시 국가들을 가진 페니키아의 분권화된 정치 구조는 그들이 지역 환경에 빠르게 적응하고 정치적 격변의 시기에도 무역 관계를 유지할 수 있게 해주었습니다. 그들의 유산은 상업을 훨씬 넘어선 데까지 미치는데, 이는 그들이 고대 지중해 세계의 문화적, 지적 발전을 근본적으로 형성했기 때문입니다.

## 07 언급 내용 문제

해석 화자는 페니키아 알파벳에 관해 어떤 점을 언급하는가?
Ⓐ 그것은 최초로 개발된 문자 체계였다.
Ⓑ 그것은 다른 문명들에 의해 변화되지 않은 채로 도입되었다.
Ⓒ 그것은 주로 상업 거래를 기록하는 데 사용되었다.
🗹 그것은 사람들에게 읽고 쓰는 것을 더 쉽게 만들었다.

해설 화자는 페니키아 알파벳이 자음을 나타내기 위해 단지 22개의 기호만을 사용했기 때문에 획기적이었으며, 수백 개의 문자가 필요했던 이전 체계들보다 문해력을 훨씬 더 얻기 쉽게 만들었다고 했습니다. 따라서 사람들에게 읽고 쓰는 것을 더 쉽게 만들었다는 Ⓓ가 정답입니다.

어휘 **adopt** [ədáːpt] 도입하다 **transaction** [trænzǽkʃən] 거래

## 08 언급 내용 문제

해석 화자는 페니키아의 정치 구조에 관해 무엇이라고 말하는가?
Ⓐ 그것은 한 명의 통치자 아래 고도로 중앙집권화되어 있었다.
Ⓑ 그것은 여러 도시들 사이에 잦은 갈등을 일으켰다.
Ⓒ 그것은 다른 고대 지중해 문명들과 유사했다.
🗹 그것은 그들이 무역 관계에서 탄력성을 유지하는 데 도움이 되었다.

해설 화자는 티레, 시돈, 비블로스 같은 독립적인 도시 국가들을 가진 페니키아의 분권화된 정치 구조가 페니키아인들이 지역 환경에 빠르게 적응하고 정치적 격변의 시기에도 무역 관계를 유지할 수 있게 해주었다고 했습니다. 따라서 그들이 무역 관계에서 탄력성을 유지하는 데 도움이 되었다는 Ⓓ가 정답입니다.

어휘 **centralize** [séntrəlàiz] 중앙집권화하다 **conflict** [káːnflikt] 갈등
**flexibility** [flèksəbíləti] 탄력성

# Day 19 강의의 맥락으로 추론하는 문제

## Daily Check-up — p.216

01 ⓐ  02 ⓒ  03 ⓐ  04 ⓐ  05 ⓐ  06 ⓒ
07 ⓑ  08 ⓑ

## 01
〔미국〕

Okay, the first tragedies were ① songs and dances performed at festivals to honor the Greek god Dionysus. ⁰¹What is unusual is that, ② contrary to their name, these performances were actually celebrations with ③ plenty of singing, drinking, and dancing. As time passed, though, the pieces became ④ more serious in nature.

tragedy[trǽdʒədi] 비극   honor[ɑ́:nər] 기리다
unusual[ʌnjú:ʒuəl] 특이한
celebration[sèləbréiʃən] 축전, 축하 행사   plenty[plénti] 수많은

해석 자, 초기 비극들은 그리스 신 디오니소스를 기리기 위한 축제에서 행해진 노래와 춤이었습니다. 특이한 것은, 비극이라는 이름과 반대로, 이런 공연들은 사실 수많은 음주가무의 축전이었다는 것입니다. 시간이 지남에 따라, 그 작품들은 사실상 더 진지해졌죠.

Q 추론 문제
해설 초기 비극에서 특이한 점은 그 이름과는 달리 음주가무로 이루어진 것이라는 부분에서, 초기의 비극은 흥겨운 부분이 많았다는 것을 추론할 수 있습니다. 따라서 ⓐ가 정답입니다.

## 02
〔영국〕

Well, beavers were plentiful in America before Europeans arrived and began hunting them. Beaver pelts became the material of choice for top hats in Europe, and ① when Europeans came to America, they nearly wiped out the beaver population. During the peak of the fur trade era, about 200,000 pelts were shipped to Europe every year. ⁰²With the beavers gone, ② their dams and ponds disappeared, and the ③ wetlands were drained as a result.

plentiful[pléntifəl] 아주 많은   pelt[pelt] 모피
wipe out 씨를 말리다   population[pɑ̀:pjuléiʃən] 개체수
disappear[dìsəpíər] 사라지다   wetland[wétlənd] 습지
drain[drein] 말라버리다

해석 음, 유럽인들이 도착해서 비버를 죽이기 시작하기 전까지 미국에는 비버가 아주 많았습니다. 비버의 모피는 유럽에서 최고의 모자를 만드는 재료가 되었고, 그리고 유럽인들이 미국에 도착했을 때, 그들은 거의 비버의 씨를 말려버렸죠. 모피 무역이 최전성기였던 시기에, 매년 이십만 개의 모피가 유럽으로 수송되었습니다. 그리고 비버들이 사라지자, 댐과 비버 연못은 사라지고 결과적으로 습지들이 말라버렸죠.

Q 추론 문제
해설 비버가 사라졌기 때문에 습지가 말라버렸다는 교수의 설명에서, 비버가 습지를 유지하는 데 중요하다는 것을 추론할 수 있습니다. 따라서 ⓒ가 정답입니다.

## 03
〔호주〕

Well, despite the differences between Earth and Mars now, there are actually clear similarities between ① the atmosphere of present-day Mars and ② that of the Earth billions of years ago. You see, at a certain point, very tiny bacteria developed on Earth. They were able to survive by using sunlight. They eventually created enough oxygen to support animal life. ⁰³Some scientists believe that ③ human intervention could help this happen on Mars.

atmosphere[ǽtməsfìər] 대기   present-day[prèzntdéi] 현재
tiny[táini] 아주 작은   intervention[ìntərvénʃən] 개입

해석 자, 현재 지구와 화성의 차이에도 불구하고, 실제로 현재 화성의 대기와 몇십 억 년 전의 지구의 대기에는 명백한 공통점들이 있습니다. 그러니까, 어떤 특정 시기에, 아주 작은 박테리아가 지구에서 발달했습니다. 그것들은 햇빛을 이용해서 살아남을 수 있었죠. 그것들은 마침내 동물이 살아갈 수 있는 충분한 산소를 만들어냈습니다. 어떤 과학자들은 인간의 개입이 화성에서 이러한 과정이 일어나도록 도울 수도 있다고 믿고 있습니다.

Q 추론 문제
해설 교수는 화성의 미래에 관해 무엇을 암시하는가?
ⓐ 언젠가 지구와 비슷해질 수도 있다.
ⓑ 지금보다 훨씬 더 추워질 것이다.
ⓒ 지구보다 더 많은 박테리아의 서식지가 될 수도 있다.

해설 지구가 현재와 같은 상태로 바뀐 과정이 인간의 개입으로 화성에서도 일어날 수 있다고 하는 것을 볼 때, 교수는 미래에 화성이 지구와 비슷해질 수 있다는 것을 암시합니다. 따라서 ⓐ가 정답입니다.

어휘 resemble[rizémbəl] 비슷해지다   harbor[hɑ́:rbər] 서식지가 되다

## 04
〔미국〕

OK. Let's talk about garbage – as a power source. Someone's actually thinking about somehow getting energy out of garbage, and that's exactly what I mean. ① Garbage is an inexpensive, viable, and renewable source of energy because ② most garbage emits methane. Methane is colorless and odorless, but don't be fooled: ③ ⁰⁴methane is a greenhouse gas that is 20 times more powerful than carbon dioxide, according to the Environmental Protection Agency.

**garbage** [gá:rbidʒ] 폐기물  **exactly** [igzǽktli] 바로
**inexpensive** [ìnikspénsiv] 저렴한  **viable** [váiəbl] 실용적인
**renewable** [bènéfiʃəl] 재생 가능한  **emit** [imít] 방출하다
**odorless** [óudərlis] 무취의  **carbon dioxide** 이산화탄소

**해석** 자, 에너지원으로써의 폐기물에 대해서 이야기해 봅시다. 누군가 실제로 폐기물에서 어떻게든 에너지를 얻는 것을 생각하고 있는데, 바로 그것이 제가 말하고 있는 것입니다. 폐기물은 저렴하고, 실용적이고, 재생 가능한 에너지원이고, 이는 대부분의 폐기물은 메탄을 방출하기 때문이죠. 자, 메탄은 무색, 무취이지만 속지 마세요. 환경보호청에 따르면, 메탄은 이산화탄소보다 20배나 강력한 온실가스입니다.

**Q** 언급 의도 문제

**해설** 교수는 왜 환경보호청을 언급하는가?
  ⓐ 메탄의 성질에 관한 근거를 제시하기 위해
  ⓑ 메탄의 위험성에 관해 세부적으로 설명하기 위해
  ⓒ 메탄의 에너지 자원적 가치를 부각하기 위해

**해설** 교수는 메탄의 성질을 수치와 함께 제공하며 이에 대한 근거로 환경보호청(Environmental Protection Agency)을 언급합니다. 따라서 ⓐ가 정답입니다.

## 05                                                  뉴질랜드

what happens light + humidity?
- dust + ↑ moisture → reflect light in diff. way → white
- tower 15 miles away → X see or X sharp

Now, what happens to the light when there's rain, that is when there's a great amount of humidity or fog? Well, with water vapor particles in the air, the dust carries more moisture. And because of this, it reflects light in a different way. The air looks almost white in color. The horizon even appears to be a milky sort of white. ⁰⁵In fact, the air becomes so thick you can't even see a tower fifteen miles away, or if you could see it, there wouldn't be any sharpness of detail. So, large, moisture-laden dust produces a sort of atmospheric veil and turns everything hazy or white.

**water vapor** 수증기  **particle** [pá:rtikəl] 입자  **dust** [dʌst] 먼지
**moisture** [mɔ́istʃər] 습기  **reflect** [riflékt] 반사하다
**horizon** [həráizn] 수평선  **sharpness** [ʃá:rpnəs] 선명함
**moisture-laden** [mɔ́istʃərleidn] 습기를 머금은
**atmospheric** [ætməsférik] 대기의  **veil** [veil] 장막
**hazy** [héizi] 흐릿한

**해석** 그럼, 비가 올 때, 즉 습기가 많거나, 짙은 안개가 있을 때 빛에는 어떤 일이 생기나요? 자, 공기 안의 수증기 입자에 의해, 먼지는 더 많은 습기를 가지게 됩니다. 그리고 이것 때문에, 그것은 빛을 다른 방식으로 반사하죠. 공기는 거의 하얗게 보입니다. 수평선은 심지어 우유 같은 흰색을 띠게 되고요. 사실, 공기는 15마일 떨어져 있는 탑조차 보이지 않을 만큼 굉장히 탁해집니다. 아니면 그것을 볼 수 있더라도, 상세한 부분까지 선명하지는 않을 거예요. 그래서 습기를 머금은 거대한 먼지는 대기의 장막 같은 것을 만들어서 모든 것을 흐릿하거나 하얗게 만들어 버립니다.

**Q** 언급 의도 문제

**해설** 교수는 습기 찬 먼지 때문에 빛이 흐릿해져 시야가 방해받는 현상에 대해 설명하며 공기가 탁해 탑이 보이지 않는 경우를 언급합니다. 즉, 탑은 이러한 현상을 강조하기 위해 등장했음을 알 수 있습니다. 따라서 ⓐ가 정답입니다.

## 06                                                  영국

- work city, live suburbs, cars 2 work → env. dangerous
- ↑ time during rush hrs.
- Urban villages - popular, everything close, car X needed

Most Americans work in the heart of the city and live in the suburbs, usually using cars to get to work. ⁰⁶As a result, environmental pollution is at a dangerous level in big cities like Atlanta. Research shows that it takes nearly 35 minutes longer for drivers to travel the same distance during rush hours. That is why "urban villages" have become so popular these days in cities with heavy traffic. ⁰⁶In an urban village, the office, house, and shopping center are all within walking distance so a car is not needed.

**suburb** [sʌ́bəːrb] 교외 지역  **pollution** [pəluːʃən] 오염
**distance** [dístəns] 거리  **rush hour** 출퇴근 시간
**urban village** 도시형 마을  **heavy** [hévi] 혼잡한
**walking distance** 걸어서 갈 수 있는 거리

**해석** 대부분의 미국인들은 도시 중심부에서 일하고 교외 지역에서 거주하며, 차를 이용해 일터로 갑니다. 결과적으로, 애틀랜타와 같은 대도시의 환경오염은 위험한 수준입니다. 조사에 따르면 출퇴근 시간에는 같은 거리를 이동해도 약 35분이 더 걸린다고 합니다. 그것이 요즘 교통이 혼잡한 도시에서 '도시형 마을'의 인기가 많아진 이유입니다. 도시형 마을에는, 사무실, 집, 그리고 쇼핑센터가 걸어 갈 수 있는 거리에 있어서 차가 필요하지 않거든요.

**Q** 추론 문제

**해설** 교수는 출퇴근을 위한 승용차 이용이 환경오염의 주범인데, 도시형 마을에서는 차가 필요 없다고 말합니다. 따라서 도시형 마을이 많아지면 환경오염을 줄일 수 있음을 추론할 수 있습니다. 따라서 ⓒ가 정답입니다.

## 07

```
neutrino - tiny, fundam. but diffic. to detect
Why? - oth. particles elec. charged
→ stronger, distract scientists
```

Today, I will be talking about a particle that has been described as "almost nothing." This tiny particle is known as the neutrino. A neutrino is one of the fundamental particles that make up the universe. Neutrinos are very difficult to detect even though trillions of neutrinos are said to be passing through Earth at any time. Why are neutrinos so hard to detect? ⁰⁷That is because there are trillions of other particles aside from neutrinos, but these other particles are electrically charged, which make them appear much stronger on the sensors. So scientists sometimes get distracted by the electrically charged particles passing by.

describe[diskráib] 묘사하다   neutrino[njuːtríːnou] 중성 미자
fundamental[fʌ̀ndəméntl] 기초적인   detect[ditékt] 탐지하다
pass through 통과하다   aside from ~을 제외하고
electrically[iléktrikəli] 전기적으로   get distracted 혼란스러워지다

해석 오늘, 저는 "거의 무(無)와 같은 존재"로 묘사되어 왔던 미립자에 대해서 이야기할 것입니다. 이 작은 미립자는 중성 미자로 알려져 있습니다. 중성 미자는 우주를 구성하는 기초적인 미립자들 중 하나죠. 수 조의 중성 미자들이 늘 지구를 통과하고 있다고 여겨짐에도 불구하고 이를 탐지해내기란 매우 어렵습니다. 중성 미자들을 탐지하기가 왜 그렇게 어려운 것일까요? 이는 중성 미자를 제외하고도 수 조의 다른 미립자들이 있고, 그것들은 전하를 띠고 있어서, 센서에 훨씬 강하게 나타나기 때문입니다. 그래서 과학자들은 때때로 스쳐 지나가는 전하를 띤 미립자들에 의해서 혼란스러워지죠.

**Q 추론 문제**

해석 교수가 중성 미자에 관해 암시하는 것은?
 Ⓐ 그것들은 미립자의 가장 작은 형태이다.
 ⓑ 그것들은 전하를 띠지 않는다.
 Ⓒ 그것들은 지구에 존재하지 않는다.

해설 교수는 중성 미자를 탐지하기 어려운 이유가 전하를 띤 다른 미립자들 때문이라고 말합니다. 따라서 중성 미자는 전하를 띠지 않는다는 것을 추론할 수 있으므로 정답은 ⓑ입니다.

## 08

```
O waste prog. - aim: O waste
- ↓ waste ← suitable sys. & env.-con.
- buying ↓, durable/repaired, recycle
- Netherlands - tax according to garbage produced
```

Now, there's a program called the Zero Waste Program. The aim is exactly what it says: zero waste. The principle behind this program is that we can actually generate much less waste than we're currently producing, with a suitable system and an environmentally conscious mode of thinking. Is this viable? Well, you can make lifestyle changes such as buying less, choosing products that are durable or that can be repaired easily, buying stuff in containers that can be recycled. See? ⁰⁸The Netherlands took the idea one step further. The government taxes households and institutions according to how much garbage they produce. The more stuff you throw away, the more money you pay.

principle[prínsəpl] 원리   generate[dʒénərèit] 발생시키다
suitable[súːtəbl] 적절한
environmentally[invàiərənméntli] 환경적으로
conscious[kánʃəs] 의식하는   viable[váiəbl] 실현 가능한
durable[djúərəbl] 튼튼한   stuff[stʌf] 물건
container[kəntéinər] 용기   recycle[riːsáikl] 재활용하다
government[gʌ́vərnmənt] 정부   household[háushòuld] 가정
institution[ìnstitúːʃən] 기관   throw away 버리다

해석 자, 무폐기물 프로그램이라고 불리는 프로그램이 있습니다. 그 목표는 그 이름이 말하는 것처럼 폐기물을 없애는 것이죠. 이 프로그램 기저의 원리는, 적절한 시스템과 환경을 생각하는 사고방식이 있다면, 사실상 우리가 현재 만들어내고 있는 것보다 더 적은 폐기물을 발생시킬 수 있다는 것이죠. 이것이 실현 가능할까요? 자, 여러분들은 더 적게 사고, 튼튼하거나 쉽게 고칠 수 있는 물건을 사고, 재활용이 가능한 용기에 담겨진 물건을 사는 것과 같은 식으로 생활 방식을 변화시킬 수 있습니다. 알겠나요? 네덜란드는 한 단계 더 나아간 아이디어를 택했습니다. 네덜란드 정부는 그들이 얼마나 많은 쓰레기를 배출했느냐에 따라 가정과 기관들에 세금을 부여합니다. 더 많은 물건을 버릴수록, 더 많은 돈을 내야 하는 것이죠.

**Q 언급 의도 문제**

해석 교수는 왜 네덜란드를 언급하는가?
 Ⓐ 무폐기물 프로그램이 어떤 환경에서도 현실화될 수 있다는 것을 보여주기 위해
 ⓑ 무폐기물 프로그램을 실행하기 위해 한 국가에서 이용하는 전략을 설명하기 위해
 Ⓒ 무폐기물 프로그램이 다른 국가에서 실행되어야 한다고 강조하기 위해

해설 교수는 무폐기물 프로그램(Zero Waste Program)을 실행한 한 가지 전략을 설명하기 위해 네덜란드를 언급합니다. 따라서 ⓑ가 정답입니다.

어휘 actualize[ǽktʃuəlàiz] 현실화하다   strategy[strǽtədʒi] 전략
implement[ímpləmənt] 실행하다
emphasize[émfəsàiz] 강조하다

## Daily Test

01 ⓑ  02 ⓑ  03 ⓒ  04 ⓒ  05 Ⓐ  06 ⓓ
07 Ⓐ  08 ⓓ

### [01-02]

뉴질랜드

**Listen to a talk on a podcast about brain science.**

Remember when you first learned to ride a bike? I do. I fell so many times, but eventually, it became second nature. Now I don't even think about balancing anymore. ⁰¹This process showcases what neuroscientists call procedural learning. Procedural learning involves acquiring skills that become automatic over time. Things like typing, swimming, or playing an instrument fall into this category. Once these skills are mastered, they're stored in a part of the brain that manages automatic behaviors.

There's another type of learning—declarative learning. This involves memorizing facts and information that you can consciously recall. ⁰²When I study for a test by memorizing dates, names, or formulas, I'm engaging in declarative learning. Unlike procedural skills, this information requires conscious effort to retrieve.

Declarative learning tends to fade without reinforcement. That's why you might forget historical dates from high school but still remember how to play an instrument you learned back then. The brain processes these different forms of learning through separate systems. What's fascinating is that procedural learning shows remarkable durability. Even after years without practice, most people can still ride a bike. Research links this durability to the basal ganglia—brain structures that help form habits and automate movements. So next time you're learning something new, consider whether you're building automatic skills or storing conscious information—it might help you choose better study strategies.

**neuroscientist**[njúrousaiəntist] 신경과학자
**procedural**[prəsídʒərəl] 절차적인
**automatic**[ɔ̀:təmǽtik] 반사적인, 자동의
**declarative**[diklǽrətiv] 서술적인
**consciously**[ká:nʃəsli] 의식적으로  **recall**[rikɔ́:l] 기억해내다
**formula**[fɔ́:rmjulə] 공식  **engage**[ingéidʒ] 참여하다
**retrieve**[ritrí:v] 회상하다  **reinforcement**[rì:infɔ́:rsmənt] 강화
**instrument**[ínstrəmənt] 악기  **separate**[sépərət] 별개의
**fascinating**[fǽsəneitiŋ] 흥미로운
**remarkable**[rimá:rkəbl] 놀라운  **durability**[djùərəbíləti] 지속성
**automate**[ɔ́:təmèit] 자동화하다

해석 뇌과학에 관한 팟캐스트 강의를 들으시오.

처음 자전거 타는 법을 배웠을 때를 기억하시나요? 저는 기억합니다. 정말 많이 넘어졌지만, 결국 아주 간단한 일이 되었습니다. 이제는 균형 잡는 것에 대해 생각조차 하지 않습니다. 이러한 과정은 신경과학자들이 절차적 학습이라고 부르는 것을 보여줍니다. 절차적 학습은 시간이 지나면서 반사적으로 되는 능력 습득을 의미합니다. 타이핑, 수영, 악기 연주 같은 것들이 이 범주에 속합니다. 이러한 능력들이 숙달되면, 반사적 행동을 제어하는 뇌의 한 부분에 저장됩니다.

또 다른 유형의 학습이 있는데, 바로 서술적 학습입니다. 이것은 의식적으로 기억해낼 수 있는 사실과 정보를 외우는 것을 의미합니다. 제가 날짜, 이름, 혹은 공식을 암기하며 시험공부를 할 때, 저는 서술적 학습을 하고 있는 것입니다. 절차적 능력과 달리, 이 정보는 회상하는 데에 의식적인 노력이 필요합니다.

서술적 학습은 강화가 없다면 희미해지는 경향이 있습니다. 이것이 바로 여러분이 고등학교 때의 역사 관련 날짜는 잊을 수 있지만 그 당시에 배운 악기 연주법은 여전히 기억하는 이유입니다. 뇌는 이러한 서로 다른 형태의 학습을 별개의 시스템을 통해 처리합니다. 흥미로운 것은 절차적 학습이 놀라운 지속성을 보인다는 것입니다. 연습이 없이 수년이 지난 후에도, 대부분의 사람들은 여전히 자전거를 탈 수 있습니다. 연구는 이러한 지속성을 기저핵과 연관 짓는데, 이는 습관을 형성하고 움직임을 자동화하는 데 도움을 주는 뇌 구조입니다. 그러니 다음번에 새로운 것을 배울 때는, 반사적 능력을 형성하고 있는지 의식적 정보를 저장하고 있는지 고려해보세요, 이는 여러분이 더 나은 학습 전략을 선택하도록 도움을 줄 수 있습니다.

### 01 언급 의도 문제

해석 화자는 왜 자전거 타기를 언급하는가?
Ⓐ 청취자들이 신체 활동에 참여하도록 격려하기 위해
ⓑ 절차적 학습의 개념을 설명하기 위해
ⓒ 여러 유형의 교통수단을 비교하기 위해
ⓓ 청취자들과 어린 시절 기억을 공유하기 위해

해설 강의 초반에 화자는 처음 자전거 타는 법을 배웠던 경험을 언급한 후, 이러한 과정은 신경과학자들이 절차적 학습이라고 부르는 것을 보여준다고 했습니다. 따라서 절차적 학습의 개념을 설명하기 위해서라는 ⓑ가 정답입니다.

### 02 언급 내용 문제

해석 화자는 날짜와 이름을 암기하는 것에 대해 무엇이라고 말하는가?
Ⓐ 이 활동은 절차적 학습에 속한다.
ⓑ 그러한 정보를 회상하는 데에는 의식적인 노력이 필요하다.
ⓒ 암기된 사실들은 일반적으로 신체적 능력보다 오래 지속된다.
ⓓ 뇌는 시간이 지나면서 이러한 항목들을 자동적으로 처리한다.

해설 화자는 날짜, 이름, 혹은 공식을 암기하며 시험공부를 할 때는 서술적 학습을 하고 있는 것이며, 절차적 능력과 달리 회상하는 데에 의식적인 노력이 필요하다고 했습니다. 따라서 그러한 정보를 회상하는 데에는 의식적인 노력이 필요하다는 ⓑ가 정답입니다.

어휘 **memorize**[méməraiz] 암기하다  **conscious**[ká:nʃəs] 의식적인
**automatically**[ɔ̀:təmǽtikəli] 자동적으로

## [03-04]

Listen to a talk in an astronomy class.

🎧 영국

> The search for planets beyond our solar system, known as exoplanets, has been one of astronomy's most exciting fields in recent decades. Scientists use several methods to detect these distant worlds, each with its own advantages and limitations. ⁰³The transit method is currently the most successful technique for finding exoplanets. This method works by observing the slight dimming of a star's light when a planet passes in front of it, similar to a mini-eclipse. ⁰³The Kepler Space Telescope used this method to discover thousands of exoplanets by continuously monitoring over 150,000 stars. Another important technique is the radial velocity method, also called the wobble method. As a planet orbits its star, the gravitational pull causes the star to wobble slightly. Scientists can detect this wobble by measuring tiny shifts in the star's light spectrum. This method was actually used to discover the first confirmed exoplanet around a sun-like star in 1995. More recently, direct imaging has become possible for certain types of exoplanets. This involves actually taking pictures of the planets themselves, though ⁰⁴it's extremely challenging because stars are millions of times brighter than their planets. Advanced techniques like coronagraphs help block out the star's light to reveal nearby planets. These detection methods have revolutionized our understanding of planetary systems and continue to reveal the incredible diversity of worlds in our galaxy.

exoplanet [éksouplænit] 외계 행성
astronomy [əstrάnəmi] 천문학  decade [dékeid] 10년간
detect [ditékt] 탐지하다  distant [dístənt] 먼
transit [trǽnsit] 통과  observe [əbzə́ːrv] 관찰하다
slight [slait] 살짝, 약간의  dimming [dimiŋ] 어두워짐
eclipse [iklíps] 일식  telescope [téləskòup] 망원경
monitor [mάnətər] 관찰하다  radial velocity 시선 속도
wobble [wάbl] 흔들림  orbit [ɔ́ːrbit] 공전하다
gravitational [grævətéiʃənl] 중력의  confirm [kənfə́ːrm] 확인하다
direct imaging 직접 영상 촬영  challenging [tʃǽlindʒiŋ] 어려운
advanced [ədvǽnst] 고급의  reveal [riví:l] 드러내다
revolutionize [rèvəlú:ʃənàiz] 혁신을 일으키다
planetary system 행성계  incredible [inkrédəbl] 놀라운
diversity [daivə́ːrsəti] 다양성

해석 천문학 강의를 들으시오.

외계 행성으로 알려진, 우리 태양계 너머의 행성들을 찾는 것은 최근 수십 년간 천문학의 가장 흥미로운 분야 중 하나였습니다. 과학자들은 이러한 먼 세계들을 탐지하기 위해 여러 방법을 사용하는데, 각각은 고유한 장점과 한계를 가지고 있습니다. 통과 방법은 현재 외계 행성을 찾는 데 있어서 가장 성공적인 기술입니다. 이 방법은 행성이 별 앞을 지나갈 때 별빛의 살짝 어두워짐을 관찰함으로써 이루어지며, 이는 작은 일식과 유사합니다. Kepler 우주 망원경은 이 방법을 사용하여 150,000개가 넘는 별들을 지속적으로 관찰함으로써 수천 개의 외계 행성을 발견했습니다. 또 다른 주요 기술은 시선 속도 방법으로, 흔들림 방법이라고도 불립니다. 행성이 별 주위를 공전할 때, 중력이 별을 약간 흔들리게 합니다. 과학자들은 별빛 스펙트럼에서의 아주 작은 변화를 측정함으로써 이 흔들림을 탐지할 수 있습니다. 이 방법은 실제로 1995년에 태양과 같은 별 주변의 최초로 확인된 외계 행성을 발견하는 데 사용되었습니다. 좀 더 최근에는, 특정 유형의 외계 행성에 대해 직접 영상 촬영이 가능해졌습니다. 이것은 실제로 행성 그 자체의 사진을 찍는 것을 의미하지만, 별들이 그들의 행성보다 수백만 배 더 밝기 때문에 극도로 어려운 일입니다. 코로나그래프와 같은 고급 기술들이 별빛을 차단하여 근처 행성들을 드러내게 하는 데 도움을 줍니다. 이러한 탐지 방법들은 행성계에 대한 우리의 이해에 혁신을 일으켰고 우리 은하계 속 세상의 놀라운 다양성을 계속해서 밝혀내고 있습니다.

## 03 언급 의도 문제

해석 화자는 왜 Kepler 우주 망원경을 언급하는가?
Ⓐ 직접 영상 촬영이 이루어지는 방법을 설명하기 위해
Ⓑ 여러 우주 망원경 설계를 비교하기 위해
☑ 통과 방법의 성공을 설명하기 위해
Ⓓ 지상 기반 관측의 한계를 논의하기 위해

해설 화자는 통과 방법이 현재 외계 행성을 찾는 데 있어서 가장 성공적인 기술이라고 한 후, Kepler 우주 망원경이 이 방법을 사용하여 150,000개가 넘는 별들을 지속적으로 관찰함으로써 수천 개의 외계 행성을 발견했다고 했습니다. 따라서 통과 방법의 성공을 설명하기 위해서라는 ⓒ가 정답입니다.

어휘 illustrate [íləstrèit] 설명하다
ground-based [graundbéist] 지상 기반의
observation [ὰbzərvéiʃən] 관측

## 04 추론 문제

해석 화자는 외계 행성의 직접 영상 촬영에 관해 무엇을 암시하는가?
Ⓐ 지구와 유사한 행성들에 가장 잘 작용한다.
Ⓑ 이용 가능한 가장 믿을 수 있는 탐지 방법이다.
☑ 별빛을 차단하는 특수 장비를 필요로 한다.
Ⓓ 우주 기반 망원경에서만 수행될 수 있다.

해설 화자는 별들이 그들의 행성보다 수백만 배 더 밝기 때문에 직접 영상 촬영은 극도로 어려운 일이며, 코로나그래프와 같은 고급 기술들이 별빛을 차단하여 근처 행성들을 드러나게 하는 데 도움을 준다고 했습니다. 따라서 별빛을 차단하는 특수 장비가 필요하다는 ⓒ가 정답입니다.

어휘 reliable [riláiəbl] 믿을 수 있는  available [əvéiləbl] 이용 가능한
specialized [spéʃəlàizd] 특수한  starlight [stάːrlàit] 별빛
space-based [speisbéist] 우주 기반의

## [05-06]

**Listen to a talk in a literature class.**

Symbolism was a literary movement that emerged in late 19th-century France and later spread throughout Europe and beyond. Symbolist writers rejected the realistic portrayal of everyday life, instead focusing on expressing emotions, ideas, and spiritual experiences through symbolic imagery and metaphorical language. The movement was partly a reaction against the materialism and scientific rationalism of the industrial age. [05]Charles Baudelaire is often considered a precursor to Symbolism, though the movement was more fully developed by poets like Stéphane Mallarmé and Paul Verlaine. These writers believed that literature should suggest rather than directly state meaning, allowing readers to interpret symbols and discover deeper truths. The color blue, for instance, might represent melancholy, infinity, or spiritual longing, depending on the context. Symbolist works often featured dreamlike atmospheres, mysterious landscapes, and abstract concepts made tangible through vivid imagery. [06]The influence of Symbolism extended beyond literature into other art forms, particularly painting and music. Artists like Gustav Klimt and composers like Claude Debussy incorporated symbolist principles into their work, creating art that emphasized mood and atmosphere over literal representation. The movement's emphasis on subjective experience and artistic freedom laid important groundwork for modernist literature and art in the 20th century, influencing writers like T.S. Eliot and William Butler Yeats.

symbolism [símbəlìzm] 상징주의　literary [lítərèri] 문학의
emerge [imə́ːrdʒ] 나타나다　throughout [θruːáut] 전역에
reject [ridʒékt] 거부하다　realistic [rìːəlístik] 사실적인
portrayal [pɔːrtréiəl] 묘사　emotion [imóuʃən] 감정
spiritual [spíritʃuəl] 정신적인　symbolic [simbɑ́ːlik] 상징적인
imagery [ímidʒəri] 이미지　metaphorical [mètəfɔ́ːrikəl] 은유적인
reaction [riǽkʃən] 반발　materialism [mətíəriəlìzm] 물질주의
rationalism [rǽʃənəlìzm] 합리주의　precursor [prikə́ːrsər] 선구자
interpret [intə́ːrprit] 해석하다　represent [rèprizént] 나타내다
melancholy [mélənkɑ̀ːli] 우울함　infinity [infínəti] 무한함
longing [lɔ́ːŋiŋ] 갈망　context [kɑ́ːntekst] 맥락
dreamlike [dríːmlàik] 꿈같은　atmosphere [ǽtməsfìər] 분위기
mysterious [mistíəriəs] 신비로운　landscape [lǽndskèip] 풍경
abstract [ǽbstrækt] 추상적인　tangible [tǽndʒəbl] 실체화된
vivid [vívid] 생생한　extend [iksténd] 확장되다
particularly [pərtíkjulərli] 특히　composer [kəmpóuzər] 작곡가
incorporate [inkɔ́ːrpərèit] 포함시키다　literal [lítərəl] 문자 그대로의
representation [rèprizentéiʃən] 표현
subjective [səbdʒéktiv] 주관적인
groundwork [gráundwə̀ːrk] 토대

---

해석　문학 강의를 들으시오.

상징주의는 19세기 후반 프랑스에서 나타났고 이후에 유럽 전역과 그 너머에까지 퍼진 문학 운동이었습니다. 상징주의 작가들은 일상생활의 사실적 묘사를 거부하고, 대신 상징적 이미지와 은유적 언어를 통해 감정, 사상, 그리고 정신적 경험을 표현하는 데 집중했습니다. 이 운동은 부분적으로는 산업시대의 물질주의와 과학적 합리주의에 대한 반발이었습니다. Charles Baudelaire는 종종 상징주의의 선구자로 여겨지지만, 이 운동은 Stéphane Mallarmé와 Paul Verlaine 같은 시인들에 의해 더욱 완전히 발전되었습니다. 이러한 작가들은 문학이 의미를 직접적으로 명시하기보다는 암시해야 한다고 믿었으며, 독자들이 상징을 해석하고 더 깊은 진실을 발견할 수 있도록 했습니다. 예를 들어, 파란색은 맥락에 따라 우울함, 무한함, 또는 영적 갈망을 나타낼 수 있습니다. 상징주의 작품들은 종종 꿈같은 분위기, 신비로운 풍경, 그리고 생생한 이미지를 통해 실체화된 추상적 개념들을 특징으로 했습니다. 상징주의의 영향은 문학을 넘어 다른 예술 형태들, 특히 회화와 음악으로 확장되었습니다. Gustav Klimt 같은 예술가들과 Claude Debussy 같은 작곡가들은 상징주의 원칙들을 그들의 작품에 포함시켜, 문자 그대로의 표현보다는 분위기와 정서를 강조하는 예술을 창조했습니다. 주관적 경험과 예술적 자유에 대한 이 운동의 강조는 20세기 모더니즘 문학과 예술의 중요한 토대를 마련했으며, T.S. Eliot과 William Butler Yeats 같은 작가들에게 영향을 주었습니다.

### 05　언급 의도 문제

해석　화자는 왜 Charles Baudelaire를 언급하는가?
ⓐ 그를 상징주의 사상에 초기 영향을 미친 사람으로 묘사하기 위해
ⓑ 그를 상징주의 운동의 창시자로 인정하기 위해
ⓒ 그의 작품을 후기 상징주의 시인들의 작품과 비교하기 위해
ⓓ 상징주의적 문학 기법에 대한 그의 반대를 설명하기 위해

해설　강의 초반에 화자는 Charles Baudelaire가 종종 상징주의의 선구자로 여겨진다고 했습니다. 따라서 화자가 Charles Baudelaire를 언급한 이유를 그를 상징주의 사상에 초기에 영향을 미친 사람으로 묘사하기 위해서라고 한 ⓐ가 정답입니다.

어휘　describe [diskráib] 묘사하다　identify [aidéntəfài] 인정하다
founder [fáundər] 창시자　opposition [ɑ̀ːpəzíʃən] 반대

### 06　추론 문제

해석　상징주의의 영향에 대해 무엇을 추론할 수 있는가?
ⓐ 주로 프랑스 문학에 국한되어 있었다.
ⓑ 20세기 예술 운동들에 거의 영향을 미치지 않았다.
ⓒ 사실적 예술 양식들을 완전히 대체했다.
ⓓ 문학을 넘어선 다른 예술 형태들로 확장되었다.

해설　화자는 상징주의의 영향이 문학을 넘어 다른 예술 형태들, 특히 회화와 음악으로 확장되었다고 했습니다. 따라서 문학을 넘어선 다른 예술 형태들로 확장되었다는 ⓓ가 정답입니다.

## [07-08]

**Listen to a talk in a philosophy class.**

Today ⁰⁷I want to discuss Epicureanism, an ancient Greek philosophical school founded by Epicurus in Athens around 307 BCE. Contrary to popular misconceptions, Epicureanism wasn't about indulgent pleasure-seeking. Instead, ⁰⁷it focused on achieving true happiness through the absence of pain and anxiety. Epicurus distinguished between two types of pleasure: kinetic pleasure, which involves active enjoyment like eating or socializing, and katastematic pleasure, which is the peaceful state of being free from pain and disturbance. He argued that katastematic pleasure was superior because it could be sustained indefinitely. The philosophy also emphasized the importance of friendship, which Epicurus considered the greatest source of security and happiness. Epicureans believed that by understanding the natural world through reason, people could overcome their fears, particularly the fear of death and the gods. They practiced what we might call mindful living today, carefully considering which desires were necessary and which were empty. ⁰⁸This philosophical approach has influenced modern psychology and self-help movements, particularly in areas related to stress reduction and mindful living. The Epicurean focus on present-moment awareness and rational decision-making continues to resonate with contemporary audiences seeking balance in their lives.

Epicureanism[èpəkjuərí:ənìzm] 에피쿠로스 철학
philosophical[fìləsá:fikəl] 철학의　found[faund] 설립하다
contrary[ká:ntreri] 반대로, 달리
misconception[mìskənsépʃən] 오해
indulgent[indʌ́ldʒənt] 방종적인
pleasure-seeking[pléʒərsí:kiŋ] 쾌락 추구
absence[ǽbsəns] 부재　anxiety[æŋzáiəti] 불안
distinguish[distíŋgwiʃ] 구별하다　kinetic[kinétik] 동적인
enjoyment[indʒɔ́imənt] 즐거움
socialize[sóuʃəlàiz] 사교 활동을 하다　peaceful[pí:sfəl] 평화로운
disturbance[distə́:rbəns] 불안　argue[á:rgju:] 주장하다
superior[supíəriər] 우월한　sustain[səstéin] 지속하다
indefinitely[indéfənitli] 무한정으로　security[sikjúərəti] 안전
overcome[òuvərkʌ́m] 극복하다　mindful[máindfəl] 마음 챙김의
desire[dizáiər] 욕망　empty[émpti] 공허한
psychology[saikɑ́:lədʒi] 심리학　self-help[sèlfhélp] 자조
reduction[ridʌ́kʃən] 감소　awareness[əwɛ́ərnis] 인식
rational[rǽʃənl] 합리적인
decision-making[disíʒənmeikiŋ] 의사 결정
resonate[rézənèit] 공감을 불러일으키다
contemporary[kəntémpərèri] 현대의　audience[ɔ́:diəns] 독자

해석　철학 강의를 들으시오.

오늘 저는 기원전 307년경 에피쿠로스가 아테네에서 설립한 고대 그리스 철학 학파인 에피쿠로스 철학에 대해 논의하고 싶습니다. 대중적인 오해와는 달리, 에피쿠로스 철학은 방종적인 쾌락 추구에 관한 것이 아니었습니다. 대신, 고통과 불안의 부재를 통해 진정한 행복을 달성하는 데 집중했습니다. 에피쿠로스는 두 가지 유형의 쾌락을 구별했는데, 식사나 사교 활동 같은 적극적 즐거움을 수반하는 동적 쾌락과, 고통과 불안으로부터 자유로운 평화로운 상태인 정적 쾌락입니다. 그는 정적 쾌락이 무한정 지속될 수 있기 때문에 더 우월하다고 주장했습니다. 이 철학은 또한 우정의 중요성을 강조했으며, 에피쿠로스는 이를 안정감과 행복의 가장 큰 원천으로 여겼습니다. 에피쿠로스학파의 사람들은 이성을 통해 자연계를 이해함으로써 사람들이 그들의 두려움, 특히 죽음과 신에 대한 두려움을 극복할 수 있다고 믿었습니다. 그들은 오늘날 우리가 마음 챙김 생활이라고 부를 수 있는 것을 실천했으며, 어떤 욕망이 필요하고 어떤 것이 공허한지를 신중히 고려했습니다. 이러한 철학적 접근은 현대 심리학과 자조 운동들, 특히 스트레스 감소와 마음 챙김 생활과 관련된 영역에 영향을 미쳤습니다. 현재 순간에 대한 인식과 합리적 의사 결정에 대한 에피쿠로스학파의 집중은 삶에서 균형을 추구하는 현대 독자들에게 계속해서 공감을 불러일으킵니다.

## 07 주제 문제

해석　강의의 주요 주제는 무엇인가?
Ⓐ 행복 달성에 대한 철학적 접근법 ✓
Ⓑ 아테네의 철학 학파들의 역사
Ⓒ 고대 심리학과 현대 심리학의 차이
Ⓓ 고대 그리스 철학에 관한 오해들

해설　강의 초반에 화자가 고대 그리스 철학 학파인 에피쿠로스 철학에 대해 논의하고 싶다고 했고, 에피쿠로스 철학이 진정한 행복을 달성하는 데 집중했다고 한 다음, 이어서 에피쿠로스 철학의 세부 내용에 대해 설명하고 있으므로, 강의의 주제가 행복 달성에 대한 철학적 접근법에 관한 것임을 알 수 있습니다. 따라서 Ⓐ가 정답입니다.

## 08 언급 의도 문제

해석　화자는 왜 현대 심리학과 자조 운동을 언급하는가?
Ⓐ 마음 챙김 생활 기법의 발전을 설명하기 위해
Ⓑ 행복에 대한 고대와 현대의 접근법을 비교하기 위해
Ⓒ 오늘날 철학적 사상의 인기를 보여주기 위해
Ⓓ 에피쿠로스 철학이 현대의 실천들에 어떤 영향을 미쳤는지 보여주기 위해 ✓

해설　화자는 에피쿠로스 철학의 접근은 현대 심리학과 자조 운동들, 특히 스트레스 감소와 마음 챙김 생활과 관련된 영역에 영향을 미쳤다고 했습니다. 따라서 에피쿠로스 철학이 현대의 실천들에 어떤 영향을 미쳤는지 보여주기 위해서라는 Ⓓ가 정답입니다.

## Day 20  Task Test

p.222

| 01 ⓑ | 02 ⓒ | 03 ⓒ | 04 ⓑ | 05 ⓓ | 06 ⓑ |
| 07 ⓑ | 08 ⓒ | 09 ⓑ | 10 ⓑ | 11 ⓓ | 12 ⓐ |
| 13 ⓒ | 14 ⓒ | 15 ⓑ | 16 ⓑ | 17 ⓑ | 18 ⓐ |
| 19 ⓓ | 20 ⓑ | 21 ⓑ | 22 ⓐ | 23 ⓓ | 24 ⓑ |

### [01-04]

호주

Listen to a talk in an economics class.

⁰¹Today we'll examine viral marketing, a strategy where businesses create content that spreads rapidly through social media and word-of-mouth communication. The goal is to achieve maximum exposure with minimal advertising costs by encouraging users to share content with their networks. ⁰²One of the most successful viral marketing campaigns was the Ice Bucket Challenge in 2014. Participants dumped ice water over themselves, posted videos online, and challenged others to do the same. This campaign raised over 100 million dollars for research on ALS, also known as Lou Gehrig's disease because it combined entertainment with a charitable cause, making people feel good about participating and sharing. Another effective approach is creating unexpected or humorous content. Dollar Shave Club's launch video featured the company's CEO delivering funny lines while showcasing their products. ⁰³The video cost only 4,500 dollars to produce but gained millions of views and thousands of new customers within days.

However, viral marketing involves significant risks. ⁰⁴Companies cannot fully control how their content spreads, and campaigns can sometimes backfire if audiences interpret messages differently than intended. Successful viral marketing requires careful planning, authentic messaging, and a deep understanding of your target audience's values and behaviors.

strategy [strǽtədʒi] 전략  rapidly [rǽpidli] 빠르게
exposure [ikspóuʒər] 노출  minimal [mínəməl] 최소한의
advertising [ǽdvərtàiziŋ] 광고  encourage [inkə́:ridʒ] 장려하다
participant [pɑ:rtísəpənt] 참가자  dump [dʌmp] 쏟아붓다
challenge [tʃǽlindʒ] 요구하다  charitable [tʃǽritəbl] 자선의
cause [kɔ:z] 운동, 대의  unexpected [ʌnikspéktid] 예상치 못한
humorous [hjú:mərəs] 재미있는  launch [lɔ:ntʃ] 출시
risk [risk] 위험  backfire [bǽkfáiər] 역효과를 내다
audience [ɔ́:diəns] 청중  interpret [intə́:rprit] 해석하다
authentic [ɔ:θéntik] 진정성 있는  behavior [bihéivjər] 행동

해석  경제학 강의를 들으시오.

오늘 우리는 바이럴 마케팅, 즉 기업들이 소셜 미디어와 구두 커뮤니케이션을 통해 빠르게 확산되는 콘텐츠를 제작하는 전략을 살펴볼 것입니다. 목표는 사용자들이 자신의 관계망과 콘텐츠를 공유하도록 장려함으로써 최소한의 광고 비용으로 최대한의 노출을 달성하는 것입니다.

가장 성공적인 바이럴 마케팅 캠페인 중 하나는 2014년의 Ice Bucket Challenge였습니다. 참가자들은 자신에게 얼음물을 쏟아부었고, 온라인에 영상을 게시했으며, 다른 사람들에게도 같은 일을 하도록 요구했습니다. 이 캠페인은 오락과 자선 운동을 결합하여 사람들로 하여금 참여하고 공유하는 것에 대해 좋은 기분을 느끼게 했기 때문에 루게릭병으로 알려진 ALS 연구를 위해 1억 달러가 넘는 돈을 모금했습니다.

또 다른 효과적인 접근법은 예상치 못한 콘텐츠나 재미있는 콘텐츠를 만드는 것입니다. Dollar Shave Club의 출시 영상은 회사의 CEO가 자사 제품을 소개하면서 재미있는 말을 전하는 내용이었습니다. 이 영상은 제작하는 데 비용이 4,500달러밖에 들지 않았지만 며칠 만에 수백만 조회수와 수천 명의 새로운 고객을 얻었습니다. 그러나 바이럴 마케팅은 상당한 위험을 수반합니다. 기업들은 자사의 콘텐츠가 어떻게 확산되는지 완전히 통제할 수 없으며, 때때로 청중이 의도된 것과는 다르게 메시지를 해석하면 캠페인이 역효과를 낼 수 있습니다. 성공적인 바이럴 마케팅은 신중한 계획, 진정성 있는 메시지 전달, 그리고 목표 삼은 고객의 가치관과 행동에 대한 깊은 이해를 필요로 합니다.

### 01 주제 문제

해석  강의의 주요 주제는 무엇인가?
Ⓐ 소셜 미디어 광고 기법
☑ 빠른 콘텐츠 공유에 의존하는 마케팅 전략
Ⓒ 광고 비용을 줄이는 방법들
Ⓓ 온라인 마케팅 캠페인의 역사

해설  강의 초반에 화자가 바이럴 마케팅, 즉 기업들이 소셜 미디어와 구두 커뮤니케이션을 통해 빠르게 확산되는 콘텐츠를 제작하는 전략을 오늘 살펴볼 것이라고 했으므로, 강의의 주제가 빠른 콘텐츠 공유에 의존하는 마케팅 전략에 관한 것임을 알 수 있습니다. 따라서 Ⓑ가 정답입니다.

어휘  expense [ikspéns] 비용

### 02 언급 의도 문제

해석  화자는 왜 Ice Bucket Challenge를 언급하는가?
Ⓐ 자선 운동이 항상 입소문이 나는 방법을 설명하기 위해
Ⓑ 유명인을 통한 광고의 중요성을 보여주기 위해
☑ 성공적인 바이럴 마케팅의 예시를 제공하기 위해
Ⓓ 소셜 미디어 알고리즘이 어떻게 작동하는지 설명하기 위해

해설  화자는 가장 성공적인 바이럴 마케팅 캠페인 중 하나가 2014년의 Ice Bucket Challenge였다고 했습니다. 따라서 성공적인 바이럴 마케팅의 예시를 제공하기 위해서라는 Ⓒ가 정답입니다.

어휘  endorsement [indɔ́:rsmənt] 광고, 보증

### 03 언급 내용 문제

해석  화자는 Dollar Shave Club의 영상에 관해 무엇이라고 말하는가?

Ⓐ 만드는 데 큰 제작 예산이 필요했다.
Ⓑ Ice Bucket Challenge보다 더 성공적이었다.
Ⓒ 작은 투자로 큰 성과를 달성했다.
Ⓓ 바이럴 마케팅의 위험성을 보여주었다.

해설  화자는 Dollar Shave Club의 출시 영상이 제작비가 4,500달러 밖에 들지 않았지만 며칠 만에 수백만 조회수와 수천 명의 새로운 고객을 얻었다고 했습니다. 따라서 작은 투자로 큰 성과를 달성했다는 Ⓒ가 정답입니다.

어휘  budget[bʌ́dʒit] 예산  investment[invéstmənt] 투자

## 04 언급 내용 문제

해설  화자는 바이럴 마케팅 위험에 관해 어떤 점을 언급하는가?
Ⓐ 대부분의 바이럴 캠페인은 의도한 청중에게 도달하지 못한다.
Ⓑ 기업들은 자사의 콘텐츠가 어떻게 해석되는지에 대한 통제력을 잃을 수도 있다.
Ⓒ 바이럴 콘텐츠는 일반적으로 매우 짧은 수명을 가진다.
Ⓓ 소셜 미디어 플랫폼들이 종종 바이럴 마케팅 콘텐츠를 제거한다.

해설  화자는 기업들이 자사의 콘텐츠가 어떻게 확산되는지 완전히 통제할 수 없으며, 때때로 청중이 의도와는 다르게 메시지를 해석하면 캠페인이 역효과를 낼 수 있다고 했습니다. 따라서 기업들이 자사의 콘텐츠가 어떻게 해석되는지에 대한 통제력을 잃을 수도 있다는 Ⓑ가 정답입니다.

어휘  intend[inténd] 의도하다  lifespan[láifspæn] 수명

## [05-08]

🎧 미국

**Listen to a talk in a history class.**

⁰⁵During the Middle Ages, monasteries played a crucial role in preserving knowledge and learning throughout Europe. When the Roman Empire collapsed, much of the classical learning from ancient Greece and Rome was at risk of being lost forever. Monasteries became centers of scholarship where monks carefully copied and preserved important texts by hand. ⁰⁶This painstaking process, known as manuscript illumination, often took months or even years to complete a single book. Monks didn't just copy texts—⁰⁶they also added beautiful decorative elements, colorful illustrations, and ornate initial letters that made these manuscripts true works of art. The monastery libraries housed not only religious texts but also works on philosophy, medicine, science, and literature from the ancient world. ⁰⁷Some monasteries established scriptoriums, specialized rooms where monks worked exclusively on copying manuscripts. The most famous of these was at the monastery of Saint Gall in Switzerland, which became renowned throughout Europe for its collection. Monasteries also served as schools, teaching reading and writing to both future monks and local nobility. Without the dedication of these medieval monks, many important works from antiquity would have been lost to history. ⁰⁸Their preservation efforts created a bridge between the ancient world and the Renaissance period, when these texts would once again become widely available through the invention of the printing press.

monastery[mɑ́:nəstèri] 수도원  preserve[prizə́:rv] 보존하다
collapse[kəlǽps] 무너지다  scholarship[skɑ́:lərʃip] 학문
monk[mʌŋk] 수도사  painstaking[péinstèikiŋ] 고된
manuscript[mǽnjuskrìpt] 사본
illumination[ilù:mənéiʃən] 장식  complete[kəmplí:t] 완성하다
decorative[dékərətiv] 장식의  element[éləmənt] 요소
ornate[ɔːrnéit] 화려한  initial[iníʃəl] 처음의
work of art 예술 작품  house[haus] 보관하다
religious[rilídʒəs] 종교의  philosophy[filɑ́:səfi] 철학
medicine[médəsən] 의학  literature[lítərətʃər] 문학
establish[istǽbliʃ] 설립하다  scriptorium[skriptɔ́:riəm] 필사실
exclusively[iksklú:sivli] 오로지  renowned[rináund] 유명한
nobility[noubíləti] 귀족  dedication[dèdikéiʃən] 헌신
medieval[mì:dí:vəl] 중세의  antiquity[æntíkwəti] 고대
preservation[prèzərvéiʃən] 보존  invention[invénʃən] 발명
printing press 인쇄기

해설  역사학 강의를 들으시오.

중세 시대 동안 수도원은 유럽 전역에서 지식과 학문을 보존하는 데 중요한 역할을 했습니다. 로마 제국이 무너졌을 때, 고대 그리스와 로마의 고전 학문 대부분이 영원히 사라질 위험에 처했습니다. 수도원은 수도사들이 중요한 텍스트를 손으로 세심하게 복사하고 보존하는 학문의 중심지가 되었습니다. 사본 장식이라고 알려진 이 고된 과정은 종종 한 권의 책을 완성하는 데 몇 달 또는 몇 년이 걸렸습니다. 수도사들은 단순히 텍스트만 복사하지 않았습니다. 그들은 또한 아름다운 장식 요소, 색깔 있는 삽화, 그리고 화려한 첫 글자를 추가하여 이러한 사본들을 진정한 예술 작품으로 만들었습니다. 수도원 도서관은 종교 텍스트뿐만 아니라 고대 세계의 철학, 의학, 과학, 문학 작품들도 보관했습니다. 일부 수도원은 수도사들이 오로지 사본 제작에만 전념하는 전문 공간인 필사실을 설립했습니다. 이 중 가장 유명한 것은 스위스의 Saint Gall 수도원으로, 그 컬렉션으로 유럽 전역에서 유명해졌습니다. 수도원은 또한 학교 역할을 하여 미래의 수도사들과 지역 귀족들에게도 읽기와 쓰기를 가르쳤습니다. 이러한 중세 수도사들의 헌신이 없었다면 고대의 많은 중요한 작품들이 역사에서 사라졌을 것입니다. 그들의 보존 노력은 고대 세계와 르네상스 시대 사이의 다리를 만들어 냈으며, 르네상스 때 인쇄기의 발명을 통해 이러한 텍스트들이 다시 널리 사용 가능하게 되었습니다.

## 05 주제 문제

해설  강의는 주로 무엇에 관한 것인가?
Ⓐ 로마 제국의 붕괴
Ⓑ 고대 그리스와 로마 문학
Ⓒ 인쇄 기술의 발전

✓ 지식 보존에서 중세 수도원의 역할

해설 강의 초반에 중세 시대 동안 수도원은 유럽 전역에서 지식과 학문을 보존하는 데 중요한 역할을 했다고 한 후, 이어서 수도원이 어떻게 고전 학문을 보존했는지에 대해 자세히 설명하고 있으므로, 강의의 주제가 지식 보존에서 중세 수도원의 역할에 관한 것임을 알 수 있습니다. 따라서 ⓓ가 정답입니다.

## 06 사실 정보 파악 문제

해석 화자는 사본 장식에 관해 무엇이라고 말하는가?
ⓐ 종교 텍스트에만 사용되었다.
✓ⓑ 상당한 시간과 예술적 기술이 필요했다.
ⓒ 르네상스 시대에 발명되었다.
ⓓ 주로 전문 예술가들에 의해 이루어졌다.

해설 화자는 사본 장식이라고 알려진 이 고된 과정은 종종 한 권의 책을 완성하는 데 몇 달 또는 몇 년이 걸렸다고 했고, 이어서 수도사들이 아름다운 장식 요소와 삽화를 추가하여 진정한 예술 작품으로 만들었다고 했습니다. 따라서 상당한 시간과 예술적 기술이 필요했다는 ⓑ가 정답입니다.

어휘 compete[kəmpíːt] 경쟁하다  illustrate[íləstrèit] 설명하다

## 07 언급 의도 문제

해석 화자는 왜 Saint Gall을 언급하는가?
ⓐ 수도원들이 서로 어떻게 경쟁했는지 보여주기 위해
✓ⓑ 유명한 사본 제작 중심지를 설명하기 위해
ⓒ 스위스 수도원이 왜 달랐는지 설명하기 위해
ⓓ 사본 장식의 기원을 설명하기 위해

해설 화자는 일부 수도원이 필사실을 설립했다고 한 후, 이 중 가장 유명한 것은 스위스의 Saint Gall 수도원으로, 그 컬렉션으로 유럽 전역에서 유명해졌다고 했습니다. 따라서 유명한 사본 제작 중심지를 설명하기 위해서라는 ⓑ가 정답입니다.

## 08 추론 문제

해석 수도원의 역사적 영향에 관해 추론할 수 있는 것은 무엇인가?
ⓐ 그들은 주로 종교 교육에 집중했다.
ⓑ 그들은 결국 대학들로 대체되었다.
✓ⓒ 그들은 고대 지식을 후대와 연결하는 데 도움을 주었다.
ⓓ 그들은 주로 지역 공동체의 필요를 충족시켰다.

해설 화자는 그들의 보존 노력이 고대 세계와 르네상스 시대 사이의 다리를 만들어 냈으며, 르네상스 때 인쇄기의 발명을 통해 이러한 텍스트들이 다시 널리 사용 가능하게 되었다고 했습니다. 따라서 수도원이 고대 지식을 후대와 연결하는 데 도움을 주었다는 ⓒ가 정답입니다.

어휘 impact[ímpækt] 영향  serve[səːrv] 충족시키다  community[kəmjúːnəti] 공동체

## [09-12]

🔊 영국

Listen to a talk in a computer science class.

⁰⁹Machine learning is a field of artificial intelligence that allows computers to learn from data without being explicitly programmed. Instead of following detailed instructions, computers identify patterns and make decisions based on what they've learned. ⁰⁹There are three main types of machine learning. ¹⁰The first type is supervised learning, where computers learn from labeled examples. For instance, to recognize cats in photos, we provide images labeled as "cat" or "not cat," and the computer learns to identify distinctive features. The second type is unsupervised learning, where computers work with unlabeled data, finding patterns on their own. This helps in customer segmentation without specific guidance. The third type is reinforcement learning, where computers learn by receiving rewards for correct decisions, similar to how we train pets. ⁰⁹Machine learning has transformed many industries. In healthcare, it helps predict disease outbreaks. In finance, it detects fraudulent transactions by spotting unusual patterns. ¹¹Even your movie recommendations on streaming services come from machine learning algorithms that analyze your viewing history. ¹²Now, we'll examine how researchers measure the accuracy of these learning systems.

artificial[àːrtəfíʃəl] 인공의  intelligence[intélədʒəns] 지능
explicitly[iksplísitli] 분명하게  identify[aidéntəfài] 식별하다
decision[disíʒən] 결정  supervised[súːpərvàizd] 지도의
recognize[rékəgnàiz] 인식하다
distinctive[distíŋktiv] 차이를 나타내는
unsupervised[ʌnsúːpərvàizd] 비지도의
unlabeled[ʌnléibld] 분류되지 않은  guidance[gáidns] 지침
segmentation[sègməntéiʃən] 세분화
reinforcement[riːinfɔ́ːrsmənt] 강화  reward[riwɔ́ːrd] 보상
transform[trænsfɔ́ːrm] 변화시키다  healthcare[hélθkɛ̀ər] 의료
disease[dizíːz] 질병  outbreak[áutbrèik] 발생
finance[fáinæns] 금융  detect[ditékt] 탐지하다
fraudulent[frɔ́ːdulənt] 사기의  transaction[trænzǽkʃən] 거래
unusual[ʌnjúːʒuəl] 이상한
recommendation[rèkəmendéiʃən] 추천
analyze[ǽnəlàiz] 분석하다  accuracy[ǽkjurəsi] 정확도

해석 컴퓨터 공학 강의를 들으시오.
　　머신러닝은 컴퓨터가 분명하게 프로그래밍되지 않고도 데이터로부터 학습할 수 있게 하는 인공지능 분야입니다. 상세한 지시를 따르기보다, 컴퓨터는 패턴을 식별하고, 자신이 학습한 것을 바탕으로 결정을 내립니다. 머신러닝에는 세 가지 주요 유형이 있습니다. 첫 번째 유형은 지도 학습으로, 컴퓨터가 분류된 예시로부터 학습합니다. 예를 들어, 사진에서 고양이를 인식하기 위해, 우리는 '고양이' 또는 '고양이가 아님'으로 분류된 이미지를 제공하고, 컴퓨터

는 차이를 나타내는 특성들을 식별하는 법을 학습합니다. 두 번째 유형은 비지도 학습으로, 컴퓨터가 분류되지 않은 데이터로 작업하며 스스로 패턴을 찾습니다. 이는 구체적인 지침 없이도 고객 세분화에 도움을 줍니다. 세 번째 유형은 강화 학습으로, 컴퓨터가 올바른 결정에 대한 보상을 받으며 학습하는데, 이는 우리가 반려동물을 훈련시키는 방법과 유사합니다. 머신러닝은 많은 산업을 변화시켜 왔습니다. 의료 분야에서는, 질병 발생을 예측하는 데 도움을 줍니다. 금융 분야에서는, 이상한 패턴을 발견하여 사기 거래를 탐지합니다. 심지어 스트리밍 서비스에서 여러분의 영화 추천도 여러분의 시청 기록을 분석하는 머신러닝 알고리즘에서 비롯됩니다. 이제, 우리는 연구자들이 이러한 학습 시스템의 정확도를 어떻게 측정하는지 살펴보겠습니다.

## 09 주제 문제

해석 강의의 주요 주제는 무엇인가?
Ⓐ 다양한 유형의 컴퓨터 알고리즘
☑ 머신러닝의 기본 원리와 활용
Ⓒ 인공지능의 역사
Ⓓ 데이터 분석을 위한 프로그래밍 기법

해설 강의 초반에 머신러닝은 컴퓨터가 분명하게 프로그래밍되지 않고도 데이터로부터 학습할 수 있게 하는 인공지능 분야라고 했고, 이후 머신러닝의 세 가지 주요 유형과 다양한 산업에서의 활용을 설명했으므로, 강의의 주제가 머신러닝의 기본 원리와 활용에 관한 것임을 알 수 있습니다. 따라서 Ⓑ가 정답입니다.

어휘 principle[prínsəpl] 원리  analysis[ənǽləsis] 분석

## 10 언급 의도 문제

해석 화자는 왜 고양이 사진을 언급하는가?
Ⓐ 이미지 분류 기술을 설명하기 위해
☑ 지도 학습 과정을 보여주기 위해
Ⓒ AI 시스템의 한계를 보여주기 위해
Ⓓ 컴퓨터 비전 개념을 소개하기 위해

해설 화자는 머신러닝의 첫 번째 유형으로, 컴퓨터가 분류된 예시로부터 학습하는 지도 학습을 설명하면서, 사진에서 고양이를 인식하기 위해, 우리는 '고양이' 또는 '고양이가 아님'으로 분류된 이미지를 제공하고 컴퓨터는 차이를 나타내는 특성들을 식별하는 법을 학습한다고 했습니다. 따라서 지도 학습 데이터를 보여주기 위해서라는 Ⓑ가 정답입니다.

어휘 classification[klæ̀səfikéiʃən] 분류  limitation[lìmitéiʃən] 한계

## 11 언급 내용 문제

해석 화자는 일상생활에서의 머신러닝 활용으로 무엇을 언급하는가?
Ⓐ 병원의 의료 진단 시스템
Ⓑ 거래 처리 속도 향상
Ⓒ 자동화된 고객 서비스 시스템
☑ 개인 맞춤형 스트리밍의 추천

해설 화자는 스트리밍 서비스의 영화 추천도 시청 기록을 분석하는 머신러닝 알고리즘에서 비롯된다고 했습니다. 따라서 개인 맞춤형 스트리밍의 추천이라는 Ⓓ가 정답입니다.

어휘 application[æ̀pləkéiʃən] 활용  diagnosis[dàiəgnóusis] 진단
automated[ɔ́ːtəmèitid] 자동화된
personalized[pə́ːrsənəlàizd] 개인 맞춤형의

## 12 다음에 할 일 문제

해석 화자가 이어서 무엇을 가장 논의할 것 같은가?
☑ 머신러닝 알고리즘을 평가하는 방법
Ⓑ 머신러닝 시스템의 기술적 요구사항
Ⓒ 성공적인 머신러닝 활용 사례 연구
Ⓓ 현재 머신러닝 기술의 잠재적 한계

해설 강의 후반에 화자는, 이제, 연구자들이 머신러닝의 학습 시스템의 정확도를 어떻게 측정하는지 살펴보겠다고 했습니다. 따라서 머신러닝 알고리즘을 평가하는 방법이라는 Ⓐ가 정답입니다.

어휘 method[méθəd] 방법  evaluate[ivǽljuèit] 평가하다
requirement[rikwáiərmənt] 요구사항  case study 사례 연구
potential[pəténʃəl] 잠재적인  limitation[lìmitéiʃən] 한계
current[kə́ːrənt] 현재의

## [13-16]

🎧 미국

Listen to a talk in a psychology class.

Groupthink is a psychological phenomenon that occurs when a group of people prioritizes consensus and harmony over critical thinking and realistic evaluation of alternatives. This concept was first described by psychologist Irving Janis, who studied several historical decision-making disasters. When groupthink occurs, group members suppress dissent, fail to critically analyze alternatives, and isolate themselves from outside opinions that might challenge their shared beliefs. [13]Several conditions make groupthink more likely to develop. These include high group cohesiveness, insulation from outside sources, directive leadership, and the absence of systematic procedures for evaluating alternatives. [14]Groups experiencing time pressure or stress are particularly vulnerable to this phenomenon. The symptoms of groupthink are quite recognizable. Members develop an illusion of unanimity, where silence is interpreted as agreement. [15]They also exhibit collective rationalization, dismissing warnings or negative feedback that might lead them to reconsider their assumptions. Another symptom is the belief in the group's inherent morality, leading members to ignore ethical consequences of their decisions. Groups may also stereotype outsiders as weak or evil, making it easier to dismiss external criticism. The consequences of groupthink can be severe, leading to poor decision-making and missed opportunities for innovation. However, there are strategies to prevent groupthink, such as encouraging critical evaluation, bringing in outside experts, and assigning devil's advocate roles. ¹⁶Next, we'll look at specific historical cases where groupthink led to significant policy failures.

groupthink [grúːpθiŋk] 집단 사고
psychological [sàikəláːdʒikəl] 심리적인
phenomenon [finάːmənὰn] 현상  occur [əkə́ːr] 발생하다
prioritize [praiɔ́ːrətàiz] 우선시하다  consensus [kənsénsəs] 합의
critical [krítikəl] 비판적인  realistic [rìːəlístik] 현실적인
evaluation [ivæ̀ljuéiʃən] 평가  alternative [ɔːltə́ːrnətiv] 대안
psychologist [saikάːlədʒist] 심리학자  disaster [dizǽstər] 참사
suppress [səprés] 억압하다  dissent [disént] 반대 의견
analyze [ǽnəlàiz] 분석하다  isolate [áisəlèit] 격리시키다
cohesiveness [kouhíːsivnis] 결속력  insulation [ìnsəléiʃən] 고립
directive [diréktiv] 지시적인  absence [ǽbsəns] 부재
systematic [sìstəmǽtik] 체계적인  procedure [prəsíːdʒər] 절차
vulnerable [vʌ́lnərəbl] 취약한  symptom [símptəm] 증상
recognizable [rékəgnàizəbl] 인지하기 쉬운  illusion [ilúːʒən] 착각
unanimity [jùːnəníməti] 만장일치  silence [sáiləns] 침묵
interpret [intə́ːrprit] 해석하다  agreement [əgríːmənt] 동의
exhibit [igzíbit] 보여주다  collective [kəléktiv] 집단적인
rationalization [ræ̀ʃənəlizéiʃən] 합리화
dismiss [dismís] 무시하다  reconsider [rìːkənsídər] 재고하다
assumption [əsʌ́mpʃən] 상정, 가정  inherent [inhérənt] 고유한
morality [mərǽləti] 도덕성  ignore [ignɔ́ːr] 무시하다
ethical [éθikəl] 윤리적인  consequence [kάːnsəkwèns] 결과
stereotype [stériətaip] 고정 관념화하다
outsider [àutsáidər] 외부인  evil [íːvəl] 악한
external [ekstə́ːrnəl] 외부의  criticism [krítəsìzm] 비판
severe [səvíər] 심각한  innovation [ìnəvéiʃən] 혁신
strategy [strǽtədʒi] 전략  prevent [privént] 방지하다
expert [ékspəːrt] 전문가  assign [əsáin] 배정하다
devil's advocate 일부러 반대 입장을 취하는 사람
specific [spisífik] 구체적인  failure [féiljər] 실패

해석 심리학 강의를 들으시오.

집단 사고는 한 집단을 이룬 사람들이 비판적 사고와 대안에 대한 현실적 평가보다 합의와 조화를 우선시할 때 발생하는 심리적 현상입니다. 이 개념은 심리학자 Irving Janis에 의해 처음으로 설명되었는데, 그는 여러 역사적인 의사결정의 참사를 연구했습니다. 집단 사고가 발생할 때, 집단 구성원들은 반대 의견을 억압하고, 대안을 비판적으로 분석하지 못하며, 자신들의 공유된 신념에 도전할 수 있는 외부 의견으로부터 스스로를 격리시킵니다. 여러 조건들이 집단 사고가 발생할 가능성을 높입니다. 이에는 높은 집단 결속력, 외부 정보 원천으로부터의 고립, 지시적 리더십, 그리고 대안을 평가하는 체계적 절차의 부재가 포함됩니다. 시간적 압박이나 스트레스를 겪는 집단은 이 현상에 특히 취약합니다. 집단 사고의 증상은 상당히 인지하기 쉽습니다. 구성원들은 침묵이 동의로 해석되는 만장일치에 대한 착각을 발전시킵니다. 그들은 또한 집단적 합리화를 보여주며, 자신들이 사실이라고 생각하는 것을 재고하게 할 수 있는 경고나 부정적 피드백을 무시합니다. 또 다른 증상은 집단의 고유한 도덕성에 대한 믿음인데, 이는 구성원들이 자신들의 결정으로 인한 윤리적 결과를 무시하게 합니다. 집단들은 또한 외부인들을 약하거나 악한 존재로 고정 관념화하는데, 이는 외부 비판을 더 쉽게 무시할 수 있게 합니다. 집단 사고로 인한 결과는 심각할 수 있으며, 잘못된 의사결정과 혁신 기회의 상실로 이어질 수 있습니다. 그러나, 비판적 평가를 장려하기, 외부 전문가 초빙하기, 일부러 반대 입장을 취하는 역할을 배정하기와 같은 집단 사고를 방지하는 전략들이 있습니다. 이어서, 집단 사고가 심각한 정책 실패로 이어진 구체적인 역사적 사례들을 살펴보겠습니다.

## 13 언급 내용 문제

해석 집단 사고를 조장하는 요인으로 언급되지 않은 요인은 무엇인가?
ⓐ 높은 수준의 집단 결속력
ⓑ 외부 정보 원천으로부터의 고립
✓ⓒ 결정을 내리는 집단의 규모
ⓓ 지시적 리더십 스타일

해설 화자는 여러 조건들이 집단 사고가 발생할 가능성을 높인다고 한 후, 이에는 높은 집단 결속력, 외부 정보 원천으로부터의 고립, 지시적 리더십, 그리고 대안을 평가하는 체계적 절차의 부재가 포함된다고 언급했습니다. 따라서 집단 사고를 조장하는 요인으로 언급되지 않은 조건인, 결정을 내리는 집단의 규모라는 ⓒ가 정답입니다.

어휘 factor [fǽktər] 요인  isolation [àisəléiʃən] 고립

## 14 추론 문제

해석 화자는 시간적 압박을 받는 집단에 관해 무엇을 암시하는가?
ⓐ 외부 전문가의 의견을 구할 가능성이 높다.
ⓑ 더 혁신적인 결정을 내리는 경향이 있다.
✓ⓒ 집단 사고를 발전시키기가 더 쉽다.
ⓓ 일반적으로 일부러 반대 입장을 취하는 역할을 더 자주 배정한다.

해설 화자는 시간적 압박이나 스트레스를 겪는 집단은 집단 사고에 특히 취약하다고 했습니다. 따라서 집단 사고를 발전시키기가 더 쉽다는 ⓒ가 정답입니다.

어휘 susceptible [səséptəbl] 쉬운  frequently [fríːkwəntli] 자주

## 15 사실 정보 파악 문제

해석 화자에 따르면, 집단적 합리화란 무엇인가?
ⓐ 투표를 통해 집단 결정을 내리는 과정
✓ⓑ 집단이 사실이라고 생각하는 것에 도전하는 정보를 무시하는 경향
ⓒ 집단 의사결정 과정을 기록하는 관행
ⓓ 외부 관찰자들에게 집단 결정을 설명하는 능력

해설 화자는 집단 사고의 증상을 보이는 구성원들이 집단적 합리화를 보여주며, 자신들이 사실이라고 생각하는 것을 재고하게 할 수 있는 경고나 부정적 피드백을 무시한다고 했습니다. 따라서 집단이 사실이라고 생각하는 것에 도전하는 정보를 무시하는 경향이라는 ⓑ가 정답입니다.

어휘 process [prάːses] 과정  voting [vóutiŋ] 투표
tendency [téndənsi] 경향  document [dάːkjumènt] 기록하다
ability [əbíləti] 능력  observer [əbzə́ːrvər] 관찰자

## 16 다음에 할 일 문제

해석 화자가 이어서 무엇을 가장 논의할 것 같은가?

Ⓐ 집단의 의사소통을 개선하는 기법
Ⓑ 집단 사고가 어떻게 중대한 잘못을 초래했는지에 대한 실제 사례들
Ⓒ 집단 구성원의 심리적 이익
Ⓓ 집단 의사결정의 효과성을 측정하는 방법

해설 강의의 후반에서 화자는 이어서 집단 사고가 심각한 정책 실패로 이어진 구체적인 역사적 사례들을 살펴보겠다고 했습니다. 따라서 집단 사고가 어떻게 중대한 잘못을 초래했는지에 대한 실제 사례들이라는 Ⓑ가 정답입니다.

어휘 mistake[mistéik] 잘못  benefit[bénəfit] 이익
method[méθəd] 방법  measure[méʒər] 측정하다
effectiveness[ifèktivnis] 효과성

## [17-20]
🎧 영국

**Listen to a talk on a podcast about public health.**

¹⁷Food deserts are geographic areas where residents have limited access to affordable, nutritious, and culturally appropriate food options. These areas typically lack full-service grocery stores and are often found in low-income urban neighborhoods and isolated rural communities. ¹⁸Instead of supermarkets offering fresh produce, residents may only have access to convenience stores, fast-food restaurants, and gas stations that primarily sell processed foods high in sugar, salt, and fat. ¹⁹The absence of healthy food options creates significant public health challenges, contributing to higher rates of obesity, diabetes, and other diet-related diseases in affected communities. Food deserts result from complex socioeconomic factors, including disinvestment in certain neighborhoods, lack of public transportation, and the economic decisions of grocery store chains that often avoid areas they perceive as unprofitable. Residents without personal vehicles face particular hardships, as they must travel long distances using public transportation to reach grocery stores, making healthy food both expensive and time-consuming to obtain. ²⁰Some communities have developed innovative solutions, such as mobile markets, community gardens, and food cooperatives, to address these challenges. Understanding food deserts helps explain health disparities between different socioeconomic groups and highlights the intersection of urban planning, economics, and public health in determining community well-being.

geographic[dʒì:əgrǽfik] 지리적인  resident[rézədənt] 주민
affordable[əfɔ́:rdəbl] 저렴한  nutritious[nju:tríʃəs] 영양가 있는
culturally[kʌ́ltʃərəli] 문화적으로  grocery[gróusəri] 식료품

low-income[lóuínkʌm] 소득이 적은  urban[ə́:rbən] 도시의
isolated[áisəlèitid] 외딴  rural[rúərəl] 농촌의
community[kəmjú:nəti] 지역 사회  produce[prɑ́:dju:s] 농산물
convenience[kənví:njəns] 편의  processed[prɑ́:sesd] 가공된
absence[ǽbsəns] 부재  create[kriéit] 야기하다
significant[signífikənt] 심각한, 중요한  public health 공중보건
challenge[tʃǽlindʒ] 문제  contribute[kəntríbju:t] 원인이 되다
obesity[oubí:səti] 비만  diabetes[dàiəbí:tis] 당뇨병
diet-related[dàiətriléitid] 식이 관련  disease[dizí:z] 질병
socioeconomic[sòusiouèkəná:mik] 사회 경제적인
factor[fǽktər] 요인  disinvestment[dìsinvéstmənt] 투자 철회
perceive[pərsí:v] 인식하다
unprofitable[ənprɑ́:fitəbəl] 수익성이 없는
personal[pə́:rsənl] 개인의  vehicle[ví:ikl] 차량
face[feis] 직면하다  hardship[hɑ́:rdʃip] 어려움
distance[dístəns] 거리
time-consuming[táimkənsju:miŋ] 시간이 많이 소요되는
obtain[əbtéin] 구하다  innovative[ínəvèitiv] 획기적인
solution[səlú:ʃən] 해결책  address[ədrés] 해결하다
disparity[dispǽrəti] 격차  intersection[ìntərsékʃən] 교차점

해석 공중 보건에 관한 팟캐스트 강의를 들으시오.

식품 사막은 주민들이 저렴하고 영양가 있으며 문화적으로 적절한 식품 선택지들에 대한 접근이 제한된 지리적 지역입니다. 이러한 지역들은 일반적으로 종합 식료품점이 부족하며, 소득이 적은 도시 지역과 외딴 농촌 지역 사회에서 자주 발견됩니다. 신선한 농산물을 내놓는 슈퍼마켓 대신, 주민들은 주로 당분, 염분, 지방 함유량이 높은 가공식품을 판매하는 편의점, 패스트푸드 식당, 그리고 주유소만을 이용할 수 있습니다. 건강한 식품 선택지의 부재는 심각한 공중보건 문제를 야기하여, 영향을 받고 있는 지역 사회에서 비만, 당뇨병, 그리고 기타 식이 관련 질병의 높은 발병률의 원인이 됩니다. 식품 사막은 특정 지역에 대한 투자 철회, 대중교통 부족, 그리고 수익성이 없다고 인식하는 지역을 보통 회피하는 식료품점 체인의 경제적 결정을 포함한 복합적인 사회 경제적 요인들로부터 발생합니다. 개인 차량이 없는 주민들은 특히나 어려움에 직면하는데, 식료품점에 도착하기 위해 그들이 대중교통을 이용하여 장거리를 이동해야 하기 때문이며, 이는 건강한 식품을 구하기가 비싸고 시간이 많이 소요되게 만듭니다. 일부 지역 사회들은 이러한 문제들을 해결하기 위해 이동식 시장, 공동체 정원, 그리고 식품 협동조합과 같은 획기적인 해결책들을 마련했습니다. 식품 사막을 이해하는 것은 각기 다른 사회 경제적 집단 간의 건강 격차를 설명하는 데 도움을 주며, 지역 사회의 안녕을 결정하는 데 있어서 도시 계획, 경제학, 그리고 공중보건의 교차점을 강조합니다.

### 17  주제 문제

해석 강의는 주로 무엇에 관한 것인가?
Ⓐ 비만과 당뇨병의 원인들
Ⓑ 건강한 식품 접근 기회가 제한된 지역
Ⓒ 식료품점의 경제적 어려움
Ⓓ 지역 사회 내 교통 문제

해설 강의의 초반에 식품 사막은 주민들이 저렴하고 영양가 있으며 문화적으로 적절한 식품 선택지들에 대한 접근이 제한된 지리적 지역이라고 한 뒤, 이러한 지역들의 특징과 원인, 그리고 해결책들을 설명하고 있습니다. 따라서 Ⓑ가 정답입니다.

## 18 언급 의도 문제

**해석** 화자는 왜 편의점과 주유소를 언급하는가?
- Ⓐ 식품 사막에서 이용 가능한 음식 판매점의 유형들을 설명하기 위해
- Ⓑ 도시와 농촌의 쇼핑 패턴을 비교하기 위해
- Ⓒ 식품 유통 시스템이 어떻게 작동하는지 설명하기 위해
- Ⓓ 도시에서 체인 사업의 성장을 묘사하기 위해

**해설** 화자는 신선한 농산물을 내놓는 슈퍼마켓 대신, 식품 사막의 주민들은 주로 당분, 염분, 지방이 높은 가공식품을 판매하는 편의점, 패스트푸드 식당, 그리고 주유소만을 이용할 수 있다고 했습니다. 따라서 식품 사막에서 이용 가능한 음식 판매점의 유형들을 설명하기 위해서라는 Ⓐ가 정답입니다.

**어휘** outlet[áutlèt] 판매점  distribution[dìstrəbjúːʃən] 유통

## 19 사실 정보 파악 문제

**해석** 화자에 따르면, 식품 사막과 관련된 건강 문제는 무엇인가?
- Ⓐ 감염성 질병과 비타민 결핍
- Ⓑ 대기 오염으로 인한 호흡기 문제
- Ⓒ 정신 건강 문제와 약물 남용
- Ⓓ 비만과 당뇨병 같은 식이 관련 질환

**해설** 화자는 건강한 식품 선택지의 부재가 심각한 공중보건 문제를 야기하여, 영향을 받고 있는 지역 사회에서 비만, 당뇨병, 그리고 기타 식이 관련 질병의 높은 발병률의 원인이 된다고 했습니다. 따라서 비만과 당뇨병 같은 식이 관련 질환이라는 Ⓓ가 정답입니다.

**어휘** associate[əsóuʃièit] 관련되다  infectious[infékʃəs] 감염성의  deficiency[difíʃənsi] 결핍  respiratory[réspərətɔ̀ːri] 호흡기의  mental[méntl] 정신의  substance[sʌ́bstəns] 약물  abuse[əbjúːs] 남용  condition[kəndíʃən] 질환

## 20 추론 문제

**해석** 화자는 식품 사막에 대한 지역 사회의 해결책에 관해 무엇을 암시하는가?
- Ⓐ 그것들은 대부분의 지역에서 실행하기에 너무 비싸다.
- Ⓑ 그것들은 문제를 해결하기 위해 주민들에 의해 마련되었다.
- Ⓒ 그것들은 성공하기 위해 상당한 정부 자금이 필요하다.
- Ⓓ 그것들은 주요 식료품점 체인을 유치하는 것보다 덜 효과적이다.

**해설** 화자는 일부 지역 사회들이 이러한 문제들을 해결하기 위해 이동식 시장, 공동체 정원, 그리고 식품 협동조합과 같은 획기적인 해결책들을 마련했다고 했습니다. 따라서 그것들은 문제를 해결하기 위해 주민들에 의해 마련되었다는 Ⓑ가 정답입니다.

**어휘** implement[ímpləmènt] 실행하다  funding[fʌ́ndiŋ] 자금

## [21-24]

🎧 미국

Listen to a talk in an anthropology class.

[21]Gift exchange is a universal human practice that serves important social functions beyond simple generosity. [22]Anthropologist Marcel Mauss identified three fundamental obligations in gift-giving: the obligation to give, to receive, and to reciprocate. This creates ongoing relationships between individuals and within communities, establishing networks of mutual dependence and social cohesion. In many cultures, gift exchange functions as a form of social currency that maintains status hierarchies and political alliances. The value of gifts often lies not in their material worth but in their symbolic meaning and timing. [23]For example, in some Pacific Island societies, ceremonial exchanges of valuable objects can take years to complete and involve entire communities. These elaborate gift cycles strengthen social bonds and demonstrate wealth and prestige. Gift-giving also serves as a mechanism for conflict resolution and peace-making. When tensions arise between groups, carefully orchestrated gift exchanges can restore harmony and prevent violence. Interestingly, [24]the obligation to reciprocate can create social pressure and even debt relationships. Someone who receives a gift but cannot return an appropriate one may lose social standing. Modern societies still practice gift exchange, though often in more commercialized forms. Understanding these traditional patterns helps us recognize how gift-giving continues to shape our social relationships and cultural values today.

function[fʌ́ŋkʃən] 기능  beyond[bijánd] 넘어서서
generosity[dʒènərɑ́ːsəti] 관대함
anthropologist[æ̀nθrəpɑ́ːlədʒist] 인류학자
identify[aidéntəfài] 확인하다  fundamental[fʌ̀ndəméntl] 기본적인
obligation[àːbləɡéiʃən] 의무  reciprocate[risíprəkèit] 보답하다
ongoing[ɑ́ːngòuiŋ] 지속되는  individual[ìndəvídʒuəl] 개인
establish[istǽbliʃ] 구축하다  mutual[mjúːtʃuəl] 상호의
dependence[dipéndəns] 의존  cohesion[kouhíːʒən] 결속
currency[kə́ːrənsi] 화폐  maintain[meintéin] 유지하다
status[stéitəs] 신분  hierarchy[háiərɑ̀ːrki] 위계
political[pəlítikəl] 정치적인  alliance[əláiəns] 동맹
symbolic[simbɑ́ːlik] 상징적인
ceremonial[sèrəmóuniəl] 의례를 통한
valuable[vǽljuəbl] 귀중한  involve[invɑ́ːlv] 참여하다
entire[intáiər] 전체의  elaborate[ilǽbərət] 공들인
strengthen[stréŋkθən] 강화하다  bond[bɑːnd] 유대
demonstrate[démənstrèit] 보여주다  prestige[prestíːʒ] 명성
mechanism[mékənìzm] 방법  conflict[kɑ́ːnflikt] 갈등
resolution[rèzəlúːʃən] 해결
peace-making[píːsmèikiŋ] 평화 구축  tension[ténʃən] 긴장 상태

어휘
arise[əráiz] 발생하다   orchestrate[ɔ́ːrkəstrèit] 계획하다
restore[ristɔ́ːr] 회복하다   interestingly[íntərəstiŋli] 흥미롭게도
debt[det] 부채   appropriate[əpróupriət] 적절한
return[ritə́ːrn] 답례하다   standing[stǽndiŋ] 지위
modern[mɑ́dərn] 현대의
commercialized[kəmə́ːrʃəlàizd] 상업화된
recognize[rékəgnàiz] 인식하다   shape[ʃeip] 형성하다

해석 인류학 강의를 들으시오.
　　선물 교환은 단순한 관대함을 넘어서서 중요한 사회적 기능을 수행하는, 인간이 하는 보편적 관행입니다. 인류학자 Marcel Mauss는 선물하기에서 세 가지 기본적인 의무를 확인했는데, 바로 주어야 할 의무, 받아야 할 의무, 그리고 보답해야 할 의무입니다. 이는 개인 사이와 공동체 내에서 지속적인 관계를 만들어 내며, 상호 의존과 사회적 결속의 네트워크를 구축합니다. 많은 문화에서, 선물 교환은 신분의 위계와 정치적 동맹을 유지하는 사회적 화폐의 형태로 기능합니다. 선물의 가치는 종종 그것들의 물질적 가치가 아니라 상징적 의미와 시기에 있습니다. 예를 들어, 일부 태평양 섬 사회에서는 귀중한 물건들의 의례를 통한 교환이 이루어지는 데 수년이 걸릴 수 있고 전체 공동체가 참여합니다. 이러한 공들인 선물 순환은 사회적 유대를 강화하고 부와 명성을 보여줍니다. 선물하기는 또한 갈등 해결과 평화 구축의 방법으로 기능합니다. 집단 간에 긴장 상태가 발생할 때, 신중하게 계획된 선물 교환은 조화를 회복하고 폭력을 막을 수 있습니다. 흥미롭게도, 보답해야 할 의무는 사회적 압박을, 심지어는 부채 관계를 발생시킬 수 있습니다. 선물을 받지만 적절한 것을 답례할 수 없는 사람은 사회적 지위를 잃을 수 있습니다. 현대 사회들은 여전히 선물 교환을 실행하지만, 보통 더욱 상업화된 형태로 합니다. 이러한 전통적 형태를 이해하는 것은 선물하기가 오늘날 우리의 사회적 관계와 문화적 가치를 어떻게 계속해서 형성하는지 인식하는 데 도움을 줍니다.

## 21 주제 문제
해석 강의의 주요 주제는 무엇인가?
　Ⓐ 전통적 의식의 상업화
　☑ 선물하기 관행의 사회적 기능
　Ⓒ 문화 교류의 경제적 영향
　Ⓓ Marcel Mauss의 인류학적 연구 방법

해설 강의 초반에서 선물 교환은 단순한 관대함을 넘어서서 중요한 사회적 기능을 수행하는, 인간이 하는 보편적 관행이라고 했고, 이어서 선물 교환이 사회적 관계, 갈등 해결, 사회적 유대 강화 등에 미치는 영향을 다루었으므로, 강의의 주제가 선물하기 관행의 사회적 기능에 관한 것임을 알 수 있습니다. 따라서 Ⓑ가 정답입니다.

어휘 commercialization[kəmə̀ːrʃələzéiʃən] 상업화
　　　anthropological[æ̀nθrəpəlɑ́ːdʒikəl] 인류학적인

## 22 사실 정보 파악 문제
해석 화자에 따르면, Mauss가 확인한 세 가지 의무는 무엇인가?
　☑ 주고, 받고, 보답하는 것
　Ⓑ 축하하고, 기리고, 기억하는 것
　Ⓒ 창조하고, 교환하고, 보존하는 것
　Ⓓ 제공하고, 받아들이고, 분배하는 것

해설 화자는 인류학자 Marcel Mauss가 선물하기에서 세 가지 기본적인 의무를 확인했는데, 바로 주어야 할 의무, 받아야 할 의무, 그리고 보답해야 할 의무라고 했습니다. 따라서 Ⓐ가 정답입니다.

어휘 honor[ɑ́nər] 기리다   preserve[prizə́ːrv] 보존하다

## 23 언급 의도 문제
해석 화자는 왜 태평양 섬 사회들을 언급하는가?
　Ⓐ 선물하기에 대한 여러 문화적 접근법들을 대비시키기 위해
　Ⓑ 현대의 선물하기 관행의 기원을 설명하기 위해
　Ⓒ 왜 일부 문화들이 선물 교환을 거부하는지 설명하기 위해
　☑ 의례를 통한 교환 방식이 갖는 복잡한 특징들을 설명하기 위해

해설 화자는 일부 태평양 섬 사회에서는 귀중한 물건들의 의례를 통한 교환이 이루어지는 데 수년이 걸릴 수 있고 전체 공동체가 참여한다고 했으므로, 의례를 통한 교환 방식이 갖는 복잡한 특징들을 설명하기 위해서라는 Ⓓ가 정답입니다.

어휘 contrast[kɑ́ntræst] 대비시키다   reject[ridʒékt] 거부하다
　　　illustrate[íləstrèit] 설명하다

## 24 언급 내용 문제
해석 화자는 선물을 제대로 돌려줄 수 없는 사람들에 대해 뭐라고 말하는가?
　Ⓐ 그들은 종종 다른 방식으로 더 관대해진다.
　☑ 그들은 사회에서 자신의 위치를 잃을 수 있다.
　Ⓒ 그들은 보통 지역 사회 구성원들에게 도움을 요청한다.
　Ⓓ 그들은 향후 선물 교환에서 제외된다.

해설 화자는 보답해야 할 의무가 사회적 압박을, 심지어는 부채 관계를 발생시킬 수 있으며, 선물을 받지만 적절한 것을 답례할 수 없는 사람은 사회적 지위를 잃을 수 있다고 했습니다. 따라서 사회에서 자신의 위치를 잃을 수 있다는 Ⓑ가 정답입니다.

어휘 generous[dʒénərəs] 관대한   exclude[iksklúːd] 제외하다

# Actual Test

p.230

**Module 1**

| 01 ⓑ | 02 ⓐ | 03 ⓑ | 04 ⓓ | 05 ⓒ | 06 ⓒ |
| 07 ⓓ | 08 ⓓ | 09 ⓓ | 10 ⓐ | 11 ⓑ | 12 ⓐ |
| 13 ⓓ | 14 ⓒ | 15 ⓑ | 16 ⓐ | 17 ⓒ | 18 ⓓ |
| 19 ⓒ | 20 ⓐ | | | | |

**Module 2**

| 01 ⓒ | 02 ⓒ | 03 ⓑ | 04 ⓑ | 05 ⓒ | 06 ⓐ |
| 07 ⓑ | 08 ⓐ | 09 ⓐ | 10 ⓒ | 11 ⓒ | 12 ⓓ |
| 13 ⓑ | 14 ⓐ | 15 ⓒ | | | |

## Module 1

### 01  Who 의문문   [음] 미국

Who is the team leader?
ⓐ The team meeting was moved.
ⓑ You will be able to meet her soon.
ⓒ I don't want that position.
ⓓ Let's try to lead by example.

position [pəzíʃən] 직책

해설  팀 리더가 누구인가요?
　　　ⓐ 팀 회의가 옮겨졌어요.
　　　ⓑ 곧 그녀를 만날 수 있을 겁니다.
　　　ⓒ 저는 그 직책을 원하지 않습니다.
　　　ⓓ 솔선수범하도록 합시다.

해설  팀 리더가 누구인지 묻는 질문에 구체적인 사람을 직접 언급하지는 않지만 곧 만날 수 있다고 답하는 ⓑ가 정답입니다.

### 02  요청 의문문   [음] 영국

Can I borrow your umbrella to step outside?
ⓐ By all means, be my guest.
ⓑ Yes, I forgot mine at home.
ⓒ When do you need it back?
ⓓ I can walk you through it step by step.

borrow [báːrou] 빌리다   step outside 밖으로 나가다

해설  밖에 나가려고 하는데 우산 좀 빌려도 될까요?
　　　ⓐ 당연하죠, 편하게 쓰세요.
　　　ⓑ 네, 저는 집에 제 것을 두고 왔어요.
　　　ⓒ 언제 돌려주면 되나요?
　　　ⓓ 단계별로 설명해 드릴게요.

해설  우산을 빌려달라는 요청에 흔쾌히 승낙하며 편하게 사용하라는 ⓐ가 정답입니다.

### 03  조동사 의문문   [음] 호주

Does the museum offer student discounts?
ⓐ No, they don't allow photography inside.
ⓑ Yes, with a valid school ID.
ⓒ I lost count.
ⓓ The exhibit has a lot to offer.

museum [mjuːzíːəm] 박물관   photography [fətágrəfi] 사진 촬영
valid [vǽlid] 유효한   exhibit [igzíbit] 전시회

해설  박물관에서 학생 할인을 제공하나요?
　　　ⓐ 아니요, 내부에서 사진 촬영을 허락하지 않아요.
　　　ⓑ 네, 유효한 학생증이 있으면 됩니다.
　　　ⓒ 세다가 까먹어 버렸어요.
　　　ⓓ 전시회는 볼거리가 많습니다.

해설  박물관에서 학생 할인을 제공하는지 묻는 질문에 그렇다고 한 뒤 유효한 학생증이 있으면 할인을 받을 수 있다고 답하는 ⓑ가 정답입니다.

### 04  의견 전달 평서문   [음] 뉴질랜드

Let's have dinner together tonight.
ⓐ Perhaps you're right.
ⓑ Is the menu available?
ⓒ Have you been to the restaurant?
ⓓ Why don't we meet around six?

perhaps [pərhǽps] 아마도   available [əvéiləbl] 이용할 수 있는

해설  오늘 밤에 같이 저녁 먹어요.
　　　ⓐ 아마 당신이 맞을 거예요.
　　　ⓑ 메뉴를 볼 수 있나요?
　　　ⓒ 그 식당에 가본 적 있나요?
　　　ⓓ 6시쯤 만나는 게 어때요?

해설  같이 저녁을 먹자는 제안에 대해 만날 시간을 제안하는 ⓓ가 정답입니다.

### 05  제안 의문문   [음] 미국

Would you like to switch seats?
ⓐ Please switch it off.
ⓑ The next one over.
ⓒ That would help.
ⓓ I can't see.

switch [switʃ] 바꾸다; 스위치   switch off (스위치를) 끄다

해석  자리를 바꾸시겠어요?
ⓐ 스위치를 꺼주세요.
ⓑ 바로 옆 것으로요.
ⓒ 그러면 도움 될 것 같아요. ✓
ⓓ 잘 안 보여요.

해설  자리를 바꿀지 묻는 제안에 대해 도움이 될 것 같다며 긍정적으로 반응하는 ⓒ가 정답입니다.

## 06 When 의문문
뉴질랜드

When will the quarterly report be distributed?
ⓐ That might be too expensive.
ⓑ By the finance and accounting departments.
ⓒ The director needs to approve it. ✓
ⓓ It was cut by about a quarter this time.

quarterly [kwɔ́ːrtərli] 분기별의   distribute [distríbjuːt] 배포하다
cut by ~까지 삭감하다

해석  분기별 보고서는 언제 배포될 예정인가요?
ⓐ 그건 너무 비쌀 수도 있어요.
ⓑ 재무회계부에서요.
ⓒ 이사가 승인해야 합니다. ✓
ⓓ 이번에는 약 4분의 1 정도까지 삭감되었어요.

해설  언제 배포될지 묻는 질문에 이사의 승인이 필요하다며 전제 조건을 설명하는 ⓒ가 정답입니다.

## 07 Where 의문문
뉴질랜드

Where can I make a copy of this document?
ⓐ I thought you didn't like coffee.
ⓑ About 10 pages.
ⓒ It's out of ink.
ⓓ The print center in the library. ✓

make a copy 복사하다, 사본을 만들다

해석  이 문서를 어디서 복사할 수 있나요?
ⓐ 당신이 커피를 좋아하지 않는다고 생각했어요.
ⓑ 약 10페이지예요.
ⓒ 잉크가 다 떨어졌어요.
ⓓ 도서관에 있는 인쇄 센터에서요. ✓

해설  복사할 수 있는 장소를 묻는 질문에 구체적인 장소를 제시하는 ⓓ가 정답입니다.

## 08 Be 동사 의문문
호주

Isn't the library closed on Sundays?
ⓐ No, it isn't. ✓
ⓑ Yes, I prefer reading.
ⓒ It's close to the post office.
ⓓ I don't want to.

prefer [prifə́ːr] 선호하다   close [klouz] 가까운
post office 우체국

해석  도서관은 일요일에 문을 닫지 않나요?
ⓐ 아니요, 열어요. ✓
ⓑ 네, 저는 독서를 선호해요.
ⓒ 우체국과 가까운 곳에 있어요.
ⓓ 저는 그러고 싶지 않아요.

해설  도서관이 일요일에 닫지 않는지 확인하는 질문에 아니라고 한 뒤 문을 연다고 답하는 ⓐ가 정답입니다.

## [09-10]
미국 → 영국

Listen to a conversation.

W: [09]I was wondering if you'd be able to cover my Saturday shift for me.
M: [09]I already have plans that day. What's going on?
W: My sister was supposed to set up for our cousin's wedding reception, but she broke her leg in a car accident. Now I have to do it instead.
M: Sorry, but I really can't work that day. [10]Why don't you ask Melissa? She's usually willing to pick up extra shifts.
W: [10]I'll give that a try. What's her number?

cover [kʌ́vər] 대신하다   shift [ʃift] 교대 근무
be supposed to do ~하기로 되어 있다
wedding reception 결혼 피로연   give a try 해보다

해석  대화를 들으시오.
W: 제 토요일 교대 근무를 대신해 주실 수 있으실까요.
M: 그날은 이미 계획이 있어요. 무슨 일인가요?
W: 제 언니가 사촌의 결혼 피로연 준비를 하기로 되어 있었는데, 교통사고로 다리를 다쳤어요. 그래서 제가 대신해야 해요.
M: 죄송하지만, 그날은 정말 일할 수 없어요. Melissa에게 물어보는 게 어때요? 그녀는 보통 추가 근무를 기꺼이 맡거든요.
W: 그렇게 한번 해 볼게요. 그녀의 번호가 뭔가요?

## 09 주제 문제

해석  대화는 주로 무엇에 관한 것인가?
ⓐ 결혼 피로연
ⓑ 교통사고
ⓒ 가족 방문
ⓓ 일정 충돌 ✓

해설  여자가 "제 토요일 근무를 대신해 주실 수 있으실까요"라고 묻자 남자는 "그날은 이미 계획이 있어요"라며 자신도 토요일 근무를 할 수 없는 상황임을 밝혔습니다. 따라서 일정 충돌이라는 ⓓ가 정답입니다.

어휘  conversation [kàːnvərséiʃən] 대화   conflict [káːnflikt] 충돌

## 10 다음에 할 일 문제

**해석** 여자는 다음에 무엇을 할 것인가?
- Ⓐ 동료에게 전화한다. ✓
- Ⓑ 휴가를 신청한다.
- Ⓒ 언니를 찾아간다.
- Ⓓ 준비 도움을 요청한다.

**해설** 남자가 "Melissa에게 물어보는 게 어때요? 그녀는 보통 추가 근무를 기꺼이 맡거든요"라며 Melissa에게 물어볼 것을 제안했고, 여자가 "그렇게 한번 해 볼게요. 그녀의 번호가 뭔가요?"라고 대답했습니다. 따라서 동료에게 전화한다는 Ⓐ가 정답입니다.

**어휘** coworker[kóuwəːrkər] 동료  time off 휴가
request[rikwést] 요청하다

## [11-12]
🎧 호주 → 영국
Listen to a conversation.

> W: Did you register for the online personal finance course?
> M: ¹¹I was planning to, but I'm having second thoughts. I heard it's really demanding.
> W: Actually, the workload is manageable. ¹²You just need to submit weekly assignments on time.
> M: Oh, that's good to know. In that case, I'll sign up before the deadline tomorrow.

register[rédʒistər] 등록하다  finance[fáinæns] 자산
demanding[dimǽndiŋ] 힘이 드는
workload[wə́ːrkloud] 과제량, 작업량
manageable[mǽnidʒəbl] 감당할 수 있는
submit[səbmít] 제출하다  sign up 등록하다

**해석** 대화를 들으시오.
W: 온라인 개인 자산 관리 강의에 등록하셨나요?
M: 등록하려고 했는데, 다시 생각해 보고 있어요. 정말 힘들다고 들었거든요.
W: 사실, 과제량은 감당할 만해요. 매주 과제를 제때 제출하기만 하면 돼요.
M: 오, 알려줘서 고마워요. 그렇다면, 내일 마감 전에 등록하겠어요.

## 11 사실 정보 파악 문제

**해석** 남자는 왜 강의 등록을 망설이는가?
- Ⓐ 개인 재정이 빠듯해서
- Ⓑ 너무 어려울 것이라고 생각해서 ✓
- Ⓒ 교수가 엄격하기로 유명해서
- Ⓓ 대면 수업을 선호해서

**해설** 여자가 대화 첫 부분에서 온라인 개인 자산 관리 강의에 등록했는지 묻자, 남자가 "등록하려고 했는데, 다시 생각해 보고 있어요. 정말 힘들다고 들었거든요"라고 대답했습니다. 따라서 너무 어려울 것이라고 생각해서는 Ⓑ가 정답입니다.

**어휘** hesitate[hézətèit] 망설이다  tight[tait] 빠듯한

strict[strikt] 엄격한  prefer[prifə́ːr] 선호하다
in-person[ìnpə́ːrsn] 대면의

## 12 사실 정보 파악 문제

**해석** 여자는 과제에 관해 무엇이라고 말하는가?
- Ⓐ 매주 제출되어야 한다. ✓
- Ⓑ 집단 협력이 필요하다.
- Ⓒ 성적의 대부분을 차지한다.
- Ⓓ 뛰어난 수학 능력을 요구한다.

**해설** 여자가 과제량은 감당할 만하다고 한 다음 "매주 과제를 제때 제출하기만 하면 돼요"라고 말했습니다. 따라서 매주 제출되어야 한다는 Ⓐ가 정답입니다.

**어휘** assignment[əsáinmənt] 과제  hand in 제출하다
collaboration[kəlæ̀bəréiʃən] 협력  call for 요구하다

## [13-14]
🎧 미국
Listen to an announcement at a university club meeting.

> Hello, everyone. Just a reminder that ¹³Club Sign-Up Day will be held this Friday to introduce students to the wide variety of organizations on campus. The event will take place in the Student Center from 11:00 A.M. to 3:00 P.M. ¹⁴Don't miss this chance to get involved!

introduce[ìntrədjúːs] 소개하다  wide variety of 다양한
take place (행사 등이) 열리다  involve[inválv] 참여하다

**해석** 대학 동아리 모임에서의 공지를 들으시오.
안녕하세요, 여러분. 이번 금요일에 동아리 가입의 날이 열려 캠퍼스 내 다양한 단체들을 학생들에게 소개할 예정이라는 것을 다시 한번 알려드립니다. 행사는 오전 11시부터 오후 3시까지 학생회관에서 열릴 예정입니다. 참여할 수 있는 이 기회를 놓치지 마세요!

## 13 주제 문제

**해석** 공지의 주요 주제는 무엇인가?
- Ⓐ 금요일 일정 변경
- Ⓑ 학생회관 폐쇄
- Ⓒ 조직 회의
- Ⓓ 동아리 등록 기회 ✓

**해설** 공지 초반에 이번 금요일에 동아리 가입의 날이 열려 캠퍼스 내 다양한 단체들을 학생들에게 소개할 예정이라는 것을 다시 한번 알려준다고 했습니다. 따라서 동아리 등록 기회라는 Ⓓ가 정답입니다.

**어휘** announcement[ənáunsmənt] 공지
registration[rèdʒistréiʃən] 등록
opportunity[ɑ̀ːpərtjúːnəti] 기회

## 14 요청/권고 문제

**해석** 학생들이 권장받는 것은 무엇인가?
- Ⓐ 행사 끝까지 머무른다.
- Ⓑ 캠퍼스 투어를 한다.

✓ 동아리에 가입한다.
Ⓓ 자기만의 단체를 설립한다.

해설 공지 후반에 화자는 참여할 수 있는 이 기회를 놓치지 말 것을 당부하고 있습니다. 따라서 동아리에 가입한다는 Ⓒ가 정답입니다.

어휘 encourage[inkə́ːridʒ] 권장하다  sign up 가입하다
organization[ɔ̀ːrgənizéiʃən] 단체

## [15-16]
🎧 영국

**Listen to an announcement at a university event.**

> Attention music lovers! ¹⁵We'd like to invite you to the performing arts department's concert this Saturday at 6:00 P.M. on the central campus lawn. ¹⁵Students from the jazz ensemble, classical orchestra, and choir will be performing pieces from various musical traditions. Additionally, there will be food stalls offering free drinks. ¹⁶We look forward to seeing you there!
>
> attention[əténʃən] (안내 방식에서) 알립니다, 주목하세요
> invite[inváit] 초대하다  ensemble[ɑːnsɑ́ːmbl] 앙상블, 합주단
> choir[kwaiər] 합창단  tradition[trədíʃən] 전통

해설 대학 행사에서의 공지를 들으시오.

음악 애호가분들께 알려드립니다! 이번 토요일 오후 6시에 중앙 캠퍼스 잔디밭에서 열리는 공연예술과의 콘서트에 여러분을 초대하고 싶습니다. 재즈 앙상블, 클래식 오케스트라, 합창단 학생들이 다양한 음악 전통의 곡들을 공연할 예정입니다. 그뿐만 아니라, 무료 음료를 제공하는 먹거리 코너도 있을 것입니다. 여러분을 그곳에서 뵙기를 기대합니다!

### 15 주제 문제

해설 공지의 주요 주제는 무엇인가?
Ⓐ 앨범 협업
✓ 음악 공연
Ⓒ 캠퍼스 음식 축제
Ⓓ 학교 전통

해설 공지 초반에 공연예술과의 콘서트에 여러분을 초대하고 싶다고 했고, 공지 중간에 재즈 앙상블, 클래식 오케스트라, 합창단 학생들이 다양한 음악 전통의 곡들을 공연할 예정이라고 했습니다. 따라서 음악 공연이라는 Ⓑ가 정답입니다.

어휘 collaboration[kəlæ̀bəréiʃən] 협업
performance[pərfɔ́ːrməns] 공연

### 16 요청/권고 문제

해설 화자가 청취자들이 무엇을 하기를 바라는가?
Ⓐ 음악과에 입학한다.
Ⓑ 행사 스태프로 자원봉사 한다.
✓ 콘서트에 참석한다.
Ⓓ 연주자로 지원한다.

해설 공지 후반에 화자는 여러분을 그곳에서 뵙기를 기대한다고 했습니다. 따라서 콘서트에 참석한다는 Ⓒ가 정답입니다.

어휘 department[dipɑ́ːrtmənt] 과, 부서
performer[pərfɔ́ːrmər] 연주자

## [17-20]
🎧 미국

**Listen to a talk in an environmental science class.**

> ¹⁷Edge effects refer to the environmental changes that occur at the boundaries between different habitats, like where a forest meets an open field or where a wetland borders agricultural land. These transition zones experience different conditions compared to the interior of each habitat, creating unique challenges for the species that live there. Species adapted to deep forest conditions often struggle to survive near these edges. For example, ¹⁸the edge of a forest typically receives more sunlight, so birds like certain warblers are especially vulnerable because they require the shaded environment found only in forest interiors. What makes edge effects particularly important today is habitat fragmentation caused by human development. ¹⁹For instance, when we build roads through forests or convert large areas of wilderness into farmland, we break up one vast natural area into many fragments, creating far more edges than would naturally exist. Understanding edge effects is crucial for conservation planning as it helps us design protected areas. ²⁰Next, we'll discuss specific strategies that minimize harmful edge influences in these protected areas.
>
> edge effect 가장자리 효과
> environmental[invàiərənméntl] 환경적인  occur[əkə́ːr] 발생하다
> wetland[wétlænd] 습지  agriculture land 농경지
> struggle[strʌ́gl] 어려움을 겪다  warbler[wɔ́ːrblər] 솔새, 휘파람새
> vulnerable[vʌ́lnərəbl] 취약한  shaded[ʃéidid] 그늘진
> fragmentation[frægməntéiʃən] 단편화
> wilderness[wíldərnis] 야생 지역  farmland[fɑ́ːrmlænd] 농지
> vast[væst] 거대한  fragment[frǽgmənt] 단편

해설 환경과학 강의를 들으시오.

가장자리 효과는 숲이 탁 트인 들판과 만나는 곳이나 습지가 농경지와 접하는 곳처럼, 서로 다른 서식지 간의 경계에서 발생하는 환경 변화를 의미합니다. 이러한 변화 지역은 각 서식지의 내부에 비해 다양한 환경을 경험하며, 그곳에 사는 종들에게 독특한 난관을 만들어냅니다. 깊은 숲 환경에 적응한 종들은 보통 이러한 가장자리 근처에서 생존하는 데 어려움을 겪습니다. 예를 들어, 숲의 가장자리는 일반적으로 더 많은 햇빛을 받기 때문에 특정 솔새 같은 새들은 특히 취약한데, 그들이 숲 내부에서만 발견되는 그늘진 환경을 필요로 하기 때문입니다. 오늘날 가장자리 효과를 특히 중요하게 만드는 것은 인간 개발로 인한 서식지 단편화입니다. 예를 들어, 숲을 통과하는 도로를 건설하거나 광활한 야생 지역을 농지로 전환할 때, 우리는 하나의 거대한 자연 지역을 많은 단편들로 나누어

자연적으로 존재할 것보다 훨씬 더 많은 가장자리들을 만들어 내게 됩니다. 가장자리 효과를 이해하는 것은 우리가 보호 구역을 설계하는 데 도움을 주므로 보전 계획에 있어 매우 중요합니다. 이어서, 우리는 이러한 보호 구역에서 해로운 가장자리 영향을 최소화하는 구체적인 전략들을 논의하겠습니다.

### 17 주제 문제

해석 강의의 주요 주제는 무엇인가?
ⓐ 인간 개발이 야생동물 개체수에 미치는 영향
ⓑ 서식지 경계에서의 환경 변화
ⓒ 산림 보전 노력의 중요성
ⓓ 여러 유형의 숲과 들판 생태계

해설 강의 초반에 가장자리 효과는 서로 다른 서식지 간의 경계에서 발생하는 환경 변화를 의미한다고 한 후, 이어서 가장자리 효과에 관하여 설명하고 있으므로, 강의의 주제가 서식지 경계에서의 환경 변화에 관한 것임을 알 수 있습니다. 따라서 ⓑ가 정답입니다.

어휘 **development**[divéləpmənt] 개발  **affect**[əfékt] 영향을 주다
**wildlife**[wáildlaif] 야생  **habitat**[hǽbitæt] 서식지
**ecosystem**[íkousìstəm] 생태계

### 18 사실 정보 파악 문제

해석 화자에 따르면, 숲 가장자리의 한 가지 특징은 무엇인가?
ⓐ 불안정한 온도와 습도
ⓑ 새들을 위한 더 나은 둥지 장소
ⓒ 다양한 종의 존재
ⓓ 더 많은 햇빛 노출

해설 강의 중간에 화자가 숲의 가장자리는 일반적으로 더 많은 햇빛을 받는다고 했습니다. 따라서 더 많은 햇빛 노출이라는 ⓓ가 정답입니다.

어휘 **characteristic**[kæ̀riktərístik] 특징
**unstable**[ʌ̀nstéibl] 불안정한  **humidity**[hjumídəti] 습도
**exposure**[ikspóuʒər] 노출

### 19 언급 이유 문제

해석 화자는 왜 도로와 농지를 언급하는가?
ⓐ 자연 서식지 경계의 예시를 보여주기 위해
ⓑ 실패한 토지 개발 방법을 설명하기 위해
ⓒ 인간 활동이 어떻게 더 많은 서식지 가장자리를 만드는지 설명하기 위해
ⓓ 여러 유형의 서식지 단편화를 비교하기 위해

해설 강의 후반에 화자는, 숲을 통과하는 도로를 건설하거나 광활한 야생 지역을 농지로 전환할 때, 우리가 하나의 거대한 자연 지역을 많은 단편들로 나누어 자연적으로 존재할 것보다 훨씬 더 많은 가장자리들을 만들어 낸다고 했습니다. 따라서 인간 활동이 어떻게 더 많은 서식지 가장자리를 만드는지 설명하기 위해서라는 ⓒ가 정답입니다.

어휘 **boundary**[báundəri] 경계
**demonstrate**[démənstrèit] 설명하다

### 20 다음에 할 일 문제

해석 화자가 이어서 무엇을 가장 논의할 것 같은가?
ⓐ 가장자리 효과를 줄이는 구체적인 보전 전략
ⓑ 서식지 단편화 연구의 역사
ⓒ 숲 내부 지역을 측정하는 다양한 방법
ⓓ 보호 구역 설계의 생태학적 이점

해설 강의 후반에 화자는, 이어서 우리는 이러한 보호 구역에서 해로운 가장자리 영향을 최소화하는 구체적인 전략들을 논의하겠다고 했습니다. 따라서 가장자리 효과를 줄이는 구체적인 보전 전략이라는 ⓐ가 정답입니다.

어휘 **specific**[spisífik] 구체적인  **tactic**[tǽktik] 전략
**reduce**[ridjúːs] 줄이다  **ecological**[ìkəlɑ́ːdʒikəl] 생태학의

## Module 2

### 01 Be 동사 의문문  [호주]

Aren't you in charge of the Thompson order?
ⓐ One of our firm's biggest clients.
ⓑ No, there's no extra charge.
ⓒ Peter took over for me.
ⓓ A money order at the bank.

**in charge of** ~을 담당하다  **money order** 우편환

해석 Thompson사 주문을 담당하고 계시지 않나요?
ⓐ 저희 회사의 가장 큰 고객 중 하나입니다.
ⓑ 아니요, 추가 요금은 없습니다.
ⓒ Peter가 저를 대신해서 맡았습니다.
ⓓ 은행의 우편환이요.

해설 Thompson사 주문을 담당하고 있지 않은지 확인하는 질문에 Peter가 대신 맡았다며 담당자가 바뀌었음을 알리는 ⓒ가 정답입니다.

### 02 정보 제공 평서문  [영국]

I can't find my credit card.
ⓐ A lost wallet.
ⓑ Since yesterday.
ⓒ Call your bank.
ⓓ At the ATM.

**credit card** 신용카드  **wallet**[wɑ́ːlit] 지갑

해석 제 신용카드를 찾을 수가 없어요.
ⓐ 잃어버린 지갑이요.
ⓑ 어제부터요.
ⓒ 은행에 전화하세요.
ⓓ ATM에서요.

해설 신용카드를 찾을 수 없다는 문제점을 전달하는 상황에 대해 은행에 신고하라는 구체적인 해결책을 제시하는 ⓒ가 정답입니다.

## 03 What 의문문
🎧 미국

What paperwork should I submit with my passport renewal request?
Ⓐ Your signature is needed on the form.
Ⓑ There's a checklist available online.
Ⓒ They'll issue you a boarding pass.
Ⓓ You'll have to request a paper version.

paperwork[péipərwə̀:rk] 서류  renewal[rinjú:əl] 갱신
signature[sígnətʃər] 서명  boarding pass 탑승권

해석  여권 갱신 신청과 함께 어떤 서류를 제출해야 하나요?
Ⓐ 양식에 서명이 필요합니다.
Ⓑ 온라인으로 이용하실 수 있는 체크리스트가 있습니다.
Ⓒ 그들이 당신에게 탑승권을 발급해 줄 것입니다.
Ⓓ 종이 버전을 요청하셔야 합니다.

해설  여권 갱신에 필요한 서류가 무엇인지 묻는 질문에 대해 온라인 체크리스트가 있다고 안내하는 Ⓑ가 정답입니다.

## [04-05]
🎧 영국 → 미국

Listen to a conversation.

M: ⁰⁴Are you planning to attend the neighborhood block party on Saturday?
W: Yes, I wouldn't miss it! I'm bringing homemade cookies for everyone.
M: That sounds delicious. ⁰⁵I still need to set up the music equipment beforehand.
W: Perfect! ⁰⁵I'll come early to help you with that.
M: Thanks, that would be really helpful.

attend[əténd] 참석하다  neighborhood[néibərhud] 동네
block party 블록 파티, 마을 축제  homemade[hóummeid] 수제의
equipment[ikwípmənt] 장비  beforehand[bifɔ́:rhænd] 미리
helpful[hélpfəl] 도움이 되는

해석  대화를 들으시오.
M: 토요일 동네 블록 파티에 참석할 예정인가요?
W: 네, 절대 놓칠 수 없어요! 모든 분들을 위해 수제 쿠키를 가져 갈 거예요.
M: 정말 맛있을 것 같네요. 저는 미리 음향 장비를 설치해야 하는 일이 아직 남아 있어요.
W: 좋아요! 제가 일찍 가서 그것을 도와드릴게요.
M: 고마워요, 정말 도움이 될 거예요.

## 04 주제 문제

해석  화자들이 논의하고 있는 행사는 무엇인가?
Ⓐ 생일 축하 파티
Ⓑ 동네 블록 파티
Ⓒ 학교 기금 모금 행사
Ⓓ 결혼 피로연

해설  남자가 대화 첫 부분에서 "토요일 동네 블록 파티에 참석할 예정인가요?"라고 물었으므로, 화자들이 논의하고 있는 행사가 동네 블록 파티임을 알 수 있습니다. 따라서 동네 블록 파티라는 Ⓑ가 정답입니다.

어휘  celebration[sèləbréiʃən] 축하 파티, 축하 행사
fundraiser[fʌ́ndrèizər] 기금 모금 행사
reception[risépʃən] 피로연, 환영회

## 05 다음에 할 일 문제

해석  여자는 다음에 무엇을 할 것인가?
Ⓐ 쿠키 재료를 구매한다.
Ⓑ 음향 장비 설치를 돕는다.
Ⓒ 더 많은 이웃들을 초대한다.
Ⓓ 장식물을 준비한다.

해설  남자가 "저는 미리 음향 장비를 설치해야 하는 일이 아직 남아 있어요"라고 했고, 여자가 "제가 일찍 가서 그것을 도와드릴게요"라고 답했으므로, 여자가 행사장에 일찍 가서 남자의 음향 장비 설치를 도울 것임을 알 수 있습니다. 따라서 음향 장비 설치를 돕는다는 Ⓑ가 정답입니다.

어휘  ingredient[ingrí:diənt] 재료  invite[inváit] 초대하다
decoration[dèkəréiʃən] 장식물

## [06-07]
🎧 미국 → 영국

Listen to a conversation.

M: Going to the library tonight?
W: I was thinking about it. I really want to finish the book I am reading today.
M: I'm heading there too, but ⁰⁶I'm worried that I won't find a seat after my part-time job.
W: ⁰⁶You have a point. All the spots get taken quickly.
M: Maybe let's try the coffee shop on Main Street. They stay open until midnight.
W: That's an idea. ⁰⁷But I should mention that my laptop battery is acting up. I'll need to sit somewhere I can plug it in.

part-time job 아르바이트  spot[spɑ:t] 자리
mention[ménʃən] 언급하다  act up 상태가 안 좋다, 제 기능을 못 하다
plug in 전원을 연결하다

해석  대화를 들으시오.
M: 오늘 밤에 도서관에 갈 거예요?
W: 그럴 생각이었어요. 제가 오늘 읽고 있는 책을 정말 끝내고 싶거든요.
M: 저도 그곳에 갈 예정인데, 아르바이트 후에 자리를 찾지 못할까 봐서 걱정이에요.
W: 맞아요. 모든 자리가 빨리 차거든요.
M: Main Street에 있는 커피숍에 가 볼까요. 그곳은 자정까지 열어요.
W: 좋은 생각이네요. 하지만 제 노트북 배터리 상태가 안 좋다는 걸 말씀드려야겠어요. 전원을 연결할 수 있는 곳에 앉아야 할 것 같아요.

## 06 언급 의도 문제

**해석** 남자는 왜 그의 아르바이트를 언급하는가?
- Ⓐ 그가 자리를 구하지 못할 수도 있는 이유를 설명하기 위해 ✓
- Ⓑ 공부할 시간이 없는 것을 불평하기 위해
- Ⓒ 어떻게 그가 학비를 내고 있는지 밝히기 위해
- Ⓓ 그의 일정이 얼마나 바쁜지 보여주기 위해

**해설** 남자가 "아르바이트 후에 자리를 찾지 못할까 봐서 걱정이에요"라고 말하자, 여자가 "맞아요. 모든 자리가 빨리 차거든요"라며 남자의 말에 동의했습니다. 따라서 그가 자리를 구하지 못할 수도 있는 이유를 설명하기 위해서는 Ⓐ가 정답입니다.

**어휘** explain[ikspléin] 설명하다   complain[kəmpléin] 불평하다
reveal[riví:l] 밝히다   illustrate[íləstrèit] 보여주다

## 07 사실 정보 파악 문제

**해석** 여자는 어디에 앉고 싶어 하는가?
- Ⓐ 창가에
- Ⓑ 부스에
- Ⓒ 옥외 테라스에
- Ⓓ 콘센트 근처에 ✓

**해설** 마지막 부분에서 여자가 "하지만 제 노트북 배터리 상태가 안 좋다는 걸 말씀드려야겠어요. 전원을 연결할 수 있는 곳에 앉아야 할 것 같네요."라고 한 말을 통해 여자가 콘센트가 가까이 있는 곳에 앉고 싶어 한다는 것을 알 수 있습니다. 따라서 콘센트 근처에라는 Ⓓ가 정답입니다.

**어휘** patio[pǽtiòu] 옥외 테라스   outlet[áutlèt] 콘센트

## [08-11]

🔊 뉴질랜드

Listen to a talk in a history class.

⁰⁸Today, we'll examine America's post-World War II reconstruction program, the Marshall Plan. It fundamentally reshaped Europe and established the foundation for Cold War dynamics. Following the devastation of 1945, European nations faced unprecedented economic collapse, widespread destruction, and the threat of communist expansion from the Soviet Union. In June 1947, Secretary of State George Marshall announced the European Recovery Program at Harvard University. ⁰⁹This initiative offered massive financial aid to rebuild war-torn Europe but came with specific conditions: recipient nations had to cooperate economically and embrace democratic principles. ⁰⁹Between 1948 and 1951, the United States distributed over $13 billion in aid, equivalent to approximately $150 billion today. ¹¹Countries like Britain, France, and West Germany received substantial assistance, while Eastern European nations under Soviet influence were pressured to reject the program. This division effectively split Europe into two competing spheres. The Marshall Plan achieved remarkable success in economic reconstruction. Industrial production in Western Europe surpassed pre-war levels by 1950, and democratic institutions stabilized across the region. ¹⁰However, it also intensified East-West tensions, contributing to the formation of NATO and the Warsaw Pact. The program's legacy extends beyond economic recovery, demonstrating how strategic aid can promote both humanitarian goals and geopolitical interests simultaneously.

examine[igzǽmin] 살펴보다
reconstruction[rìkənstrʌ́kʃən] 재건
fundamentally[fʌ̀ndəméntəli] 근본적으로
reshape[riʃéip] 새로운 형태로 바꾸다
establish[istǽbliʃ] 확립하다   foundation[faundéiʃən] 기반
dynamics[dainǽmiks] 역학   devastation[dèvəstéiʃən] 파괴
unprecedented[ʌnprésədèntid] 전례 없는
collapse[kəlǽps] 붕괴   widespread[wáidspréd] 광범위한
destruction[distrʌ́kʃən] 파괴   threat[θret] 위협
communist[kά:mjunist] 공산주의의
expansion[ikspǽnʃən] 확산   secretary[sékrətèri] 장관
announce[ənáuns] 발표하다   recovery[rikʌ́vəri] 부흥, 회복
initiative[iníʃiətiv] 계획   massive[mǽsiv] 대규모의
financial[fainǽnʃəl] 재정의   aid[eid] 지원, 원조
rebuild[ribíld] 재건하다   war-torn[wɔ́:rtɔ̀:rn] 전쟁으로 파괴된
recipient[risípiənt] 수혜자   cooperate[kouάpərèit] 협력하다
economically[èkənά:mikli] 경제적으로
embrace[imbréis] 받아들이다
democratic[dèməkrǽtik] 민주주의의   principle[prínsəpl] 원칙
distribute[distríbju:t] 분배하다   equivalent[ikwívələnt] 해당하는
approximately[əprά:ksəmətli] 약, 대략
substantial[səbstǽnʃəl] 상당한   assistance[əsístəns] 원조
influence[ínfluəns] 영향   pressure[préʃər] 압박하다
reject[ridʒékt] 거부하다   division[divíʒən] 분열
effectively[iféktivli] 사실상   competing[kəmpí:tiŋ] 경쟁하는
sphere[sfiər] 세력권   remarkable[rimά:rkəbl] 놀라운
industrial[indʌ́striəl] 산업의   production[prədʌ́kʃən] 생산량
surpass[sərpǽs] 넘어서다   pre-war[prìwɔ́:r] 전쟁 이전의
institution[ìnstitú:ʃən] 제도   stabilize[stéibəlàiz] 안정화되다
region[rí:dʒən] 지역   intensify[inténsəfài] 심화시키다
tension[ténʃən] 긴장   contribute[kəntríbju:t] 기여하다
formation[fɔ:rméiʃən] 설립   legacy[légəsi] 여파
extend[iksténd] 미치다   recovery[rikʌ́vəri] 회복
demonstrate[démənstrèit] 보여주다
strategic[strətí:dʒik] 전략적인   promote[prəmóut] 촉진하다
humanitarian[hju:mǽnitéəriən] 인도주의적인
geopolitical[dʒìoupəlítikəl] 지정학적인   interest[íntərəst] 이익
simultaneously[sàiməltéiniəsli] 동시에

**해석** 역사학 강의를 들으시오.

오늘 우리는 미국의 제2차 세계대전 이후 재건 프로그램인 Marshall Plan을 살펴보겠습니다. 이것은 유럽을 근본적으로 새로운 형태로 바꾸어 놓았고 냉전 역학의 기반을 확립했습니다. 1945년의 파괴 이후, 유럽 국가들은 전례 없는 경제 붕괴, 광범위한 파괴, 그리고 소비에트 연방으로부터의 공산주의 확산 위협에 직면했습니다. 1947년 6월, 국무장관 George Marshall은 Harvard 대학교에서 유럽 부흥 프로그램을 발표했습니다. 이 계

획은 전쟁으로 파괴된 유럽을 재건하기 위한 대규모 재정 지원을 제공했지만 특정한 조건들이 따랐는데, 수혜국들은 경제적으로 협력하고 민주주의 원칙을 받아들여야 했습니다. 1948년과 1951년 사이에, 미국은 130억 달러가 넘는 금액을 원조금으로 분배했으며, 이는 오늘날 약 1,500억 달러에 해당합니다. 영국, 프랑스, 서독 같은 국가들은 상당한 원조를 받았지만, 소비에트 영향 아래 있던 동유럽 국가들은 그 프로그램을 거부하도록 압박받았습니다. 이러한 분열은 사실상 유럽을 경쟁하는 두 개의 세력권으로 나누었습니다. Marshall Plan은 경제 재건에서 놀라운 성공을 거두었습니다. 서유럽의 산업 생산량은 1950년까지 전쟁 이전 수준을 넘어섰고, 그 지역 전반에 걸쳐서 민주주의 제도가 안정화되었습니다. 그러나 이것은 또한 동서 간의 긴장을 심화시켜 NATO와 바르샤바 조약 기구의 설립에 기여했습니다. 그 프로그램의 여파는 경제 회복을 넘어선 데까지 미쳤으며, 전략적 지원이 어떻게 인도주의적 목표와 지정학적 이익을 동시에 촉진할 수 있는지를 보여줍니다.

## 08 주제 문제

해석 강의의 주요 주제는 무엇인가?
 Ⓐ 제2차 세계대전 이후 유럽을 재건하려는 계획 ✓
 Ⓑ 제2차 세계대전 이후 유럽의 황폐 상태
 Ⓒ 제2차 세계대전에 관련된 서로 대립하는 동맹들
 Ⓓ 소비에트 연방이 가한 전후 위협

해설 강의 초반에 화자가, 오늘 미국의 제2차 세계대전 이후 재건 프로그램인 Marshall Plan을 살펴보겠다고 했으므로, 강의의 주제가 제2차 세계대전 이후 유럽을 재건하려는 계획에 관한 것임을 알 수 있습니다. 따라서 Ⓐ가 정답입니다.

어휘 alliance[əláiəns] 동맹  pose[pouz] 가하다

## 09 사실 정보 파악 문제

해석 강의에 따르면, Marshall Plan의 주된 접근 방식은 무엇이었는가?
 Ⓐ 유럽 국가들 간의 군사 동맹 형성하기
 Ⓑ 유럽에 재정적 지원 제공하기 ✓
 Ⓒ 서유럽에서 자유 무역 확립하기
 Ⓓ 소비에트 동맹국들에 압력 가하기

해설 강의 중간에 이 계획은 전쟁으로 파괴된 유럽을 재건하기 위한 대규모 재정 지원을 제공했다고 했습니다. 따라서 유럽에 재정적 지원 제공하기라는 Ⓑ가 정답입니다.

어휘 ally[əlái] 동맹국

## 10 언급 의도 문제

해석 화자는 왜 NATO와 바르샤바 조약 기구를 언급하는가?
 Ⓐ 서유럽의 경제 회복을 설명하기 위해
 Ⓑ 그 계획으로 인한 긴장 상태에서 나타난 것을 설명하기 위해 ✓
 Ⓒ 민주주의 제도가 어떻게 형성되는지 보여주기 위해
 Ⓓ 외교 정책에 대한 다양한 접근 방식들을 비교하기 위해

해설 강의 후반에 Marshall Plan이 동서 간의 긴장을 심화시켜 NATO와 바르샤바 조약 기구의 설립에 기여했다고 했습니다. 따라서 그 계획으로 인한 긴장 상태에서 나타난 것을 설명하기 위해서라는 Ⓑ가 정답입니다.

어휘 illustrate[íləstrèit] 설명하다  emerge[imə́:rdʒ] 나타나다

## 11 추론 문제

해석 소비에트 영향 아래의 동유럽 국가들에 관해 추론할 수 있는 것은 무엇인가?
 Ⓐ 그들은 서유럽 국가들보다 덜 피해를 입었다.
 Ⓑ 그들은 미국 지원에 필적하는 소비에트 지원을 받았다.
 Ⓒ 그들은 서유럽에서 보인 회복을 함께 나누지 못했다. ✓
 Ⓓ 그들은 1950년대까지 전쟁 이전의 생산 수준을 넘어섰다.

해설 강의 중간에 영국, 프랑스, 서독 같은 국가들은 상당한 원조를 받았지만, 소비에트 영향 아래 있던 동유럽 국가들은 그 프로그램을 거부하도록 압박받았다고 했습니다. 따라서 그들은 서유럽에서 보인 회복을 함께 나누지 못했다는 Ⓒ가 정답입니다.

어휘 rival[ráivəl] 필적하다, 경쟁하다

## [12-15]   영국

**Listen to a talk in a biology class.**

[12]Seed dispersal is the process by which plants spread their offspring to new locations. This mechanism is essential for plant survival. Plants have evolved various strategies to ensure their seeds don't fall directly beneath the parent as this would lead to competition for sunlight, water, and space. [13]Successful seed dispersal depends on environmental factors like wind patterns, animal migration routes, and water currents. Lightweight seeds with special structures like wings or parachute-like attachments travel by wind. Think about dandelions. When you blow on them, their fluffy seeds float away in the air. Another method is animal dispersal, where animals help carry seeds to new locations. Some seeds have little hooks that stick to fur or clothing, like burrs. Others are hidden inside fruits. When animals eat the fruit, the seeds pass through their bodies and are later expelled in their waste. [14]Then there's water dispersal. Plants that grow near rivers or the ocean use this method. For example, coconuts can float across the sea and grow on remote islands. Understanding these mechanisms helps researchers predict plant distribution patterns and assists in conservation efforts. [15]Next, we'll explore specific adaptations that different seed types have developed for their dispersal methods.

dispersal[dispə́:rsəl] 산포  offspring[ɔ́fspriŋ] 자손
essential[isénʃəl] 필수적인  survival[sərváivəl] 생존
evolve[iváːlv] 진화하다  strategy[strǽtədʒi] 전략
ensure[inʃúər] 보장하다  directly[diréktli] 바로
beneath[biní:θ] 아래에  competition[kàːmpətíʃən] 경쟁

successful[səksésfəl] 성공적인  depend on 좌우되다
environmental[invàiərənméntl] 환경의  factor[fǽktər] 요인
migration[maigréiʃən] 이동  current[kə́:rənt] 흐름
lightweight[láitwèit] 가벼운  structure[strʌ́ktʃər] 구조
parachute[pǽrəʃùːt] 낙하산  attachment[ətǽtʃmənt] 부속, 부착
dandelion[dǽndəlàiən] 민들레  fluffy[flʌ́fi] 솜털 같은
method[méθəd] 방법  stick[stik] 달라붙다  fur[fəːr] 털
burr[bəːr] 갈고리 열매  hide[haid] 숨기다  inside[ìnsáid] 안에
pass through 통과하다  expel[ikspél] 배출하다
waste[weist] 배설물  remote[rimóut] 외딴
predict[pridíkt] 예측하다  distribution[dìstrəbjúːʃən] 분포
assist[əsíst] 돕다  conservation[kànsərvéiʃən] 보전
effort[éfərt] 노력  explore[ikspló:r] 살펴보다
specific[spisífik] 구체적인  adaptation[ædəptéiʃən] 적응

해석 생물학 강의를 들으시오.
종자 산포는 식물이 자신의 자손을 새로운 장소로 퍼뜨리는 과정입니다. 이 메커니즘은 식물의 생존에 필수적입니다. 식물은 씨앗이 모식물 바로 아래에 떨어지지 않도록 보장하는 다양한 전략으로 진화해 왔습니다. 그렇게 떨어지면 햇빛, 물, 공간을 위한 경쟁으로 이어질 수 있기 때문입니다. 성공적인 종자 산포는 바람의 패턴, 동물의 이동 경로, 물의 흐름과 같은 환경 요인에 좌우됩니다. 날개나 낙하산처럼 생긴 부속과 같은 특수 구조를 가진 가벼운 씨앗은 바람을 타고 이동합니다. 민들레를 떠올려 보십시오. 당신이 그것을 불어 주면, 민들레의 솜털 같은 씨앗들이 공중으로 가볍게 떠갑니다. 또 다른 방법은 동물 산포로, 동물이 씨앗을 새로운 장소로 운반하는 데 도움을 줍니다. 일부 씨앗은 갈고리처럼 생긴 작은 구조를 가지고 있어 털이나 옷에 달라붙습니다. 이른바 갈고리 열매(burrs)입니다. 다른 씨앗들은 과일 속에 숨어 있습니다. 동물이 그 과일을 먹으면 씨앗은 동물의 몸을 통과한 뒤 배설물로 배출됩니다. 물 산포도 있습니다. 강이나 바다 근처에서 자라는 식물들이 이 방법을 사용합니다. 예를 들어, 코코넛은 바다를 떠다니며 외딴 섬에서 자랄 수 있습니다. 이러한 메커니즘을 이해하는 것은 연구자들이 식물 분포 양상을 예측하는 데 도움이 되며, 보전 노력에도 기여합니다. 다음으로, 각기 다른 씨앗 유형이 산포 방법에 맞추어 발달시켜온 구체적인 적응을 살펴보겠습니다.

## 12  사실 정보 파악 문제

해석 종자 산포의 핵심 특징은 무엇인가?
Ⓐ 자원에 대한 경쟁으로 이어진다.
Ⓑ 특정 종류의 씨앗에서만 관찰된다.
Ⓒ 씨앗이 보호를 위해 모식물 가까이에 머물도록 보장한다.
☑ 식물이 자손을 새로운 장소로 퍼뜨리도록 돕는다.

해설 강의 초반에 종자 산포를 식물이 자손을 새로운 장소로 퍼뜨리는 과정이라고 정의했으므로, 종자 산포의 핵심 특징을 정확히 반영하는 Ⓓ가 정답입니다.

어휘 characteristic[kæ̀riktərístik] 특징  resource[rísɔːrs] 자원
observe[əbzə́:rv] 관찰하다  certain[sə́:rtn] 특정한
remain[riméin] 머물다  protection[prətékʃən] 보호

## 13  언급 내용 문제

해석 강의에 따르면, 종자 산포 방법은 다음을 제외한 모든 것을 포함한다.
Ⓐ 바람에 의한 이동

☑ 사람에 의한 인위적 분산
Ⓒ 물의 흐름에 의한 이동
Ⓓ 동물에 의한 운반

해설 강의에서는 바람, 동물, 물 산포를 제시했지만 사람에 의한 인위적 분산은 언급되지 않았습니다. 따라서 Ⓑ가 정답입니다.

어휘 artificial[àːrtəfíʃəl] 인위적인
transportation[trænspərtéiʃən] 운반

## 14  언급 내용 문제

해석 화자는 물 산포에 관해 무엇이라 말하는가?
☑ 물가에서 자라는 식물들이 이 방법을 사용한다.
Ⓑ 다른 종자 산포 방식보다 덜 일반적이다.
Ⓒ 무겁고 치밀한 구조를 가진 씨앗에서 가장 효과적이다.
Ⓓ 침입종이 외딴 지역에 도달하도록 허용한다.

해설 강이나 바다 근처에서 자라는 식물들이 물 산포를 사용한다고 했으므로 Ⓐ가 정답입니다.

어휘 common[ká:mən] 일반적인  mode[moud] 방식
effective[iféktiv] 효과적인  dense[dens] 치밀한
invasive[invéisiv] 침입하는

## 15  다음에 할 일 문제

해석 화자는 다음에 무엇을 논의할 가능성이 가장 높은가?
Ⓐ 자연적 종자 산포에 대한 환경적 위협
Ⓑ 식물 분포 양상의 변화에 대한 예측
☑ 산포를 돕는 특화된 씨앗의 특징들
Ⓓ 식물 번식을 지원하기 위한 인간의 노력

해설 강의 마지막에서 다음으로 씨앗 유형이 산포 방법에 맞추어 발달시켜 온 구체적인 적응을 살펴보겠다고 했으므로 Ⓒ가 정답입니다.

어휘 prediction[pridíkʃən] 예측  specialized[spéʃəlàizd] 특화된
reproduction[rìprədʌ́kʃən] 번식

# MEMO

# MEMO

**해커스인강 HackersIngang.com**
본 교재 인강 · 교재 MP3 · 단어암기 MP3 · 쉐도잉 프로그램

**고우해커스 goHackers.com**
토플 보카 외우기 · 토플 스피킹/라이팅 첨삭 게시판 · 토플 공부전략 강의 · 토플 자료 및 유학 정보